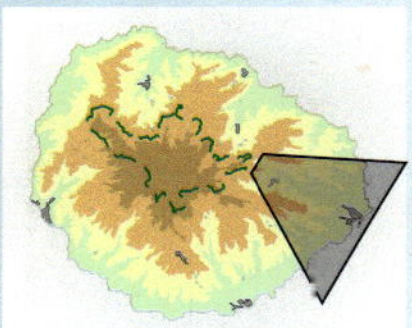

San Sebastián

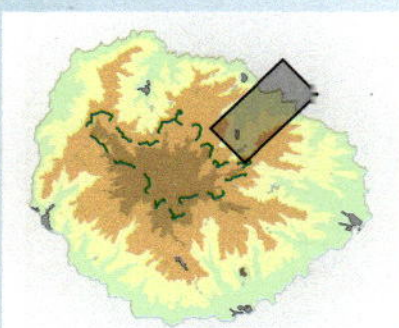

Hermigua

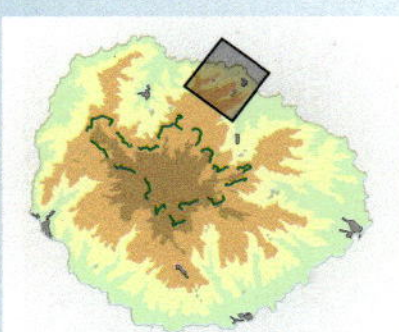

Agulo

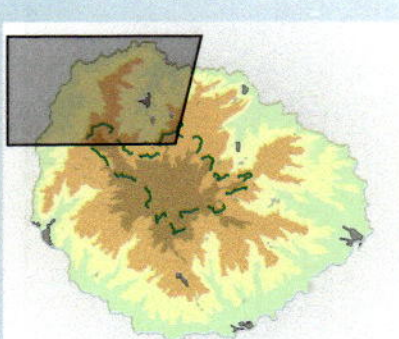

Vallehermoso

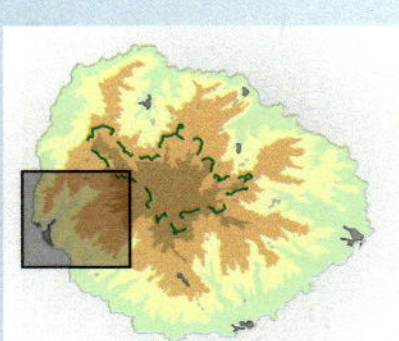

Valle Gran Rey

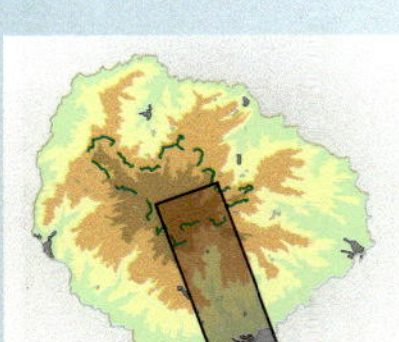

Playa de Santiago

Text: Heiko Zeutschner
Recherche: Heiko Zeutschner, Sonja Igel, Thomas Burghold
Aktualisierung: Dieter Scriba (www.oekotours.com)
Lektorat: Brigitte Seitzer, Silke Möller
Redaktion und Layout: Nona-Andreea Kolle
Fotos: Petra Sparrer
Karten: Carlos Borrell, Günther Grill, Judit Ladik, Matthias Patrzek
Covergestaltung: Karl Serwotka
Covermotive: oben: Hafen von San Sebastián
unten: Valle Gran Rey (fotopresse timmermann)

ISBN 3-89953-310-0

8. vollständig überarbeitete Auflage 2006

GOMERA

Heiko Zeutschner

INHALT

Gomera entdecken ... 8

Landesnatur ... 8
Welcher Ort für wen? Wohin auf Gomera? ... 10
Gomera für Aktivurlauber ... 11
Klima ... 12
Flora ... 14
Fauna ... 16
Bevölkerung ... 18

Geschichte ... 20

Die Ureinwohner ... 21
Die Conquista ... 21
Isla Colombina ... 23
Bauern, Piraten und Emigranten ... 24
La Gomera auf einen Blick ... 27

Anreise ... 28

Mit dem Flugzeug ... 28
Mit dem Schiff ... 36

Unterwegs auf Gomera ... 37

Mit dem Bus ... 37
Mit dem Mietwagen ... 37
Mit dem Taxi ... 38
Mit dem Mountainbike ... 39
Die berühmtesten Mountainbike-Touren ... 41
Wandern ... 43

Übernachten ... 44

Essen und Trinken ... 47

Wissenswertes von A bis Z ... 50

Apotheken ... 50
Ärztliche Versorgung ... 50
Diplomatische Vertretungen ... 53
Einreisepapiere ... 53
Feiertage ... 54
Fiestas ... 54
FKK ... 56
Fotografieren ... 56
Fremdenverkehrsämter/Touristeninformation ... 56
Geld ... 57
Geschäftszeiten ... 58
Haustiere ... 58
Internetcafés ... 58
Kleidung ... 59
Literatur ... 59
Müllentsorgung ... 60
Notrufe ... 60
Politik und Verwaltung ... 60
Polizei ... 60
Post ... 60
Souvenirs ... 61
Sprachunterricht ... 61
Strom ... 61
Tanken ... 62
Telefonieren ... 62
Wasser ... 63
Zeit ... 64
Zeitungen und Zeitschriften ... 64
Zoll ... 64

San Sebastián 65

Sehenswertes 85
Strände 90
Ausflug in den Barranco de la Villa 91
El Cabrito: Von „Sodom und Gomera" zum Urlauberrefugium 92
Wanderungen 96

Hermigua 102

Sehenswertes 112
Strände/Baden 114
Fiestas 114
Ausflug zur Playa de la Caleta 114
Ausflug zum Weiler El Cedro 115
Wanderungen 117

Agulo 120

Sehenswertes 124
Strand 124
Fiestas 125
Ausflug zum Informationszentrum des Nationalparks Garajonay 125
Wanderungen 128

Vallehermoso 132

Botanischer Garten und Strand 139
Ausflug zum Stausee La Encantadora 142
Ausflug nach Alojera 142
Wanderungen 145

Valle Gran Rey 150

Standorte im Valle Gran Rey 152
Sehenswertes 200
Strände im Valle Gran Rey 203
Fiestas 212
Wanderungen 214

Playa de Santiago 230

Fiesta 241
Ausflug: Zu den Stränden im Osten 243
Wanderung 244
Alajeró 246
Wanderungen 247

Register 256

Kartenverzeichnis

Gomera Übersicht .... innere Umschlagklappe
Wanderungen .... äußere Umschlagklappe
San Sebastián .... innere Umschlagklappe hinten

Hermigua 106/107
Vallehermoso 135
Valle Gran Rey 153
La Playa 175
La Calera 177
Vueltas 182
Borbalán und La Puntilla 184
Playa de Santiago 236/237

Zeichenerklärung für die Karten und Pläne

- Autobahn
- asphaltierte Verbindungsstraße
- asphaltierte Straße
- Nebenstraße
- Piste
- Fußpfad/Wanderweg
- Grünanlage
- Berggipfel
- Aussicht
- Höhle
- Kirche
- Kloster
- Sehenswürdigkeit
- Apotheke
- Telefon
- Tankstelle
- Bushaltestelle
- Taxistandplatz
- Information
- Post
- Museum
- Parkplatz
- Ärztliche Versorgung
- Bank/Wechselstube
- Supermarkt

Alles im Kasten

Passatwinde 13
Nationalpark Garajonay 17
Pfeifen mit El Silbo 19
Von Dieselkraft und möglichen Alternativen 67
Spannend für Taucher: Gomeras Unterwasserwelt 78
Aquatinta und warme Semmeln 89
Castillo de Mar – ein Kulturprojekt 140
Aussteigerparadies mit angekratztem Charme 151
Flipper & Co. – Sanftes Whalewatching 154
Seemannsgarn im Hafenviertel 158
Essen über den Wolken muss wohl grenzenlos sein! 188
Kommt ein Vöglein geflogen 194
Tropischer Fruchtgarten Argaga 201
Videos aus Poona, Tourismus und Therapie 208
Die Trommelbauer in der Schweinebucht 210
Tipps für Weihnachtsflüchtlinge 213
Fred Olsen – der heimliche König von Gomera 231
Der Adler ist gelandet 232
Chalana – Aufbruch und ein Stückchen Nostalgie 242
Wie der Garajonay zu seinem Namen kam 250

Was haben Sie entdeckt?

Trotz gründlicher Recherche kann es passieren, dass uns etwas entgeht. Wenn Sie ein empfehlenswertes Hotel, ein gutes Restaurant oder einen idyllischen Strand entdeckt haben, lassen Sie es uns wissen. Auch für Kritik und Verbesserungsvorschläge sind wir dankbar. Schreiben Sie an:

Heiko Zeutschner
Stichwort „Gomera“
c/o Michael Müller Verlag
Gerberei 19
91054 Erlangen
E-Mail: h.zeutschner@michael-mueller-verlag.de

Valle Gran Rey – beliebt bei Sonnenanbetern ...

Gomera entdecken

La Gomera, das kleine, zerklüftete Eiland weitab vom spanischen Festland, gilt zu Recht als die Perle unter den Kanarischen Inseln. Von tiefen Schluchten (spanisch: Barrancos) durchzogene Felslandschaften und eine einzigartige, oft prähistorisch anmutende Vegetation sorgen für unvergessliche Naturerlebnisse.

Landesnatur

Gomera liegt rund 350 km vor der nordwestafrikanischen Küste inmitten eines Dreiecks, das von den Nachbarinseln **Teneriffa**, **La Palma** und **El Hierro** gebildet wird. Mit 378 qkm Fläche ist sie die zweitkleinste bewohnte Kanareninsel. Das fast kreisförmige Eiland hat einen Durchmesser von kaum mehr als 25 km.

Im Vergleich zu den anderen Inseln des Archipels ist Gomera alt. Der Beginn der vulkanischen Aktivität, der es seine Entstehung verdankt, liegt vermutlich schon weit über 20 Millionen Jahre zurück. Ein weiterer Unterschied ist, dass auf Gomera alle Anzeichen von Vulkantätigkeit in jüngerer Zeit fehlen. Der letzte Vulkanausbruch ereignete sich vor fast drei Millionen Jahren. Die Erde scheint hier zur Ruhe gekommen zu sein.

Nicht aber Wind und Wetter. Nach der uralten Spielregel „Weiches Gestein wird schnell abgetragen, hartes bleibt länger stehen“ entstand in Jahrmillionen die schroffe Topographie mit den wilden Canyons, den abweisenden Steilküsten und den beeindruckenden **Roques**. Bei Letzteren handelt es sich um die erkalteten Schlotfüllungen längst fortgewaschener und erodierter Vulkankrater. Die in solchen Vulkanschloten aufgestiegene und erhärtete Lava blieb übrig, weil viel härter, während die viel weicheren Kegel im Laufe von Jahrmillionen abgetragen wurden. Einige Roques sind spitz und dünn wie Nadeln, andere sehen aus wie abgeflachte Kegelstümpfe, wieder andere wie gigantische Steine oder monströse Sombreros. Zu den bekanntesten zählen der mächtige **Roque Agando**, der **Roque Cano** bei Vallehermoso, die einzigartigen **Los Órganos** an der Nordküste und der Tafelberg **Fortaleza**.

Fast 850 verschiedene Farn- und Samenpflanzenarten hat die Insel zu bieten, eine erstaunliche Vielfalt für eine so kleine Insel. Die bekannteste Vegetationsformation ist der heute nur noch an wenigen Orten der Welt erhaltene Lorbeerwald (Laurisilva), der im Einflussbereich der feuchtigkeitsbringenden Passatwolken (fast ausschließlich in den Steillagen an der Nordseite der Insel) z. T. noch dichte Wälder bildet. Wer einmal hier war, wird verstehen, warum das Gebiet rund um Gomeras höchsten Gipfel, den Garajonay (1487 m), seit 1986 von der UNESCO als Weltnaturdenkmal geführt wird.

... und Wanderern

Der Laurisilva „El Cedro“ im Nationalpark Garajonay ist ein tertiäres Relikt, das sich wegen der isolierten Insellage und der guten klimatischen Bedingungen bis heute auf Gomera halten konnte. Zwar wuchert der Wald längst nicht mehr so üppig wie zur Zeit der spanischen Eroberung – immerhin aber ist „El Cedro“ der auf den Kanaren besterhaltene dieser Reliktwälder, die vor Jahrmillionen die Mittelmeerküsten von Kleinasien bis zum Atlantik überzogen hatten. Heute findet man noch Reste dieser einstmals weit verbreiteten Waldformation auf Gomera und den westlichen Kanaren, aber auch auf den Azoren und Madeira.

Welcher Ort für wen? Wohin auf Gomera?

Obwohl Gomera inzwischen auch von den großen Reiseagenturen für den Pauschaltourismus entdeckt wurde, ist die Insel bis heute ein bevorzugtes Ziel für Individualreisende geblieben. Verhältnisse wie mancherorts auf der Nachbarinsel Teneriffa müssen Sie also nicht befürchten. Wer es besonders naturnah und ruhig liebt, findet eine große Auswahl altkanarischer Häuser, die mit dem Aufschwung des ländlichen Tourismus zu attraktiven Unterkünften renoviert wurden. Einer der Gründe für die noch weitgehende Abstinenz des Massentourismus: Als einzige Kanareninsel ist Gomera immer noch nicht per Direktflug zu erreichen. Auf dem 1999 eröffneten Inselflughafen dürfen nur Inlandsflüge in beschränkter Anzahl pro Tag landen. Am meisten los ist im **Valle Gran Rey**, einer im Süden gelegenen 3000-Einwohner-Gemeinde, die sich aus La Calera, La Playa, Borbalán, La Puntilla, Vueltas und den Dörfern im Obertal Guadá zusammensetzt. Neben Sonnengarantie sind hier einige der attraktivsten Strände der Insel zu finden. Das Valle (oder VGR, wie die Eingeweihten sagen) war früher der Aussteiger- und Freaktreffpunkt der Insel schlechthin.

Im Hafen von San Sebastián

In **San Sebastián**, dem Hauptort im Südosten, halten sich nur wenige Touristen längere Zeit auf. Dabei hat der 7000-Einwohner-Ort mit dem einzigen richtigen Yachthafen durchaus städtischen Charakter und bietet sich darüber hinaus als guter Ausgangspunkt für Exkursionen und Wanderungen an. In **Playa de Santiago** gibt es für die Touristen familiäre Pensionen und funktionale kleine Appartements in Strandnähe – es sei denn, sie residieren in der Hotelanlage Tecina, einer kleinen, fast autarken Ferienwelt, in der sich vom Pool bis zu besten Einkaufsmöglichkeiten alles findet, was der Pauschaltourist begehrt. Der 1000-Einwohner-Ort selbst ist bis zum heutigen Tag ein kleines, verschlafenes Fischerdörfchen geblieben. Weil der Ort im Süden der Insel liegt, ist es hier besonders heiß. Außerdem regnet es selten, sodass das Klima fast wie auf dem nordafrikanischen Festland anmutet. Entsprechend dürr und karg präsentiert sich die Landschaft rund um Playa de Santiago.

Große Hotelanlagen für Pauschaltouristen gibt es in **Hermigua** (2000 Einwohner) und **Agulo** (1000 Einwohner) gar nicht. Die beiden Orte im Nordosten der Insel setzen auf die Anziehungskraft des ländlichen Tourismus. Ein Grund ist sicher das vergleichsweise mild-feuchte Klima. Regelmäßige und ausgiebige Niederschläge sorgen für eine üppig grüne Landschaft und eine meist dichte Wolkendecke für angenehme Temperaturen. Nicht unbedingt ideale Orte für Sonnenanbeter, dafür aber glänzende Stützpunkte für Wanderer und Naturliebhaber.

Ähnliches gilt für **Vallehermoso**, den eher verschlafenen 800-Einwohner-Ort im Nordwesten der Insel, der zu Füßen des Roque Cano liegt. Hier ist der Name nur fast Programm: *Valle Hermoso – das schöne Tal* – besteht in Wirklichkeit aus 5 Tälern, die zahlreiche Ausflugs- und Wandermöglichkeiten bieten. Hier tut sich etwas, es entstehen neue Unterkünfte, ein neuer botanischer Garten und das Castillo de Mar (siehe S. 140) soll künftig zum kulturellen Magneten der ganzen Insel werden.

Nachwuchs aus dem Burro Parque, einem Ausflugsziel für Familien und Tierliebhaber

Gomera für Aktivurlauber

Urlaub auf Gomera ist in erster Linie ein Naturerlebnis. Entsprechend gilt die Insel seit jeher als Eldorado für Wanderer; in jüngster Zeit ist sie darüber hinaus zum beliebten Ziel für Mountainbiker geworden (s. „Unterwegs auf Gomera", S. 43 bzw. S. 39). Außerdem bieten Fitnesscenter (Valle Gran Rey, Playa de Santiago), ein Tanzstudio (Valle Gran Rey) und eine Gymnastikschule (San Sebastián) ihre Dienste an. Wer sich die faszinierende Unterwasserwelt des Atlantiks erschließen will, kann sich an eine der Tauchschulen in San Sebastián, Playa de Santiago oder Valle Gran Rey wenden (Adressen im Reiseteil). Segeltörns bucht man am besten schon von Deutschland aus. Ansonsten hilft in San Sebastián die Rezeption am Yachthafen weiter. Gruppen können von San Sebastián oder Playa de Santiago aus Katamaranfahrten buchen. Bootsfahrten auf einem kanarischen Fischkutter nach **Los Órganos** kann man von Playa de Santiago und Vueltas aus starten, Delfinfahrten in Begleitung von Meeresbiologen bietet der Club de Mar in Vueltas an. Tennisplätze findet man in den großen Hotels in Playa Santiago, Valle Gran Rey und San Sebastián. Reiten und Reitunterricht nehmen kann man im Burro Parque im Obertal des Valle Gran Rey.

Tipps für Kultur- und Kunstinteressierte: Kulturelle Highlights darf man auf der kleinen Insel nicht erwarten, aber es gibt einige Ausstellungen, kleine Museen und die Fiestas der Einheimischen. Weitere Tipps in den jeweiligen Kapiteln.

• *San Sebastián* **Casa de Colón**, Calle del Medio 56, Mo–Fr 18.30–20 Uhr. Museum für präkolumbianische Keramik, Seekarten und Töpferkunst (s. S. 88). Ausstellungen.

Galería de Arte Luna, Calle del Medio 28, ✆ 922-870666, Mo–Fr 10–13 und 16.30–20 Uhr, Sa 10–13 Uhr. Verkaufsausstellung des Wiener Malers Guido Kolitscher (s. S. 89).

• *Valle Gran Rey* Galerie **Oasis**, La Playa, Bungalows Oasis, tgl. ab 17 Uhr. Galerie für Malerei, Skulpturen etc. (s. S. 176 u. 202).

Passatwolken spenden Feuchtigkeit für die Gebirgsvegetation

Klima

Das kanarische Klima unterscheidet sich deutlich von dem der Iberischen Halbinsel. Für den Reisenden wohl am wichtigsten: Die Temperaturen sind praktisch im ganzen Jahr angenehm; die Unterschiede zwischen Sommer und Winter sind gering.

Die **Durchschnittstemperaturen** bewegen sich zwischen 18° C im Januar, dem kältesten Monat, und 24° C im August, dem wärmsten Monat. Auch die Unterschiede zwischen Tages- und Nachttemperaturen sind gering. Ähnliches gilt für das Wasser; der kühle Kanarenstrom trägt nicht nur zur Klimastabilität bei, er sorgt auch wesentlich dafür, dass die **Wassertemperaturen** während des Jahres nur zwischen 18° C im Februar und 23° C im September schwanken.

Trotzdem sollten Sie bei Ihrem Gomera-Urlaub auf einen dicken Pullover und eine Regenjacke nicht verzichten. Bisher war nämlich nur von Durchschnittstemperaturen die Rede – tatsächlich ist der Unterschied zwischen dem Norden und dem Süden der Insel, vor allem aber der zwischen den einzelnen Höhenlagen beträchtlich. Während der Inselnorden allgemein niederschlagsreicher und kühler ist, fällt im wärmeren Süden deutlich weniger Regen. Und wenn in den mittleren Lagen die Hitzeschleier über den felsigen Barrancos flirren, kann in den Hochlagen kühler Regen auf die dichte Vegetation prasseln und in Meeresnähe eine erfrischende Brise für angenehme Kühlung sorgen. Diese deutlichen klimatischen Unterschiede auf nur wenigen Kilometern tragen erheblich zum eigenartigen Reiz der Insel bei und bedingen auch ihre Vielgestaltigkeit, vor allem, was die Flora angeht. Eine große Rolle spielt dabei der Passat.

Passatwinde

Passatwinde verdanken ihre Entstehung der starken Sonneneinstrahlung in Äquatornähe. Der dort erhitzte Boden wärmt die unteren Luftmassen auf, die in der Folge nach oben steigen. Die aufgestiegenen Luftmassen aber müssen ersetzt werden, und so strömt kontinuierlich kühle, feuchte Luft aus subtropischen Gebieten heran. Durch die Drehung der Erde um die eigene Achse im Verlauf eines Tages werden diese Winde nach Westen abgelenkt. Demzufolge spricht man auf der Nordhalbkugel der Erde vom *Nordostpassat* und auf der Südhalbkugel vom *Südostpassat*. Den ganzen Vorgang kann man sich im Übrigen als einen in sich geschlossenen Kreislauf vorstellen: Die am Äquator erwärmte Luft steigt auf, wird in großer Höhe in Richtung der Polkappen abgedrängt, kühlt wieder ab und sinkt dann in den subtropischen Hochdruckgebieten wieder zu Boden. Von dort strömt die Luft bodennah in die Äquatoriale Tiefdruckrinne nach.

Auf Gomera macht sich der Passat in vielerlei Hinsicht bemerkbar. In Meeresnähe z. B. als stetige erfrischende Brise, die dafür sorgt, dass man sich trotz der starken Sonneneinstrahlung nie wie im Glutkasten mancher Gebiete Kontinentalafrikas fühlt. Es ist ein sanfter, kühler und feuchter Wind, der die Atemwege frei hält und den Sinnen schmeichelt. Der Passat tut aber noch viel mehr. Normalerweise streicht er ganz sanft in Höhen bis zu 600 m vor sich hin, dem Äquator entgegen. Wo er aber durch Hindernisse, z. B. durch das fast 1500 m hohe Bergmassiv im Herzen Gomeras, gezwungen wird emporzusteigen, kühlt er ab, und ein Gutteil der mitgeführten Feuchtigkeit kondensiert. Es entstehen dichte Wolkenmassen – die Passatwolken. Dies ist auch der Hauptunterschied zwischen Lanzarote, Fuerteventura und den westlichen Kanaren; während Erstere über keine nennenswerten Erhebungen verfügen und demzufolge ausgesprochen trocken sind, profitieren die westlichen Kanaren im großen Maß von den Passatwinden und konnten deshalb auch ihre üppige Vegetation entfalten (s. „Wissenswertes von A bis Z/Wasser", S. 63). Auf Gomera wird dieser Zusammenhang überdeutlich an den einzelnen Regionen. An den Nordhängen können sich die Passatwolken abregnen, die

Opuntien – im 16. Jahrhundert aus Mexiko eingeführt

Täler schwelgen in üppigem Grün, und die Nebelwolken hängen oft bis tief in die Barrancos hinein. Nach Süden lösen sich die Passatwolken immer mehr auf und es wird mit abnehmender Höhe immer trockener und dadurch ändert sich auch die Vegetation völlig..

Flora

Der erste Eindruck täuscht – Gomera ist nicht die Insel der felsigen Schluchten, der staubigen Straßen und der schwarzen Strände. Immerhin sind rund 85 Prozent seiner Fläche bewachsen.

Auffälligste Eigenart der Pflanzenwelt auf den Kanaren generell: Die Isolation der Inselgruppe vom Kontinent bewahrte hier viele urzeitliche Gewächse vor dem Aussterben; die gleichen Gewächse, die andernorts – vor allem im Mittelmeerraum – Klimakatastrophen und Ähnlichem zum Opfer gefallen sind. Der Effekt: Die Inseln beeindrucken Botaniker und interessierte Laien aus aller Welt mit einer Fülle endemischer Pflanzenarten. Das gilt insbesondere für Gomera.

Durch die meist vorhandene Passatwolkendecke ergibt sich eine klimatische Höhenzonierung und davon abhängig eine starke vertikale Differenzierung in unterschiedliche Vegetationsstufen:

In der subtropisch warmheißen und trockenen Tiefenstufe regnet es im Sommerhalbjahr so gut wie nie (von Oktober bis April gelegentliche Starkregenfälle möglich). Die Pflanzen mussten sich im Lauf der Evolution darauf einstellen. Hier dominieren endemische Wolfsmilchgewächse, Dickblattgewächse und Kanarische Dattelpalmen, aber auch die eingeführten Feigenkakteen und Agaven.

Auf der Nordseite in Höhenlagen um 500 m, auf der Südseite erst in 800 bis 1000 m Höhe kommt man in die warmgemäßigte und feuchte Passatwolkenzone, in der die Jahresniederschlagsmengen deutlich höher sind. Erst hier ist es feucht genug, damit Wald existieren kann. Es dominieren Lorbeerwälder und, wo es schon trockener wird, Baumheidewälder.

Das Spektrum der eigenartigen Flora reicht von den gedrungenen, anspruchslosen und Salz liebenden Pflanzen in Meeresnähe über die bunten Blüten und duftenden Kräuter der mittleren Lagen bis hin zu den wild ineinander verschlungenen, urzeitlich anmutenden Urwäldern im nebligen Inselinneren. Etwas mehr als 800 verschiedene Höhere Pflanzenarten sind auf Gomera beheimatet; um die fünfzig von ihnen sind inselendemisch (sie kommen ausschließlich auf La Gomera vor). Zum Vergleich: In Deutschland sind es gerade zwei.

Und dennoch sieht man heute kaum mehr als die spärlichen Reste der ursprünglichen Vegetation. Zum Zeitpunkt der spanischen Eroberung war Gomera noch wesentlich stärker von dichtem Urwald bedeckt. Was Rodungen und menschliche Eingriffe davon übrig ließen, steht seit 1981 im Nationalpark Garajonay unter Naturschutz. Immerhin verfügt La Gomera noch über den größten und am besten erhaltenen Lorbeerwald der Kanarischen Inseln (s. Kasten „Nationalpark Garajonay“, S. 17).

Dattelpalme

Die **Kanarische Palme**, eine unter Naturschutz stehende nahe Verwandte der nordafrikanischen Dattelpalme, findet man auf Gomera nicht nur in unmittelbarer Küstennähe, sondern auch in höheren Lagen. Mit über 100.000 Exemplaren gibt es heute auf Gomera mehr Palmen als auf den übrigen Kanarischen Inseln zusammen. Ihre Blätter und Früchte finden als Viehfutter Verwendung, der Palmsaft wird zu *Miel de Palma* weiterverarbeitet (s. „Essen und Trinken“, S. 48). **Kakteen**, Aeonien (Kanarendachwurze), **Agaven** und **Wolfsmilchgewächse** haben im Laufe der Evolution Wasserspeichergewebe entwickelt, die sie befähigten, Trockenperioden und/oder trockene Lebensräume zu besiedeln. Sie bilden einen Großteil der Vegetation des Sukkulentenbuschs, der in bis zu 600 m Höhe unterhalb der Passatwolken wächst. Der **immergrüne Lorbeerwald (Bosque El Cedro)** ist die wohl interessanteste botanische Formation auf Gomera und zugleich der größte Schatz des Nationalparks Garajonay. In Höhen zwischen 600 und 1200 m, also in den Wolken, wo sich die lebensspendende Wirkung der Passatwinde am stärksten entfaltet, bildet er ein schier undurchdringliches Netz urzeitlicher Vegetation. Subtropische Pflanzen und Bäume, die im Tertiär um das heutige

Mittelmeer beheimatet waren, entzücken hier nicht nur die Botaniker. Kaum jemand kann sich dem eigenartigen Flair dieses Urwalds entziehen: Aus dem dichten Unterholz ragen hoch gewachsene Lorbeerbäume heraus, von deren knorrigen, mit fahlem Moos bedeckten Ästen lange Flechtenbärte herabhängen.

Ab etwa 1200 m Höhe geht der Lorbeerwald fließend in den sogenannten **Fayal-Brezal** (Gagelbaum und Erika) über, der mit den niedrigeren Temperaturen und der geringeren Feuchtigkeit besser fertig wird. Die weiß blühende, bis zu 20 m hohe **Baumheide** (Erica arborea) ist das auffälligste Gewächs dieser Vegetationsstufe.

Infos und Buchtipps für Pflanzenliebhaber: Die wichtigste Anlaufstelle für alle, die an der hiesigen Flora interessiert sind, ist das Informationszentrum der spanischen Umweltschutzbehörde in Juego de Bolas (s. S. 128).
Speziell für ein botanisch-naturkundlich interessiertes Publikum bietet der im Valle Gran Rey ansässige Botaniker Dieter Scriba Wandertouren in die unterschiedlichen Vegetationsgebiete der Insel an, um die typischen Pflanzen vorzustellen. Kontakt über den ÖkoTours-Laden in Vueltas (www.oekotours.com).
Weiterführende Informationen zum Thema Botanik finden Sie in dem Buch „Pflanzenführer Kanarische Inseln: Begegnungen auf La Gomera", von Andrea und Thomas K. Müller, Edition El Fotógrafo, die jedoch beide nur auf La Gomera erhältlich sind. Empfehlenswert sind auch „Naturkunde der Kanarischen Inseln: La Gomera", von David Bramell und Juan Manuel López Ramírez, Edición Rueda, Madrid, und „Die Kosmos-Kanarenflora" von Peter und Ingrid Schönfelder, Kosmos, Stuttgart sowie der Naturreiseführer „Kanarische Inseln" von Manfred Rogner, Natur und Tier – Verlag, Münster.

Fauna

Es gibt auf Gomera weder Schlangen, Reptilien noch Insekten, die giftig sind. Nur wenige Landtierarten schafften den Sprung vom Kontinent auf die relativ isolierte Inselgruppe. Besonders auffällig sind die vielen **Eidechsen** und **Geckos**, denen man hier begegnet. Letztere sieht man manchmal auch in menschlichen Behausungen, wo sich die nützlichen, flinken Tierchen als Insektenfresser beliebt machen. Im Jahr 1999 hat ein Wissenschaftler in einem abgelegenen Tal im Inselwesten (Quiebracanillas) die Eidechsenart *Gallotia simonyi bravoana* wiederentdeckt, die bereits als ausgestorben galt. Es gelang, 7 Exemplare der Lagartos Gigantes de La Gomera einzufangen. Mit 50 cm Länge sind die weißkehligen Tiere sehr nah mit den Rieseneidechsen von El Hierro verwandt.

Eine weitere bemerkenswerte Tierart ist die bis zu 8 cm lange **Gottesanbeterin**, die wegen ihres grünen Tarnkleides in ihrer natürlichen Umgebung zwar kaum auffällt, aber hin und wieder auch an Mauerwerk auf Insekten lauert. Teilweise noch größer sind die einheimischen **Heuschrecken**. Im Gegensatz zur afrikanischen Heuschrecke, die den Archipel alle paar Jahrzehnte mal überfällt, sind diese jedoch für die Landwirtschaft ungefährlich, weil relativ gering an Zahl.

Neben einigen **Libellenarten**, deren bunt schillernde Körper vor allem in der Nähe von Tümpeln und Staubecken scheinbar schwerelos in der Luft schweben, gibt es auch viele farbenprächtige **Schmetterlinge**.

Vom Aussichtspunkt des Garajonay reicht der Blick weit über die Insel

Nationalpark Garajonay

Der Nationalpark Garajonay im Herzen Gomeras steht seit 1981 unter Naturschutz. Mit knapp 40 qkm nimmt er etwas über ein Zehntel der gesamten Inselfläche ein; sein geographisches Zentrum liegt in etwa beim Rastplatz La Laguna Grande. Seine Bedeutung für Gomera kann kaum überschätzt werden, wurde er doch im Sommer 1986 von der UNESCO als „Weltnaturdenkmal" in die World Heritage List (= Liste des Welterbes) aufgenommen.

Hauptbestandteil des Nationalparks ist der einmalige, artenreiche Lorbeerwald, der hauptsächlich die Hänge nördlich der Höhenstraße im Einflussbereich der Passatwolken besiedelt.

Ein Muss für jeden Gomera-Urlauber ist eine Visite im **Besucherzentrum Juego de Bolas** (s. S. 128). Hier gibt es Filmdokumentationen, Broschüren, Auskünfte und einen kleinen botanischen Garten mit vielen endemischen Pflanzen. Außerdem ist Informationsmaterial über markierte Wanderrouten und Waldlehrpfade erhältlich. Zudem bietet die Nationalparkverwaltung kostenlose Führungen bei Laguna Grande an (Buchung beim Centro de Visitantes unter ✆ 922-800993). Diese sind aber in der Regel auf Spanisch, eventuell auch auf Englisch. Weitere Infos im Internet unter www.mma.es/parques, c.visitantes.garajonay@mma.es.

Vögel haben auf Gomera nahezu optimale Bedingungen gefunden: unzugängliche Brutreviere, reiche Nahrungsvorräte und fast keine räuberischen Feinde. Hobbyornithologen haben sicherlich ihre helle Freude an der Artenvielfalt, darunter auch einige sehr seltene Tiere, die nur auf den Kanaren vorkommen.

Die Urform des bekannten **Kanarienvogels, der häufige Kanarengirlitz** ist jedoch recht unauffällig gelbgrün gefärbt und singt auch nicht so schön.

Erst die Menschen brachten **Mäuse**, **Ratten** und **Wildkaninchen** nach Gomera. Alle drei Tierarten vermehrten sich überdurchschnittlich, weil ihnen hier die natürlichen Feinde fehlten. Die Bauern haben alle Hände voll zu tun, ihre Zahl in Maßen zu halten.

Die spektakulärsten Meeresbewohner sind die **Delfine**, die in Gruppen gerne Schiffe begleiten. Die verspielten Säugetiere schwimmen dann oft unter dem Bug der Boote und versüßen mit ihren Kapriolen auch die schlimmste Seekrankheit. Natürlich gibt es in den hiesigen Gewässern auch zahlreiche **Haiarten**. Überfälle auf Menschen sind bislang aber noch nicht bekannt geworden.

Bevölkerung

Auf ganz Gomera leben heute nur noch rund 17.000 Menschen, davon knapp 7000 in der Inselhauptstadt San Sebastián. Selbst am Anfang dieses Jahrhunderts lag die Gesamtbevölkerung der Insel nur unwesentlich darunter.

Teresa aus Playa de Santiago

Der Grund dafür sind die zahlreichen **Auswanderungswellen**, von denen Gomera immer wieder betroffen war. So waren seit der spanischen Eroberung die überseeischen Kolonien der Krone ein bedeutendes Ziel. Um die Jahrhundertwende von 1900 versprach schließlich vor allem Kuba ein Leben in größerem Wohlstand.

Die umfangreichsten Auswanderungsschübe aber fallen in die Mitte des letzten Jahrhunderts. Ausgelöst wurden sie durch den **Spanischen Bürgerkrieg** mit all seinen politischen Wirren und durch die folgende Wirtschaftskrise, die sich besonders hier auf den Inseln als dauerhaft erwies. Bevorzugtes Ziel seit den 1930er bis in die 1970er Jahre hinein war die prosperierende südamerikanische Republik Venezuela. Reiche Erdölfunde und ein ertragreicher Bergbau (Eisen- und Manganerz, Gold, Diamanten und Kohle) sorgten dafür, dass sich die ehemalige spanische Kolonie zu einem Wirtschaftswunder-Traumland für viele Gomeros entwickelte. Die entsprechenden sozialen Folgen blieben nicht aus: Die Abwanderung der jungen, innovationsfreudigen Arbeitskräfte schwächte Gomera wirtschaftlich, viele kleinere Dörfer wurden verlassen und verödeten, die Bevölkerung begann zu überaltern, und das Phänomen der zurückgelassenen Familien („Venezuela-Witwen“) warf große Probleme auf.

Lebten in den 1950er und 1960er Jahren immerhin noch fast 30.000 Menschen auf Gomera, so sank deren Zahl bald darauf dramatisch ab. 1970 war die 20.000er-Grenze schon unterschritten. Auch danach ging es vorerst weiter stetig bergab.

In der jüngeren Vergangenheit lagen die Auswanderungsziele sehr viel näher. Der Boom der **Tourismusbranche** auf den Nachbarinseln nährte damals die Hoffnung der Gomeros auf einen raschen wirtschaftlichen Aufstieg. Zu Beginn der 1980er Jahre lebten schließlich allein auf Teneriffa mindestens genauso viele Gomeros wie auf Gomera selbst.

Ein vorläufiges Ende des Bevölkerungsschwunds deutete sich erst ab der Mitte der 1980er Jahre an; seither werden wieder leichte Zuwachsraten verzeichnet. Einer der Gründe ist, dass das Tourismusgeschäft zu diesem Zeitpunkt auch auf Gomera Fuß fassen konnte und für Arbeitsplätze „vor der eigenen Haustür" sorgte.

Pfeifen mit El Silbo

El Silbo ist eine eigentümliche Pfeifsprache, die vermutlich schon die Guanchen gekannt haben. Ihre Entstehung verdankt sie den besonderen topographischen Verhältnissen der Insel. Wenn sich die Hirten über die zerklüfteten Barrancos hinweg verständigen wollten, taten sie das mit Pfiffen, denn Rufe konnten diese Entfernungen nicht überbrücken. El Silbo ist aber kein gewöhnliches Pfeifen, sondern ein Code ganz besonderer Art: Die einzelnen Pfiffe, die sich in Tonhöhe, Länge und Modulation voneinander unterscheiden, stehen nämlich für Sprachlaute. Berechtigt wird der Leser hier einwenden, dass Pfiffe bei weitem nicht so flexibel und modulationsfähig sind wie die menschliche Sprache. Doch die Nachrichten, die mit *El Silbo* transportiert wurden, waren auch keine wissenschaftlichen Arbeiten oder technische Gebrauchsanleitungen. Es waren Belange aus dem täglichen Leben der Hirten: Warnungen vor Gefahren, simple Unterhaltungen übers Wetter oder Verabredungen.

Produziert werden die Pfiffe mit einem oder zwei Fingern; die freie Hand bildet dabei einen Schalltrichter. Bei günstigen Windverhältnissen können so Reichweiten von über 6 km erzielt werden. Wenn es außerdem noch mehrere „Relaisstationen" gibt, können die Nachrichten in Windeseile – ähnlich wie die Rauchzeichen der Indianer – über die gesamte Insel verbreitet werden.

Jahrelanges Training ist Voraussetzung, um El Silbo „sprechen" und verstehen zu können, denn die Lautzeichen erscheinen dem ungeübten Hörer sehr ähnlich. Es gibt sogar verschiedene „Dialekte" – im Norden z. B. wird langsamer und akzentuierter gepfiffen als im Süden Gomeras.

Als echte Konkurrenz hat sich in den letzten Jahren das Handy erwiesen – wer pfeift sich noch die Lunge aus dem Hals, wenn er stattdessen zum Hörer greifen kann? Trotzdem wird El Silbo zumindest in absehbarer Zeit noch nicht aussterben. Der Grund ist einfach, aber bemerkenswert: In der Absicht, das kulturelle Erbe der Insel zu bewahren, hat das Kultusministerium der autonomen Inselregion Canarias El Silbo kurzerhand zum Schulpflichtfach erklärt! Für Pfeifnachwuchs ist also zunächst einmal gesorgt. Und wer weiß – vielleicht wird man sie in Zukunft auf einsamen Wanderungen wieder öfter hören, die eigenartigen Pfeiflaute, die einem das Gefühl geben, in einer anderen Zeit, auf einem anderen Planeten zu weilen ...

Gomera – Überrest des versunkenen Atlantis?

Geschichte

Kolumbus war hier. Auf diese drei Worte könnte sich die Geschichtsschreibung für Gomera eigentlich beschränken. Denn Weltbewegendes hat sich hier sonst nicht abgespielt, und wenn doch, dann ist es nicht überliefert. Schließlich kamen die spanischen Eroberer erst gegen Anfang des 15. Jahrhunderts, und die kanarischen Ureinwohner, ein geheimnisvolles Steinzeitvolk, hinterließen kaum mehr als ein paar rätselhafte Geräte, mysteriöse Felsmalereien und eine Hand voll schauerlich-schöner Mythen.

Wo es keine Fakten gibt, wird meist heftig spekuliert. Und der Phantasie sind dann kaum Grenzen gesetzt. So machten sich eifrige Professoren und patriotische Heimatforscher in antiken Quellen auf die Suche nach Hinweisen zur Vorgeschichte der Insel und wurden auch fündig, z. B. bei Homer. Gleicht seine Schilderung der *Elysischen Gefilde* nicht in vielem den Kanarischen Inseln? Gilt solches nicht auch für die *Gärten der Hesperiden* des Griechen Herodot? Und dann natürlich erst recht für die *Inseln der Glückseligen* bei Plutarch! Zumindest aber Plinius hat doch gewiss die Kanaren gemeint, als er . . . !

Sie merken schon, ein Paradies muss der Archipel schon in der Zeit der Altvordern gewesen sein. Da nimmt es gar nicht wunder, dass noch im vorigen Jahrhundert ernsthaft die These vertreten wurde, die Kanaren seien die Überreste des versunkenen Atlantis.

Die Ureinwohner

Ein eigentümliches Volk müssen sie gewesen sein, die **Guanchen** oder **Canarios**. Das Wenige, was uns heute über sie überliefert ist, stammt paradoxerweise von jenen, die am Anfang des 15. Jahrhunderts dafür sorgten, dass die eigenständige Kultur der Ureinwohner zu existieren aufhörte. Gesichert ist, dass es sich um eine schriftlose Steinzeitzivilisation ohne Kenntnisse in Metallverarbeitung handelte. Die Guanchen benutzten Werkzeuge und Waffen aus Stein und Holz, und auch mit der Herstellung von Tongefäßen minderer Qualität waren sie vertraut. Könige und Häuptlinge beherrschten die Inseln oder deren Teilgebiete. Es gab keinen oder nur sehr wenig Kontakt zwischen den einzelnen Inseln des kanarischen Archipels, denn es waren keine hochseetüchtigen Wasserfahrzeuge in Gebrauch.

So wenig über ihre Kultur bekannt ist, so wenig weiß man auch über die Herkunft der Guanchen. Als relativ sicher gilt heute allenfalls, dass sie aus dem nordafrikanischen Raum stammten. Auf ihre Verwandtschaft zu den Berberstämmen Nordafrikas deuten mehrere Hinweise: die Ähnlichkeit der Felszeichnungen, die Parallelen zwischen den wenigen bekannten Wörtern der altkanarischen Sprache und geographischen Bezeichnungen des Berberischen sowie die Übereinstimmung einiger Bestattungsbräuche. Obwohl in mehreren Quellen davon ausgegangen wird, dass es auf den Kanaren schon vor über 4000 Jahren eine vorspanische Urbevölkerung gegeben hat, konnten archäologische Untersuchungen mittels der C-14-Methode bisher keine Funde identifizieren, die menschlichen Ursprungs und älter als 2000 Jahre sind. Man kann also davon ausgehen, dass die ersten Guanchen erst ungefähr um die Zeitenwende auf die Kanarischen Inseln gelangten – wahrscheinlich sogar unfreiwillig, denn von der afrikanischen Küste führen starke Strömungen hierher, die gemeinsam mit dem *Harmattan,* dem trockenheißen Nordost-Saharawind, so manchen unvorsichtigen Küstensegler auf Nimmerwiedersehen an die Gestade der „Glücklichen Inseln“ gespült haben dürften.

Buchtipp: „Die Guanchen – ihr Überleben und ihre Nachkommen“ von José Luis Concepción ist in manchen Buch- und Andenkenläden auch in deutscher Sprache für rund 8 € zu haben. Die 80-seitige, bunte Mischung aus interessanten Fakten, abstrusen Spekulationen und haarsträubendem Lokalpatriotismus hat uns manch spannende Lesestunde beschert.

Die Conquista

Die offizielle Geschichtsschreibung Gomeras beginnt mit dem Jahr 1404, als der im Dienste der spanischen Krone stehende normannische Adelige **Jean de Béthencourt** zwei Jahre nach der Eroberung Lanzarotes und Fuerteventuras in Richtung Westen vorstieß und auf Gomera landete. Er fand eine in vier Bezirke geteilte Insel vor: Agana, Hipalán, Malagua und Orone (diese Namen werden Ihnen auf Gomera in verschiedenen Schreibweisen noch häufiger begegnen). Von den vier Häuptlingen unterwarfen sich zwei, die beiden anderen leisteten zunächst erfolgreich Widerstand.

Erst gegen Ende des Jahrhunderts war Gomera endgültig „befriedet". Zuvor erlaubte das unzugängliche Inselinnere den Guanchen mit ihren Steinzeitwaffen einen durchaus erfolgreichen Guerillakampf gegen die waffentechnisch und organisatorisch weit überlegenen Spanier. Was den Widerstand der Guanchen immer wieder aufs Neue provozierte, war das rücksichtslose Vorgehen der spanischen Kolonisatoren. Für die neuen Herren schien es zunächst nur einen einigermaßen lukrativen Wirtschaftszweig zu geben: den Sklavenhandel, an dem sich schon Jean de Béthencourt tatkräftig beteiligte. Die spanische Krone honorierte seine Bemühungen bald mit dem Titel „König der Kanarischen Inseln". Doch schon im Jahr 1406 verabschiedete sich der Herrscher endgültig von seinem Reich und übergab die Regierungsgeschäfte seinem Neffen **Maciot de Béthencourt**. Dieser agierte so brutal und eigennützig, dass er bereits 1415 gezwungen wurde abzudanken. Dennoch gelang es ihm zuvor, sein Amt zu versilbern. Er verkaufte, was er nur losbrachte, teilweise gleich an mehrere Interessenten. Auf Gomera aber blieb er erst einmal den gequälten Guanchen erhalten. Dort nämlich startete er 1420 eine Christianisierungskampagne, die sich als überaus erfolgreiches Herrschaftsinstrument erwies.

Überhaupt erprobten die spanischen Feudalherren auf den Kanaren das gesamte Instrumentarium an Unterwerfungsstrategien, das bei der bald folgenden Eroberung der überseeischen Kolonien eine wichtige Rolle spielen sollte: wechselseitiges Ausspielen von Stammeshäuptlingen, feierliches Abschließen und späteres Brechen von Verträgen und schließlich Förderung von „Mischehen", um den unterworfenen Inseladel kulturell zu assimilieren. *Señorio* (Lehnswesen) hieß eine weitere Unsitte, die die spanischen Herren in dieser Zeit auf den Inseln einführten. Dabei gab der eigentliche Besitzer zeitlich befristet seine Ländereien gegen Bezahlung an einen Lehnsmann ab, der nun aus den überlassenen Latifundien herauspresste, was nur zu bekommen war.

Bis 1479 waren die Kanaren ein Tummelplatz für adelige Glücksritter und zugleich ein Nebenkriegsschauplatz der Großmächte Spanien und Portugal. Mit wechselndem Erfolg bemühten sich beide Nationen, die Kanaren unter Kontrolle zu bekommen. Bis eben in jenem Jahr 1479 das Archipel der spanischen Interessensphäre zugeschlagen wurde.

Was ereignete sich zwischenzeitlich auf Gomera? Nun, einige Zeit besaß der spanische Adelige **Guillén de las Casas** die Insel, bis er sie 1447 an **Fernán Peraza den Älteren** verkaufte. Der trat wenigstens insoweit ruhmreich hervor, als er das heutige Wahrzeichen der Insel, den *Torre del Conde,* errichten ließ. Über seine Tochter **Inés Peraza** gelangte Gomera 1477 schließlich in die Hände seines Enkels **Fernán Perazas des Jüngeren**. Dieser stand seinem Großvater in Sachen Ausbeutung und Verschleppung in nichts nach, was ihm die Guanchen dann doch übel nahmen. Zwar konnte er sich 1484 noch mit seiner Familie im Torre verschanzen und dort ausharren, bis ihm Truppen aus Gran Canaria zur Hilfe eilten; doch schon vier Jahre später wurde er von verschwörerischen Ureinwohnern bei einem geheimen Schäferstündchen hingemeuchelt.

Als Erbin trat seine Ehefrau, die geschasste spanische Hofdame **Beatriz de Bobadilla**, in Erscheinung. Gemeinsam mit **Pedro de Vera**, dem zu Hilfe geeilten Gouverneur von Gran Canaria, verfolgte sie gegen die Guanchen einen Racheplan, bei dessen Ausführung die meisten Ureinwohner zu Tode kamen.

Isla Colombina

Wer nun glaubt, die schöne Beatriz sei einzig und allein durch ihren Genozid zu einiger Berühmtheit gelangt, der irrt gewaltig. Was nämlich heute hauptsächlich mit ihrem Namen verbunden wird, ist das Gerücht von einer Liaison mit einer der bekanntesten Figuren der Weltgeschichte, mit dem Entdecker **Christoph Kolumbus**.

1451 wurde Cristoforo Colombo, den die Spanier Cristóbal Colón nennen, als Sohn eines Tuchwebers in Genua geboren. Schon früh verschrieb er sich der Seefahrt. Mit 28 Jahren ließ sich der Kapitän in Portugal nieder und versuchte, **König Johann II**. zu überreden, eine Expedition zu finanzieren, mit der er die Westroute nach Indien auskundschaften wollte. Vergebens. Mehr Glück hatte er 1486 bei **Isabella I**. von Kastilien; sechs Jahre später unterzeichneten beide einen Vertrag über eine Ostasienexpedition. Kolumbus erhielt drei Schiffe (Santa Maria, Pinta, Niña), die erbliche Würde eines Großadmirals und Vizekönigs der „Neuen Welt" sowie den Anspruch auf ein Zehntel der zu erwartenden Gewinne.

Christoph Kolumbus

Die berühmte Reise begann am 3. August 1492 im Hafen des kleinen andalusischen Städtchens Palos. Doch die letzte Station diesseits des Atlantiks war Gomera. Vom 12. August bis zum 6. September verweilte er mit seiner 110 Mann starken Besatzung in San Sebastián und Umgebung. Es war nicht sein erster Aufenthalt auf Gomera (schon als Schiffsjunge und junger Kapitän hatte er die halbe damals bekannte Welt gesehen) und auch nicht sein letzter, wahrscheinlich aber sein längster und gewiss der berühmteste. Was ihm hier kurz vor dem Höhepunkt seines Lebens widerfuhr, ist nicht überliefert. Sicher scheint zumindest, dass Kolumbus ein letztes Mal seine Süßwasservorräte ergänzte. Vielleicht sogar aus jenem Brunnen im Herzen San Sebastiáns, der heute die Inschrift trägt: „Dieses Wasser taufte Amerika". Gewiss wird er auch gebetet haben, etwa um das gute Gelingen seiner Fahrt. Und das dann vermutlich in jener Pfarrkirche der Hauptstadt, die Beatriz noch kurz zuvor zur Verwirklichung ihrer monströsen Rachepläne benutzt hatte (s. „San

Sebastián/Sehenswertes“, S. 88). Ob es aber wirklich eine heiße Romanze mit dieser grausamen Frau war, die den großen Entdecker hier noch fast einen Monat verweilen ließ, wird wohl nie geklärt werden können.

Am 6. September 1492 jedenfalls verließ Kolumbus den Hafen von San Sebastián und erreichte ohne weitere Zwischenstation schon am 12. Oktober Guanahani (= San Salvador). Damit war Amerika entdeckt, auch wenn Kolumbus bis zu seinem Tode im Jahr 1506 fest davon überzeugt war, in Indien an Land gegangen zu sein. Noch zweimal sollte Kolumbus auf Gomera weilen, bei seiner zweiten und bei seiner dritten „Indienfahrt“ (1493 und 1498) – jeweils aber nur für wenige Tage. War damals die Beziehung zu der glutäugigen Inselherrin Beatriz de Bobadilla schon abgekühlt? Wir wissen es nicht. Was am Ende zählt und mit Recht der ganze Stolz der Insulaner ist, ist dies: Wäre Gomera nicht gewesen, dann hätte Kolumbus die Neue Welt wohl schon einen Monat früher entdeckt. Einen Augenblick also stand Gomera in jenem August des Jahres 1492 im Rampenlicht der Weltgeschichte, freilich ohne dass einer der daran Beteiligten davon Kenntnis gehabt hätte (und auch nur, um kurz darauf umso tiefer in Vergessenheit zu geraten).

Bauern, Piraten und Emigranten

Das stürmische 15. Jahrhundert wurde abgelöst von einer Zeit der friedlichen Verschmelzung der überlebenden Ureinwohner mit den spanischen und portugiesischen Einwanderern. Die bäuerlichen Arbeitsweisen wurden modernisiert, Weizen- und Gersteanbau sowie bescheidene Viehzucht nährten die Gomeros, Zuckerrohr und Wein gediehen und machten die jeweiligen Besitzer der Insel ein wenig reicher, die Pächter ein wenig müder. Der grandiose Lorbeerwald schrumpfte im gleichen Ausmaß, wie die landwirtschaftliche Nutzfläche wuchs. Der Sklavenfang kam aus der Mode, auch spektakuläre Intrigen oder politische Morde können aus den folgenden Jahrhunderten nicht mehr berichtet werden. Gomera war und blieb eine Insel der armen, rückständigen Bauern.

Trotzdem wuchsen in jener Zeit Begehrlichkeiten von neuer Seite: Die ungeheuren Schätze, die die spanischen Konquistadoren aus ihren überseeischen Kolonien nach Hause brachten, ließen bei so manchem die Sehnsucht nach Geld, Gold und einem sorgenfreien Leben aufkommen. Nicht nur blutrünstige Piraten, sondern auch die biederen Kapitäne der übrigen Großmächte, allen voran die Englands, Hollands, Frankreichs und Portugals, leckten sich die Finger nach dem Gold der Indios. Jahrelang lagen sie auf der Lauer, um nur ein einziges Mal eine fette spanische Fregatte auf dem Rückweg von Südamerika zu kapern.

Die Wartezeit verkürzten sie sich mit Plünderungen unbefestigter Küstenstädte, und besonders gern taten sie sich an den nicht eben gut geschützten Ansiedlungen der Kanarischen Inseln gütlich. Selbst das ärmliche Gomera blieb davon nicht verschont. Manchmal wurde San Sebastián bis auf die Grundmauern niedergebrannt, manchmal konnten die Verteidiger mit ihrer bescheidenen Artillerie den Feind verjagen. Dies gelang auch beim letzten Piratenüberfall im Jahr 1743, wovon noch heute ein Gemälde in der Pfarrkirche der Hauptstadt kündet.

Davon abgesehen blieb alles beim Alten. Die rigide Feudalstruktur sorgte nachhaltig dafür, dass sich nichts veränderte, auch nicht in wirtschaftlicher Hinsicht. Es gab Ein- und Ausfuhrbeschränkungen, hohe Schutzzölle, und von dem Wenigen, was übrig blieb, beanspruchten die Inselherren, die Kirche und die spanische Krone den Löwenanteil für sich. Erschwerend kam hinzu, dass die Gomeros wirtschaftlich meist alles auf eine Karte setzten – nicht selten auf die falsche. Nach der Sklavenfängerzeit war der Rohrzucker der mit Abstand bedeutendste Exportartikel. Abgesehen von der wachsenden Billigkonkurrenz aus Amerika, die schon rund 50 Jahre nach Kolumbus' Entdeckung den damaligen Weltmarkt fest im Griff hatte, war für den Niedergang dieses Handelsartikels entscheidend, dass die großflächigen Rodungen den Wasserhaushalt der Insel störten. Ohne ausreichende Wassermengen konnten die Zuckermühlen nicht arbeiten.

Mehr schlecht als recht versuchten es die Gomeros dann mit Seide. Ein bescheidener Erfolg war hingegen dem Weinanbau vergönnt, der ab dem 18. Jahrhundert zumindest die Nordtäler der Insel eroberte. Ein Großteil der Ernten wurde zu starkem Schnaps verarbeitet, der sich als gefragtes Handelsgut erwies. Dem machte in der Mitte des 19. Jahrhunderts die Reblaus den Garaus. Die Folge war eine erste Auswanderungswelle nach Venezuela und Kuba. Genauso wenig Glück hatten die Gomeros mit den folgenden Monokulturen, den Koschenillen und den Bananen. Und wie die Bilanz des heutigen Tourismusbooms später einmal aussehen wird, bleibt abzuwarten.

Terrasse mit Weinkulturen

Armut, Unterdrückung und Emigration waren die bestimmenden Faktoren im Leben der Gomeros bis in die jüngste Zeit. Zwar wurde 1836 der **Señorio-Status** der Insel offiziell aufgehoben, doch die Macht der Grafen ging nun über in die Hände einiger weniger Großgrundbesitzer, die an dem vorherrschenden System der Halbpacht (die Erträge werden zwischen Pächter und Besitzer eines Feldes gleichmäßig aufgeteilt) natürlich nicht rütteln ließen.

Bescheidene Schritte in Richtung Unabhängigkeit von der Madrider Zentralgewalt waren 1912 die Einsetzung einer Inselregierung (**Cabildo Insular**) und 1927 die Teilung der Kanaren in

Bananenpflücker

zwei spanische Provinzen, wobei Gomera an Teneriffa fiel. Eigentlich war auch das – die Abhängigkeit von der größeren Nachbarinsel – nur eine historisch konsequente Entwicklung, denn schon die Grafen, die unumschränkten Herrscher Gomeras, pflegten einst bevorzugt auf Teneriffa zu residieren. Noch heute sitzt das Misstrauen vieler Gomeros gegenüber der Provinzregierung in Santa Cruz de Tenerife tief. Wie stiefmütterlich man sich hier behandelt fühlt, zeigt ein Beispiel aus jüngerer Zeit: Im Spätsommer 1984 beim großen Waldbrand, der in der Nähe von La Laja ausbrach, bat die Bevölkerung Gomeras den Gouverneur von Teneriffa um Hilfe. Diese kam dann prompt in Form eines einzigen Feuerwehrwagens, die angeforderten Löschflugzeuge verspäteten sich erheblich. Als sich schließlich der Gouverneur den Brand und seine Folgen anschauen wollte, wechselte plötzlich der Wind. Die Flammen schlugen ihm entgegen und mehrere Menschen, darunter der Gouverneur selbst, verbrannten. Wenig später traf endlich ausreichende Hilfe aus Teneriffa ein.

Der Spanische Bürgerkrieg, der Zweite Weltkrieg, die Franco-Diktatur und die Demokratisierung unter König Juan Carlos nach Francos Tod im Jahr 1975 gingen ohne große Aufregungen an Gomera vorüber. Auch das Autonomiestatut vom August 1982, das der Provinzregierung große Freiheiten gegenüber der Madrider Zentralgewalt einräumte, ließ auf Gomera die Gemüter kühl. Wichtiger war das Jahr 1992, das Jahr des europäischen Binnenmarktes. Wenn es nicht entsprechende Schutzbestimmungen gegeben hätte, wäre der Abbau der nationalen Importbeschränkungen nämlich zugleich das definitive Ende des Bananenanbaus auf Gomera gewesen, denn gegen die Billigkonkurrenz aus Südamerika war ohne marktregulierende Maßnahmen nichts zu machen. Nur bis 2006 subventioniert die EU kanarische Bananen mit 36 Cent pro Kilo. Schon heute produzieren die Gomeros so gut wie nur noch Bananen für den Eigenbedarf und für Spanien. Die einzige Trumpfkarte der gomerischen Wirtschaft wird in Zukunft jedoch der Tourismus und (damit verbunden) das Bau- und Immobiliengeschäft sein. Und man kann nur hoffen, dass auf diesen Feldern nicht die gleichen Fehler gemacht werden wie auf Teneriffa oder Gran Canaria.

La Gomera auf einen Blick

Lage: Gomera rund 350 km von der nordwestafrikanischen Küste entfernt auf dem 28. Breitengrad, d. h. sogar noch ein wenig südlicher als Kairo. Unmittelbare Nachbarinseln sind Teneriffa, La Palma und El Hierro, die eine Art Dreieck um Gomera bilden.

Größe: Mit 378 qkm ist Gomera die zweitkleinste bewohnte Kanareninsel. Das fast kreisförmige Eiland hat eine Ost-West-Ausdehnung von 25 km und eine Nord-Süd-Ausdehnung von 22 km.

Landesnatur: Die Erosion formte die heutige Gestalt der Insel. Höchste Erhebung ist mit 1487 m der Garajonay. Vom dicht bewaldeten Inselzentrum strahlenförmig ausgehend, zerteilen tiefe Canyons (span. *barrancos*) das vulkanische Gestein. Nur die Ausläufer dieser Schluchten weiten sich gelegentlich zu flachen Buchten, die die Steilküste unterbrechen.

Klima: Durch die besondere Gestalt und Lage der Insel sind die klimatischen Gegebenheiten höchst unterschiedlich. Der Norden ist niederschlagsreicher und kühler als der Süden. Während sich in den Hochlagen des Lorbeerwaldes oft Nebelkondensation bildet, ist es in Meeresnähe meist sommerlich warm und trocken. Die klimatischen Unterschiede zwischen Sommer und Winter sind im Übrigen bei weitem nicht so groß wie in Mitteleuropa; das ganze Jahr über sind die Temperaturen in der Regel frühlingshaft oder sommerlich.

Bevölkerung: Auf ganz Gomera leben heute nur noch rund 17.000 Menschen, davon allein an die 7000 in der Inselhauptstadt San Sebastián. Die Einwohner gelten als Nachfahren der *Guanchen*, der kanarischen Urbevölkerung, die sich nach der spanischen Eroberung im 15. Jahrhundert mit den Besetzern vermischten. Einige Bräuche blieben erhalten, so z. B. *El Silbo*, die eigentümliche Pfeifsprache, mit der sich noch heute einige ältere Gomeros verständigen können (s. Kasten S. 19).

Verwaltung: Gomera ist Teil der autonomen Region Kanarische Inseln, die wiederum in zwei spanische Provinzen unterteilt ist: Gran Canaria und Teneriffa. Gomera gehört zu Letzterer; ihr Verwaltungszentrum ist Santa Cruz de Tenerife. Auf Gomera selbst ist das *Cabildo Insular*, die Inselregierung, die höchste legislative Instanz. Sie hat die Aufsicht über die *Ayuntamientos*, die Bürgermeisterämter der einzelnen Gemeinden.

Verkehr: Als regelmäßige Verbindung mit der Außenwelt gibt es Fähren und das Schnellboot auf der Strecke von San Sebastián nach Los Cristianos (Teneriffa). Auf dem 1999 eröffneten Flughafen dürfen nur wenige Maschinen des inländischen Flugverkehrs starten und landen. Auf Gomera selbst kann man jedes größere Dorf mit dem Linienbus erreichen, außerdem gibt es Taxis und Mietwagen.

Wirtschaft: Schon früh wurde die Zuckerproduktion aufgrund der Konkurrenz aus den neuen Kolonien unwirtschaftlich. Etwa in der Mitte des 19. Jahrhunderts trat dann die Opuntie, eine aus Mexiko eingeführte Pflanzenart, in Erscheinung. Auf ihr lebt eine Schildlausart, deren Weibchen einen karminroten Farbstoff enthalten, der zu Färbezwecken hauptsächlich in der kontinentalen Textilindustrie eingesetzt wurde (heute ist der Stoff als natürlicher Lebensmittel- und Kosmetikfarbstoff geschätzt, z. B. in Campari und in naturreinen Lippenstiften). Zwar gibt es auf der Insel immer noch Opuntienhecken, da aber die Textilindustrie schon lange ganz auf synthetisch hergestellte Farbstoffe setzt, haben sie inzwischen nur noch geringe wirtschaftliche Bedeutung.

An die Stelle der Schildlauszucht trat gegen Ende des letzten Jahrhunderts schließlich der Bananenanbau, dann der Anbau tropischer Früchte. Heute ist der Tourismus die wichtigste Erwerbsquelle.

Einreisepapiere: Österreicher, Schweizer und Deutsche benötigen einen Personalausweis. Für das eigene Fahrzeug braucht man die grüne Versicherungskarte und die Zulassungspapiere.

Unterkünfte: Vor allem in den Weihnachts- und Osterferien ist wegen der beschränkten Zahl an Unterkünften eine Bettenreservierung dringend zu empfehlen.

Anreise

Gomera liegt über 300 Kilometer Luftlinie vor der nordwestafrikanischen Küste. Schon der großen Entfernung wegen ist das Flugzeug die von den meisten Urlaubern bevorzugte Anreisevariante. Nur etwa fünf Stunden dauert der Flug vom nasskalten Mitteleuropa zu den stets sommerlichen Kanarischen Inseln. Schnell, preiswert und bequem – das sind die Hauptvorteile des Fliegens.

Natürlich kann man auch mit dem Schiff hierher kommen, nachdem man sich zuvor per Bus, Bahn, Anhalter oder mit dem eigenen Fahrzeug zur südspanischen Hafenstadt Cadiz durchgeschlagen hat. Doch dies kostet eine Menge Zeit, erfordert sorgfältige Planung und ist auch teurer als ein Flug. Nur wer sich für längere Zeit auf den Kanaren aufhalten und dabei nicht auf sein eigenes Fahrzeug verzichten möchte oder wer die Anreise selbst als Urlaub begreift und keinen Zeitbeschränkungen unterliegt, der kann unterhalb der dicht beflogenen Luftstraßen noch ein abenteuerliches, langsames Annähern an das immergrüne und schluchtenreiche Gomera erleben.

Mit dem Flugzeug

Noch gibt es auf Gomera keinen internationalen Flughafen. Deshalb führen alle Luftverbindungen bislang über eine der benachbarten Inseln mit internationalem Airport. Teneriffas Flughafen-Süd, Reina Sofia, ist dabei die bei weitem günstigste Lösung.

Von hier aus hat man nur noch eine 15-minütige Taxifahrt zur Fähre in Los Cristianos vor sich. Alle übrigen Zielflughäfen auf den Kanaren machen einen eher umständlichen, zeitraubenden und kostenintensiven Transfer mit Flugzeug, Schiff, Bus und Taxi nötig. Die noch am wenigsten komplizierte Alternative zu Teneriffa-Süd ist der Flughafen Gando bei Las Palmas auf Gran Canaria. Von hier aus gibt es täglich inländische Flugverbindungen nach La Gomera. Gleichwohl ist auch diese Variante nur sehr bedingt zu empfehlen, denn die Flüge sind schnell ausgebucht und es fallen auch entsprechend mehr Kosten an.

Hauptabflughäfen zu den Kanarischen Inseln sind Düsseldorf, Frankfurt/M., München, Wien, Zürich, Amsterdam, Brüssel und Luxemburg. Die Flugdauer beträgt bei einem Direktflug gut 4 Stunden, bei einem Flug mit Zwischenlandung (meist in Madrid oder Barcelona) auch schon einmal mehr als 7 Stunden.

Vorsicht: Buchen Sie Ihren Flug nach Teneriffa-Süd. Wer auf dem Flughafen Teneriffa-Nord (Los Rodeos) ankommt, nimmt einen 75 km langen Weg zum Fährhafen Los Cristianos im Süden Teneriffas auf sich. Zunächst fährt man mit dem Bus 102 vom Airport (Haltestelle direkt am Flughafenausgang) zum Busterminal von Santa Cruz (12 km). Von hier aus geht es weiter mit dem Bus Nr. 111 über Playa de las Americas nach Los Cristianos (ca. 24-mal täglich zwischen 6.30 und 20.30 Uhr, an Sonn- und Feiertagen stündlich). Dauer der Fahrt: gut eine Stunde. Vier Mal täglich verbindet der Schnellbus 340 Puerto

Von Los Cristianos – Teneriffa – legen die Fähren nach Gomera ab

de la Cruz und den Flughafen Teneriffa-Süd (Reina Sofia). Von hier aus muss man allerdings wiederum in einen Bus zur Fähre (fast alle Linien) nach Los Cristianos umsteigen. Andere Möglichkeit: Ein Taxi vom Nordflughafen zum Fährhafen nach Gomera nehmen. Das jedoch kostet über 40 €.

Linienflüge

Die teuerste Variante: Für Hin- und Rückflug zahlt man ab Frankfurt/M. inkl. Flughafentaxe ab ca. 380 € aufwärts. Die Vorteile sind, dass man sich mit dem Buchen Zeit lassen kann, dass das Flugticket bis zu einem Jahr gültig ist und dass man sich den Rückflugtermin innerhalb dieses Jahres offen halten kann. Für Reisende, die sich mehr als sechs Monate auf den Kanarischen Inseln aufhalten möchten, kann das interessant sein (s. auch „One-Way-Ticket").

Flieg-&-Spar-Tarif: Um Linienflüge für Urlauber attraktiver zu machen, bieten einige Gesellschaften Flüge zum Flieg-&-Spar-Tarif an. Diese sind im Vergleich zum normalen Linienflug erheblich billiger, und es besteht keine Vorausbuchungsfrist. Der Nachteil ist, dass sich der Reisende mehreren Einschränkungen unterwerfen muss. So muss zwischen Hin- und Rückflug mindestens ein Sonntag liegen. Außerdem ist die Aufenthaltsdauer auf 6 Monate begrenzt. Bei Absage vor Reiseantritt (Krankheitsfall) kann der Flug zwar problemlos umgebucht werden, in diesem Fall entstehen aber Gebühren.

Flieg-&-Spar-Ticket nach Teneriffa ab Frankfurt inkl. Flughafentaxe (je nach Saison) zwischen 350 € und 550 €.

Super-Flieg-&-Spar-Tarif: Es handelt sich um Linienflüge, deren Preis gegenüber den Flügen zum Flieg-&-Spar-Tarif nochmals reduziert ist. Die Buchungsauflagen verschärfen sich dementsprechend. So muss der Flug spätestens 7 Tage vor Reiseantritt gebucht und bezahlt sein. Auch hier kann man wie beim Flieg-&-Spar-Tarif erst nach dem ersten Sonntag nach Reiseantritt wieder zurückfliegen. Hin- und Rückflug müssen fest gebucht werden, eine Umbuchung des Rückflugs ist nach Reiseantritt nicht mehr möglich. Die maximale Aufenthaltsdauer beträgt 3 Monate.

Super-Flieg-&-Spar-Tarif nach Teneriffa ab Frankfurt inkl. Flughafentaxe (je nach Saison) zwischen 200 und 350 €.

Jugendtarif Europa: Für junge Leute unter 24 Jahren und Studenten unter 26 Jahren gibt es eine Ermäßigung von 25 Prozent auf den Flieg-&-Spar-Tarif bzw. auf den Super-Flieg-&-Spar-Tarif. Die Anzahl der Plätze ist allerdings begrenzt.

One-Way-Flüge: Für Langzeiturlauber, die mehr als drei Monate auf den Kanaren bleiben wollen, bieten sich One-Way-Flüge an. Auf Gomera im Reisebüro La Paloma (siehe Seite 162) bekommen Sie via Teneriffa ohne Probleme einen Rückflug.

Charterflüge

Die großen Vorteile der Charterflüge liegen im vergleichsweise niedrigen Preisniveau, insbesondere wenn es sich um Pauschalreisen mit Flug und Unterkunft handelt, und im größeren Angebot an Abflughäfen. Von Deutschland aus starten Maschinen von München, Hamburg, Frankfurt/M., Berlin, Düsseldorf, Hannover, Leipzig, Stuttgart, Dresden und Erfurt. Auf dem lukrativen Markt tummeln sich alle großen Anbieter wie beispielsweise Condor, LTU, Hapag Lloyd und Germania.

Je nach Saison kann es z. T. zu erheblichen Preisschwankungen kommen. Aber gerade dieser Preiskampf auf dem Charterflugmarkt kann dem Urlauber einen unverhofft günstigen Flug bescheren. Vorausgesetzt, man informiert sich rechtzeitig (viele Maschinen sind vor allem in der Saison oft Wochen im Voraus ausgebucht) und nach Möglichkeit in mehreren Reisebüros, denn häufig existieren Exklusivverträge mit bestimmten Charterfluggesellschaften oder Händlern, deren Tickets verbilligt aufgekauft wurden. Und die sind natürlich schnell vergeben. Vor allem für die Hochsaisonzeiten wie Weihnachten, Ostern und Schulferientermine gilt also: frühzeitig um die Plätze kümmern. Auf ganz besondere Schnäppchen kann man ohnehin nur in der Nebensaison hoffen (s. u. „Restplatzbörsen/Billigflüge"). Erfahrungsgemäß werden die Flüge aus den Beneluxländern mit zu den günstigsten Tarifen angeboten. Bis zu 40 Prozent billigere Tickets als bei der deutschen Konkurrenz sind keine Seltenheit. Oft ist aber der Service (Beinfreiheit, Mahlzeiten usw.) dem relativ niedrigen Preisniveau angeglichen; hinzu kommen noch die verlängerten Anfahrtswege. Wer dann nicht mit einer mehrköpfigen Fahrgemeinschaft im Privatwagen unter-

Flughafen La Gomera

wegs ist, muss natürlich die zusätzlichen Kosten für Bahn, Bus oder Taxi addieren. Oft erweist sich am Ende einer solchen Kalkulation, dass man zum selben Preis mit viel weniger Aufwand auch von einem näheren Flughafen hätte starten können.

• *Allgemeine Bedingungen*: Hin- und Rückflug müssen im Voraus fest gebucht werden. Der Rückflugtermin kann jedoch vor Ort in Absprache mit der Reiseleitung meist noch geändert werden.

• *Preise*: Die Preise für Flüge nach Teneriffa oder Gran Canaria bewegen sich von Abflughäfen wie Hamburg, Düsseldorf, Frankfurt/M., München oder Amsterdam etwa zwischen 290 und 550 €.

▸ **Last-Minute-Reisen**: „Mir steht die Arbeit bis zum Hals, ich muss raus, und zwar schnell und billig" – wer so denkt, kann sein Glück auf dem Restplatzmarkt versuchen. Vor allem außerhalb der Hauptsaison tut sich hier nämlich einiges: Die Veranstalter locken mit Sonderangeboten um 10 bis 20 Prozent unter Normalpreis für schlecht gebuchte Ferienziele, und das schon etwa sechs Wochen vor dem Abflugtermin. 14 Tage vor Termin senken sie die Preise meist noch einmal, und in buchstäblich „letzter Minute" kann man echte Schnäppchen erwischen. Das Problem: Teneriffa ist häufig gerade nicht unter den Schnäppchen, und schon so mancher, der auf das supergünstige Angebot im allerletzten Moment gebaut hat, hat sich schließlich im teuren Linienflieger wiedergefunden, um überhaupt noch ans gewünschte Ziel zu kommen. Fazit: Wer hinsichtlich des Abflugtermins keinen größeren Spielraum hat, sollte nicht alles auf die Karte „Last Minute" setzen.

Anbieter im Internet

www.lastminute.de
www.super-last-minute.de
www.billigfluege.de
www.kleine-preise-reise.de
www.urlaubstiefpreise.de
www.vistamare.de
www.flugboerse.de
www.traveltopia.de
www.restplatzshop.de
www.flugwelt.de
www.travel-overland.de
www.flug.de
www.aerolinea.de
www.kleinefluchten.de
www.fliegen&sparen.de
www.fccus.de
www.preiswert-urlaub.de
www.hinundweg.com

Fluggesellschaften

www.air-berlin.de
www.condor.de
www.hlf.de
www.ltu.de
www.ltur.de
www.iberia.es

• *Preise*: Last-Minute-Flüge nach Teneriffa gibt's ab etwa 250 €. Erkundigen kann man sich direkt am nächsten Flughafen, per Internet oder im Reisebüro.

• *Anbieter*: **Travel Overland** (München), Buchungstelefon: 089/27276370, www.travel-overland.de, tickets@travel-overland.de.

Fernweh (Augsburg), ✆ 0821/155035, www.fernweh4u.de.

L'Tur: L'TUR Tourismus AG, Augustaplatz 8, 76530 Baden-Baden, Angebote im Internet unter www.ltur.de (auch Informationen zu den 130 L'TUR-Shops) oder per Telefon unter ✆ 01805/858585 (Deutschland), ✆ 0848/808088 (Schweiz), ✆ 0820/600800 (Österreich). E-Mail: kundenservice@ltur.de.

Neckermann Reisen – Kreutzer: jetzt: **Thomas Cook AG**, Zimmermühlenweg 55, 61440 Oberursel, ✆ 06171/6500, www.thomascook.de, service@thomascookag.com. Über 700 Reisebüros in Deutschland.

Last Minute Tours GmbH, Herzog-Wilhelm-Str. 18, 80331 München, ✆ 089/553084, -85, -86, ✆ 089/591120, www.reise.de/lastminute/zentrum, LMTG@aol.com.

Last Minute Tours (Frankfurt/M.), ✆ 069/440002. Last Minute Tours GmbH (München), ✆ 089/596107 oder 553103.

Last Minute Tours (Nürnberg), ✆ 0911/5309963.

Reisecenter alltours GmbH, Am Innenhofen 8–10, 47059 Duisburg, ✆ 0203/3939831,

✆ 0203/3939991, www.alltours.de, inforc@alltours.de

LTU Touristik GmbH, Humboldtstr. 140–144, 51149 Köln, ✆ 0180/3585858 (0,09 €/Minute), www.jahnreisen.de.

Hapag Lloyd (Köln), ✆ 0221/2002444, www.hapag24.de und www.hlf.de.

Flugwelt (Mannheim), ✆ 0621/25773.
Reiseladen (Marburg), ✆ 064212/2055.
Extra-Tours (Dortmund), ✆ 02318/20033.
Travel Point (Stuttgart), ✆ 07112/268982.
First Reisebüro, Last Minute (Hamburg), ✆ 040/50049514.

▸ **Pauschalurlaub und organisierte Spezialreisen**: Pauschalflüge mit Unterkunft auf die Kanarischen Inseln und speziell nach Gomera gibt es z. B. bei LTU (Tjaereborg und Jahnreisen), der TUI und der Thomas Cook AG, die inzwischen die Angebote der Marken Kreutzer, Airtours, Airconti, Terramar, Bucher und Neckermann in einem Katalog zusammengefasst hat. Auskunft erhalten Sie in jedem Reisebüro. Kleinere Reiseveranstalter haben meist spezialisierte Programme, d. h. sie bieten Trekking, Biking, Erlebnis-, Umwelt- oder Bildungsreisen als Pauschalpakete an. Wer interessiert ist, holt sich am besten zum Vergleich die Kataloge aus dem Reisebüro oder fordert sie per E-Mail an.

• *Pauschalreisen* **Tui**, www.tui.de.

Thomas Cook AG, www.thomas-cook.de.

• *Spezialreisen* **Studiosus Reisen**, Postfach 500609, 80976 München, ✆ 089/500600, ✆ 089/50060100, www.studiosus.com, tours@studiosus.com.

Wikinger Reisen GmbH, Kölner Str. 20, 58135 Hagen, ✆ 02331/904741, ✆ 02331/904704, www.wikinger-reisen.de, mail@wikinger.de.

Gomera Trekking Tours, Sandstraße 1a, 90443 Nürnberg, ✆ 0911/20787, ✆ 0911/20799, www.trekkingreisen.de, info@trekkingreisen.de.

Vuelta Rad- und Wanderreisen, Düsseldorfer Str. 2, 10719 Berlin, ✆ 030/31506072, ✆ -73, info@vuelta.de.

Trails Natur- und Erlebnisreisen, Bahnhofstr. 47, 87435 Kempten, ✆ 0831/15359, ✆ 0831/12854, www.trails-reisen.de, trails-reisen@t-online.de.

Activida Tours, Trekking und Kulturreisen, Am Frauwald 6, 65510 Idstein, ✆ 06126/581818, ✆ 06126/581820, www.activida.de, info@activida.de.

Delfintouren: Colibri Umweltreisen, Sophienstr. 5, 10178 Berlin, ✆ 030/28390232, ✆ -34, www.colibri-berlin.de, info@colibri-berlin.de.

• *Wander-Wellness-Angebote* 1 Woche mit Übernachtungen, Wanderungen und 2 Anwendungen Ganzkörpermassage oder TCM (Traditionelle Chinesische Medizin) ab 460 € ohne Flug. www.woman-pure@freenet.de.

Die Überfahrt von Teneriffa nach Gomera

So wird die Anreise der überwiegenden Zahl aller Gomera-Urlauber aussehen: Landung auf dem **Aeropuerto del Sur** (Teneriffas Süd-Flughafen), dann eine etwa 15-minütige Taxifahrt zur **Muelle de Los Cristianos**, dem 20 km entfernten Fährhafen von Los Cristianos, und schließlich die Überfahrt mit der Fähre. Gewiefte Sparer vermindern übrigens die Taxikosten von etwa 20 €, indem sie sich bereits am Flughafen mit anderen Gomera-Urlaubern zusammentun. Mit viel Gepäck ist dies die beste Variante.

Es fahren außerdem regelmäßig Busse (Linie 487) vom Flughafen Süd bis Los Cristianos (zwischen 8:10 und 22 Uhr stündlich, allerdings nur jeder zweite bis in den Hafen). Die Tickets für eine Busfahrt kosten ca. 2,20 €, die Fahrt dauert etwa 30 Minuten. Man sollte sich allerdings vorher informieren, ob die Busse direkt bis zum Hafen fahren; andernfalls muss man in Playa de las Américas noch umsteigen oder ca. 10 Minuten zu Fuß nach Los Cristianos laufen. Für die Überfahrt stehen die Fähren und Schnellboote der Líneas Fred Ohlsen und

Ein guter Platz für die Überfahrt mit der Autofähre: das Außendeck

der Trasarmas zur Auswahl. Außerdem fahren auch die kleineren Schnellboote der mit Hilfe von EU-Mitteln neu gegründeten Gesellschaft Garajonay Exprés. Sie schaffen nicht nur eine zusätzliche Verbindung von Los Cristianos nach San Sebastián, sondern fahren auch weiter nach Playa de Santiago und ins Valle Gran Rey. Ein Tipp: Wer leicht seekrank wird, kann mit den größeren Autofähren bis San Sebastián fahren und dann nach Playa de Santiago oder Vueltas umsteigen. Dabei empfiehlt es sich aber, genau die aktuellen Fahrpläne zu studieren und den Zwischenstopp in San Sebastián zeitlich optimal zu planen. Das Schnellboot Benchijigua Express braucht nur 50 Minuten bis Gomera.

Tipp für die Zwischenübernachtung auf Teneriffa

Wer auf der Hin- bzw. Rückreise eine Nacht auf Teneriffa verbringen muss (weil keine Fähre mehr geht oder der Flieger in die Heimat ganz früh morgens startet), der findet in Los Cristianos drei günstige Pensionen (vorher reservieren): Pensión La Paloma, Calle Paloma, ✆ 922-790198, Zimmer mit Gemeinschaftsbad ab 15 €. Pensión Playa, Calle la Paloma, ✆ 922-7922-64, Zimmer mit Gemeinschaftsbad ab 12 €, Pensión Casa Blanca, Calle Ramon Pino 28, ✆ 922-751975, Zimmer mit Gemeinschaftsbad ab 12 €. Empfehlenswert sind auch deutsche Residenten, die eine Übernachtung mit Frühstück gleich inklusive Transfer vom Boot zum Flughafen oder umgekehrt anbieten: Ernstl, ✆ 922-691335, Handy 646-254249. Unterkunft in einem Landhaus mit nur 4 Doppelzimmern, 2 km vom Meer entfernt. Oder Casa Verde, ✆ 696-701349 (Handy). Zimmer mit Frühstück im Haus am Meer.

Wer mit dem Auto übersetzt, braucht etwas Geduld

- *Benchijigua Express* ab Los Cristianos/Teneriffa 8.30, 9.30, 13.30, 17.30, 20.30 Uhr; Ankunft in San Sebastián/Gomera jeweils etwa 50 Minuten später. Abfahrt in San Sebastián 7.30, 10.30, 13, 16.30, 18.30 Uhr. Vorsicht: Die Abfahrtszeiten können kurzfristig geändert werden. Erwachsene zahlen 21 € (einfach) bzw. 42 € (hin und zurück); Senioren 17,90 € pro Fahrt; Kinder von 4–11 jeweils 10,50 € pro Fahrt. Autos 36 € pro Fahrt, Wohnwagen und Wohnmobile kosten 43,20 €, Motorräder 21,60 € und Fahrräder 10,80 €.
- *Ferry „Isla de la Gomera"* Los Cristianos/Teneriffa Mo–Do 8.30, 14 Uhr; Fr. 8.30, 14, Mi, Fr und So auch 19 Uhr, Ankunft in San Sebastián/Gomera jeweils etwa 1,5 Std. später. Ab San Sebastián Mo–Fr 11.45, 17.15 Uhr; Sa, So nur 17.15 Uhr. Die Tickets sind etwas günstiger (16 € eine Fahrt, wird die Rückfahrt sofort mit gelöst kostet das Ticket 28 €. Autos 23,50 €, Wohnmobile und -wagen 54,80 €, Motorräder 8,90 €.
- *Tickets/Information* Tickets erhält man in allen Reisebüros in Los Cristianos oder direkt im Hafen an den Fahrkartenschaltern der Lineas Fred Olsen bzw. der Trasarmas. Vorausbuchung ist möglich, allerdings nur nötig für Autoplätze besonders um Ostern und Weihnachten, an Wochenenden sowie an Feiertagen. Von Gomera aus gibt es Fährverbindungen zu El Hierro. Die Überfahrt dauert zwischen 4 und 5 Stunden. Planen Sie für das Inselhüpfen genügend Zeit ein – idealerweise 3 bis 4 Tage. Direkt fährt die Fähre nur samstags, ansonsten über Los Cristianos (Teneriffa). Alle anderen kanarischen Inseln sind nur von Los Cristianos aus zu erreichen.

Als direkte Verbindung verkehrt eine kleine Personenfähre – der **Garajonay Exprés** – von Los Cristianos über San Sebastián und Santiago bis ins Valle Gran Rey. (Abfahrt im Fährhafen von Los Cristianos um 8.40, 14.15, und 18.30 Uhr, Ankunft in San Sebastián jeweils 45 Minuten später, in Playa de Santiago weitere 20 Minuten später und nach Vueltas im Valle Gran Rey dauert es von Playa de Santiago noch mal 25 Minuten. Rückfahrt von Vueltas über Playa de Santiago und San Sebastián 6.35, 10.45 und 16.25 Uhr. Abfahrt von Playa de Santiago nach Los Cristianos über San Sebastián 7.05, 11.15 und 16.55. Abfahrt von San Sebastián nach Los Cristianos 7.25, 11.35 und 17.15 Uhr. Die Tickets sind an einem Verkaufsstand an der jeweiligen Mole erhältlich. Eine Fahrt von Los Cristianos ins Valle Gran Rey kostet für Erwachsene 19,30 €. Das Ticket bis Playa de Santiago kostet 18,45 € und nach San Sebastián 15,92 €. Kinder zahlen 50 %. Bei sehr hohem Seegang fährt das vergleichsweise kleine Schnellboot eventuell nicht, für die Rückfahrt am besten einen Tag vorher nachfragen. Die gesamte Fahrt von Valle Gran Rey bis Los Cristianos inklusive der beiden Zwischenstopps in Santiago und San Sebastian dauert ca. 110 Minuten.

Líneas Fred Olsen, ✆ 922-628231, ✆ 922-628201, reservas@fredolsen.es, www.fredolsen.es.

Trasmediterránea, ✆ 902-454645 oder 922-871324, www.trasmediterranea.es.

Garajonay Exprés, (Informationen und Reservierungen) ✆ 902-343450, www.garajonayexpres.com, info@ garajonayexpres.com.

Anreise über Gran Canaria, Lanzarote oder Fuerteventura

Wem es nicht gelingt, mit einem Flug via Teneriffa nach Gomera zu kommen, der wird Umwege in Kauf nehmen müssen. Im Prinzip geht nämlich alles, die Anreise über Gran Canaria, Lanzarote und Fuerteventura eingeschlossen. Allerdings ist der Transfer per Flugzeug, Schiff, Bus und Taxi dann ziemlich umständlich, zeitraubend und kostenintensiv. Ein nahtloser Anschluss ist fast unmöglich – Zusatzkosten durch Zwischenübernachtung sind meist unvermeidbar.

Wer über eine andere Insel als Teneriffa anreist und einen Anschlussflug nach Gomera (z. B. mit Iberia) buchen möchte, wird feststellen: Nicht selten sind die kleinen zweimotorigen Passagiermaschinen der Spanair, Binter und Aviaca (über Iberia) im interinsularen Verkehr schon auf Wochen hin ausgebucht. Auf dem Flughafen von La Gomera landen bisher nur Maschinen aus Teneriffa Nord und aus Gran Canaria. Vor Ort ist es oft sehr schwierig, überhaupt noch ein Ticket zu bekommen, am besten man erkundigt sich frühzeitig. Dann bleiben als Alternativen nur die inselverbindenden Fähren der Trasmediterránea

Flughafen Teneriffa-Süd: die günstigste Anreise für Gomera-Urlauber

(s. u. „Mit dem Schiff") bzw. die Anreise mit dem Schnellboot ab Santa Cruz/La Palma, das für die Überfahrt etwa 80 Minuten braucht. Den Anschlussflug also unbedingt langfristig vorher buchen.

• *Informations-Hotline* der Iberia in **Deutschland** unter ☏ 069/7166111, auf **Teneriffa**, Flughafen Nord (Los Rodeos) ☏ 922-635800, Flughafen Süd (Reina Sofia) ☏ 922-759000/759200, Iberia, La Gomera Airport, ☏ 922-873024, www.iberia.es. Binter Canarias, ☏ 922-635788 oder 922-6356446, www.bintercanarias.es, Flughafen Gomera, ☏ 922-873000 oder -04.

Mit dem Schiff

Die Anreise mit dem Schiff ist die einzige Alternative zum Flugzeug, aber nur in wenigen Fällen eine empfehlenswerte. Sie ist teurer, komplizierter und dauert auch wesentlich länger als der bequeme Flug mit dem Jet.

Das Monopol für diese Variante der Anreise hat die Trasmediterránea. Einmal wöchentlich fährt eine Autofähre zwischen Cadiz und Teneriffa. Die Überfahrt dauert 44 Stunden.

Die Preise für eine einfache Fahrt pro Person bewegen sich zwischen ca. 200 € (Vierbettkabine mit Dusche/WC) und 265 € (Einzelunterbringung in Doppelkabine mit Dusche/WC). Deckpassagen sind nicht möglich. Rechnet man Hin- und Rückfahrt, ist die billigste Fahrkarte also mit rund 400 € teuer als mancher Flug. Dazu kommen noch die (je nach Abfahrtsort) bis zu knapp dreitausend Straßenkilometer zur südspanischen Hafenstadt Cadiz, die man ja auch in die Rechnung einbeziehen muss. Und nicht zu vergessen der Preis für den Fährtransport der Autos selbst, für die man je nach Größe ab 160 € berappen muss; dabei kommt jeder Campingbus schon leicht auf ca. 300 €. Motorräder kosten einheitlich 61 €.

Die meisten Urlauber kommen mit dem Flugzeug und lösen in Los Cristianos ein Fährticket

Auskünfte/Buchungen **Deutsches Reisebüro GmbH**, DER-TRAFFIC Schiffsservice, Emil-von-Behring-Straße 2, 60439 Frankfurt/M., ☏ 069/95881772, ☏ 069/95881769 (Generalagentur der Trasmediterránea), Fahrpläne per Faxabruf unter 069/958879201.

Innerkanarische Verbindungen auf dem Seeweg: Auch hier hat die Trasmediterránea beinahe ein Monopol. Die Fahrpläne und Preise sind starken Schwankungen unterworfen. Aktuelle Fahrpläne und Preislisten können kostenlos beim Deutschen Reisebüro (s. o.) angefordert werden.

Die wichtigsten Straßen der Insel wurden mit EU-Mitteln ausgebaut

Unterwegs auf Gomera

Mit dem Bus

Auf Gomera gibt es mehrere Buslinien, die **nur** von San Sebastián aus zu allen Hauptorten der Insel und zurück fahren. Auf den Hauptstrecken fahren die Busse (guaguas) vier- bis fünfmal am Tag. Zwar sind sie nicht besonders pünktlich, dafür aber vergleichsweise billig – kein Ticket kostet mehr als 5 €. Grundsätzlich halten die Busse entlang der gesamten Fahrtstrecke auf deutliche Handzeichen (allerdings nur, wenn der Busfahrer auch wirklich anhalten kann). Die Lage der Bushaltestellen, den Fahrplan und die Preise finden Sie im Reiseteil dieses Buches jeweils unter der Rubrik „Verbindungen".

Mit dem Mietwagen

Neben den eigenen Füßen ist ein Mietwagen ein geeignetes Mittel, die Insel zu erkunden, denn die Preise sind vergleichsweise günstig (zumindest Taxis sind auf die Dauer zu teuer). Viele besorgen sich gerade für die ersten ein oder zwei Tage auf Gomera einen Mietwagen, um auf die Schnelle festzustellen, wo es am schönsten ist, denn die Entfernungen sind nicht groß und die Hauptorte hat man schnell besichtigt. Natürlich kann der Mietwagen das Wandern nicht ersetzen – vieles erreicht man sowieso nur zu Fuß –, doch als bequeme Ergänzung, für die erste Orientierung oder wenn man eine einsam gelegene Finca als Unterkunft gebucht hat, können wir ihn nur empfehlen.

Die größte Auswahl an Mietwagenanbietern finden Sie in San Sebastián und Valle Gran Rey. Dass hier alle Fahrzeuge gleichzeitig unterwegs sind, passiert nur selten. Meist ist es kein Problem, für den folgenden Tag einen Wagen zu reservieren. Wenn Sie aber auf Nummer Sicher gehen wollen, können Sie „Ihren“ Wagen vorbestellen. Die Adressen, angebotene Fahrzeugtypen und ungefähre Preise finden Sie im Reiseteil dieses Buches unter der jeweiligen Ortschaft. Zur ersten Orientierung: Für einen Mietwagen der billigsten Klasse (Punto, Seat, Corsa etc.) müssen Sie inklusive Vollkaskoversicherung und Steuern pro Tag mit ungefähr 30 € – 35 € rechnen. Nicht viel, wenn man sich zu mehreren einen Wagen teilt. Tipp: Sie können von Deutschland aus einen Mietwagen direkt bei den Anbietern bestellen. Europcar ✆ 0180/5221122, Sixt Budget ✆ 089/666950, Avis ✆ 06171/681800, Hertz ✆ 0180/5333535. Die Preise liegen zwischen 150 und 250 € pro Woche. Es besteht auch die Möglichkeit, Pauschalreisen inklusive Mietwagen zu buchen, was in der Regel günstiger ist, wenn man das Auto nicht nur tageweise, sondern den ganzen Urlaub fahren möchte.

▸ **Motorräder mieten**: Beim Mountainbike-Verleiher **Alofi Rentals** (s. S. 168) in Valle Gran Rey kann man sich Motorräder und Roller leihen und damit die Insel auf wenig anstrengende Weise erkunden. Vorsicht ist aber auch hier angebracht: Man sollte über ausreichend Fahrpraxis verfügen.

Hinweis für Autofahrer: Nachts sind die unbeleuchteten Serpentinenstraßen Gomeras eine nicht zu unterschätzende Gefahrenquelle. Auch tagsüber empfiehlt sich ein überaus defensiver Fahrstil. Vor unübersichtlichen Kurven wird gehupt. Es besteht Anschnallpflicht. Gelbe bzw. weiße Strichmarkierungen am Boden bedeuten Park- bzw. Halteverbot. Eine blaue Linie steht für Parken mit Parkschein. Die Höchstgeschwindigkeit beträgt innerhalb geschlossener Ortschaften 50 km/h, auf Landstraßen 90 km/h. Apropos Vorfahrt beachten: Es gibt häufig keine Straßenschilder, sondern das Dreieck ist – weiß – auf die Straße gemalt.

Mit dem Taxi

Wer auf Gomeras Serpentinenstraßen nicht so gerne selbst am Steuer sitzt, aber auch keine Lust zum Busfahren hat, kann auf ein Taxi ausweichen. Prinzipiell gibt es für Verbindungen zwischen den verschiedenen Orten offiziell festgelegte Taxipreise (vergleichsweise teuer, s. Reiseteil unter „Verbindungen“). Bei mehrstündigen Ausflugs- und Rundfahrten kann man mit dem Taxifahrer einen Spezialpreis aushandeln.

Vor wichtigen Fahrten, z. B. zum Erreichen der Fähre in San Sebastián, ist es zumindest in der Hauptsaison ratsam, das Taxi vorher zu reservieren. Es kommt auch vor, dass Taxifahrer einige Preisaufschläge machen, wenn sie merken, dass man momentan keine alternative Beförderungsmöglichkeit hat (z. B. wenn man gerade den letzten Bus verpasst hat). Dann hilft nur eines: etwas tiefer in die Tasche greifen. Nach 20 Uhr ist es schwer, ein Taxi zu bekommen.

Rufnummern zur **Taxireservierung**: San Sebastián ✆ 922-870524 und 922-146181, Agulo ✆ 922-146181, Valle Gran Rey ✆ 922-805058, Playa de Santiago ✆ 922-895022.

Mit dem Mountainbike

Auf unglaublichen, scheinbar endlosen Serpentinen durch Europas größten Lorbeerwald: La Gomera ist der ideale Spot für Naturliebhaber, die auf Touristenrummel verzichten wollen und die außer dem Sport an sich auch das ganzjährig frühlingshafte Klima und die sehr abwechslungsreiche Vegetation attraktiv finden.

Insgesamt bietet Gomera viele Tourmöglichkeiten, häufig auf asphaltierten Straßen und überall mit dem einzigartigen Blick auf die immergrüne Insellandschaft. Der Spot mit seinen langen, steilen Anstiegen, bei denen etliche Höhenmeter zu überwinden sind, reizt insbesondere anspruchsvolle, erfahrene Biker. Aber selbst „Profis" geraten angesichts der topographischen Verhältnisse leicht ins Schwitzen. Ganz zu schweigen von „gewöhnlichen Radfahrern", die auf Gomera schnell an ihre Grenzen stoßen. Kein Wunder, denn selbst PS-starke Busse haben bisweilen Probleme, die steilen und kurvenreichen Straßen zu meistern.

Wenn Sie sich dennoch fürs Biken entscheiden, sollten Sie vorab unbedingt klären, ob Sie a) schwindelfrei sind und ob Sie b) die notwendigen konditionellen Voraussetzungen mitbringen. Dabei müssen Sie berücksichtigen, dass nicht nur das Klettern (im Extremfall bis auf 1480 m Höhe) kräftezehrend ist, sondern auch das Abfahren, was gerade von ungeübten Bikern häufig vergessen wird.

Wer diesen „Selbstcheck" mit einem positiven Gesamturteil abgeschlossen hat, darf sich auf einzigartige Biking-Erlebnisse freuen. Besondere Höhepunkte der steilen Strecken durch dichte Lorbeerwälder und imposante Felskulissen bilden der Nationalpark Garajonay, das Valle Gran Rey, Vallehermoso und Hermigua. Dabei wird der eine oder andere Ort auch den größten Enthusiasten davon überzeugen können, seine Pause ein wenig länger zu genießen oder zumindest wiederzukommen, um in die Atmosphäre des Ortes einzutauchen.

Biker können auf den Ausflugsbooten mitfahren

- **Bikes leihen oder mitnehmen?** Wenn der eingefleischte Mountainbikefan Gomera auf seinem eigenen Bike erkunden möchte, muss er dies bei der Buchung des Fluges anmelden und etwa zwischen 15 und 30 € zusätzlich einplanen (die Kosten für den Transport mit der Bahn von zu Hause zum Startflughafen erfahren Sie unter www.bahn.de oder unter ✆ 01805/996633 (ab 26 € pro Rad). Um vor bösen Überraschungen gefeit zu sein, sollte das Bike allerdings vor Schäden durch den Transport geschützt werden. Dafür eignen sich Radkartons (kostenlos im Bikeshop erhältlich), Fahrradtaschen (ab 77 €) oder stabile Radkoffer (ca. 200 €).

  Wem das alles zu umständlich ist, kann sich vor Ort ein hochwertiges Mountainbike leihen, und zwar im Valle Gran Rey. Hier gibt es zwei Anbieter: die alteingesessene Bike-Station in La Puntilla in der Nähe des Hotels Gran Rey und Alofi Rentals in Vueltas.

  Die Bike-Station ist auch als Biker-Treffpunkt bekannt; sie bietet einen Reparaturservice und Toureninfos für alle, also auch für diejenigen, die ihre eigenen Bikes dabeihaben. Wer lieber auf eigene Faust Touren unternimmt, der kann sich bei beiden Anbietern auf jeden Fall eine Radfahrkarte kaufen und sich gut beraten lassen. Alle anderen haben die Möglichkeit, Touren zu buchen, die von erfahrenen Bike-Guides geleitet werden: z. B. die für Einsteiger geeignete Garajonay-Tour, die Buenavista-Tour durch den Nordwesten Gomeras, die Pajarito-Tour, bei der man offroad den Nationalpark durchfährt, und die El-Cedro-Tour für Fortgeschrittene. Und als Highlight steht eine mit einer Bootsfahrt entlang der Südküste kombinierte Biketour auf dem Programm. Es gibt Touren für Anfänger sowie für Cracks. (Adressen und Preise mit und ohne Guide oder Shuttlebustransfer siehe Seite 168.)

- **Ausstattung**: Ein hochwertiges Mountainbike ist aufgrund der hohen Steigungen ein Muss auf Gomera. Außerdem sollten alle Biker, die ihr Rad nach Gomera mitnehmen, auch an Helm, Trinkflasche, Schloss, Licht und Handschuhe sowie an ein Reparatur-Set denken (bei den Bikeverleihern ist dies natürlich auch erhältlich). Nützlich für längere Touren sind auch stabile Gepäcktaschen, die auf jeden Fall wasserdicht und solide verarbeitet sein sollten. Wer mehr Staumöglichkeit braucht, kann Lenkertaschen und Low-Rider-Taschen einpacken. Es ist allerdings zu empfehlen, das Gewicht so zu verteilen, dass schwere Gepäckstücke unten und leichte im Lenkerbereich deponiert werden. Außerdem muss darauf geachtet werden, die am Gepäckträger eingravierte Maximallast nicht zu überschreiten.

  Ebenso wichtig ist es, variable Bekleidung mitzunehmen, denn durch die vielen Höhenunterschiede, die auf den Strecken zu bewältigen sind, können sich die klimatischen Bedingungen binnen weniger Kilometer stark verändern. Dazu kommen plötzliche Wetterumschwünge, wie man sie insbesondere im Nationalpark Garajonay häufig beobachten kann. Eine komplette Ausrüstung für heißes Sommerwetter und für regnerische, kalte Wintertemperaturen ist also in jedem Fall anzuraten.

> Denken Sie auch daran, einen ausreichenden **Trinkwasservorrat** mitzunehmen!

Radfahren am Garajonay

▸ **Komplette Reisepakete** werden von mehreren Bikereiseveranstaltern angeboten. Geleitet werden die Touren von ortskundigen Guides. Man übernachtet in Appartements mit Selbstverpflegung.

Alps Mountain Bike: Den Katalog für 2003 kann man im Internet anfordern. Alps Mountain Bike Tours, Tengstraße 1, 80798 München, ✆ 089/5427880, 📠 54290118. www.alpstours.de

Jester Tours: Das Unternehmen bietet 7 Übernachtungen in Appartements der Kategorie 2 und 3–4 Touren plus Leihbike und Helm für 335 € an, Verlängerungswoche 149 € (ohne Flug). Jester Tours Bike, Münzgasse 22, 78462 Konstanz, ✆ 07531/79279, 📠 79259. www.jester-tours.com

Wikinger Reisen: Nähere Infos direkt bei Wikinger oder in jedem Reisebüro.

Wikinger Reisen GmbH, Kölner Str. 20, 58135 Hagen, Reservierung ✆ 023319/04741, 📠 -04.

Gomera Trekking Tours: Angeboten wird u. a. ein einwöchiges Pauschalpaket mit 7 Übernachtungen in San Sebastián, Chipude, Las Hayas, Vallehermoso und Playa de Santiago und 6-tägigem Wanderprogramm, mit Gepäcktransfer zwischen den Unterkünften für 495 €. Ohne Flug. Plus 270–520 € hinzu (saisonabhängig).

Gomera Trekking Tours, Sandstraße 1a, 90443 Nürnberg, ✆ 0911/20787, 📠 00911/20799, www.trekkingreisen.de.

Allgemeine Informationen auch im Internet: www.losawebservice.com/Gomera bzw. über Fax-Tourenabruf: 0190/252223381.

Die berühmtesten Mountainbike-Touren

Startpunkt der folgenden Touren ist jeweils der auf 1260 m Höhe gelegene Rastplatz Laguna Grande im Herzen des Nationalparks.

▸ **Die Garajonay-Tour**: Zunächst geht es durch den südlichen Nationalpark anstrengend steil bergauf zum Garajonay, dem mit 1487 m höchsten Berg Gomeras.

Bequemer Rückweg: Wandergruppe auf der Siron

Anschließend verläuft die Tour auf kaum befahrenen, meist abfallenden Straßen zum Ort Chipude. Dort beginnt die überwältigende Abfahrt nach Valle Gran Rey, die unglaubliche Aussichten auf Schluchten, Täler, Weinberge, Plantagen und das Meer eröffnet. Diese Tour, die 48 km lang ist und 450 Höhenmeter überwindet, kann auch von Einsteigern bewältigt werden. Wer sich mit dem Shuttle-Bus auf 1260 Meter Höhe zur Laguna Grande bringen lässt, macht eine für Anfänger geeignete Panorama-Tour über Waldwege und kleine Straßen. (43 km, 400 Höhenmeter)

- **Tour zu den Heilquellen von Epina und zum Aussichtspunkt Buenavista**: Von der Laguna Grande fährt man die Straße abwärts bis zur Kreuzung Apartacaminos, von wo aus die Route durch den Regenwald weiterführt bis zu den Chorros de Epina, den bekannten Quellen. Weiter geht es durch eine ehemalige Unterwasserlandschaft, die bei der Entstehung der Insel an die Oberfläche gehoben wurde. Vorbei an der beeindruckenden Gebirgswelt und an der nordwestlichen Steilküste entlang fährt man weiter bis zur Kapelle Santa Clara und zum Aussichtspunkt Buenavista, der einen herrlichen Blick auf Teneriffas Teide und Vallehermoso ermöglicht. Von hier aus kehrt man zurück nach Valle Gran Rey. Insgesamt werden 50 km zurückgelegt und etwa 800 Höhenmeter überwunden. Die Tour ist mittelschwer und bietet außergewöhnliche Ausblicke.
- **Tour nach El Cedro**: Vom Ausgangspunkt der Tour fährt man zunächst auf einer Serpentinenabfahrt in Richtung San Sebastián und nimmt dort die Straße nach Hermigua. Von dort geht es weiter durch den bezaubernden Lorbeerwald Bosque El Cedro und dann durch die Täler La Meriga und La Palmita zurück über die Laguna Grande nach Valle Gran Rey. Mit Blick auf das Dorf Agulo. Diese Tour ist nur für Fortgeschrittene geeignet, da auf 70 km ca. 1000 Höhenmeter bewältigt werden müssen.

- **Tour über Benchijigua, Playa Santiago und El Cercado**: Auf Forstpisten geht es von Laguna Grande durch den Kiefernwald um den Garajonay herum. Auf einer imposanten Abfahrt mit Sicht auf Benchijigua und Playa Santiago fährt man bis zum Forsthaus. Anschließend führt die Tour bis nach El Cercado, von wo eine atemberaubende Abfahrt ins Valle Gran Rey beginnt. Diese Strecke führt über viele Pisten abseits asphaltierter Straßen (ca. 50 km und 500 Höhenmeter).
- **Bike und Boot**: Diese Tour startet ebenfalls von der Laguna Grande und führt von den Pisten durch den Garajonay in die Landschaften des Inselsüdens. Die Abfahrt vom Garajonay führt an der Benchijigua-Schlucht entlang bis nach Playa de Santiago. Dort werden die Fahrräder auf ein Boot verladen und es geht auf dem Wasser zurück nach Vueltas.

Wandern

La Gomera ist ein echtes Wanderparadies. Die verschiedenen Gesichter der Insel, die wechselnden Landschaften und herrlichen Ausblicke lassen sich zu Fuß am intensivsten erleben – und die Seele kommt bei diesem Tempo noch mit – heißt es.

Prinzipiell gibt es drei Möglichkeiten: Sie organisieren ihre Touren individuell, Sie schließen sich vor Ort einer geführten Wanderung an (s. etwa „Valle Gran Rey/Exkursionen", S. 164 – das ist deutlich günstiger als eine pauschale Wanderreise), oder Sie buchen gleich eine Pauschalreise mit organisierten Wanderungen. Angeboten werden solche Wanderreisen u. a. von Studiosus Reisen und von Gomera Trekking Tours (s. „Pauschalreisen", S. 32). Die in diesem Buch beschriebenen Halb- und Tagestouren sind entsprechend ihrer Länge und Schwierigkeitsgrade für gesunde Wanderer mit Trittsicherheit und normaler Kondition ausgewählt und bedürfen keiner Kletterkünste (kleine Ausnahme: die Bergtour zum Fortaleza und zum Garajonay, s. S. 227). Dennoch sind einige Punkte zu beachten, damit die Wanderung richtig Spaß macht:

- Das Wetter auf La Gomera ist so unterschiedlich wie die Landschaften der Insel. Schnell hüllen sich die Berge in Nebel. Die Orientierung wird dann schwierig. Temperaturunterschiede von 10 Grad zwischen sonnigem Strand und nieseligem Lorbeerwald sind möglich.
- Im Winter 2004/2005 sind große Anstrengungen unternommen worden, die Wanderwege der Insel zu markieren, sodass man mittlerweile am Beginn der meisten Wanderwege deutliche Hinweisschilder vorfindet. Und auch die Wege selbst sind wie folgt markiert: gelb-weiß (PR – pequeño recorrido/kleine Strecke, Wanderungen 3 bis 5 h) oder rot-weiß (GR – gran recorrido/große Strecke, 2 mehrtägige Wanderstrecken (GR 131 und GR 132), Teilabschnitte können als Tageswanderungen begangen werden). Außerdem wurden viele Hinweistafeln aufgestellt, auf denen man die Wegverläufe und die Höhenprofile ersehen kann. Leider hat es aber hier auch schon wieder manche mutwillige Zerstörung gegeben.
- Wenn die Dunkelheit hereinbricht, darf man auf keinen Fall ohne Sicht weiter absteigen! Lieber eine durchgefrorene Nacht als ein möglicher Absturz.
- Keine selbst gewählten „Abkürzungen" gehen – die können rasch an einem Abgrund enden.
- Die Wanderbeschreibung bereits vorher einmal durchlesen und nicht erst mitten am Berg damit beginnen.
- Trittsicherheit – erst stehen, dann sehen!
- Die Nationalparkbestimmungen sollten selbstverständlich überall in der Natur beherzigt werden.

Wenn Sie diese allgemeinen Hinweise beachten, sollte es beim Wandern keine ernsthaften Probleme geben – es sei denn, Sie sind allzu sorglos, was die Wahl Ihrer Wanderausrüstung angeht. Deswegen beachten Sie bitte folgende Tipps:

Schuhe: Manche leichten Halbtagestouren sind sicherlich mit festen Turnschuhen machbar. Sicherer, bequemer und deshalb sehr zu empfehlen sind aber knöchelhohe Trekkingschuhe mit guter Gummiprofilsohle.

Wetterschutz/Kleidung: Winddichte leichte Jacke, Fleecepulli, Schirmmütze, Sonnencreme, Regencape, Teleskopstöcke, gepolsterter Tagesrucksack/ Tourenrucksack.

Verpflegung: Genügend Wasser (mindestens 1,5 l) und Lebensmittelvorrat mitnehmen, denn dass die Bar oder der Krämerladen im nächsten kleinen Ort auch geöffnet hat, ist auf Gomera nicht garantiert. Notverpflegung bei Mehrtageswanderungen: Dörrobst, Fruchtschnitten, Tee oder Fruchtsaft.

Wanderkarten/Orientierung: Ergänzend zu den Wandertipps in diesem Buch können wir empfehlen: „La Gomera, El Hierro", Wandern kompakt von Heinrich Bauregger, Bruckmann Verlag, München (2002), 11,90 €, mit 35 beschriebenen Wanderungen und Detailkarten zum Heraustrennen. sowie „La Gomera" Goldstadt-Wanderführer von Rüdiger Steuer, 12,80 €. Für 6,95 € bekommt man eine Wander- und Radtourenkarte „La Gomera", Kompass (1999), Maßstab 1:30000, die Wanderkarte „La Gomera" von freytag & berndt (1:35:000) kostet 6 €. Auch vor Ort sind Karten erhältlich. Achten Sie auf den Maßstab – 1:50000 ist ideal – und auf das Datum der Veröffentlichung. Außer den Wanderkarten kann ein Höhenmesser recht nützlich sein.

Für Notfälle: Gut sortierte Rucksackapotheke, Taschenlampe und Trillerpfeife für Notsignale.

Veranstalter: Gomera Trekking Tours, Sandstrasse 1a, 90443 Nürnberg, ✆ 0911/ 20787, 📠 0911/20799, www.trekkingreisen.de, info@trekkingreisen.de.

DAV Summit Club, Am Perlacher Forst 186, 81545 München, ✆ 089/642400, www.dav-summit-club.de, info@dav-summit-club.de.

Studien-Kontakt-Reisen, Postfach 201051, 53140 Bonn, ✆ 0228/935730, 📠 9357350, www.skr.de, info@skr.de.

Baumeler Wanderreisen, Zinggentorstr. 1, 6002 Luzern, ✆ 0041/41/4186565, 📠 4186596, www.baumeler.de.

AlpinSchule Innsbruck GmbH, In der Stille 1, 6161 Natters, ✆ 0043/512/546001, www.Asi.at, www.info@asi.at, exklusiv für TUI).

Bildungswerk Ökologie e.V., Bunsenstraße 15, 64293 Darmstadt, www.bildungswerk-oekologie.de.

Auf botanische Wanderungen spezialisierter Veranstalter im Valle Gran Rey: Öko-Tours, Dipl.-Biologe Dieter Scriba ✆ 922-806216, www.oekotours.com, info@oekotours.com.

Übernachten

Das Gros der Übernachtungsmöglichkeiten auf Gomera stellen **Appartements**. In der Mehrzahl sind sie gut ausgestattet (Küchenzeile, Küchenzubehör etc.), sodass man sich während des Urlaubs bequem selbst versorgen kann. Für ein durchschnittliches 2-Personen-Appartement mit Küche und Bad zahlt man in

Hinweise: Günstige Übernachtungen kosten bis 30 €, moderate zwischen 30 und 60 € (DZ). Für teure Unterkünfte zwischen 60 und 90 € darf man schon eine komfortable Ausstattung erwarten. Ab 90 € beginnt die Kategorie Luxusklasse. Allgemein sind Kurzzeitgäste nicht gern gesehen. Manche Vermieter wimmeln Urlauber, die weniger als eine Woche bleiben wollen, sogar sofort ab. Auch Einzelzimmer sind eher selten zu mieten. Den vielen Einzelreisenden bleibt dann häufig nicht anderes übrig, als ein Doppelzimmer bzw. ein 2-Personen-Appartement zu nehmen – ohne Preisnachlass, versteht sich! Und schließlich: Besonders in den Weihnachts- und Osterferien ist eine Bettenreservierung dringend zu empfehlen (häufig mit Anzahlung verbunden).

Hotel Gran Rey in La Puntilla

der Hauptsaison (HS – meist von November bis April) zwischen 25 und 45 € pro Tag. Vor allem im Valle Gran Rey liegen die Preise bisweilen allerdings erheblich über diesem Niveau (bis 65 €). In der Nebensaison kann man prinzipiell mit einem z. T. erheblichen Preisnachlass rechnen, denn die Preise orientieren sich eng an Angebot und Nachfrage.

Hotels der Kategorien 1 bis 4 (Richtwerte: Kategorie 1, 4 Sterne bzw. Schlüssel, 90–180 €; Kategorie 2, 3 Sterne, 60–120 €; Kategorie 3, 2 Sterne, 30–60 €; Kategorie 4, 1 Stern, 18–42 €) gibt es mittlerweile in allen Inselorten. Bei einigen handelt es sich um 4-Sterne-Häuser mit entsprechendem Komfort. Das schlägt sich natürlich auf die Preise nieder. Für ein Doppelzimmer können durchaus über 90 € anfallen.

Preiswerter, dafür aber auch häufig wenig komfortabel (z. T. Etagenbäder, durchgelegene Matratzen etc.), sind die einfachen Hotels und **Pensionen**. Ein Doppelzimmer ist ab etwa 15–20 € zu haben. Im Großen und Ganzen sind die Pensionen lediglich als kurzfristige Übernachtungsmöglichkeit geeignet.

Ländlicher Tourismus – Turismo Rural: Alle Reisenden, die ihren Urlaub inmitten idyllischer Natur verbringen wollen, sollten sich um Casas rurales – **Landhäuser** bzw. eine **Finca** bemühen. Da es nicht leicht ist, vor Ort noch freie Häuser zu finden, ist es ratsam, schon vor dem Reiseantritt zu reservieren. Der ländliche Tourismus ist insbesondere um Hermigua, Agulo, Vallehermoso und den Nationalpark Garajonay verbreitet. Man kann telefonisch oder im Internet buchen oder über Pauschalreiseanbieter inklusive Mietwagen (z. B. Kreuzer, jetzt Thomas Cook). Es gibt auch immer mehr spezialisierte Anbieter. Um es Ihnen ein wenig leichter zu machen, hier eine Zusammenfassung der interessantesten Adressen (siehe auch in den einzelnen Kapiteln):

Ecotural, Turismo rural y ecológico de la Gomera, Carretera General 231, 38820 Hermigua, ✆ 922-144101, 📠 922-881038, www.ecoturismocanarias.com/gomera/de, gomera@ecoturismocanarias. Mo–Fr 9–13 und 16–19, Sa 9–12 Uhr. Dies ist die neu eingerichtete **Reservierungszentrale des C.I.T.** Reservierungen sind auch auf Deutsch oder Englisch und per Fax möglich.

Hotel Tecina – Playa de Santiago

Gomera Natural, ✆ 922-804077, 907-564115, 📠 922-251197, www.canary-islands.com/gomera/natural.htm, fmendez@ctv.es.

Central de Reservas, D. Manuel Plasencia Gonzáles, Lomo Guillén s/n, 35460 Las Palmas de Gran Canaria, ✆ 919-057097, 📠 928-882431. Landhäuser und Fincas rund um Hermigua.

Gomera Trekking Tours, Sandstraße 1 a, 90443 Nürnberg, ✆ 0911/20787, 📠 0911/20799, www.trekkingreisen.de.

SKR Studien-Kontakt-Reisen, Postfach 201051, 53140 Bonn, ✆ 0228/935730, 📠 0228/9357350, www.skr.de.

Finca Ferien GmbH, Berger Str. 35, 60316 Frankfurt/M., ✆ 069/442023, www.mallorca-reisedienst.de, www.gomera-ferienhaus.de, info@finca-reisen.de.

Susanne Ihden Reisen KG, Am Werder 11, 21335 Lüneburg, ✆ 04131/380404, 📠 -03, ihden-reisen@t-online.de.

Canarias Spezial, Konrad-Adenauer-Str. 44, 6922-1 Dossenheim, ✆ und 📠 06221/87620, www.canarias-spezial.com, canarias-spezial@online.de.

▸ **Kein Eldorado für Camper**: Für Campingfreunde ist Gomera nicht zu empfehlen. Es gibt lediglich einen offiziell ausgewiesenen Platz im Weiler El Cedro und der ist nur für Schulklassen und vergleichbare Gruppen zugelassen. Über einen kleinen Privatcampingplatz mit sanitären Anlagen verfügt darüber hinaus nur noch das Restaurant La Vista, ebenfalls in El Cedro. Reservierungen sind unter ✆ 922-880944 möglich. Eine Übernachtung kostet pro Person 1,80 €. Ansonsten kann man sich allenfalls auf Privatgrundstücken einquartieren – selbstverständlich nur nach vorheriger Absprache mit dem Grundstückseigner. **Wildcampen** ist auf der gesamten Insel verboten. Wer das Verbot missachtet, muss mit einem Besuch der örtlichen Ordnungshüter rechnen. Insbesondere in der Hauptsaison sind die Beamten äußerst rührig.

Ländlicher Tourismus – empfehlenswerte Internet-Adressen:

www.ecoturismo.canarias.com
www.casacanarias.co.uk
www.canaro.de
www.elguro.de
www.elguro.com
www.toprural.com
www.gomera-tour.com

Essen und Trinken

Tapa lautet das Zauberwort, das allen spanienerfahrenen Urlaubern das Wasser im Munde zusammenlaufen lässt. Man kann es wohl am besten mit „Appetithäppchen“ übersetzen, obwohl es ursprünglich nichts weiter als „Deckel“ bedeutete. Die Umdeutung ist leicht erklärt: Sie ergab sich aus dem Brauch, den wertvollen Inhalt eines Weinglases mit einem kleinen Tellerchen vor lästigen Fliegen zu schützen. Da lag natürlich die Idee nahe, den „Deckel“ mit kleinen Leckereien zu füllen, was auch heute noch gerne getan wird – vor dem Essen, nach dem Essen, statt eines Essens . . .

Die gomerische Küche ist besser als ihr Ruf. Zwar sind die Glanzlichter am gastronomischen Horizont immer noch sehr spärlich gesät, aber die überwiegende Mehrzahl der Restaurants hat mittlerweile ein erfreuliches Niveau mit überraschender Vielfalt erreicht. Dabei haben sich die traditionellen Ernährungsgewohnheiten auf Gomera zwar verändert, einige sagen auch verwässert, aber für den verwöhnten mitteleuropäischen Geschmack bedeutet das wohl eher eine Erweiterung und Verfeinerung.

Durch die Insellage war von alters her Fisch und nicht Fleisch der vorrangige Lieferant von tierischen Proteinen. Insbesondere die ärmere Bevölkerung ernährte sich früher vor allem vegetarisch, die relativ preiswerten Makrelen und Sardinen waren für viele die einzige Alternative. Nur in wohlhabenderen Familien werteten hin und wieder frisch geschlachtetes Geflügel, Kaninchen-, Ziegen-, Schweine- oder Schaffleisch den Speisezettel auf.

Heute ist die Viehhaltung auf Gomera fast bedeutungslos. Der weitaus überwiegende Teil des Fleisches, das für die Zubereitung gomerischer Gaumenfreuden verwendet wird, stammt aus dem Import und damit aus der Tiefkühltruhe. Viel besser sieht es dagegen beim Fisch aus. Zwar ist auch der Fischfang spätestens seit der Schließung der letzten Fischfabrik Gomeras (in La Rajita, Südküste) kein wichtiger Wirtschaftsfaktor mehr, doch für den Eigenbedarf werden immer noch die Netze ausgeworfen. Davon profitiert letztlich auch der hungrige Urlauber: Eine Vielzahl der angebotenen Grillfische hat noch keine Bekanntschaft mit dem Eisfach gemacht. Eine wichtige Ausnahme bilden Meeresfrüchte; so werden z. B. *Langostinos* fast ausschließlich gefroren angeliefert, was sie relativ teuer macht und ihren Geschmack beeinträchtigt.

Zu den beliebtesten Speisefischen zählen neben Sardinen *(sardinas)* und Makrelen *(caballas)* auch Thunfisch *(atún),* Seehecht *(merluza)* und Muräne *(murena).* Als besondere Delikatesse gilt der *vieja,* ein Papageienfisch. Außerdem gibt es viele Tintenfischgerichte *(choco, pulpo und calamares).*

Wer auf Gomera den Urlaub verbringt, muss sich nicht unbedingt von Rindersteak mit Pommes frites oder Spaghetti ernähren, er kann es heute aber. Denn die typischen Gerichte der internationalen Küche haben auch hier auf den meisten Speisekarten Einzug gehalten. Das kann man bedauern, aber sicherlich nicht wieder rückgängig machen. Dennoch haben sich auf Gomera viele Eigenarten bewahrt, übrigens keineswegs ausschließlich in den Familien, sondern durchaus auch auf den Speiseplänen vieler Restaurantbetriebe. Im Folgenden sollen deshalb einige einheimische Spezialitäten vorgestellt werden.

Lädt zum Speisen und Ausruhen unter Bäumen ein: El Descansillo in La Calera

- **Gofio**: Wenn es eine Art „Nationalgericht" auf Gomera gibt, dann ist es *gofio*. Es wird vermutet, dass dieses „Allzweck-Lebensmittel" schon den Guanchen als Hauptnahrungsmittel gedient hat. Hergestellt wird *gofio* aus Mais, Weizen und/oder Gerste, das über einer offenen Flamme geröstet und schließlich gut zermahlen wird. Das feine, helle Mehl ist dann eine kalorien- und nährstoffreiche Kraftnahrung, die zugleich billig ist. Es wird hauptsächlich zum Andicken von Suppen gebraucht, findet aber auch in vielen anderen Gerichten Verwendung. Mit Zucker vermengt werden Kuchen daraus gebacken, einige trinken es gar in ihrem Kaffee, und in vielen Restaurants wird ein Schälchen Gofio zur Suppe gereicht, z. B. zur *Potaje de berros*, der kanarentypischen Brunnenkressesuppe, die auf Gomera üblicherweise mit Karotten und Kartoffeln zubereitet wird. Kinder, die hier besonders gern mit *gofio* vollgestopft werden, erkennt man deutlich an ihren rundlichen Formen.
- **Mojo**: Diese scharfe, ölige Soße passt zu fast allen Gerichten. Sie besteht im Wesentlichen aus Olivenöl und viel Knoblauch. *Mojo verde* (grüne Mojo), die hauptsächlich zu Fischgerichten serviert wird, enthält darüber hinaus Petersilie oder Koriander. *Mojo rojo* (rote Mojo) wird dagegen mit Chili gewürzt und vornehmlich zu Fleischspeisen gereicht. Schließlich hat fast jeder Koch sein ureigenes Geheimrezept, um seine Mojo noch zu verfeinern.
- **Miel de Palma**: Diese Spezialität ist mittlerweile zum begehrten Gomera-Souvenir avanciert. Die Nachfrage hat auch das Angebot wieder belebt, nachdem es eine Zeit lang schwierig geworden war, den begehrten Palmhonig zu ergattern. Ernte und Zubereitung von *Miel de Palma* sind gleichermaßen aufwendig und langwierig. Zuerst wird die Palmkrone von störenden Blättern befreit, dann die Mitte aufgehackt und ein Eimer angebracht, in den der farblose Palmsaft

hineinfließt. Dieser wird ohne Zusätze unter ständigem Rühren eingekocht, bis er braun und zähflüssig ist. Jede Palme kann auf diese Weise nur alle sieben Jahre angezapft werden. Man erkennt die Bäume, die der Gewinnung von *Miel de Palma* dienen, an den breiten Metallreifen, die um den Stamm geschlungen sind. Sie sollen Ratten und Mäuse daran hindern, die Baumkronen zu erreichen, weil sie den nährstoffreichen Saft auch gerne mögen. Die beim Ernten abgehackten Blätter dienen übrigens oft als Kaninchenfutter; die Palmen selbst erholen sich in aller Regel aus eigener Kraft.

Miel de Palma findet in einer Vielzahl einheimischer Gerichte Verwendung, vor allem bei Kuchen und Gebäck, aber auch bei Dessertspeisen (z. B. zum Vanillepudding, dem *flan,* mit Käsestückchen oder mit frischen Erdbeeren) und nicht zu vergessen als sättigende, kalorienreiche Beigabe zur Babynahrung. Die auf Gomera beliebtesten Arten, *Miel de Palma* zu sich zu nehmen, sind jedoch *Gomerón* und *Mistela*. Beim *Gomerón* werden *Miel de Palma* und weißer Rum zu gleichen Anteilen in einem Cognacschwenker unvermischt serviert – umrühren und fertig. *Mistela,* eine lieblich schmeckende, bernsteinfarbene Mischung aus *Miel de Palma* und *Parra Gomera* (einheimischer Branntwein) ist eine Spezialität aus Vallehermoso.

- **Papas arrugadas**: Die „Runzelkartoffeln" sind immer noch nicht vollständig von Pommes frites verdrängt worden. Wo immer sie angeboten werden, sollte man zugreifen. *Papas arrugadas* sind in Meer- oder Salzwasser gekochte Kartoffeln, die – fertig gegart – im Topf noch ein wenig ohne Wasser schmoren, bis sie einschrumpeln und mit einer dünnen Salzkruste überzogen sind. Wo es *Papas arrugadas* gibt, da ist übrigens auch die leckere Tunke zum Einstippen, der *Mojo,* nicht fern. Es gibt übrigens ein inoffizielles Pellverbot: Wer *Papas arrugadas* nicht mit ihrer Schale isst, ist als Banause entlarvt.

Literaturtipp für alle, die gern selber kochen

José Luis Concepción: Typische Kanarische Küche. Die besten Originalrezepte. Für rund 6 € an Kiosken und in einigen Andenkenläden erhältlich. Und: Das goldene Buch der Kanarischen Küche, 1994, Editorial Globo, La Laguna, Teneriffa.

- **Wein**: Auf Gomera wird seit Jahrhunderten Wein angebaut. Aus dem fruchtbaren Norden stammen z. B. der herbe Weißwein *Los Organos* oder der kräftige *Roque Cano*. Rotwein *(Tinto)* wird vor allem vom spanischen Festland importiert.
- **Bier**: Auf der Insel sind die unterschiedlichsten Importbiere erhältlich. Günstig bekommt man *Cerveza Dorada,* ein Bier aus Teneriffa. Auch die Marke Reina wird auf Teneriffa gebraut – sogar nach deutschem Reinheitsgebot! Aber auch auf deutsche Biere muss man nicht verzichten.
- **Liköre**: Beliebt sind *Mistela,* ein Likör aus Weinverschnitt und Palmhonig, und der aus Palmhonig und Parra (Tresterschnaps) gemixte *Gomerón.*
- **Kaffee**: Alle wahren Kaffeegenießer kommen auf ihre Kosten. Als Varianten sind im Angebot: *Café solo,* ein kleiner, schwarzer Espresso, *Cortado,* ein kleiner, schwarzer Espresso mit einer Schicht dicker, süßer Milch *(condensado)* oder Vollmilch *(leche)* *oder beidem (Cortado leche leche),* und natürlich *Café con leche,* ein großer Milchkaffee mit viel heißer, teilweise aufgeschäumter Milch.

Wissenswertes von A bis Z

Apotheken 50
Ärztliche Versorgung 50
Diplomatische Vertretungen 53
Einreisepapiere 53
Feiertage 54
Fiestas 54
FKK 56
Fotografieren 56
Fremdenverkehrsämter/ Touristeninformation 56
Geld 57
Geschäftszeiten 58
Haustiere 58
Internetcafés 58
Kleidung 59
Literatur 59
Müllentsorgung 60
Notrufe 60
Politik und Verwaltung 60
Polizei 60
Post 60
Souvenirs 61
Sprachunterricht 61
Strom 61
Tanken 62
Telefonieren 62
Wasser 63
Zeit 64
Zeitungen und Zeitschriften 64
Zoll 64

Apotheken

Apotheken *(Farmacia)* gibt es in allen größeren Ortschaften. Außerhalb der normalen Öffnungszeiten steht eine Notklingel zur Verfügung. Die Kosten für ärztlich verschriebene Medikamente können mit einer detaillierten Rechnung von den gesetzlichen Krankenkassen und Ersatzkassen zurückgefordert werden. Rezeptfreie Medikamente kann man jederzeit gegen Barzahlung kaufen.

San Sebastián, C/del Medio 34, ✆ 922-870157, und Plaza de la Constitución 14, ✆ 922-870905, und Calle del Medio 113, ✆ 922-870425.

Valle Gran Rey, Borbalán, ✆ 922-805919, und Las Orijimas (oberhalb Caleras), ✆ 922-805158.

Vallehermoso, Calle Mayor 17, ✆ 922-801186.

Hermigua, Carretera General del Norte 121, nahe dem Centro de Salud, ✆ 922-880078.

Playa de Santiago, Ctra. de Alajeró, ✆ 922-895106.

Agulo, Calle Pintor Aguilar, Jose Luis Trujillo, Notfälle ✆ 626-076718, ✆ 922-146036.

Ärztliche Versorgung

Durch das Sozialversicherungsabkommen zwischen Spanien und Deutschland sind alle bei gesetzlichen Krankenkassen und Ersatzkassen versicherten Urlauber grundsätzlich geschützt. Die Leistungen schließen allerdings nicht jeden Fall ein. Deshalb ist es notwendig, sich vor einer Reise genau zu informieren. Die meisten Kassen halten ein Merkblatt für Spanienreisende bereit.

Mit einem **Auslandskrankenschein** sind die Leistungen in Krankenhäusern und bei Kassenärzten in der Regel kostenlos. Laut einem Abkommen der Mitgliedstaaten der Europäischen Union müssen Ausländer im Krankheitsfall das **Formular E-111** vorweisen. Das Formular muss mit dem Originalstempel der jeweiligen Krankenkasse versehen sein; ferner müssen die Mitgliedsnummer

Erholsame Inselgemütlichkeit: Gasse in Agulo

Jeden Morgen eine Banane oder Papaya – ersetzt garantiert jede Medizin!

des Versicherten, die Gültigkeitsdauer und mitversicherte Familienmitglieder verzeichnet sein. Außerdem braucht man eine lesbare Fotokopie dieses Formulars, die beim behandelnden Arzt abzugeben ist. Kann man das Formular nicht vorweisen, wird man automatisch als Privatpatient behandelt und muss den Arzt zunächst bar bezahlen. Die ausführliche Rechnung wird dann zu Hause der Kasse vorgelegt, die die entstandenen Kosten unter Umständen ersetzt, soweit sie nicht die entsprechenden deutschen Sätze übersteigen. Beim Arztbesuch sollte man zudem Ausweispapiere dabeihaben.

Um allen Eventualitäten vorzubeugen, sollte man zusätzlich eine **Reisekrankenversicherung** abschließen (z. B. beim ADAC, bei der örtlichen Sparkasse oder im Reisebüro z. B. bei der Europäischen Reiseversicherung AG, Postfach 800545, 81605 München). Zu empfehlen ist grundsätzlich eine ganzjährig geltende Versicherung, die von Jahr zu Jahr weiter besteht, wenn sie nicht gekündigt wird. Die Beiträge pro Jahr kosten ab 30 €. Achten Sie darauf, dass die Versicherung Vollschutz ohne Summenbegrenzung gewährleistet und auch den kostenlosen Krankenrücktransport mit dem Flugzeug einschließt.

Die **ärztliche Betreuung** auf Gomera ist aufgrund der geringen Einwohnerzahl nur unvollkommen. Immerhin aber gibt es ein **Krankenhaus** (in San Sebastián) und eine Reihe von **Centros de Salud** (Gesundheitsämter), die tagsüber regelmäßige Sprechstunden haben (in San Sebastián, Valle Gran Rey, Vallehermoso, Hermigua, Agulo und Playa de Santiago). Einige davon bieten nachts zusätzlich Notfalldienste an, darunter auch das Deutsch-Spanische Ärztezentrum in Valle Gran Rey. Darüber hinaus praktizieren auf der Insel ein paar **niedergelassene deutsche Ärzte**, darunter auch Zahnärzte (in Playa de

Santiago und Valle Gran Rey; in San Sebastián kann man sich mit Zahnbeschwerden auch ans dortige Centro de Salud wenden). Bei kleineren Problemen wie Insektenstichen, Durchfall oder Sonnenbrand hilft auch die nächste Apotheke weiter.

Im Fall einer ernsthaften Erkrankung, die auch im Krankenhaus von San Sebastián nicht behandelt werden kann, bleibt nur der Weg nach Teneriffa; das Niveau der Kliniken in Santa Cruz gilt als hervorragend.

- *Ambulanzen* **San Sebastián**, ✆ 922-141408; **Valle Gran Rey**, ✆ 922-805000.
- *Centros de Salud* **San Sebastián**, Avda. José Aguilar ✆ 922-872005. **Valle Gran Rey**, in Las Orijamas (oberhalb von Calera), ✆ 922-805804. Deutsch-Spanisches Ärztezentrum, in der neuen Ladenpassage der Residencia del Conde, 50 m neben dem Hotel Jardín del Conde. ✆ 922-806191 (24 Std. Notfallbereitschaft), geöffnet Mo–Fr 9–20 Uhr. Sechs deutschsprachige Ärzte (Allgemeinmedizin, Kinderheilkunde, Gynäkologie, Dermatologie).

Vallehermoso, Plaza de la Constitución (bei der Bushaltestelle), ✆ 922-801505.

Hermigua, Carretera General del Norte, neben der Apotheke, ✆ 922-881929.

Agulo, (vor der Post in der Calle Nueva, ✆ 922-239301) trifft man einen Arzt an oder findet einen schriftlichen Hinweis auf den nächsten Notdienst (✆ 922-881929). **Playa de Santiago**, Centro de Salud, ✆ 922-895160, 200 m die Straße linker Hand des Kiosks und der Caja Canarias hoch.

- *Krankenhaus* **San Sebastián**, Hospital El Calvario, Barrio El Calvario auf der anderen Seite des Flussbettes, ✆ 922-140200.
- *Notrufnummer/Krankenwagen* ✆ 112
- *Zahnärzte* **Valle Gran Rey, Borbalán**, Clinica Dental, ✆ 922-805522 o. 922-806006; im Notfall 922-141671.

San Sebastián, Dr. Mendoza Navarro, ✆ 922-870256.

Playa de Santiago, Eva Maria Schütz, Instituto Dental, ✆/℻ 922-895576.

Weitere Informationen zu Ärzten, den Sprechstunden etc. erhalten Sie bei der Beschreibung der jeweiligen Orte im Reiseteil dieses Buches unter der Rubrik „Adressen/Medizinische Versorgung".

Diplomatische Vertretungen

Sie sind oft der letzte Notanker, wenn Papiere und Geld abhanden gekommen sind. Auf Gomera selbst gibt es allerdings keine diplomatischen Vertretungen. In ernsteren Angelegenheiten muss man sich an die Konsulate auf den Nachbarinseln Teneriffa bzw. Gran Canaria wenden.

- *Deutsches Vizekonsulat* Calle Albareda 32°, 35008 Las Palmas de Gran Canaria, ✆ 928491880, ℻ 928262731. Das Vizekonsulat auf Teneriffa hat geschlossen, telefonisch erfahren Sie aber über Gran Canaria Sprechzeiten in Puerto de la Cruz, Carretera Taoro 13.
- *Österreichisches Konsulat* 38002 Santa Cruz de Tenerife, Calle Villalba Hervás 9, ✆ und ℻ 922-243799. Mo–Fr 10–12 Uhr.
- *Schweizer Konsulat* 35004 Las Palmas de Gran Canaria, Calle Domingo Rivero 2, Ecke Juan XXIII, ✆ 928293450 und 928290070, ℻ 928290070. Mo–Fr 9–12 Uhr.

Einreisepapiere

Österreichern, Schweizern und Deutschen genügt bei einem Aufenthalt bis zu drei Monaten der **Personalausweis**. Schweizer können ohne Visum bis zu drei Monate im Land bleiben, Besucher aus EU-Ländern unbegrenzt. Pass oder Personalausweis sind häufig im Hotel, beim Geldwechsel oder beim Anmieten eines Autos vorzulegen. Haustiere (Hund und Katze) benötigen ein beglaubigtes Tollwutimpfzeugnis aus jüngerer Zeit. Für das eigene Fahrzeug braucht man die **grüne Versicherungskarte** und die Zulassungspapiere.

Feiertage

Im Jahr 1989 wurden durch ein königliches Dekret die *Fiestas laborales* (arbeitsfreie Tage) in ganz Spanien neu festgelegt. Dabei hat man besonders den regionalen Gepflogenheiten und Traditionen Rechnung getragen. Allein auf den Kanarischen Inseln gibt es drei Feiertage, an denen im gesamten übrigen Spanien gearbeitet wird.

1. Januar	Año Nuevo – Neujahr
6. Januar	Reyes Magos – Dreikönigstag
19. März	San José – St.-Josephs-Tag
beweglich	Viernes Santo – Karfreitag
1. Mai	Diá del Trabajo – Tag der Arbeit
30. Mai	Día de Canarias – Regionalfeiertag
15. August	Asunción de la Virgen – Mariä Himmelfahrt
12. Oktober	Diá de la Hispanidad – Nationalfeiertag
1. November	Todos los Santos – Allerheiligen
6. Dezember	Día de la Constitución – Verfassungstag
8. Dezember	Inmaculada Concepción – Mariä Empfängnis
25. Dezember	Natividad del Señor – Weihnachten

Fiestas

Die Gomeros sind ein feierfreudiges Völkchen. Es vergeht nicht ein Monat des Jahres, wo nicht in irgendeinem Dorf der Insel zumindest eine Fiesta steigt; die Anlässe sind häufig religiöser Natur. Während einer solchen Veranstaltung sind im betreffenden Dorf und manchmal sogar auf der ganzen Insel alle Geschäfte und Dienstleistungsbetriebe geschlossen. Auffälligstes Indiz für eine bevorstehende Fiesta ist eine rote Coca-Cola-Bude sowie die kaum zu überhörende Ankündigung durch einen Lautsprecherwagen. Der Tag nach der Fiesta ist oft auch noch Feiertag.

Normalerweise beginnen die Fiestas mit einem Gottesdienst oder einer Prozession, dann werden die traditionellen Instrumente zum Trommeltanz ausgepackt, oder eine Folkloregruppe spielt Evergreens. Tanz, Essen und alkoholische Getränke, gelegentlich auch sportliche Wettbewerbe sind die Höhepunkte jeder Fiesta. Urlauber sind in aller Regel willkommene Gäste; bei manchen Veranstaltungen sind sie sogar schon in der Mehrzahl.

Manche Fiestas haben von Jahr zu Jahr wechselnde Termine, einige finden sogar nur alle Jubeljahre statt. Die wichtigsten sind im Reiseteil dieses Buches beschrieben, es gibt aber noch eine ganze Reihe mehr. Wenn Sie eine Fiesta besuchen wollen, fragen Sie Einheimische; die wissen ganz genau, wann und wo die nächste stattfindet. Oder erkundigen Sie sich in der jeweiligen Tourismusbehörde bzw. lassen Sie sich im Rathaus den jeweiligen Fiestaplan geben. Hier eine Auswahl:

6. Januar	Los Reyes – Heilige Drei Könige in Valle Gran Rey. Prozession zur Kirche von Los Reyes, Messe und große Fiesta auf dem Kirchplatz mit Musik und Tanz.
Februar	Fiesta de Carnaval – Karneval auf den Kanarischen Inseln. Vor allem auf Teneriffa werden Umzüge organisiert (durchaus vergleichbar mit dem Karneval in Rio). Am Aschermittwoch findet die Beerdigung der Sardine statt.
April	Eine Woche vor Ostern steigt die Fiesta de San Marcos in Agulo.
30. Mai	Día de Canarias – Tag der Kanaren. In allen Orten Tanz und Musik und fröhliche Ausgelassenheit.
Mai	San Isidora in Chorros de Epina und Alajeró.
Juni	Los Piques in Agulo. Ritualisierte Streitgespräche in El Silbo, der Pfeifsprache der Insel, Wettbewerbe im kanarischen Ringkampf
Juni	San Antonio de Padua in Valle Gran Rey. Messe, Musik und Tanz an der im oberen Tal gelegenen Kirche San Antonio.
Ende Juni	San Pedro in Valle Gran Rey. Messe in der Kapelle am Playa und Fiesta auf dem Kirchplatz. Prozession mit Fischerbooten.
15.–17. Juli (alle 5 Jahre; nächstes Fest 2010)	Fiesta Virgin el Carmen in Valle Gran Rey, Santiago und Vallehermoso. Besonderes Fest der Fischer zu Ehren ihrer Schutzpatronin. In Valle Gran Rey fahren die Fischerboote in einer Schiffsprozession nach La Rajita und über Playa de la Calera zurück. Auf den Booten werden Fische gegrillt; dazu wird Sangría ausgeschenkt. Zum Abschluss gibt es ein Feuerwerk.
7. August	Santo Domingo de Guzmán in Hermigua. Musik und Tanz.
15. August	Nuestra Señora de Los Reyes in Chipude. Große Fiesta mit Folkloretänzen, Musik und Tanz auf dem Kirchplatz in Chipude.
7. September	Natividad de la Virgin María in Hermigua.
11. September	Nuestra Señora del Buen Paso in Alajero mit einer Wallfahrt zur Eremita del Buen Paso.
5. Oktober (alle 5 Jahre; nächstes Fest 2008)	Fiesta de la Virgen de Guadalupe in San Sebastián (Kapelle in Puntallana). Große Fiesta, bei der die Madonnenstatue in einer Schiffsprozession nach San Sebastián gebracht wird.
Ende November	San Andrés in Hermigua, Agulo und Vallehermoso. Fiesta zur Weinprobe.

Playa del Inglés: meist mit erfrischender Brise

FKK

Das Nacktbaden ist auch heute auf Gomera noch nicht gestattet. An den bevorzugt von Einheimischen besuchten Stadtstränden wird man selbst oben ohne Anstoß erregen. Anders ist das an einigen Touristenstränden wie dem *Playa del Inglés* (Valle Gran Rey), wo die Nackten längst ein Gewohnheitsrecht beanspruchen, das von den meisten Gomeros achselzuckend toleriert wird. Ähnliches gilt auch für etliche kaum besuchte Strände der West- und Südküste. Wo jedoch spanische Familien Urlaub machen oder Einheimische baden, sollte man auf jegliche Provokation verzichten und vollständige Badekleidung anlegen.

Fotografieren

Motive gibt es überreichlich, viele von ihnen sind grandios. Man denke nur an die überall ausliegenden Postkarten von Thomas Müller, inselweit als *el fotógrafo* bekannt. Wer selbst fotografieren möchte, sollte an einen UV-Filter denken.
Immerhin gibt es in San Sebastián und im Valle Gran Rey Fotogeschäfte, die neben Filmen auch einen (teuren) Entwicklungsservice anbieten. Für Digital-Fotografen wird mittlerweile auch das Übertragen von Speicherkarte auf CD-Rom angeboten Die entsprechenden Adressen finden Sie im Reiseteil dieses Buches. Filme sind auf Gomera übrigens wesentlich teurer als in Deutschland.

Fremdenverkehrsämter/Touristeninformation

Sie benötigen noch einige Detailauskünfte oder wollen noch ein paar Prospekte durchblättern? Hier einige Vertretungen des **spanischen Fremdenverkehrsamtes**, wo Sie entsprechendes Material bestellen können:

• *In Deutschland* Grafenberger Allee 100 (Kutscherhaus), 40237 **Düsseldorf**, ✆ 0211/698540€, ✆ 0211/6803985.
Myliusstr. 14, 60323 **Frankfurt/Main**, ✆ 069/725033, ✆ 069/725313.
Schubertstr. 10, 80336 **München**, ✆ 089/5307460, ✆ 089/5328680.
Kurfürstendamm 180, 10707 **Berlin**, ✆ 030/8826543, ✆ 030/8826661.

• *In Österreich* Walfischgasse 8, 1010 Wien 1, ✆ 01/5129580, ✆ 01/5129581.

• *In der Schweiz* Seefeldstr. 19, CH-8008 **Zürich**, ✆ 01/2527931, ✆ 01/2526204.

Vor Ort gibt es für Touristen verschiedene Anlaufstellen, um an die notwendigen Informationen zu kommen. Öffentliche Behörden sind die **Oficinas de Turismo**. Dort muss man allerdings Spanisch sprechen, um Auskünfte zu erhalten, die über die kostenlosen Buslisten, Stadtpläne und Werbebroschüren hinausgehen. Denjenigen, die die spanische Sprache nicht so gut beherrschen, seien die zahlreichen **Reisebüros und Informationsagenturen** empfohlen, die häufig sogar von auf Gomera lebenden Deutschen geleitet werden. Hier kann man Auskünfte und Serviceleistungen unterschiedlicher Art erhalten, z. B. Informationen zu Exkursionen, Wanderungen und Bootsfahrten oder Hinweise zu Flug- und Fährverbindungen. Außerdem helfen die Agenturen bei der Appartementvermittlung weiter (die Adressen der örtlichen Touristen- und Reisebüros können Sie dem Reiseteil entnehmen).

Informationen zu La Gomera im Internet

www.canary-islands.com
www.gomera.com
www.losawebservice.com/Gomera
www.gomera-island.com
www.gobcan.es
www.wochenspiegel-kanaren.com
www.gomeralive.de
www.insel-la-gomera.de
www.lagomera.de
www.ferienwelt.com/gomera/links/htm
www.gomera.net
www.infocanarias.com
www.abcanarias.com/lagomera/unterkunft.html
www.cistia.es/vallegranrey

Geld

Währungseinheit auf La Gomera ist der Euro. Beim Umtausch von Schweizer Franken in Euro (Wechselkurs: 1 € = 1,62 sFr) können Gebühren von bis zu 4 % anfallen. Gebührenfrei ist der Ankauf von Euro bei den Landeszentral- bzw. Staatsbanken.

▸ **Geldwechsel** ist in allen Banken und Sparkassen möglich. Deren Lage und Öffnungszeiten finden Sie im Reiseteil dieses Buches bei den jeweiligen Ortschaften unter der Rubrik „Adressen“. Beachten Sie, dass Banken und Sparkassen an Wochenenden und Feiertagen in aller Regel geschlossen sind. Beim Wechsel von **Bargeld** benötigen Sie Ihren Reisepass oder Personalausweis. Fast alle Banken bieten mittlerweile den Service eines Bankautomaten (telebanco), d. h. es ist 24 Stunden täglich möglich, mit einer **EC-Karte** Geld abzuholen. Travellerschecks können in Banken und Sparkassen – oft gegen Gebühren – eingelöst werden.

▸ Beachten Sie, dass es auf ganz Gomera **keine Postsparkassen** mehr gibt und dass **Kreditkarten** nur von wenigen Geschäften akzeptiert werden. Größere Hotels, Restaurants der oberen Preiskategorie und Mietwagenfirmen akzeptieren sie in der Regel. Wird die Kreditkarte gestohlen oder geht sie verloren, lassen Sie sie am besten sofort telefonisch sperren:

Visa: ✆ 069/66305333, **Mastercard**: ✆ 069/79331910, **American Express**: ✆ 069/ 97971000. Besitzer eines **Postsparbuchs** können ihre Sparcard bei Verlust unter ✆ 0180/ 3040600 sperren lassen. An allen Geldautomaten mit dem Postbankzeichen kann man mit der Sparcard Geld abheben.

Geschäftszeiten

Die Öffnungszeiten der Geschäfte, Büros, medizinischen Einrichtungen etc. sind ziemlich uneinheitlich. Deshalb sind sie im Reiseteil dieses Buches detailliert aufgeführt. Bitte berücksichtigen Sie dabei, dass es sich bei diesen Angaben um extrem veraltungsanfällige Informationen handelt. Zur groben Orientierung folgende Angaben:

Ämter: normalerweise Mo–Fr 8–14 Uhr.

Apotheken: Mo–Fr 9–13 und 17–20 Uhr, Sa meist nur vormittags. Rund um die Uhr wechselnder Notdienst.

Ärzte: wie Apotheken, teilweise aber auch nur vormittags.

Banken: Mo–Fr 9–14 Uhr, im Winter auch Sa 9–13 Uhr, in der Saison Donnerstagnachmittag von 17–20 Uhr.

Geschäfte: meist Mo–Fr 9–13 und 16–20 Uhr. Viele öffnen auch Samstagvormittag, einige wenige sogar sonntags.

Postämter: in der Regel Mo–Sa 9–14 Uhr.

Tankstellen: Mo–Sa 8–20.30 Uhr, Sonntagvormittag 9–14 Uhr.

Haustiere

Wer seinen Hund mit nach Gomera nehmen möchte, sollte sich vor Reisebeginn ein Gesundheitszeugnis beim Tierarzt ausstellen lassen, das nicht älter als 30 Tage sein darf. Außerdem muss man seinen Liebling gegen Tollwut impfen lassen – spätestens einen Monat vor dem Aufenthalt auf Gomera. Infos versendet gegen einen frankierten Rückumschlag der Deutsche Tierschutzbund, Baumschulallee 15, 53115 Bonn.

Hunde können bei den meisten Airlines umsonst mitgenommen werden, wenn sie nicht mehr als 20 kg wiegen. Für den Flug benötigt man eine Transportbox. Reisebüros können zu diesem Thema weitere Auskünfte erteilen.

Falls der Hund im Urlaub krank werden sollte, kann man sich an die Tierkliniken in San Sebastián oder im Valle Gran Rey wenden.

Adresse **Tierklinik Amalahuyge**, Calle Professor Armas Fernandéz 16, ✆/℻ 922-141812, Mo–Fr 10–14/17–20 Uhr, Sa 10–13 Uhr. **Tierarzt-Zentrum Orone** in Borbalán, Calle Urb. El Arenal 8, ✆ 922-806163, Mo–Fr 16.30–20.30, Sa 10.30–13.30 Uhr. Notruf: 619-756577 und 696-449137.

> **Achtung**: Hunde sollten in Valle Gran Rey an der Leine geführt werden, denn es kommt häufiger vor, dass sie vergiftete Köder fressen und daran sterben.

Internetcafés

Auch auf Gomera ist die Zeit nicht stehen geblieben. Wer auch im Urlaub nicht darauf verzichten möchte, via E-Mail zu kommunizieren oder im Internet zu surfen, hat dazu Gelegenheit. Häufig wird auch das Übertragen von Digitalfotospeichern auf CD-Rom angeboten. Die Internetcafés und ihre Preise sind jeweils unter den einzelnen Orten aufgeführt.

Kleidung

Obwohl auf Gomera ganzjährig frühlingshaftes Klima herrscht, ist es ratsam, außer Sommer- und Strandkleidung auch wärmere Kleidung mitzunehmen. Denn es kühlt abends immer ab, und im Norden der Insel sowie im Nationalpark Garajonay kommt es häufig zu Wolkenbildung, Regen und niedrigen Temperaturen. Außerdem weht ständig eine kühle Brise. Besonders wer wandern möchte, sollte es nicht versäumen, eine dicke wasserfeste Jacke, Wanderschuhe, Pullover und lange Hosen einzupacken.

Literatur

Eine ganze Reihe von Büchern (auf Spanisch und auf Deutsch) über den Nationalpark, Flora und Fauna Gomeras, die Guanchen, über kanarische Maler und mit landestypischen Kochrezepten sind im Informationszentrum **Juego de Bolas** erhältlich. Darüber hinaus sind die folgenden Titel lohnenswert:

Exkursionsflora für die Kanarischen Inseln, Adalbert Hohenester/Walter Welss, Stuttgart (Ulmer) 1993. Bestimmungsbuch für die kanarische Flora.

Die Kosmos-Kanarenflora. Peter und Ingrid Schönfelder, Stuttgart (Franckh-Kosmos) 1997.

Pflanzenführer Kanarische Inseln: Begegnungen auf La Gomera, Thomas K. Müller/ Andrea Müller, Valle Gran Rey, (Edition El Fótografo)1996.

Kanarische Inseln – Auf den Spuren atlantischer Völker, Harald und Marianne Braem, Knaur 1988. Buch über die Guanchen.

Gastmahl auf Gomera, Janosch, München (Goldmann) 1997 oder 1999 (broschiert). Roman.

Die Kanarischen Inseln: Landschaft – Geschichte – Kunst, Willi Kerl, München (Prestel) 1990.

Mountainbiken auf den Kanarischen Inseln. Teneriffa, La Gomera, La Palma. Michael Leibl, Moby Dick, 2002.

Viele Gomeros sind Katzenliebhaber

Sodom und Gomera. Mani Beckmann, Bergisch Gladbach, (Bastei Lübbe), 1999, Roman.

Manuel auf der Bananeninsel. Monika Machon, Gerhard Medoch, Berlin (Verlag Volk und Wissen), 1997, Kinderbuch.

Kanarische Inseln, Jürgen Richter, Ralf Nestmeyer, Würzburg (Stürtz Verlag), 1996, Bildband.

Kanarische Inseln, Ernst Wrba, Paul Otto Schulz, München (Bruckmann) 1997, Bildband.

Phäakische Inseln, Eine Reise zum Kanarischen Archipel, Gerhard Nebel, Stuttgart, (Klett-Cotta) 1965, Landeskunde und Geschichte, Reisebericht.

La Gomera, Rother Wanderführer, Bergverlag Rother München, 2. Auflage 1999. Wanderführer.

Müllentsorgung

Zellstoffartikel oder Essensreste sollten nicht über die Toilette entsorgt werden. Dadurch wird nämlich nicht nur die Abwasserreinigung zusätzlich belastet, sondern es kommt auch häufig zu Toilettenverstopfungen. Auf Wanderungen darf selbstverständlich kein Müll hinterlassen werden. Leider kommt dies viel zu häufig vor. Batterien können in den meisten Läden in speziellen Sammelstellen entsorgt werden.

Notrufe

Notrufzentrale (Polizei, Arzt, Feuerwehr): 112. Die wichtigsten Notrufnummern sind unter den Rubriken „Ärztliche Versorgung“ und „Polizei“ zusammengefasst.

- *Notrufdienste in Deutschland* **ADAC-Notrufzentrale München**: ✆ 0049/89/222222 (Beratung nach Unfällen) und ✆ 0049/89/767676 (Ambulanzrückholdienst)

Deutsche Rettungsflugwacht Stuttgart: ✆ 0049/711/701070.

- *Notrufdienst in Österreich* **ÖAMTC-Notrufzentrale Wien**: ✆ 0043/1/9828282.
- *Notrufdienst in der Schweiz* **Schweizerische Rettungsflugwacht Zürich**: ✆ 0041/1/1414 bzw. 3831111.

Politik und Verwaltung

1927 wurden die Kanaren in zwei spanische Provinzen geteilt, wobei Gomera mit El Hierro und La Palma an Teneriffa fiel. Das Autonomiestatut vom August 1982 gewährte der Provinzregierung große Eigenständigkeit gegenüber der Madrider Zentralgewalt. 1912 wurden die Inselregierungen *(Cabildo Insular)* gegründet. Auf kommunaler Ebene entscheiden die *Ayuntamientos,* die Rathäuser der sechs Gemeinden Gomeras. Während in der gesamten autonomen Provinz „Islas Canarias“ seit Jahren die Sozialdemokraten (PSOE) die einflussreichste Fraktion sind, spielt auf Gomera die AIC, eine lokale Gruppe von Christdemokraten, eine wichtige Rolle. Mit den Sozialisten ringen sie um die Mehrheit in der Inselverwaltung und in den Gemeinden. Die spanischen Kommunisten (PCE) können auf Gomera nicht mit Erfolgen aufwarten.

Polizei

Es gibt zwei polizeiliche Anlaufstellen, die Policía Municipal und die Guardia Civil. Wer sich nicht sicher ist, welche Polizeibehörde zuständig ist, wählt die Telefonnummer **062** und wird dann weitervermittelt. Nur in absoluten Notfällen (!) wird die zentrale Telefonnummer **112** gewählt. Ansonsten kann man sich telefonisch wenden an:

- *Policía Municipal* **San Sebastián**, Bürgermeisteramt (Ayuntamiento), ✆ 922-141572. Auch Fundbüro.

Valle Gran Rey, ✆ 922-805000; **Vallehermoso**, ✆ 922-801011.

- *Guardia Civil* **San Sebastián**, ✆ 922-870255; **Valle Gran Rey**, ✆ 922-805859; **Vallehermoso**, ✆ 922-800027

Post

Die wichtigsten Portosätze: Postkarten und normale Briefe 0,56 €. Postämter haben in der Regel Mo–Fr 8–14.30 Uhr, Sa 9–13 Uhr geöffnet. Briefmarken (sellos) bekommt man übrigens nicht nur in Postämtern (correos), sondern

Handgemachte Gomera-Trommeln

auch in Souvenirläden und Kiosken (allerdings i. d. R. nur beim Kauf von Postkarten). Von den Postämtern aus kann man Telegramme und Faxe verschicken, nicht aber telefonieren. Kontoinhaber können sich telegrafisch Geld anweisen lassen. Mit dem Vermerk „Lista de Correos" kann man sich postlagernd etwas schicken lassen. Die Post wird aufbewahrt und nach drei Wochen an den Absender zurück geschickt. Abholer müssen sich ausweisen können.

Souvenirs

Ob als Mitbringsel oder Andenken – Souvenirs gehören einfach dazu. Deshalb hier eine kurze Auflistung dessen, was besonders originell, gefragt oder typisch ist: *Miel de Palma* oder *Mistela* (s. „Essen und Trinken"); Mojo in verschiedener Schärfe, Musik-CDs mit einheimischer Folklore; Bücher (z. B. über kanarische Küche), Keramik aus El Cercado, Musikinstrumente wie *Chácaras* (übergroße Kastagnetten) oder *Tambores* (Holztrommeln), kunsthandwerkliche Gegenstände wie Flechtwerk aus Bananenblättern, Holzschnitzereien, Korbwaren oder Textilien.

Sprachunterricht

i.d.e.a., La Calera, Valle Gran Rey, ✆/📠 922-805703.

Escuela de Idiomas, James School, Calle Virgen de Guadalupe 30, San Sebastián, ✆ 922-141335.

Privat- und Einzelunterricht, bei Alfredo, Vueltas, Valle Gran Rey, ✆ 922-805750. Siehe auch Aushänge.

Strom

220 Volt Wechselstrom aus Eurosteckdosen. Zur Not bekommt man auch Adapter (in Geschäften mit der Bezeichnung Ferretería). Stromausfälle sind

nicht mehr so häufig, obwohl die Insel noch immer hauptsächlich vom Dieselkraftwerk in San Sebastián versorgt wird.

Tanken

Tankstellen gibt es in oder bei den größeren Orten. Die jeweils genaue Lage ist im Reiseteil dieses Buches unter der betreffenden Ortschaft verzeichnet. In der Regel sind die Tankstellen zwischen Montag und Samstag von 8 bis 20.30 Uhr und Sonntag vormittags bis 14 Uhr geöffnet. An Sonntagen sind die drei Tankstellen in Chipude, an der südlichen Stadtausfahrt von San Sebastián, in Valle Gran Rey und Hermigua geöffnet. Verkauft wird Super, Normal und Diesel. Die Preise liegen alle unter den deutschen.

Telefonieren

Öffentliche Fernsprecher finden Sie in allen größeren Siedlungen. Einige Standorte sind im Reiseteil dieses Buches unter der jeweiligen Ortschaft angegeben. Die neuen Apparate schlucken sowohl Telefonkarten (tarjetas telefonicas), die es in Tabakläden, Kiosken und Zeitungsläden (estancos) gibt, als auch Münzgeld.

Von Gomera ins Ausland: 00 wählen, Dauerton abwarten, Landesvorwahl wählen (49 für Deutschland, 43 für Österreich oder 41 für die Schweiz), Ortsvorwahl ohne 0 am Anfang wählen, dann die Nummer des Anschlusses. Die Schaltung kann einige Zeit dauern. (Bitte beachten Sie: Wenn Sie im Selbstwählverkehr den Handvermittlungsknopf drücken, schluckt der Apparat alle aufgereihten Münzen.)

Aus dem Ausland nach Gomera: ✆ 00 34 plus Regionalcodenummer 922- plus Rufnummer.

Pleite oder ausgeraubt? Der Telefonkontakt mit daheim kommt trotzdem zustande, ganz ohne Bargeld – von jedem Telefon aus. Der Service „Deutschland direkt" funktioniert mittlerweile in über 30 Ländern. Voraussetzung: Sie haben die T-Card der Telecom. Wählen Sie von Spanien aus 9 00 99 00 49.

Auch in Hotels kann man telefonieren, was aber mit z. T. hohen Aufschlägen verbunden ist. Nach 20 Uhr und an Wochenenden ist das Telefonieren allgemein billiger.

▸ **Regionalcodenummer**: Seit April 1998 muss die Regionalcodenummer **922-** bei jedem Telefonat mitgewählt werden; d. h. nicht nur bei Gesprächen aus dem Ausland oder von den Nachbarinseln nach Gomera, sondern bei jedem Ortsgespräch – egal, wo man sich gerade befindet. Wer also noch im Besitz alter Telefonnummern ist und sich wundert, keine Verbindung zu bekommen, sollte es einmal mit der Vorwahl 922- versuchen. Lassen Sie sich auch nicht dadurch irritieren, dass die meisten Telefonnummern immer noch ohne die mittlerweile verpflichtende Vorwahlnummer angegeben werden. Es gilt nämlich ganz sicher: ohne die 922- keine Verbindung – außer natürlich bei mobilen Anschlüssen, die immer mit **6..** beginnen!

▸ **Tipps für Urlauber mit Mobiltelefon**: Die verschiedenen deutschen Netzbetreiber haben mit ausländischen Mobilfunkgesellschaften „International Roaming"-Abkommen geschlossen, wodurch der Handy-Besitzer automatisch über das günstigste Netz im jeweiligen Land telefonieren und dadurch viel Geld beim Telefonieren sparen kann. Aber Achtung: Diejenigen, die sich über ihr Handy auf Gomera aus der Heimat anrufen lassen, müssen die Kosten selbst tragen. Dasselbe gilt für Gespräche, die per Mailbox angenommen werden. Tipp: Stellen Sie die Mailbox aus, erkundigen Sie sich bei Ihrem Vertragspartner nach den genauen Tarifen und stellen Sie die automatische Netzwahl auf manuelle Netzwahl um. Im D1-Netz beispielsweise kosten ankommende Gespräche pro Minute zwischen 0,62 und 0,69 €, ankommende Gespräche sowie Gespräche innerhalb Spaniens zwischen 0,80 und 0,90 €. In Spanien und auf den Kanarischen Inseln sind die D1-Roaming-Partner *Telefónica Móviles, Amena* und *Airtel*. Am billigsten ist das Telefonieren ab 22 Uhr bis 7 Uhr morgens (zwischen 0,35 und 0,45 € pro Minute, was dem teuersten Tarif im Festnetz entspricht). Zudem kann man in Spanien eine Prepaid-Card kaufen.

Wasser

Im Vergleich zu den Nachbarinseln ist Gomera verhältnismäßig gut mit Wasser versorgt. Der Passat sorgt dafür, dass im hoch gelegenen Inselinneren ständig Luftfeuchtigkeit kondensiert und es regnet. Doch auch hier wird das kostbare Nass zunehmend knapp, vor allem in den Sommermonaten. Ältere Gomeros haben beobachtet, dass Bäche und Quellen, die in ihrer Jugend noch ganzjährig sprudelten, nun versiegt sind. Das liegt zum einen an den großflä-

Bananenplantagen erfordern viel künstliche Bewässerung

chigen Lorbeerwald-Rodungen in den letzten Jahrhunderten. Das führt zur einer geringeren Grundwasserbildung. Zum anderen sind zahlreiche Tiefbohrungen der letzten Jahre dafür verantwortlich, dass der Grundwasserspiegel stetig absinkt. Der enorm hohe Wasserbedarf der allgegenwärtigen Bananenplantagen trägt ebenfalls zur Verknappung bei. Die Engpässe haben mitunter schon zu heißen Verteilungskämpfen geführt (s. „Valle Gran Rey/Der Wasserkrieg", S. 157ff.). Wasserverschwendung ist verpönt und sollte auch von den Urlaubern vermieden werden.

Zeit

Die Zeitzone für die Kanaren ist die GMT (Greenwich Mean Time = MEZ minus eine Stunde). Bei Flügen von Mitteleuropa müssen deshalb die Uhren eine Stunde zurückgestellt werden, auch während der Sommerzeit, die auch in Spanien gilt.

Zeitungen und Zeitschriften

Auf Gomera gibt es ein deutschsprachiges Presseangebot, was sich sowohl an die vielen deutschen Touristen richtet als auch an die Residenten, die hier leben:

Wochenblatt: Diese kanarische Inselzeitung wird auf Teneriffa herausgegeben, berichtet aber auch über Gomera. Sie erscheint alle 14 Tage und enthält außer Reportagen zahlreiche Kleinanzeigen.

Der Valle-Bote: Die Zeitung, die sich selbst als „unabhängig, überparteilich und abgedreht" bezeichnet, erscheint vierteljährlich und informiert vor allem über Valle Gran Rey. Ihrem Motto wird sie insofern gerecht, als sie auf witzige Weise und immer mit einem Schuss Ironie den neuesten Klatsch und Tratsch über das Inselleben ausplaudert.

Darüber hinaus kann man natürlich spanische Zeitungen kaufen, allen voran die im ganzen Land gelesene Tageszeitung **El País**. Gomeraspezifisch ist die freitags erscheinende Wochenzeitung **La Isla de La Gomera**. Deutsche Zeitungen und Zeitschriften sind ebenfalls erhältlich, wobei aber zu bedenken ist, dass Tageszeitungen mit einer Verzögerung von ein bis zwei Tagen eintreffen.

Zoll

Aufgrund der Sonderregelungen für die Kanarischen Inseln gelten anders als für das übrige Spanien bei der Wiedereinreise in EU-Länder und in die Schweiz die internationalen Freimengen:

- *Für Deutschland und Österreich* **Alkoholische Getränke**: 1 l Spirituosen mit mehr als 22 % vol. Alkoholgehalt oder 2 l Spirituosen oder Aperitifs mit einem Alkoholgehalt von max. 22 % vol. oder 2 l Schaumweine bzw. Likörweine und 2 l sonstiger Wein (nur für Personen ab 17 Jahren).

Kaffee: 500 g Röstkaffee oder 200 g löslicher Kaffee (nur für Personen ab 15 Jahren).

Tee : 100 g Tee oder 40 g Teeauszüge

Parfüms/Eau de Toilette: 50 g Parfüm und 0,25 l Eau de Toilette.

Tabakwaren: 200 Zigaretten oder 100 Zigarillos oder 50 Zigarren oder 250 g Tabak (nur für Personen ab 17 Jahren).

Andere Waren: bis zu einem Gesamtwert von 175 €.

- *Für die Schweiz* **Alkoholische Getränke**: 1 l Spirituosen mit mehr als 22 % vol. Alkoholgehalt oder 2 l Spirituosen oder Aperitifs mit einem Alkoholgehalt von max. 22 % vol. oder 2 l Schaumweine bzw. Likörweine und 2 l sonstiger Wein (nur für Personen ab 17 Jahren).

Kaffee: 250 g (100 g Tee).

Tabakwaren: 200 Zigaretten oder 100 Zigarillos oder 50 Zigarren oder 250 g Tabak (nur für Personen ab 17 Jahren). Andere Waren und Souvenirs: bis zu einem Wert in Höhe von 100 sfr.

Bei klarer Sicht reicht der Blick über San Sebastián bis zum Teide von Teneriffa

San Sebastián

Die gemütliche Inselhauptstadt bietet dem Urlauber viele Möglichkeiten: Bummeln auf den Spuren von Kolumbus, Baden vor der Kulisse des Teide, traditionelle kanarische Küche und ein wunderbares Klima. Wanderer können von hier oder von der Hausschlucht, dem Barranco de la Villa, spannende Touren unternehmen.

Im orangefarbenen Licht der Straßenlaternen wirken die Strandpromenade und die Abfertigungsgebäude auf der Mole unwirklich, die wenigen Palmen fast deplatziert. Eine kühle Meeresbrise lässt einen auf der Gangway frösteln, doch der erste Eindruck vermittelt ein warmes Gefühl: ein kleines, aber freundliches Provinzstädtchen, eingebettet in eine grandiose Canyonlandschaft. Welten trennen den Urlauber von den Bettenburgen auf Teneriffa und Gran Canaria.

Von der verlängerten Mole, die Platz für zwei Fähren gleichzeitig bietet und dem neuen Yachthafen Schutz gewährt, führt der erste Weg zu der von hohen Lorbeerbäumen umstandenen **Plaza de la Constitución**, dem schönsten und belebtesten Platz der Altstadt. Hier findet man mit dem **Kiosco Los Carabelas** einen schattigen und beliebten Treffpunkt für Neuankömmlinge und Einheimische: Bei einem Café con leche werden erste Kontakte geknüpft und Erfahrungen ausgetauscht.

Nicht nur in der Zeit der Mittagsglut sind die vielen Bänke auf der Plaza besetzt. Vor allem am späten Nachmittag wirkt sie sehr lebendig, denn die Kinder von San Sebastián haben sie zu ihrem Lieblingsspielplatz erkoren. Von

Dachterrassen und Meerblick – in der kleinen Inselhauptstadt selbstverständlich

hier aus lässt sich hervorragend das muntere Straßenleben der Inselhauptstadt beobachten, während man sich ohne Wehmut aus der just verlassenen, nasskalten Heimat akklimatisiert. Und wer erst den Rhythmus der Stadt zu seinem eigenen gemacht hat, besorgt sich am benachbarten Zeitungskiosk (auch deutschsprachigen) Lesestoff und verdöst hier die Siesta. Nur ein paar Meter weiter befindet sich die kreisrunde, von hohen Palmen bestandene **Plaza de las Américas**, wo sich am Abend die Dorfjugend ein Stelldichein gibt. Auch die Zeitung lesenden oder in Gruppen diskutierenden Taxifahrer auf der Westseite der Plaza sind nicht wegzudenken.

Der meiste Trubel herrscht auf den beiden parallelen Hauptstraßen, der **Calle Ruiz de Padrón** und der **Calle Real (Calle del Medio)**. Hier befinden sich die meisten Geschäfte, Bars, Restaurants und Unterkünfte. Einen der schönsten Blicke auf San Sebastián hat man von der Aussichtsterrasse auf halbem Weg zum Hotel Parador: Stadt und Meer liegen dem Betrachter zu Füßen. An den Hang der Talschlucht, die das Städtchen umschließt („Barranco de la Villa"), schmiegen sich weiß getünchte Einfamilienhäuser, meist zweistöckige Neubauten, die alle über einen Dachgarten verfügen. Hier trocknet die bunte Wäsche im starken Wind. Auch die Tauben, ein beliebtes Hobby der Gomeros, haben dort ihre Käfige.

In San Sebastián hat sich eine Menge verändert. Vor ein paar Jahren noch erwachte die Inselhauptstadt nur dann aus ihrem schläfrigen Dämmerzustand, wenn die Fähre einlief. Kaum angekommen, fuhren die frischen Urlauber dann weiter ins Valle Gran Rey – oft ohne der Hauptstadt einen Blick geschenkt zu haben. Mittlerweile aber bleiben immer mehr. Immerhin gibt es zwei Strände, ein gutes Dutzend Bars, etwa genauso viele Restaurants und sogar eine Disko. Die gut einen Kilometer lange Strandpromenade mit Bänken und vielen Grünpflanzen lädt zum Bummeln und Verweilen ein. In regelmäßigen Abständen führen breite Treppen hinab zum Strand, und unten sind Süßwasserduschen installiert. Die Badeaufsicht des Roten Kreuzes überwacht den Stadtstrand von Juli bis September. Neben dem Strandaufsichtsgebäude kommen zwei motorisierte Schlauchboote zum Einsatz.

Auch heute noch lebt die Inselhauptstadt mit und von der Fähre. Waren die Straßen eben noch leer und saßen die Beach-Boys gerade noch träge in ihren Stammkneipen und die Taxifahrer dösend in der Nähe des Telefons, so ändert sich dieses Bild entscheidend, sobald das Schiff am Horizont auftaucht. Jetzt bewegt sich alles in Richtung Mole. Die Taxifahrer spekulieren auf lukrative Touren und müssen sich dann doch oft genug mit einem Kurztrip zum nächsten Hotel begnügen. Selbst die „ständigen" Touristen in San Sebastián zieht es mit aller Macht an die Mole, denn schließlich bringen die käsig-weißen Neuankömmlinge Nachrichten aus der Heimat mit.

San Sebastián
Karte Umschlagklappe hinten

Von Dieselkraft und möglichen Alternativen

In manchen Nächten werden die Bewohner höher gelegener Häuser oder Appartements ziemlich gestört. Schuld daran ist der an den Talwänden reflektierende Lärm des Dieselkraftwerks am südwestlichen Stadtrand. Das Kraftwerk versorgt derzeit ganz Gomera mit Elektrizität. Bei Sturm passiert es aber nicht selten, dass große Teile der Insel plötzlich im Dunkeln stehen, weil irgendein Mast der Überlandleitung umgekippt ist. Die hiesige Gastronomie ist aber gut auf solche Fälle vorbereitet. In Windeseile stehen dann Kerzen auf den Tischen, und kleine Generatoren werden in Betrieb genommen. Mittlerweile scheinen die Tage (oder auch Jahre) des Kraftwerks jedoch gezählt zu sein. Die ursprüngliche Überlegung war, den Strom für ganz Gomera über ein Seekabel aus einem neuen Gaskraftwerk auf Teneriffa zu beziehen. Nach einigen Diskussionen favorisierte man dann die einfachere Variante, das Kraftwerk in ein Nachbartal San Sebastiáns zu verlegen. Eine Straße und eine Neubausiedlung an gleicher Stelle sind schon seit längerem in Planung. Wann dies alles wirklich in Angriff genommen wird, weiß indes kein Mensch. „Mañana" heißt es auf La Gomera – und das bedeutet „heute nicht mehr".

Der bisher wohl prominenteste Tourist in San Sebastián war ein Genueser, den die Spanier Cristóbal Colón nennen, uns besser bekannt als Christoph Kolumbus (1451–1506). Im schicksalsträchtigen Jahr 1492 landete er am 12. August im Hafen, um seine Wasservorräte zu ergänzen und in der Dorfkirche **Nuestra Señora de la Asunción** zu beten – so wenigstens spekulieren einige Historiker. Tatsächlich sollte er schon im Oktober Amerika entdecken, das er trotz drei weiterer Fahrten bis zu seinem Tod für Indien hielt, weil er mit der Existenz eines weiteren Kontinents zwischen Europa und Asien nicht gerechnet hatte. Was Kolumbus auf Gomera wirklich trieb, wird wohl nie genau zu klären sein, aber weil der Phantasie nun mal keine Grenzen gesetzt sind, ranken sich einige Legenden um seinen Aufenthalt.

So wird ihm eine heftige Romanze mit der schönen und grausamen Inselherrin Beatriz de Bobadilla einer ehemaligen spanischen Hofdame, nachgesagt. Dafür spricht auch der Umstand, dass es Kolumbus nicht bei diesem einen Besuch auf Gomera beließ. Die Nachwelt stellte er damit vor das gewichtige Problem, an welchen Plätzen nun rechtmäßig Schilder aufgestellt werden dürfen, die stolz darauf hinweisen, dass der berühmte Entdecker seinen Fuß auf eben diese Stelle gesetzt hat. Die Gomeros lösten dieses Dilemma nicht ungewitzt: Sie erklärten gleich die ganze Insel zur **Isla Columbina** und setzten dem hohen Besucher ein Denkmal, wo immer dies möglich war. Dass man dabei mit den historischen Fakten bisweilen recht frei umging, dürfte kaum überraschen. So könnte Kolumbus zwar den nach ihm benannten Brunnen im alten Zollhaus schon benutzt haben, das **Casa de Colón** in der Calle del Medio jedoch, das in einigen Reiseführern als Quartier des legendären Seglers beschrieben wird, kann er aus eigener Anschauung kaum gekannt haben – es wurde nämlich erst rund 100 Jahre nach seinem Tod erbaut.

Etwa 7000 Menschen wohnen heute in San Sebastián – eine stattliche Zahl, wenn man weiß, dass ganz Gomera nur knapp 19.000 Einwohner zählt. Die wichtigsten Arbeitgeber der Stadt sind Dienstleistungsbetriebe und Behörden, denn immerhin hat hier die Inselregierung (**Cabildo Insular**) ihren Sitz.

Verbindungen

• *Bus* Die Busse verkehren nicht immer pünktlich, deshalb ist es ratsam, mindestens 15 Minuten vor der Abfahrt an der Haltestelle zu sein. Denn aller Zeiten Bestimmer ist die Ankunft der Fähren. Die Busse fahren an der Mole ab, halten aber auch an den kleinen Haltestellen in der *Vía de Ronda* (kurz vor der Tankstelle) und im Ortsteil *El Calvario*, allerdings nur Richtung Santiago und Valle Gran Rey (kurz hinter der Brücke an Steinbänken unter Lorbeerbäumen). Tickets erhält man im Bus und in den Reisebüros, wo auch die aktuellen Abfahrtszeiten und Preise zu erfragen sind. Insgesamt gibt es 3 Buslinien auf Gomera:

Linie 1: *San Sebastián – Valle Gran Rey* (über Igualero, Chipude, El Cercado, Las Hayas, Arure). Fahrtdauer: ca. 90 Minuten; Abfahrt: Mo-Sa 11, 14, 18.30 und 21.30 Uhr (wartet auf die Fähre), So und Feiertage 11 und 18.30 Uhr.

Linie 2: *San Sebastián – Vallehermoso* (über Hermigua, Agulo). Fahrtdauer: ca. 75 Minuten; Abfahrt: Mo-Sa 9.30, 11.30, 14, 18.30 und 21.30 Uhr, So und Feiertage 11.30, 16.30 und 18.30 Uhr.

Linie 3: *San Sebastian - Alajeró* (über Santiago). Mo-Sa 11.30, 14, 18,30 und 21.30 Uhr, So und Feiertage 11.30 und 18.30 Uhr.

• *Taxi* Viele Wagen warten am Taxistand an der *Plaza de las Américas*, ✆ 922-870524 und bei der Ankunft der Fähre direkt an der Mole (die Fahrer verbreiten dann oft Hektik).

Taxipreise von San Sebastián

Vallehermoso	36 €
Hermigua	20 €
Agulo	25 €
Valle Gran Rey	45 €

• *Fähre* **Garajonay Exprés** Abfahrt von Los Cristianos um 8.40, 14.15 und 18.30 Uhr, Ankunft in San Sebastián jeweils 45 Minuten später. Abfahrt von San Sebastián nach Playa de Santiago und Vueltas im Valle Gran Rey 9.40, 15.15 und 19.30 Uhr. Abfahrt von San Sebastián nach Los Cristianos 7.25, 11.35 und 17.15 Uhr. Die Tickets sind an einem Verkaufsstand an der Mole erhältlich. Eine Fahrt von San Sebastián nach Los Cristianos kostet für Erwachsene 15,92 €. Das Ticket von San Sebastián bis Playa de Santiago kostet 2,53 € und von San Sebastián nach Valle Gran Rey 3,38 €. Kinder zahlen 50 %. Studenten und Senioren ab 60 Jahre bekommen eine Ermäßigung. Fahrräder werden umsonst transportiert. Bei hohem Seegang fährt das Schnellboot eventuell nicht.

Busbahnhof und Markthalle: Vor längeren Fahrten kann man sich hier optimal mit Proviant versorgen

Benchijigua Express ab Los Cristianos/Teneriffa 8.30, 9.30, 13.30, 17.30 und 20.30 Uhr; Ankunft in San Sebastián/Gomera jeweils gut 45 Minuten später. Abfahrt in San Sebastián 7.30, 10.30, 13, 16.30, 18.30 Uhr. Vorsicht: Die Abfahrtszeiten können kurzfristig geändert werden. Erwachsene zahlen 21 € (einfach) bzw. 42 € (hin und zurück); Senioren 17,90 € pro Fahrt; Kinder von 4–11 jeweils 10,50 € pro Fahrt. Autos 36 € pro Fahrt, Wohnwagen und Wohnmobile kosten 43,20 €, Motorräder 21,60 € und Fahrräder 10,80 €.

Armas-Fähre „Volcán de Tenagua" Los Cristianos/Teneriffa täglich um 8.30 Uhr (einfach 19,42 €, Hin- und Rückfahrt 36,99 €). Außer samstags und sonntags fährt sie auch um 14.30 Uhr (ermäßigter Preis von 14,11 €, hin und zurück 26,79 €); nur sonntags noch um 19 Uhr (einfach 19,42 €, Hin- und Rückfahrt 36,99 €). Ankunft in San Sebastián/Gomera jeweils etwa 1,5 Std. später. Ab San Sebastian täglich 17 Uhr, außer Sa; So auch um 11.15 Uhr.

Tickets erhält man in den Reisebüros und an der Mole. Mo–Sa 8–13 und 15–18, So 10–14.30 und 15–18 Uhr. ✆ 922-871324 oder 922-870802.

Information/Reisebüros (siehe Karte Umschlagklappe hinten)

• *Information* **Oficina Insular de Turismo**, im alten Zollhaus, Calle del Medio 4, ✆ 922-141512 oder 922-870381, ✆ 922-140151. Hier bekommt man freundliche Auskünfte auf Spanisch, Deutsch und Englisch, auch deutschsprachige Prospekte und einen hilfreichen Gratisstadtplan mit Busabfahrtszeiten sowie eine Gratiskarte von Gomera. Weiter gibt es hier Informationen über Ausflugsmöglichkeiten (keine Buchung, keine Reservierung, kein Verkauf – ausschließlich Informationen!). Mo–Sa 9–13.30 und 15.30–18, So 10–13 Uhr, www.gomera-island.com, turismo@gomera-island.com.

Parque Nacional de Garajonay, Centro Administrativo, Carretera General del Sur 6, ✆ 922-870105, ✆ 922-870362, www.mma.es/parques, c.visitantes garajonay@mma.es. Geöffnet Mo–Fr 8–15 Uhr.

Im Ortsteil El Calvario von San Sebastián ist das Verwaltungszentrum des Nationalparks Garajonay. Hier bekommt man Broschüren mit Wissenswertem über Vegetation und Wanderwege im Garajonay-Nationalpark.

Cabildo Insular (29), Calle Profesor Armas Fernández 2, ✆ 922-140103 und 922-140106, 📠 922-140151. Die Inselverwaltung gibt Auskünfte nur auf Spanisch. Touristische Informationen bekommt man leichter in der Touristeninformation im alten Zollhaus. Mo–Fr 8–15, Sa 9–13 Uhr.

Ayuntamiento (46) (Bürgermeisteramt), Plaza de las Américas 4, ✆ 922-141572.

• *Reisebüros* **Viajes ecotours (11)**, Calle Profesor Armas Fernández 19, ✆ 922-871161 und/oder 922-871459, 📠 922-870921. Sehr freundliches deutschsprachiges Personal. Flugreservierungen und Umbuchungen, Tickets für alle Fährverbindungen, Buchung für Wanderungen und Exkursionen (z. B. Nationalpark), Bustickets, Autovermietung (Avis), Buchung von Appartements, Stadtpläne und Infos aller Art, Mo–Fr 9–13 und 16–19, Sa nur 9–13 Uhr.

Trevisso Viajes, Calle del Medio, am Ende der Fußgängerzone, geöffnet 9–13 und 17–20 Uhr.

Tamaragua Tours (37), Plaza de la Constitución, 8 (über der Pizzeria Agando, ✆ 922-141056. Die Agentur ist in der zweiten Etage, die Tür unten ist geschlossen. Klingeln bei 2b). Die freundliche Luisa vermittelt Wanderungen und Exkursionen (inklusive Bustransfer 21 € pro Person (Kinder 10,50 €) z. B. ins Valle Gran Rey mit Abstieg von Chipude nach Guada, oder in den Barranco Benchijigua oder den Nationalpark Garajonay. Geöffnet Mo–Fr 9–13 und 17–20 Uhr.

Adressen (siehe Karte Umschlagklappe hinten)

• *Apotheken* **Farmacia Devina Creus Rey**, Plaza de la Constitución 14, ✆ 922-870905. Mo–Fr 9–13 und 17–20, Sa 9–13 Uhr. Der Apotheker Adan Sanchez spricht sehr gut Englisch, ist überaus freundlich und gibt brauchbare Tipps bei leichteren Erkrankungen, die auch ohne Arzt zu bewältigen sind. Er kennt auch die praktischen Ärzte in San Sebastián und hängt ihre Sprechzeiten und Telefonnummern in der Apotheke aus.

Farmacia Fernandez Calvan, Calle del Medio 34, ✆ 922-870157. Mo–Fr 9–13.30 und 17–20, Sa 9–13.30 Uhr. Hier ist Babynahrung erhältlich.

Farmacia „Lali" Fernandez Bencomo, Calle del Medio 113, ✆ 922-870425. Mo–Fr 9–13.30 und 17–20, Sa 9–13 Uhr.

> Welche Apotheke jeweils außerhalb der regulären Öffnungszeiten rund um die Uhr Notdienst hat, ist einer im Schaufenster hängenden Liste zu entnehmen.

• *Banken* Alle Banken sind Mo–Fr von 8.30–14 Uhr geöffnet; in der Saison (Oktober bis Anfang Mai) manche zusätzlich Sa 8.30–13 Uhr. Abweichende oder zusätzliche Öffnungszeiten sind entsprechend aufgeführt:

Banco Bilbao Vizcaya, Calle del Medio 45 (Geldautomat neben der Bank); **La Caixa**, Calle Ruiz de Padrón 13; **Banco Hispano-Americano**, Calle Ruiz de Padrón 18; **Sparkasse-Caja Canarias**, Plaza de las Américas 8 (über Telex Geldüberweisung – Blitzgiro! – binnen 2 Tagen, Geldautomat neben der Bank).

• *Frauenhaus* **Asociación de las Mujeres**, Calle Virgen de Guadalupe, ✆ 922-141099. Beratung, Hilfe und Schutz auch für Ausländerinnen. Rechtsbeistand durch eine Anwältin.

• *Friseure* **Peluquería Caballeros José Manuel**, Avda. de Colón 4, schräg gegenüber der Tankstelle. Mo–Fr 8–13 und 16–20 Uhr, Sa nur vormittags. Ausschließlich für Männer. Wir haben es probiert und nicht bereut.

Peluqueria de Caballeros Bartolo, Calle Ruiz de Padrón 46. Mo–Fr 8–13, Sa 8–14 Uhr.

Peluquería Pili (3), Calle del Medio 65, ✆ 922-870809. Ein Damenhaarschnitt mit Waschen und Föhnen kostet ca. 6 €.

Peluquería Clary, Calle de la Virgen de Guadalupe 20.

Peluqueria Rosa, Calle de la Virgen de Guadalupe/ Plaza de la Constitución.

• *Internet* **CiberGarajonay**, Calle Ruiz de Padròn, 80, Mo–Sa 11–14 Uhr und 17–23 Uhr, Sonntag 17–23 Uhr. Ca. 15 Computer mit schnellem Internetzugang, freundlicher Service und günstige Preise: Erwachsene zahlen für 30 Minuten 1 €, für eine Stunde 2 €, Kinder zahlen die *Hälfte*.

CiberGomera (8), Calle República de Pánama, Ecke Calle del Medio, neben der Kirche. Mo–Sa 9–13.15 und 16.30–21.20 Uhr. Hier stehen über 10 Computer. Surfen für 1 Std. kostet 3,50 €, 30 Min. 2 €, 10 Std. 31,50 €. Verkauft werden Computerspiele, Handys, etc.

Blühende Engelstrompete: Viele Zierpflanzen haben die Gomeros importiert

Bar Internet, El @mbigu (35), Plaza de las Américas 8, ✆ 922-871668. Geöffnet von 8–24 Uhr, am Wochenende bis 3 Uhr nachts. Nicht die beiden Computer stehen hier im Vordergrund, sondern die angenehm blau und gelb gestrichene Bar, das Ambiente auf der Terrasse davor, die gute Musik und das gute Frühstück. Im Internet surfen kann man ab 2,70 € für 30 Minuten aufwärts; ab 17 Uhr sogar für die Hälfte.

Aguajedum, Calle Profesor Armas Fernández, ✆ 922-141920. Geöffnet Mo–Sa 9–13 und 17–22.30 Uhr, So 17–22 Uhr. Internetbüro mit ca. 20 Computern. Eine Stunde kostet 2 €.

• *Kulturelles* **Centro de Visitantes (51)**, Avda. de los Descubridores. Das Besucherzentrum ist an seiner Größe, an seinem gelben Anstrich und dem gewellten Dach unschwer zu erkennen. Gegenüber des Stadtstrandes Richtung Discomera werden wechselnde Ausstellungen gezeigt.

Iglesia Nuestra Señora de la Asunción, Calle del Medio 32. Chor- und Orgelkonzerte, insbesondere zu Weihnachten und Ostern.

Fiesta de la Virgen de Guadalupe, Anfang Oktober 2003. Zu Ehren der Inselpatronin feiern die Inselbewohner ganze zwei Wochen, leider aber nur alle fünf Jahre. Besonders spektakulär ist die Eröffnung der Fiesta: Eine Schiffsprozession überführt die Statue der Jungfrau von der Kirche bei Puntalla nach San Sebastián. Ein Festprogramm ist unmittelbar vor dem Fest in der Touristeninformation erhältlich.

Musik, auf Aushänge und Meldungen der lokalen Presse achten. Im September gibt es ein Rockfestival.

• *Medizinische Versorgung* **Centro de Salud**, Avda. José Aguilar ✆ 922-872005. Täglich 8–15 Uhr. In der Ambulanz sind tätig: Dr. Immaculada Hernandez, Dr. Beatriz Creus, Dr. Manuel Brito, Dr. Alberto Martinez. Außerhalb der regulären Öffnungszeiten ist dem Schaukasten am Eingang zu entnehmen, welcher Arzt Notdienst hat. Zahnärztin: Patricia Müller, ✆ 922-810011.

In ernsteren Fällen sollte man sich direkt ans Krankenhaus wenden: **Hospital El Calvario** (auf der anderen Seite des Flussbetts, ca. 1 km vom Zentrum), ✆ 922-870450 (Notruf für Krankenwagen). Notdienst rund um die Uhr.

Allgemeinmedizinerin: Dr. Christina Luengo, Calle del Medio 34, ✆ 922-871270 oder ✆/℻ 922-141202. Sprechstunde: Di u. Do 10–12 und 18–20 Uhr. Die Praxis findet man genau genommen in der Callejón de Minela, in einer kleinen, leicht zu übersehenden Gasse rechts neben der Apotheke in der Calle del Medio.

Kinderarzt und Internist: Dr. Ribas, Plaza de la Constitución, 1, ✆ 922-141884 oder 666–655575 (Handy), Sprechzeiten: Mo–Fr 16–20 Uhr, So 9–13 Uhr.

Zahnarzt: findet man auch im Centro de Salud. Elisabeth Rodriguez, ✆ 922-141671.

Centro Fisioterapía, Krankengymnastische Behandlungen. Weitere Informationen unter ✆ 6087048 oder 609008662. Nach Elena Pérez fragen.

• *Polizei* **Policía Municipal** (städtische Polizei) im Bürgermeisteramt (Ayuntamiento), ✆ 922-141572. Auch Fundbüro.

Guardia Civil (Verkehrs- und Kriminalpolizei), ✆ 922-870255.

• *Post* Calle del Medio 60, ✆ 922-871031. Telegramme, Briefe, Telefonkarten, Pakete und Briefmarken (kein Telefon!). Öffnungszeiten: Mo–Fr 8.30–14.30, Sa 9.30–13 Uhr.

• *Tankstelle* **Gasolinera Cepsa**, Avda. de Colón 25, an der südlichen Stadtausfahrt in Richtung Valle Gran Rey bzw. Playa de Santiago (Carretera General del Sur). Mo–Fr 7–20, Sa/So 9–13 und 15–18 Uhr.

• *Telefonieren* Telefonzellen z. B. vor der Post, mehrere beidseitig dem Los Carabelas (Plaza de la Constitución) und am Hafen.

• *Waschsalon* **Lavandería Hecu**, Calle del Medio 76. ✆ 922-141180. Mo–Fr 9–14 und 16.30–20 Uhr. 4,5-Kilo-Trommel bis 40 Grad für 4,50 €, mit Trocknen 9 €, 50 Grad und heißer für 6,30 €, mit Trocknen für 10,80 €, Bügeln pro Teil 1 €.

Polizeilicher Notruf: ✆ 112 (spanienweit ✆ 091)

Notruf (zentrale Vermittlungsstelle): ✆ 062 (Guardia Civil), in medizinischen Notfällen ✆ 112

Ambulanz (Krankenhaus): ✆ 922-140200

Auskunft: ✆ 1003 (national), ✆ 025 (international)

Mietwagen (siehe Karte Umschlagklappe hinten)

Zur Wagenmiete (inklusive Haftpflichtversicherung) kommen noch die sehr zu empfehlende Vollkaskoversicherung und in der Regel 4 Prozent Steuern (tasas). Zum Teil wird auch eine Kaution verlangt. Bei mehr als 3 Tagen erhält man ca. 10 Prozent Rabatt auf die Automiete, bei mehr als 7 Tagen bis zu 20 Prozent.

Informieren Sie sich genau über die Vertragsbedingungen, denn die Mietverträge weichen inhaltlich z. T. drastisch voneinander ab. So kann es passieren, dass die nicht gerade billige Vollkaskoversicherung nicht gilt, wenn man von der Straße abkommt. Außerdem sollte man „seinen" Wagen ausgiebig Probe fahren, schleifende Bremsen und ausgeleierte Stoßdämpfer sind nämlich keine Seltenheit!

La Rueda (27), Calle del Medio 19, ✆ 922-870709, ✆ 922-870142, www.autolarueda.com, larueda@teleline.es Täglich 8.30–13 und 15.30–20 Uhr geöffnet. Guter Service und zuverlässige Fahrzeuge. Der Besitzer Roberto reist selbst gerne und genießt zu Recht den Ruf, ein verlässlicher Partner zu sein. Auch Reservierungen per E-Mail funktionieren zuverlässig. Ansprechpartner ist Luis Vargas. Alle Wagen ohne Kilometerbegrenzung kosten pro Tag: Citroën Saxo 33,96 €, Renault Twingo open air 38,41 €, Renault Clio/Seat Ibiza 37,70 €, Polo open air 39,71 €, Skoda Octavia 53,65 €, Suzuki Samurai 49,92 €. Die Autos können in San Sebastián in der Filiale oder an der Mole wieder abgegeben werden. Ebenso am Flughafen von La Gomera bei Playa de Santiago und in La Playa im Valle Gran Rey. Siehe auch Apartamentos La Hila.

Avis, Calle Ruiz Padron 12, ✆ 922-388953 Reservierungen per ✆ 913480181 Mo–So 9–13 und 15.30–19 Uhr. Der Zustand der Autos ist als gut und zuverlässig bekannt. Das Mindestalter der Fahrzeugmieter beträgt bei Avis 23 Jahre. Keine Kilometerbegrenzung. Für einen zusätzlichen Fahrer wird eine Gebühr von 4,96 € pro Tag erhoben (Maximum 50 €). Preise sind vor Ort zu erfragen, ab ca. 40 €.

Samstags ist Markt auf der Plaza de la Constitución

Hertz (53), Estación Marítima, local 2, ✆ 922-871544, ℻ 922-141911. Aktuelle Tarife im Internet unter www.faycan.es. Täglich 9–13 und 16–20 Uhr. Preise pro Tag ohne Kilometerbegrenzung: Seat Ibiza 43,50 €, Seat Toledo 61,50 € pro Tag, Fiat Punto 37 €, Nissan Terrano II 92,70 €. Die Tarife sind günstiger, wenn man das Auto für eine längere Zeit mietet.

Piñero (52), Büros in der Estación Marítima am Hafen, ✆ 922-870148, in der Calle del Medio 3, ✆ 922-872226, und in der Avda. José Aguiar 14, ✆ 922-141048, ℻ 922-141390. Öffnungszeiten am Hafen: täglich 6–14.30 und 15.30–19 Uhr. Für einen VW Polo bzw. einen Seat Ibiza zahlt man ab 34 € pro Tag (ab einer Woche Mietdauer Ermäßigung).

Cicar (Canary Island Cars), Estación Marítima, ✆ 922-141146, www.cicar.com, info@cicar.com. Inklusive Vollkasko (ohne Selbstbeteiligung!) gibt es Autos ab ca 30,45 € pro Tag, bei einer Woche ab 25 €.

Rent a Car PAE (41), Orilla del Llano 3 (beim Parador), ✆ 922-870364, Handy 907752168.

Gomera Safari S.L. (Lang) (26), Calle Virgen de Guadalupe 1, ✆ 922-870538, Handy 629-382271, gomera@terra.es. Liegt oberhalb der Plaza de Constitución, Filialen im Hotel Tecina in Playa de Santiago und in La Puntilla im Valle Gran Rey. Vollkasko und Steuern sind in den Preisen enthalten. Ein Seat Ibiza kostet 40 € pro Tag, bei einer Woche 35 €, ein Seat Cordoba 44 € pro Tag, bei einer Woche oder mehr 38 €. Kaution 40 €.

Avia, Pista las Palmitas 8, ✆ 922-141334, ℻ 922-871593, www.aviacar.com, avia@aviacar.com. Kindersitze kosten 3 € pro Tag. Die Mietwagenpreise enthalten die Versicherung, nicht aber die lokale Steuer: Citroën Saxo 29 € pro Tag, ab 7 Tagen 21 €, Opel Corsa, Nissan Micra oder Fiat Punto 30,05 €, ab 7 Tagen 22,25 €, Renault Twingo 36,06 €, ab 7 Tagen 27,05 €. Es gibt Wochenendspecials.

Einkaufen (siehe Karte Umschlagklappe hinten)

Die Geschäfte haben in der Regel ab 8 Uhr morgens geöffnet, Ladenschluss ist um 20–20.30 Uhr, zwischen 13.30 und 16 oder 16.30 Uhr sind die Läden geschlossen (Siesta). Samstags haben die meisten Läden nur vormittags auf, sonntags gibt es vereinzelt kleinere Lebensmittelläden und Dulcerías, die geöffnet haben.

Unterhalb der Busstation ist die neue, offene Markthalle untergebracht, die den Markt auf der Plaza de Constitución abgelöst hat. Man findet Stände, die Fisch, Fleisch- und Wurstwaren, Käse, Obst und Gemüse anbieten. Dort befindet sich auch mit dem Hypertrebol San Sebastiáns größter Supermarkt. Die Calle del Medio heißt inzwischen offiziell Calle Real, aber die Leute nennen sie weiterhin Calle del Medio und vielfach steht dieser Name auch noch auf den Visitenkarten und in Anzeigen. Tipp: Wer ein Appartement hat und vielleicht noch irgendetwas für den Haushalt braucht, findet sehr wahrscheinlich alles – ob Reinigungsmittel, Backform oder Kerze – in den günstigen Läden „Casi todo a 150" (Plaza de la Constitucíon und Calle Ruiz de Padrón). Und noch ein Tipp: In San Sebastián gibt es zahlreiche Blumengeschäfte. Rückreisende bekommen hier auch die als Mitbringsel beliebten Strelitzien. Für den Autoverkehr geschlossen wurde der obere Teil der Calle del Medio, von der Plaza del Constitución bis zur Kirche Nuestra Senora de Asunción, und in eine Fußgängerzone umgewandelt. Hier und in der Parallelstraße Calle Ruiz de Padrón befinden sich auch die meisten Geschäfte. Einige werden im Folgenden vorgestellt, da aber immer mal wieder Geschäfte schließen und neue Läden eröffnen, sollte man sich einfach selber umschauen. Auch am nordöstlichen Ende der Plaza de Constitución befindet sich neben einigen Banken eine Einkaufspassage mit diversen Geschäften, Bars, Frisör etc.

• *Boutiquen* **Estilo**, Calle Ruiz de Padrón 84. Damenbekleidung. Mo–Fr 9.30–13.30 und 16.45–21 Uhr.

Numero 1, Calle Ruiz de Padrón 16. Damenbekleidung.

Cardos, Calle del Medio 69. Kleine Auswahl an modischer Damenbekleidung.

Confecciones El 99, Calle del Medio 97. Kindermode.

Encuentro, Calle del Medio 1, Modegeschäft.
Moda Peily´s, Calle del Medio 15, ebenfalls eine Modeboutique.
Tele Ropa, Calle del Medio 20, Kleider und Schuhe.
Direkt daneben **Cecilia**, ebenfalls mit Kleidern und Schuhen.

El Kilo, Calle del Medio 29, Mode und mehr.

Kisses, Calle Ruiz de Padrón, Modeboutique.

• *Lebensmittel* Der größte **Supermarkt** in San Sebastián, **Hypertrebol** liegt in der Avda. de Colón direkt gegenüber der Tankstelle, unterhalb des Busbahnhofs. Mo–Fr 8–20 Uhr, Sa 9–13.30. Im selben Gebäude ist unten die **Markthalle**, in der Fleisch, Obst und frischer Fisch verkauft werden. Dort gibt es auch Bars und Cafés und in der oberen Etage eine Boutique.

Ein weiterer größerer Supermarkt mit dem Namen **Supermercado Torre del Conde** befindet sich in der Calle Ruiz de Padrón 23. Mo–Fr 8–14 und 16–20, Sa 8–13 Uhr. Große Auswahl an Drogerieartikeln, Getränken, Milchprodukten, Wurst, Konserven etc.

Den ebenfalls recht großen Supermarkt **Supermercado de San Sebastián** findet man in der Avda. Colón 8. Mo–Fr 8–13.30 und 16–20 Uhr, Sa nur vormittags.

Verteilt über alle Straßen San Sebastiáns findet man kleinere Lebensmittelgeschäfte, in denen man ein kleineres Sortiment und in jedem Fall Getränke, Brot und Obst bekommt:

Calle Ruiz de Padrón (Ortsausgang). Mo–Fr 8–14 und 16.30–20, Sa 8–14 Uhr.

Calle Ruiz de Padrón 29. Mo–Fr 7.30–13.30 und 16–20, Sa 8–14 und 17–19 Uhr.

Calle Ruiz de Padrón 33.

Ecke Calle del Medio/Calle el Tanquito. Mo–Fr 8–13 und 16.30–20, Sa 8–13.30 und 17–19 Uhr.

Calle de Profesor Armas Fernández 2.

Plaza de la Constitución.

Weitere Lebensmittelgeschäfte gibt es in der Calle del Medio:

Centro de Ahorro, Calle del Medio 32. Mo–Fr 8–13 und 16–20.30 Uhr, Sa nur vormittags. Großer Laden mit Käse, Wurst, Getränken, Drogerieartikeln etc.

Ganz kleine **Lebensmittelgeschäfte** finden Sie in der Calle del Medio 70 und 74.

Sabianatura (10), Calle Profesor Armas Fernández, Gesundheitsladen mit Essenzen, Kräutern und Tees. Mo-Fr 10-13.30 und 17-20.30 Uhr, Sa nur vormittags.

Metzgerei (15), Avda. Colón 7. Mo–Fr 8–13.30 und 17–19.30 Uhr, Sa nur vormittags.

Fleischerei, Calle de Profesor Armas Fernandez 10.

San Sebastián
Karte Umschlagklappe hinten

Zeitungskiosk Castilla

Pescaderia Carmen (13), Calle Profesor Armas Fernández schräg gegenüber vom Reisebüro Ecotours. Hier bekommt man täglich frischen Fisch.

Bäckerei Dulcería Mendoza (43), Calle Ruiz de Padrón 6. Mo–Sa 8–14 und 16–18, So 8–14– und 16–18 Uhr. Reiche Auswahl an Brot, Kuchen und Plätzchen.

Bar Dulcería Oscar „El Cubano" (44), Café an der Plaza de las Américas. Täglich 8–21 Uhr. Die Regale sind gut bestückt mit Fettgebäck, Kuchen und Teilchen, dazu gibt es Kaffee. Leckeres Eis in der Waffel.

• *Lesestoff* Wenn dieser im Urlaub ausgeht, ist das meist ziemlich unerfreulich. Glück hat, wer Spanisch kann, denn da ist die Auswahl groß:

Librería Castilla, Calle Ruiz de Padrón 102.

Deutsche und englische Bücher gibt es unter Umständen bei folgenden Adressen:

Buchladen Junonia (16), Avda. de Colón 24. Mo–Fr 9–13– und 16–20 Uhr, Sa nur vormittags. Neben einem Fotogeschäft liegt dieser am besten sortierte Buchladen. Hier bekommt man auch deutschsprachige Unterhaltungsliteratur, Reisebücher über Gomera und Schreibwaren.

Zeitungskiosk Castilla (40), an der Plaza de las Américas/ Calle del Medio. 7.15–22.45 Uhr. Deutsche Tageszeitungen, Wochenzeitungen und Magazine von der Frankfurter Allgemeinen über Stern, Spiegel, Welt bis zur unvermeidbaren Bildzeitung und deren Derivaten Sport-Bild, Bild der Frau etc. Tageszeitungen (außer der Bildzeitung, die auf Teneriffa gedruckt wird und daher am gleichen Tag erscheint) jedoch mit einem Tag Verspätung. Außerdem gibt es am Kiosk eine begrenzte Auswahl an deutschsprachigen Gomera-Reisebüchern. Und man bekommt hier den Valle-Boten und die deutschsprachige Zeitung „Kanarisches Wochenblatt" (lohnenswert!) mit allerhand aktuellen Informationen, z. B. die Gezeitentabelle der Kanarischen Inseln (Schwerpunkt: Provinz Teneriffa).

• *Sportgeschäfte* **Base**, Plaza de Constitución, Sport- und „Gesundheitsladen".

Grande Sport, Calle del Medio 47

Sportgeschäft, Calle Ruiz de Padrón 74. Verkauft neben Sportkleidung, Schnorchel- und Anglerbedarf auch Rucksäcke und Wanderschuhe.

• *Vermischtes* Wie oft passiert es, dass gerade das Wichtigste zu Hause geblieben ist: das Sonnenöl, die Badeschlappen, ein Sonnenhut, ein Ersatzfilm, ein T-Shirt oder ein Tagesrucksack für die Wanderung durchs Inselinnere. Die folgenden Adressen sind – ohne Anspruch auf Vollständigkeit – aussichtsreiche Anlaufstationen, um das Fehlende doch noch zu beschaffen. Manch einer soll in dem einen oder anderen Geschäft auch schon ein putziges Souvenir ergattert haben:

Trueque, Calle del Medio 19. Mo–Fr 9–13.30, Sa 9–14 Uhr. Importware aus Afrika, manchmal Trommeln, Keramik, Schmuck und Mitbringsel.

Artesanía Santa Ana, Calle del Medio 41. Größere Auswahl an Souvenirs und kanarischen Erzeugnissen vom Palmhonig bis zu Töpferware aus dem Dorf El Cercado wird in den Räumen der einstigen Kapelle Santa Ana aus dem 16. Jahrhundert verkauft.

Die Aussicht auf Futter zieht Fischschwärme an die Hafenmole

Elektro- und Eisenwarengeschäft Almacenes Ramirez, Calle del Medio 5. Führt auch Tauch- und Angelzubehör u. Fahrradsättel.

Bazar Clara, Calle Ruiz de Padrón 5. Souvenirs, große Auswahl an deutschsprachigen Büchern über Gomera und seine Flora.

Spielzeugladen Mimo's (9), Calle Ruiz de Padrón 48. Spielzeug, Lederkoffer, Modeschmuck und Ansichtskarten.

Schuhgeschäft Paseo (30), Calle Ruiz de Padrón 24. Auch in der Calle del Medio neben der Pensión El Pajar.

Perfumería Pracan, Calle del Medio 30, Parfümerie und Drogerie.

Perfumería Sonia (14), Calle del Medio 32. Kosmetik und Drogerieartikel (auch Damenbinden und Tampons).

Celeste, Calle del Medio 42, Parfümerie.

Galeria de Arte Luna (18), Calle del Medio 28. Siehe Kasten S. 89.

Famara, Calle del Medio 21. Schmuck und Geschenkartikel.

Mary Nieves, Calle del Medio 43. Schmuck und Kunstgewerbe.

Optica Vermas (21), Calle Ruiz de Padrón 27. Die avantgardistische Innenausstattung samt Drehtüre ist schon einen Besuch wert. Der freundliche Optiker hilft, wenn's Probleme mit der Brille oder den Kontaktlinsen gibt, und ist auch für Hörgeräte zuständig. Mo–Fr 9–13– und 17–20, Sa nur 10–13 Uhr.

Joyería Longines, Calle Ruiz de Padrón 18. Uhren und Wecker. Leichtere Reparaturen werden selbst erledigt, das Übrige wird nach Teneriffa eingesandt. Mo–Fr 9–13.30 und 16.30–20, Sa 9–13 Uhr.

Foto Estudio J. Olives (5), Calle del Medio 38. Hier bekommt man Kodak-, Fuji- und Agfafilme sowie Batterien. Filme werden binnen einer Stunde entwickelt. Mo–Fr 9–13– und 16.30–19 Uhr, Sa nur vormittags.

Segeln, Tauchen und anderer Sport (siehe Karte Umschlagklappe hinten)

Catamarán Estela, ✆/℻ 922-141770 oder Handy 607-788146 und 610-732044, www.gomera-island.com/catamaran, soler@inves.es. Hier werden für 45 € vierstündige Segeltörns (von 10–14 Uhr) entlang der Südküste Gomeras angeboten. Auch Möglichkeit zum Tauchen.

Puerto Deportivo (Yachthafen), Avda. Fred Ohlsen, ✆ 922-141769, ℻ 922-871362, 240 Anlegeplätze. Wer mit einem Boot in San Sebastián anlegt, muss sich hier melden. Wer beispielsweise ein Boot mieten oder einen Kurs machen möchte oder spezielles Bootszubehör sucht, bekommt hier auch Informationen. Lohnen kann auch ein Blick auf die Aushänge am „schwarzen Brett".

Gomera Yacht Services (G.Y.S. Active), Calle Virgen de Guadelupe, 1, ✆ 922-871547, ℻ 922-872216, gomerayachtser@terra.es. Geöffnet 8–15 Uhr, Sa 9–12 Uhr und sonntags geschlossen. Der Inhaber Luis Serna ist begeisterter Segler und vermittelt in seiner Agentur der Crew das richtige Segelschiff. Zu vier bis sechs Personen kann

Segelschule: Auch deutsche Segelclubs steuern Gomera an

man sich hier für 300 bis 350 € zu einem Segeltörn anmelden. Darüber hinaus vermittelt er Kajakkurse sowie die Tauchkurse des Gomera Dive Clubs nach CMAS-Richtlinien. Die Kurse kosten 270 € und dauern 8 Tage. Die Theorielektionen lernen die angehenden Taucher in der Casa del Mar, die ersten praktischen Übungen machen sie im Pool des Club Nautico. Den Unterricht gibt der Präsident der kanarischen FEDAS – allerdings auf Spanisch. Wer einen deutschsprachigen Tauchkurs absolvieren möchte, den vermittelt der freundliche Agenturinhaber Luis Serna an den deutschen Tauchlehrer Armin Lange (Handynummer: 696–219398). Darüber hinaus ermöglicht er weitere Freizeitaktivitäten, die nichts mit Wasser zu tun haben: Mountainbikes kann man hier für 10 € pro Tag ausleihen (3 Tage, 24 €, 1 Woche 50 €). Geführte Radtouren nach Hermigua, Santiago oder in den Barranco de la Villa bieten die Deutsche Melanie und der Gomero Richie für 24 € an.

Dive Art, Calle del Medio 48, ✆ 660659098 oder 0049/1737644559, ✆ 0049/ 407511023692, www.dive-art.com, info@dive-art. Die beiden deutschen Tauchprofis Andy und Steffi aus Berlin haben die Tauchbasis gegenüber der Pension Colon 2002 frisch eröffnet. Sie bieten Tauchausbildungen vom Schnupperkurs bis zum Dive Master nach PADI-Richtlinien. Der Open Water Diver kostet 380 €, ein Auffrischungskurs, für Leute die lange nicht getaucht sind, ihren Tauchschein aber schon haben, kostet 80 €. Ein Tauchgang inklusive Bootstransfer zu den Tauchplätzen an der Süd- und Ostküste von La Gomera kostet 29 €, ab 6 Tauchgängen wird es günstiger. Die komplette Tauchausrüstung verleiht die Tauchstation für 14 €. Tagestrips an die Westküste von Teneriffa sind ebenso geplant wie Blauwassertauchen mit Boje, um Wale und Delfine zu beobachten.

Club Nautico de la Gomera (49), Playa de la Cueva, ✆ 922-871002. Der Club liegt direkt am Ende des Tunnels auf der linken Seite. Der Club und das Restaurant sind für ausländische Besucher zugänglich. Für 6 € kann man den ganzen Tag am Pool verbringen, auch eine Stunde Tennis kostet 6 €. Man kann auch eine zeitlich befristete Mitgliedschaft zum Preis von 18 € pro Woche erwerben, die dazu berechtigt, Tennis-, Squash-, Basketball- und Volleyballanlage sowie das Schwimmbad zu benutzen. Neben den Sporteinrichtungen gibt es auf dem Clubgelände einen kleinen Kinderspielplatz.

Spannend für Taucher: Gomeras Unterwasserwelt

Die Unterwasserwelt vor Gomera muss man sich aus Lava- und Basaltgestein vorstellen, wie an Land, nur viel ausgewaschener. Es gibt betauchbare Tunnel und an Kathedralen erinnernde Landschaften mit meterhohen Säulen. Überall im Gestein sind kleine Löcher, in denen Borsten-Feuerwürmer leben. Aber nicht nur kleine Würmer, sondern auch Zackenbarsche und Tigermuränen können Taucher hier sehen. Etwas Glück gehört sicher dazu, aber es ist dennoch keine Seltenheit, Schwärmen von Sardinen zu begegnen, großen Barrakudas, Stachelrochen oder Oktopusse von mehr als 1 m Länge. Der Tauchplatz Puerta de la Gila ist für viel Schwarmfisch bekannt, während Thunfische und Delfine eher am Roca Bermeja Bajo de Avalo anzutreffen sind. Barrakudas und Trompetenfische kommen an der Punta Gaviota vor. Hier ist auch die Landschaft spektakulär: sehr felsig und von Tunneln durchzogen. Ein Problem in den kanarischen Gewässern stellt die rasante Verbreitung der Diadem-Seeigel dar. Die Folge: Die Tiere haben die ursprüngliche Vegetation aus Seegras und Braunalgen radikal abgefressen. Die Regierung von Teneriffa hat bereits ein Projekt zur Rückgewinnung des Meeresbodens lanciert, an dem auch die Universität La Laguna mit Forschungsprojekten und Wiederaufforstungsprogrammen beteiligt ist. Freiwillige Helfer unter den erfahrenen Tauchern sind willkommen. (Fortlaufende Infos unter www.dive-art.com.)

Von Petra Sparrer

Hotels/Pensionen (siehe Karte Umschlagklappe hinten)

Vom Parador einmal abgesehen liegen die meisten Unterkünfte an den beiden parallelen Hauptstraßen, Calle del Medio und Calle Ruiz de Padrón. Zu den Feiertagen und Fiestas sowie in der Hochsaison (Winter und Frühjahr) sollte man möglichst frühzeitig reservieren.

Parador Conde de la Gomera (45), Cerro de la Horca, La Lomada, ✆ 922-871100, 📠 922-871116. 1972 wurde die staatliche Luxusunterkunft an der Stelle eines alten Adelshauses eröffnet. Von hier aus, hoch über San Sebastián, hat man einen herrlichen Blick über Bucht und Stadt, die Strände, das Meer und – wenn das Wetter mitspielt – auch auf den Teide von Teneriffa, den höchsten Berg Spaniens. Hauptsächlich wohlbetuchte Familien mit Kindern, von denen rund 50 Prozent aus Deutschland und 30 Prozent vom spanischen Festland kommen, halten sich hier durchschnittlich 14–20 Tage auf. Die Atmosphäre ist dem stattlichen Preis angemessen: Stilvoll gestaltete Aufenthaltsräume, darunter ein Kaminzimmer, ein großer Garten und der Swimmingpool gehören dazu. Die gemütlich und großzügig eingerichteten Zimmer verfügen alle über TV, Telefon, Balkon oder Terrasse. Obwohl nur 70 m über dem Meer gelegen und kaum weiter vom Stadtzentrum entfernt, lebt man hier in einer anderen Welt. Dass diese klimatisierte Oase des Wohlstands auch jenen vorbehalten bleibt, die dafür üppig bezahlen, dafür sorgen Tafeln mit der Aufschrift: „For guests only".

Nach der Restaurierung stehen den Gästen noch luxuriösere Zimmer und 112 Betten zur Verfügung. Wer hier seinen Urlaub verbringen möchte, sollte mindestens 5 Wochen vorher reservieren. Aber auch Gäste für eine Nacht sind willkommen. Preise pro Nacht: Ein Doppelzimmer kostet pro Person 116,48 €. Frühstück 9 €. Kinder bis 14 Jahre, die als 3. Person im Doppelzimmer mit untergebracht werden, bezahlen nichts. Das luxuriös aufgemachte **Hotelrestaurant** bietet auch für Nichtgäste wechselnde Tagesmenüs für ca. 27 €. Wer bereits in der Heimat seinen Parador-Aufenthalt pauschal bucht, kann mit deutlich günstigeren Preisen rechnen als bei der Buchung vor Ort.

Buchungsadresse für Deutschland und Österreich: Ibero Hotelreservierung GmbH, Berliner Allee 22, 40212 Düsseldorf, ✆ 0211/8641520, ✆ 0211/326554. Für die Schweiz: TCS Voyages, Siège Central 9, Rue Pierre-Fatio, 1211 Geneve 3. Specials gibt es manchmal im Internet (www. parador.es).

Hotel Torre del Conde, Calle Ruiz de Padrón 19, ✆ 922-870000, ✆ 922-871314. Eine Übernachtung in diesem neuen, zentral gelegenen Hotel mit gehobenem Ambiente und Blick auf den Torre del Conde kostet im Doppelzimmer 58 € pro Nacht, inklusive Frühstück, ein zusätzliches Bett 12,50 €, für Kinder 6,25 €. Viele Zimmer in diesem komfortablen Hotel haben einen Balkon. Außerdem gibt es ein hoteleigenes Restaurant.

Pensión Hesperides (34), Calle Ruiz de Padrón 24, ✆ 922-871305. Unscheinbare Pension gegenüber der Pension Hostal. Die Rezeption befindet sich im ersten Stock (öfter klingeln). Die Preise entsprechen nicht dem Service (unfreundlich) und dem Niveau der Zimmer: Einzelzimmer 18 €, Doppelzimmer 24 € (allerdings gibt es wenige Einzelzimmer, und die sind meistens belegt).

Hotel Villa Gomera (6), Calle Ruiz de Padrón 68, ✆ 922-870020, ✆ 922-870235. Komfortables, modernes, nett eingerichtetes, sauberes Hotel mit 16 Zimmern, die Telefon und Safe haben. Das Hotel hat den gleichen Besitzer wie die Pensión Colón. Helle, freundliche, marmorgeflieste Empfangshalle. Hier wohnen sowohl spanische Geschäftsleute und Familien als auch Reisende, die Wert auf Komfort legen. Einzelzimmer 30,30 €, Doppelzimmer 46,70 €, Dreibettzimmer 57,40 €. Jeweils inklusive Frühstück. Der Besitzer vermietet zu den gleichen Preisen auch 10 Appartements unter dem Namen Apartamentos Villa Gomera. Einige haben einen Balkon. Man kann wählen zwischen Zimmer mit Ehebetten und einzeln stehenden Betten

Hotel Garajonay (32), Ruiz de Padrón 17, ✆ 922-870550, ✆ 922-870554. Großes Hotel im Zentrum von San Sebastian neben dem Hotel Torre del Conde. Der vierstöckige Neubau mit 56 Betten bietet sehr saubere, mit hellem Kiefernholz möblierte Zimmer. Dort wird auf Wunsch auch das Frühstück serviert: Tee/Kaffee, Saft, Brot, Butter, Marmelade, Schinken und Käse für 8 € pro Person. Aufzug vorhanden. Die Rezeption ist immer besetzt. Einzelzimmer 24-33 €, Doppelzimmer 34-43 €. Falls alle anderen Unterkünfte belegt sind, wird man hier oder im Colombina noch am wahrscheinlichsten fündig.

Hostal Colombina (2), Calle Ruiz de Padrón 83, ✆ 922-871257. Die Rezeption ist geöffnet von 7.30–13 und 16–19.30 Uhr. Das vierstöckige Colombina in der Hand zweier sehr freundlicher Besitzer gehört zu den größten Beherbergungsbetrieben in San Sebastián. Es liegt am Ende der Calle Ruiz de Padrón und ist 5 Minuten vom Zentrum entfernt. Die Zimmer sind sauber und haben alle Dusche/WC. Einige Zimmer gehen in den Innenhof hinaus; die sind dann zwar dunkel, dafür aber auch leiser. Einzelzimmer 20 € und Doppelzimmer 33 €, Dreibettzimmer 40 € (jeweils mit Bad). Das Hotel hat eine schöne Dachterrasse. Das gleichnamige Restaurant bietet einheimische Küche.

Pensión Colón (4), Calle del Medio 59, ✆/✆ 922-870235. Zentral gelegene, kinderfreundliche Familienpension mit schönem Ambiente. Die 10 Zimmer liegen auf einer Seite des hübschen Patios, wo es einen kleinen Spielplatz des benachbarten Kindergartens (Langschläfer Ohrenstöpsel nicht vergessen!) und einige Grünpflanzen sowie Sitzgelegenheiten gibt. Zur Straße hin helle Zimmer mit Minibalkon, aber sehr laut (Autogeräusche). Die anderen Zimmer sind hellhörig, klein und dunkel, da sie keine Fenster haben. Die Toiletten und Duschen (alle auf dem Gang) sind allerdings sehr sauber. Freundliches und hilfsbereites Personal an der Rezeption. Einzelzimmer 20 €, Doppelzimmer 25 €.

Pensión Gomera (19), Calle del Medio 33, ✆ 922-870417. Unscheinbare Herberge in zentraler Lage. Durch das hohe Holztor betritt man den idyllischen Hinterhof, ein riesiger Avocadobaum und mehrere Palmen spenden den ganzen Tag über Schatten. Zahlreiche weitere Pflanzen und Blumen schaffen eine exotische Atmosphäre (Neugierige werden manchmal von der Besitzerin wieder hinauskomplimentiert). Zwei Treppen führen zum uralten Holzbalkon, von wo aus man die 5 fensterlosen Zimmer erreicht. Das hohe Vierbettzimmer wird in Ausnahmefällen auch an drei Personen vermietet. Das Dreibettzimmer ist großzügig

San Sebastián
Karte Umschlagklappe hinten

und sauber (mit Waschgelegenheit), die Doppelzimmer dagegen beengt und dunkel, aber ebenfalls sauber. Am Ende des Balkons befindet sich die Gemeinschaftsdusche mit WC. Das Haus ist hellhörig. Wegen der ziemlich kleinen Zimmerzahl ist eine Reservierung sehr zu empfehlen. Single-Reisende müssen Doppelzimmer nehmen (und auch bezahlen). Doppelzimmer 22 €, Dreibettzimmer 26 €, Vierbettzimmer 30 €.

Pension Victor, Calle del Medio 23, ✆ 922- und 607–517565. 9 Zimmer, davon 6 mit Bad. Die Pension ist etwas laut, durch Straßenlärm und das Restaurant. Die Zimmer sind unterschiedlich groß und nett bis funktional eingerichtet, zumindest die am Innenhof liegen. Sie haben aber keine Fenster, dafür alle einen Fernseher. Auf dem Gang befindet sich das Badezimmer mit WC. Einzelzimmer 18 €, Doppelzimmer 25 € und Dreibettzimmer 30 €. Der Hostalbesitzer Victor Lerhalta ist übrigens sehr zuvorkommend und hilfsbereit bei der Vermittlung anderer Schlafgelegenheiten, falls seine Pension voll ist.

Appartements (siehe Karte Umschlagklappe hinten)

Die durchschnittlichen Preise liegen zwischen 30 und 45 € pro Tag für ein 2-Personen-Appartement mit Küche und Bad. Eher ungern werden diese für weniger als eine Woche vermietet; falls doch, sind sie deutlich teurer. Wenn Sie ein Appartement suchen, achten Sie auch auf die zahlreichen Aushänge in Geschäften und Bars.

Apartamentos Quintero (42), Plaza de las Américas 6, ✆/📠 922-141744, 📠 922-870922, apquintero@teleline.es. Eines der höchsten Gebäude der Stadt. Deutsch sprechendes Personal. Die Appartements mit Balkon und meistens Meerblick sind häufig von Reiseveranstaltern ausgebucht. Doppelzimmer 47 €, 3 Personen 50 €, 4 Personen 53 €. Billiger wird es bei längerem Aufenthalt.

Apartamentos Canarias, Calle Ruiz de Padrón 3, ✆ 922-141453. Neue Appartements und Studios, einige mit Blick auf den Parque de la Torre del Conde. 2-Personen-Appartement ab 30 €, 2-Personen-Studio 24 €.

Apartamentos San Sebastián, Calle del Medio 20, ✆ 922-141475, 📠 922-871354. Gepflegte Nobelherberge mit 30 Betten. Die Appartements sind großzügig. 1–2 Personen 35 €, 3 Personen 40 €, jede zusätzliche Person 5 €. Öffnungszeiten der Rezeption: täglich 9–13 und 16.30–20 Uhr.

Apartamentos La Hila (36), Calle La Hila, ✆ 922-870709 und 922-872048, 📠 922-870142, larueda@teleline.es. Sechs moderne Appartements mit Balkon in zentraler Lage direkt hinter der Plaza de la Constitución. In fünf Minuten von der Fähre aus zu erreichen. Zwei Appartements haben einen schönen Blick über die Stadt auf das Meer. Mit Tresor und wöchentlich fünfmaliger Reinigung. Für zwei Personen 40 €, die zwei größeren mit Terrasse und Sonnenliegen 46 €. Es gibt eine gemeinschaftliche Dachterrasse. Zu buchen und zu reservieren über die Autovermietung La Rueda.

Apartamentos Orquidea, Avda. Colón 22, ✆ 922-871488 und 922-871305. 18 Appartements, alle mit Bad und Balkon. Hier wohnen häufig Pauschaltouristen. Rollstuhlauffahrt zur Empfangshalle. 36–42 €.

Apartamentos Bazar García, Calle del Medio 27, ✆ 922-870652. Appartements über dem Gemischtwarenladen und im Hochhaus an der Plaza de las Américas. Für zwei Personen 30 €, für drei bis vier Personen 36 €. Die Ladenbesitzer vermitteln auch Mietwagen und verkaufen ab Ende 2003 zwölf neue Bungalows (225 qm und Garage) in schöner Lage hinter dem Parador mit Blick über die Stadt zum Teide.

Apartamentos Panamericana, Calle de la Pista 53, ✆ 609027863. Rosa Esther Flores Rodriguez, die Inhaberin des Restaurants Gomera Garden vermietet insgesamt fünf Appartments für bis zu 6 Personen mit Balkon und Blick auf Bucht und Hafen. Preise je nach Belegung und Saison verhandelbar.

Apartamentos Casa Cathaysa, Pista de las Palmitas 15, ✆ 922-870396 und 922-870585. 10 große, sehr saubere und gepflegte Appartements (davon 5 für 4 Personen) zwischen Innenstadt und Parador. 2-Pers.-Appartement 42 €, 3-Pers.-Appartement 48 €, 4-Pers.-Appartement 52 €.

Apartamentos Miramar, Orilla del Llano 13, ✆ 922-870448. Insgesamt 5 mit hellen Kiefernmöbeln eingerichtete Appartements für 2–3 Personen (dritte Person auf der Couch) gegenüber dem Parador. Ab 36 €. In der Rezeption oder in der Bar La Curva fragen.

Direkt hinter der Stadt erheben sich die Berge

Apartamentos Chijere, Llano La Villa, ✆ 922-871113, ✆ 922-141282. Etwas außerhalb gelegene Anlage mit neun Appartements für bis zu 3 Personen oder zwei Erwachsene und zwei Kinder. Terrasse, Meerblick, Sonnenliegen und Pool. Ab 44 €.

Apartamentos J. Ramon Arteaga-Truillo, Pista de las Palmitas 33, ✆ 922-141636 oder Handy 670–872038. Der Taxifahrer Ramón vermietet sehr hübsche, geräumige und stilvoll eingerichtete Appartements mit Balkon oder Terrasse mit schönem Blick über San Sebastián für 2–4 Personen (nur ab einer Woche Aufenthaltsdauer). Zwei Personen zahlen 36–42 €, ab drei Personen ca. 48 €.

Apartamentos Guadalupe, Pista las Palmitas 8, ✆ 922-870842. In dieser Villa in der Nähe des Paradors gibt es fünf Appartements. Mit großer Terrasse ab 42 € (zwei Appartements). Die anderen werden ab 36 € vermietet.

Apartamentos Arteaga, Calle Profesor Armas Fernandez 13, ✆ 922-141213.

Mar y Teide, Carretera del Faro, ✆ 922-870384. In der Siedlung „Mar y Teide" zwischen Parador und Leuchtturm, hoch über Stadt und Meer, gibt es 26 Bungalows mit Terrasse zu mieten.

Apartamentos Pepita, Callejón de Mine a 2, ✆ 922-871324.

Apartamentos Bernabé, Calle Profesor Armas Fernandez 16, ✆ 922-141538. Die Appartements kann man in dem kleinen Laden Viveres Bernabé-Florística in der Calle República de Chile 4 mieten.

Apartamentos Mora, Plaza de la Constitución 12, ✆ 922-870442. Unten klingeln. Nicht alle Appartements haben einen schönen Blick auf die Plaza. Zwei mit Balkon. Zwischen 24 und 48 €.

Außerdem gibt es zwei Apartamentos, sehr ruhig gelegen, in einer Finca im Barranco San Sebastián, ✆ 922-141247.

Apartamentos Pejín, Calle el Tanquito, ✆ 922-871448. Im Restaurant El Pejín oder im Souvenirgeschäft El Pejín an der Plaza de las Américas kann man nach Apartamentos für zwei bis sechs Personen fragen. Mindestmietdauer 1 Woche. Ab 36 €.

Essen & Trinken (siehe Karte Umschlagklappe hinten)

Restaurant La Tasca (22), Calle Ruiz de Padrón 34, ✆ 922-870759. Fast ausschließlich deutsches Publikum verkehrt in den drei in hellem Kiefernholz eingerichteten Räumen. Das liegt bestimmt auch am sehr zuvorkommenden deutschsprachigen Service und der deutschen Speisekarte. Auf den Tischen liegen rotkarierte Tischtücher, darauf weiße Decken und Platzdeckchen. An der Wand ein enormes Weinregal: große Auswahl an Flaschenweinen zwischen 3,50 und 12 €, die meisten aber unter 6 €. Lecker und verhältnismäßig preiswert ist das Huhn in Knoblauch für 5 € (mit Pommes). Dazu schmeckt ein Ensalada mixta für 2,50 € (Tomaten, Spargel, Zwiebeln, Artischocken, Bohnen, Oliven, grüner Salat, Karotten, Paprika). Vorweg können wir die sehr scharfe und würzige mexikanische Tomatensuppe mit Nudeln für 2,50 € empfehlen. Außerdem gibt es Omeletts (4 €), viele Fischgerichte zwischen 5 und 12 € sowie einige Fleischgerichte (z. B. Kaninchen) um 5 € und Paella für 2 Personen für 13 €. Zudem gibt es Pizzas für 4–5 €. Täglich 19–24 Uhr.

Bar/Rte. Breñusca (31), Calle del Medio 11, ✆ 922-870920. Helles Restaurant mit 10 Tischen in zentraler Lage. Bekannt für gute Küche bei mäßigen Preisen. Deutsche Speisekarte. Die freundliche Bedienung versteht auch deutsche und englische Sprachbrocken. Außerdem kann man hier gut frühstücken: Eier, große Auswahl an Bocadillos und Sandwiches; Kaffee, Kakao und Milch. Auf der umfangreichen Speisekarte (Hauptgerichte ab ca. 6 €) stehen z. B. die leckere kanarische Eintopfsuppe Rancho canario, ziemlich sämig mit Kartoffeln, Nudeln und Erbsen, für 3 € und Kaninchen in kanarischer Soße, scharf angebraten und lecker gewürzt, mit Salat und Pommes für 9 €. Ein kulinarischer Höhepunkt ist der Kichererbseneintopf für 7 €. Das Angebot an Fleisch-, Fisch- und Eiergerichten ist insgesamt erfreulich groß. Zum Essen schmeckt eine Caña für 1 € oder Gomera-Wein (Vino del País, nicht immer vorrätig). Von Oktober bis Mai ist es hier oft rappelvoll. Täglich außer So von 9–24 Uhr (je nach Gästezahl auch länger).

Bar/Rte. El Charcón (50), Paseo Marítimo La Cueva, ✆ 922-141898. Geöffnet 11–24 Uhr, außer Mo. Restaurant mit Terrasse und Dachterrasse an der Playa de la Cueva. Schöner Blick über die Bucht und zum Teide. Hier kann man herrlich nah am Meer draußen sitzen und Gambas oder Langustinos in Knoblauch oder die frischen Fischgerichte genießen. Die Preise liegen zwischen 6 und 15 €. Empfehlenswert: Die Spieße mit Fisch und Meeresfrüchten.

El Pajar (28), Calle del Medio 23/Calle Ruiz de Padrón 26, ✆ 922-871102. Geöffnet 12–15.30 und 18.30–23 Uhr. Zwei Palmen und ein Mandelbaum wachsen durch das palmwedelgedeckte Dach. Victor Leralta hat das Restaurant neu möbliert, sodass in dem gemütlichen alten Innenhof jetzt 100 Gäste Platz finden. Die Auswahl an Vorspeisen ist hier sehr groß. Einfache Fischgerichte kosten 3–9 €, Fleischgerichte zwischen 8 und 15 €, Hähnchen in Knoblauch 6 €. Pizza kann man hier für 4,50–8 € essen. Sehr gut waren die Potaje de berros (Brunnenkressesuppe) und ein Genuss das Steak à la pimienta (Pfeffersteak) mit Pommes, geraspelten Möhren und Champignons mit Knoblauch für 9 €. Die dazu gereichte weiße Soße hat so gut geschmeckt, dass wir die Zutaten erfragt haben: Pfeffer, Petersilie, Knoblauch, Öl, Wasser und Essig. Als Nachspeise ist der kanarische Pudding mit Palmenhonig für 2,75 € zu empfehlen.

Frühstückstipps

Frühaufstehern sei an dieser Stelle die **Bar/Dulcería Oscar „El Cubano“ (44)** neben dem Los Descubridores an der Plaza heiß empfohlen. Hier sitzt man schon morgens in der Sonne. Gebäck und Brötchen kann man gleich hier essen oder mitnehmen. Lecker ist auch der Fruchtsalat.

Die **Bar/Zumería Genaro (23)** in der Calle Ruiz de Padrón 30 (Ecke Calle República de Chile) ist klein, sauber und auch eine gute Adresse für die erste Mahlzeit. Außer Bocadillos und dem unverzichtbaren Café con leche gibt es hier auch frisch gepresste Säfte, Milchmixgetränke, Eis und Omeletts (außer So täglich 8–14 und 18–23 Uhr).

Nicht zu vergessen sind schließlich die **Hamburguesería/Zumería Guarapo (38)** (Calle Ruiz de Padrón 2), die sich auch „el rey de bocadillo“ nennt (= König der belegten Brötchen), die **Cafetería Rte. Ramón (47)** (s. "Treffpunkte/Nachtleben") und das **El @mbigu (35)** an der Plaza de las Américas.

Bar Rte. El Nilo (12), Calle Ruiz de Padrón 40. Kleines Restaurant, in dem dicht gedrängt acht Tische stehen. Auf der deutschsprachigen Speisekarte stehen z. B. Kanarische Suppe und Kressesuppe für 2,40 €, Spaghetti mit Hackfleisch 4 € und Thunfischfilet für 7,50 €. Sonjas Tipp: „Das Huhn mit Knoblauch für 6 € (in brauner Soße mit Papas arrugadas und geraspelten Möhren) war das beste, das ich auf Gomera gegessen habe." Außer Mo täglich 12–16 und 19–24 Uhr.

Bar/Rte. Junonia (7), Calle del Medio, geöffnet 12–22 Uhr, außer Montags. In einem Innenhof, wo man gut draußen sitzen kann, liegt das geräumige Restaurant und Café des Fußball-, Freizeit- und Sportclubs von San Sebastián (Círculo Recreativo y Deportivo). Es gibt auch eine Bühne und von Zeit zu Zeit Konzerte und Diashows. Gomerische Küche mit großer Auswahl an Tapas. Tortillas kosten 3 €, Tintenfischsalat (Pulpo) 4,50 €, Suppen 2,50 €, Paella 6 €. Lecker war das Kaninchen in Gomerasauce für 8 €.

Bar/Rte. Club Náutico (49), Playa de la Cueva ✆ 922-871002. Täglich 12–16 Uhr und 19–23 Uhr. Großzügig eingebettet in eine Naturhöhle, bietet der Segelclub auch Nichtmitgliedern eine reichhaltige Karte für den kleinen und großen Hunger: 22 Tapas-Sorten, Tortilla, Suppen und Salate, frischer Fisch und Fleischgerichte von 5–12 €.

Bar/Rte. La Fortuna (39), Calle Ruiz de Padrón, ✆ 922-141265. Täglich geöffnet von 12–16 und 18–23.30 Uhr. Ein chinesisches Restaurant mit großer Auswahl an Gerichten zwischen 3 und 10 €. Hier sitzt man auch draußen ganz schön in der Nähe des Parks Torre del Conde. Auch Take-away.

Cuatro Caminos, Calle Ruiz de Padrón 36, ✆ 922-141260. Kleines Restaurant im altkanarischen Stil; viele Einheimische treffen sich hier. Es gibt als Spezialität Garnelen vom Grill für 6 € und Fischgerichte ab 4,50 €. Außer So täglich 12.30–16 und 19–24 Uhr.

Bar/Rte. Casa del Mar (48), Avda. Fred Olsen 2 ✆ 922-870320. Gegenüber dem Eingang zum Yachthafen liegt das auf den ersten Blick unscheinbare Restaurant. Innen dokumentieren die Fotografien von Schiffen und Fähren vergangene Glanzzeiten der Seefahrt. Die helle Beleuchtung und die schlichte Einrichtung lassen nicht gerade auf ein kulinarisches Fest schließen. Kenner wissen jedoch, dass es sich hier um ein Spezialitäten-Fischrestaurant erster Klasse handelt. Die freundliche Besitzerin und Köchin in Personalunion, Aurora Simancas ist aus Valencia und zaubert in der kleinen Küche typische kanarische Gerichte vom Feinsten zu erschwinglichen Preisen von 7–20 €. Jeden Tag gibt es ein dreigängiges *menu de la casa* mit Getränk (ca. 9 €). Folgendes Menü ist besonders empfehlenswert: Potaje de berros (Brunnenkressesuppe), ihre berühmte Zarzuela (typisch kanarischer Fischeintopf) mit einer warmen Gofiopaste mit vielen Kräutern und als Nachtisch Leche asada (ein Milchdessert). Es empfiehlt sich, die Zarzuela vorzubestellen, denn Fisch, Kartoffeln und Gemüse brauchen 45 Minuten Kochzeit. Ebenso empfehlenswert sind die zahlreichen frischen Fischgerichte. Probieren Sie die *viejas* (Papageienfische). Zu den Gerichten werden Pommes gereicht. Auf Wunsch gibt es auch Papas arrugadas. Als kleine Aufmerksamkeit des Hauses verkürzen manchmal vorab kleine Ziegenkäsehäppchen mit Oliven die Wartezeit. Spezialität des Kellners Martín ist die Zubereitung leckerer Cocktails – verfeinert nach eigenen Rezepturen, versteht sich. Jeder unserer Besuche war ein Festschmaus. Außer So täglich 12.30–24 Uhr.

Linsen-Hein (1), Calle Ruiz de Padrón 86, ✆ 660285391. Wieder zurück auf der Insel hat das Gomera-Original Hein hier vor kurzem eine kleine Bar übernommen. Täglich geöffnet von 11-15 und 18-23 Uhr. Natürlich gibt's auch wieder seine Spezialität – Linsensuppe für 3 €, aber auch Gulaschsuppe mit Knödel für 4 € sowie diverse andere Gerichte. Oder man kommt einfach nur auf ein Bier rein und erfährt alle Gomera-news der letzten 20 Jahre und mehr.

Rte. Tamahuche (17), Trasera Profesor Armas Fernandez (Seitengasse von der Avda. de Colon, rechts hinter der Bar Baluarte). Thailändische Küche und Wein aus Gomera, z. B einen trockenen Weißwein aus Garajonay. Das Ambiente dieses Lokals lädt zwar nicht zum romantischen Abendessen ein, aber trotzdem werden Freunde der thailändischen Küche hier gerne ein leichtes Reisgericht mit Gambas zu sich nehmen oder auch frittierten Reis mit Huhn – bis zum Lychee-Dessert stimmt hier nämlich auch der Preis.

Gourmet-Rte. Marques de Oristano (18), Calle del Medio 26. Sehr geschmackvoll eingerichtetes, neues Restaurant neben der Art-Galerie Luna. Dreigeteilt in Gourmetrestaurant, Grillbereich mit leckeren Fleischgerichten vom Grill und Tapabereich für den „kleinen Hunger". Große Auswahl an Steaks von 6,50-10,50 €.

Bar/Dulcería Oscar „El Cubano" (44), Avda. de los Descubridores 4, ✆ 922-870555. Auch früh morgens der sonnigste Platz an der Plaza de las Américas (s. o. „Frühstückstipps"). Täglich 6–14 und 15.30–21 Uhr.

Bar/Zumería Cuba Libre, Plaza de las Américas 18, geöffnet 9–2 Uhr, außer Dienstagabend. Mitten auf dem schattigen Platz – der Treffpunkt in San Sebastián – bekommt man kleine Tapas. Sehr zu empfehlen ist der Zumo; gemixt aus den unterschiedlichsten exotischen Früchten wirkt er als kleine Vitaminspritze nach anstrengenden Wanderungen oder auch nach einer Siesta am Strand. Auch Abends beliebte Bar; innen hängen Fotos von Fidel Castro und Che. Mojito und Daiquirí schmecken hier besonders (3,50 €) oder natürlich ein Cuba libre.

Bar/Café Planet Fun, Plaza de las Américas 18, mit Tischen draußen auf der Plaza neben der Bar Cuba Libre.

Dulcería Gomera, Plaza de las Américas (direkt neben Cuba Libre). Hier gibt es nicht nur typisch gomerisches Gebäck und andere Süßigkeiten, sondern auch Eis und leckere Batidos (Milchshakes, aber mit frischen Früchten!).

Bar/Rte. El Pejin (24), Calle del Medio 12, Umgezogen an die Stelle des ehemaligen Gomera Garden. Fischspezialitäten von 5-12 €, Fleischgerichte von 7-10 €.

Treffpunkte/Nachtleben (siehe Karte Umschlagklappe hinten)

Kiosco Los Carabelas: ein beliebter Frühstückstreff

Discomera (55), Calle El Lamero 15, Mi–Sa 23–3 Uhr. Schön in Meernähe am Ende der Strandpromenade Richtung Süden gelegen. Im Hof gibt es auch im Freien eine *pista de baile* (Tanzfläche). Kurze Hosen zählen nicht zu der geforderten „ordentlichen Kleidung". Von Herbst bis Frühjahr sorgen die Touristen aus Alemania dafür, dass der Laden floriert. Im Sommerhalbjahr füllen sich die Theken dagegen hauptsächlich mit Einheimischen, und das auch erst nach 1 Uhr, wenn die meisten Bars schon geschlossen sind. Auf den Tanzflächen ist dann meist reichlich Platz, und Bedienungen, die wenig zu tun haben, wippen gemächlich zu aktuellen Popcharts.

Kiosco Los Carabelas (33), Plaza de la Constitución, ✆ 922-870655. Sonntags geschlossen. Zentraler Treffpunkt ohne Konsumzwang unter den hohen, schattenspendenden Ficusbäumen der Plaza de la Constitución. Einheimische Familien fühlen sich hier genauso wohl wie die Rucksacktouristen, die oft direkt von der Fähre hierher kommen. Der Kiosco ist die erste Anlaufstation, Informationsbörse und Kontaktstelle. Hier verabredet man sich auch zum abendlichen Kneipenbummel und genießt die eigentümliche Stimmung des Platzes. Der Kiosco unterscheidet sich von anderen Bars durch seine exponierte Lage und die großen Panoramafenster. Außer Getränken bekommt man hier Tapas, Gebäck, Bocadillos, warme Toasts und kleine Snacks. Besonders lecker ist der Thunfischsalat. Zwar wird hier schon um 23 Uhr geschlossen, doch schon morgens um 7 Uhr öffnen sich die Pforten erneut, sodass der Kiosco eine gute Frühstücksmöglichkeit für alle bietet, die bereits mit der Morgenfähre nach Los Cristianos zurückfahren.

Kiosco Ramón (47), Paseo de Fred Olsen (vor dem Parque de la Torre del Conde), ✆ 922-870528. Einheimische wie Touristen fühlen sich wohl unter den zwei Eukalyptusbäumen gegenüber der Strandpromenade. Im Terrassencafé mit Meerblick werden eiskaltes Bier vom Fass und Tapas serviert. Das Restaurant findet man im hinteren Teil der Anlage. Durch Panoramascheiben kann man von hier den Blick auf das Wahrzeichen der Insel genießen: den Torre del Conde. Auf der deutschsprachigen Speisekarte stehen Fleisch-, Fisch- und Nudelgerichte für 3,50–5 €. Kein Gericht kostet mehr. Öffnungszeiten des Restaurants: außer So täglich 12.30–15.30 und 20–22.30 Uhr. Frühstück gibt es ab 9 Uhr früh (z. B. Bocadillos für 1,80 € mit Café con leche für 0,90 €).

Bar Primera Planta (54), kantinenartige Bar im zweiten Stock des Molengebäudes. Vom Fenster aus kann man gut das An- und Ablegen der Boote im Hafen und der Fähren beobachten. Ein netter Ort, um bei Snacks, Tapas oder Frühstück auf die eigene Fähre zu warten oder Reisebekanntschaften winkend zu verabschieden. Vor dem Eingang bietet eine große Terrasse vielen weiteren Gästen Platz. Täglich 6.30–22 Uhr.

Bar/Rte. Baluarte (25), Avda. de Colón, gegenüber der Markthalle an der Ecke. Täglich geöffnet von 13–16 und 18.30–21.30 Uhr. Im Sommer abends erst ab 19 Uhr.

Die einst vor allem bei Einheimischen zum lautstarken Fußballschauen beliebte Bar ist renoviert werden. Im modisch hellgrünen Inneren oder auf der Terrasse kann man nun direkt gegenüber dem Mercado Municipal frische Fischgerichte genießen. Die Preise liegen zwischen 3 und 6 €. Empfehlenswert sind das Seehechtfilet (merluza) oder die Gambas, beides für 5,85 €.

Spanischkenntnisse auffrischen?

Escuela de Idiomas (20), Calle Virgen de Guadalupe 30, ✆ 922-141335. Mo–Fr 10–13 und 17–20 Uhr. Leiter der Sprachschule ist James Angeles, der Einheimische in Englisch und Ausländer in Spanisch unterrichtet. Den Unterricht geben spanische bzw. englische Lehrer. Spanischkurse bietet die Schule zweimal wöchentlich an. Die Stunde (Montags und Mittwochvormittag) kostet 12 €. Ein Angebot, das weniger Urlauber anspricht, sondern eher Leute, die längere Zeit in San Sebastián verbringen.

Sehenswertes

Länger als eine Stunde braucht man kaum, um alle historischen Sehenswürdigkeiten der Stadt kennen zu lernen. Sie stammen ausnahmslos aus der Zeit nach der spanischen Eroberung. Mit Ausnahme des markanten Torre del Conde liegen sie an der Hauptgeschäftsstraße, der Calle Real, die meist auch Calle del Medio genannt wird.

Wenig Spektakuläres gibt es dort zu sehen, aber doch so manches, was die zuweilen turbulente Lokalgeschichte trefflich illustriert. Mit etwas Phantasie werden die alten spanischen Kolonialherren lebendig, verführerische Damen und rachsüchtige Eroberer, erzittern die massiven Mauern unter dem Ansturm algerischer und holländischer Piraten, betet Kolumbus inbrünstig um das gute Gelingen seiner unmittelbar bevorstehenden „Indienfahrt“ . . .

Torre del Conde: Hinter dem Kiosco Ramón, unweit der Plaza de las Américas, reckt sich dieser 15 m hohe trutzige Bruchsteinturm weithin sichtbar in den Himmel. Er ist längst zu einem Wahrzeichen für San Sebastián, wenn nicht gar für die gesamte Insel geworden. Er liegt in einem schön bepflanzten, kleinen Park mit schattigen Bänken, der zum Verweilen einlädt. Der „Grafenturm", ältestes erhaltenes Bauwerk der Stadt, wurde in der Mitte des 15. Jahrhunderts auf Befehl des spanischen Inselherren *Hernán Peraza des Älteren* erbaut, der ihn als strategischen Rückhalt für die vollständige Unterwerfung Gomeras benötigte. Tatsächlich bot die mächtige gotische Konstruktion mit ihren dicken Mauern und bedrohlichen Schießscharten den Spaniern, deren uneingeschränkte Herrschaft auf Gomera noch auf wackeligen Füßen stand, einen relativ sicheren Zufluchtsort, wenn der Volkszorn der zuweilen hart drangsalierten Ureinwohner hoch kochte. So im Jahre 1484, als sich der Enkel des Turmerbauers, *Hernán Peraza der Jüngere,* mit seiner Familie dort verschanzen musste, weil es aufgrund vieler Rechtsbrüche und Übergriffe zu einem Guanchenaufstand gekommen war, der jedoch durch spanische Hilfstruppen aus Gran Canaria rasch niedergeschlagen wurde.

Vier Jahre später sollte dem Tyrannen das Glück weniger hold sein. Seiner Willkürherrschaft überdrüssig, beschlossen drei Gomeros, den ungeliebten Widersacher zu ermorden. Dabei erleichterte ihnen das Wissen um eine Liebschaft des Despoten mit der Guanchenprinzessin *Iballa* die Tat ungemein. Sie lauerten ihm in jener Höhle auf, in der sonst die heimlichen Schäferstündchen stattzufinden pflegten. Diesmal sollte sie *Hernán Peraza* weniger erquickt als vielmehr tot verlassen. Diese Tat war offensichtlich das Signal zu einem weiteren Aufstand gegen die ungeliebten Spanier und damit vor allem gegen die neue Herrscherin. Die Ehefrau Perazas, eine auf Gomera „kaltgestellte" ehemalige Geliebte des spanischen Königs mit Namen *Beatriz de Bobadilla,* musste sich nun einmal mehr im Torre del Conde verschanzen, bis der Gouverneur von Gran Canaria, *Pedro de Vera,* zu Hilfe geeilt kam. Wie die schöne und blutdürstige Beatriz, der ja auch ein Verhältnis mit Kolumbus nachgesagt wird, ihre Rachepläne verwirklichte, ist wieder eine andere Geschichte, die sich hauptsächlich in der Pfarrkirche Iglesia de la Asunción zutrug (siehe dort).

Torre del Conde

Während der Piratenüberfälle des folgenden Jahrhunderts erwies sich der mittelalterliche Festungsturm als bei weitem nicht abschreckend genug und konnte auch verschiedentliche Plünderungen der Stadt nicht verhindern. Einmal brannte er sogar komplett aus, denn die hölzernen Böden und Zwischendecken waren alles andere als feuerfest. Lange Zeit diente er dann zweckentfremdet als Lagerschuppen und Kaserne, bis er – in den 60er Jahren restauriert – nun wieder durchaus ansehnlich die Hafeneinfahrt bewacht. Das einstige Museum im Torre del Conde ist allerdings schon seit einigen Jahren geschlossen. Seit langem ist geplant, hier wieder eine Ausstellung über die Geschichte des Turms und historische Kartographie unterzubringen, doch derzeit rechnet niemand mit einer raschen Entwicklung. Wer trotzdem unbedingt einen Blick in den Turm werfen möchte, der kann sich an den Schlüsselverwalter, den Aufseher der Casa de Colón (s. u.), wenden.

Nuestra Señora de la Asunción

Altes Zollhaus: Dem Flachbau an der Westseite der Plaza de la Constitución (Ecke Calle del Medio) sieht man auf den ersten Blick sein hohes Alter gar nicht an. Immerhin wurde er schon im 17. Jahrhundert errichtet. Was aber die Besichtigung fast zu einem Muss macht, ist ein unscheinbarer doch legendenumwobener Brunnen in der Mitte des Innenhofes, der einige Jahre mehr auf dem Buckel hat als das Zollhaus selbst. Dies ist im Übrigen auch unter dem Namen Casa de Aguada (Wasservorrat) bekannt. Im zur Calle del Medio gewandten Teil des Hauses befindet sich die Tourismusinformation von San Sebastián.

Durch eine hölzerne Tür betritt man den idyllischen Patio. Manchmal nimmt eine Fremdenführerin den Besucher in Empfang. Programmgemäß führt sie meist Gruppen zum Brunnen und erzählt (in Spanisch) dessen Geschichte und einige mit blutrünstigen und schießwütigen Piraten gespickte Anekdoten über das Zollhaus. Dass dieser Brunnen im Jahr 1492 Kolumbus dazu gedient hat, ein letztes Mal seine Wasservorräte aufzufrischen, bevor er seine höchst bedeutsame Entdeckungsreise antrat, ist zwar nicht zweifelsfrei erwiesen, aber doch zumindest gut erfunden. So besteht auch der zeremonielle Höhepunkt jeder Führung in der behutsamen Entfernung des hölzernen Brunnendeckels, über dem stolz eine Tafel verkündet: *Con esta agua se bautizó America“ – Dieses Wasser taufte Amerika.* Ansonsten sieht man nicht viel, auch nicht wenn man sich über das Gitter lehnt und in den Brunnen blickt. Das Zollhaus, das erst viel später um den Brunnen erbaut wurde, zeigt ein Porträt von Kolumbus, informiert über seine Reisen und zeigt Modelle seiner Schiffe Pinta, Niña und Santa Maria. Außerdem bekommt man einen Überblick darüber, welche landwirtschaftlichen Produkte erst im Zuge der Entdeckung Amerikas auf Gomera bekannt wurden. Eintritt frei.

Pfarrkirche Nuestra Señora de la Asunción: Die weiße, tagsüber ständig zugängliche Mariä Himmelfahrtskirche liegt an der Calle del Medio (Ecke Calle República de Pánama) und ist heute die kunsthistorisch interessanteste Kirche der ganzen Insel – und vielleicht des gesamten kanarischen Archipels. Ein erster, wesentlich kleinerer Vorläuferbau entstand vermutlich schon unter der Herrschaft *Hernán Perazas (des Älteren).* Aber auch von dem folgenden einschiffigen Bau mit rechteckigem Grundriss, der um 1490 begonnen und rund 20 Jahre später beendet wurde, blieben nach seiner Zerstörung durch algerische Piraten im Jahr 1618 nur noch die Grundmauern übrig. Auf diesen errichtete man dann den heutigen, im 17. Jahrhundert fertig gestellten Neubau, der im 18. Jahrhundert beträchtlich erweitert und vervollständigt wurde. Der Legende nach betete an dieser Stelle *Christoph Kolumbus* vor seiner Abreise nach Amerika am 6. September 1492 um gutes Gelingen der Fahrt. Von der bunt zusammengewürfelten Innenausstattung, die u. a. Elemente der Stilrichtungen Gotik und Rokoko und Mudejarstil kombiniert, sind vor allem die barocken Altarbilder und der Hochaltar von 1807 sowie die mit Holzschnitzereien reich verzierten Seitenaltäre beachtenswert. Das Ölgemälde „Die Verehrung der Heiligen Drei Könige" aus dem 19. Jahrhundert stammt von der Künstlerschule der kanarischen Inseln. Sehr niedlich wirkt der an alte Western erinnernde winzige Glockenturm über dem Haupteingang.

Doch zurück zu jenem Tag im Jahre 1488, als die grausame *Beatriz de Bobadilla* von *Pedro de Vera* vor den aufständischen Guanchen gerettet wurde (s. o. „Torre del Conde"). Rachepläne an den Mördern ihres Mannes schwirrten durch Beatrizens schönen Kopf, doch es war nicht leicht, der Mörder und Aufständischen habhaft zu werden, denn sie hatten sich im unzugänglichen Inselinneren verschanzt. Da hatte der listige Eroberer *Pedro de Vera* eine Idee: Er ließ verkünden, dass alle, die zum Begräbnisgottesdienst für das ungeliebte Opfer kämen, straffrei bleiben sollten. Diesem Versprechen trauten nicht nur Hunderte von unbeteiligten Gomeros, die auf diesem Wege vielleicht einer Kollektivstrafe entrinnen wollten, sondern auch etliche der durch *de Veras* starkes militärisches Gefolge entmutigten Freiheitskämpfer. Das aber sollte ihnen schlecht bekommen. Denn statt Gnade erwartete viele die Todesstrafe. Noch heute wird deshalb das Kirchenportal zynisch *Puerta del perdón* (Tor der Begnadigung) genannt. Hunderte wurden damals grausam getötet und rund 400 Menschen, meist Frauen und Kinder, als Sklaven verkauft. Erst nach einer von der spanischen Königin angeordneten Untersuchung wurde ihnen die Freiheit zurückgegeben. *Beatriz de Bobadilla* musste 5000 Maravedies Entschädigung zahlen, und *de Vera* verlor seinen Gouverneursposten auf Gran Canaria.

Casa de Colón: Obwohl es der Name suggeriert, hat das Haus in der Calle del Medio (unweit der Post) Kolumbus nie als Quartier gedient, denn es wurde erst im 17. Jahrhundert erbaut. Ein Besuch lohnt sich trotzdem. In dem erst

Galería de Arte Luna

Aquatinta und warme Semmeln

Guido Kolitscher ist ein gemütlicher Wiener, der oft und gerne lacht. Seit 1972 fühlt sich der umtriebige Maler auf Gomera wohl. Seine ganze Liebe gilt den wildromantischen Motiven der Kanareninseln. Besonders Lanzarote und Gomera haben es ihm angetan, zwei Eilande, die an Gegensätzen kaum zu übertreffen sind. In ihrer Urwüchsigkeit aber konnten beide den 1950 geborenen Meister der Aquatinta-Radierung immer aufs Neue inspirieren, was eine Vielzahl seiner Werke deutlich belegt. In dem kleinen Weiler San Bartolo (6 km vor San Sebastián entfernt im Barranco de la Villa) lebt er heute den alten Künstlertraum der „splendid isolation".

Dass Kolitscher durchaus auch Geschäftssinn besitzt, beweist die mittlerweile etablierte **Galería de Arte Luna** in der Calle del Medic 28 (✆/℻ 922-870666, www.galerialuna.com, galerialuna@hotmail.com). Gemeinsam mit drei Künstlerkollegen hat er sich hier den Traum von einer eigenen Verkaufsausstellung erfüllt. Elena Gonzalez Lugo sorgt für fachkundige deutschsprachige Beratung, ist aber häufig unterwegs. Die Qualität des Ausgestellten überzeugt, und so nimmt es nicht wunder, dass Kolitschers über 300 Farbradierungen, die je nach Größe zwischen 170 und 250 € kosten, immer sowohl neugierige als auch kauflustige Besucher anziehen. Begeistert haben uns die vergleichsweise wenigen großformatigen Landschaftsbilder in Öl und Acryl, die mit 300 bis 810 € ihren Preis haben. Ausstellungen haben u. a. der abstrakte Maler Pedro Gonzalez aus Teneriffa, Manolo Sánchez und die Polin Vicki Penfold, eine Schülerin von Oskar Kokoschka. Geöffnet ist die Galerie Mo–Fr 10–13 und 16.30–20 Uhr (Sa nur 10–13 Uhr, So geschlossen).

vor einigen Jahren renovierten, weiß getünchten Gebäude mit den markanten braunen Läden finden im Erdgeschoss wechselnde Ausstellungen mit Werken einheimischer Künstler statt. Dabei dominieren gomerische Motive, und zuweilen staunt man nicht schlecht über die eindrucksvollen Fotos, Gemälde und Skulpturen. Sehenswert ist auch das geomorphologische Modell der Insel im Erdgeschoss, das einen Blick aus der Vogelperspektive über die von Schluchten durchzogene Berglandschaft ermöglicht.

Öffnungszeiten außer So täglich 9–13 und 16.30–19 Uhr, Sa nur vormittags. Eintritt frei.

Kapelle des Heiligen Sebastián: Das erste christliche Gotteshaus auf der Insel stammt noch aus der Zeit der spanischen Eroberung Gomeras. Mehrmals zerstört, wiederauf- und umgebaut, hat die Kapelle heute nur noch wenig von ihrer ursprünglichen Bausubstanz. Das kleine rechteckige Bauwerk, in frischem Weiß getüncht, findet man direkt neben der Post in der Calle del Medio. Die 14 Eisenkreuze an den Wänden der Kapelle symbolisieren den Kreuzweg. Links vom Ausgang steht auf einem Schrank ein putziges Modellschiff.

Strände

Playa de San Sebastián: Wo der Río San Sebastián ins Meer mündet, erstreckt sich entlang der Küstenpromenade der 500–600 m lange Stadtstrand. Weniger Touristen – die meisten weichen auf andere Strände aus – als vielmehr Einheimische prägen das Bild dieses Strandes; vor allem an Wochenenden und Feiertagen wird es ziemlich voll. Im Windschatten von Mole und Yachthafen kann man hier noch in Ruhe im Meer schwimmen, wenn bereits hohe Wellen an die Playa de la Cueva, den anderen Strand klatschen. Ursprünglich ein reiner Kiesstrand, hat sich sein Erscheinungsbild in der letzten Zeit deutlich geändert. Verantwortlich dafür ist ein Schiff, das alle Jahre wieder von morgens bis abends vom Grund des Hafenbeckens den dunklen Sand absaugt und ihn anschließend an den Strand bläst. So bleibt die Hafeneinfahrt für die Fähre tief genug, und der Strand wird für die Sonnenanbeter um einiges bequemer. Das ist jedoch nie von langer Dauer, denn das Meer holt sich durch seine Brandung, vor allem zur Zeit der Herbststürme, viel Sand wieder zurück. Und im nächsten Jahr beginnt dann wieder das gleiche Spiel . . .

Playa de la Cueva: Durch die Straße rechts am Tunnel an der Mole vorbei gelangt man zur abseits der Stadt gelegenen Playa de la Cueva, die erst 1995 durch Aufschüttung zum Sandstrand „mutiert" ist. Der Name des Strandes leitet sich von der auf dem Gelände des Club Náutico gelegenen Grotte ab. Vom Stadtzentrum ist er zu Fuß in 10 Minuten, von der Fähre in 3 Minuten zu

Ausflug zur Playa de Avalos

Folgt man vom Parador aus dem Weg zum Faro (Leuchtturm), so gelangt man über den Camino Lomo del Clavo an einer Kaserne vorbei zu einer Piste, die zu dieser durch Felsen geschützten Badebucht führt. Die abgelegene Bucht ist ca. 200 Meter lang, es gibt einige Palmen und im Sommer hat sogar eine Bar geöffnet.

erreichen (für Autofahrer stehen Parkplätze bereit). Am nördlichen Ende der Bucht unterhalb des Paradors, die bei guter Sicht einen schönen Blick auf Teneriffas Teide bietet, befindet sich das Terrassenrestaurant El Charcón (siehe „Essen & Trinken"). Die häufig starke Brandung macht das Baden manchmal nicht nur für Kinder gefährlich. In diesem Falle badet man besser im Pool des auf der anderen Straßenseite gelegenen Club Naútico. Der Strand wird täglich zwischen 9 und 11 Uhr von städtischen Arbeitern gesäubert.

Ausflug in den Barranco de la Villa

Barranco de la Villa heißt die Schlucht, zu deren Füßen San Sebastián liegt. Der Ausflug lädt u. a. ein zu kulinarischen Stopps in reizvollen Restaurants und Bars. In der idyllischen Schlucht gibt es auch einige komfortable Unterkünfte und Fincas.

Am Sportplatz und am Colegio Nacional vorbei schlängelt sich die immer schlechter werdende schmale Straße (Ausschilderung Richtung **Chejelipes und La Laja**) tief in den Canyon hinein bis zu den vier Stauseen, die San Sebastián mit Wasser versorgen (8 km).

Unterwegs passiert man immer wieder kleine Weiler, in denen einladende Bars an der Straße zu einer Pause auffordern. Überall blüht und gedeiht es wie in einer Oase: Apfelsinen, Bananen, Avocados und Tomaten im Überfluss. Ein erster Aufenthalt empfiehlt sich im kleinen Weiler **Langrero**, wo in einer scharfen Linkskurve in einer einfachen Holzhütte das beliebte **Restaurant La Cabana** (✆ 922-870259, geöffnet 12.30–17 und 20–23 Uhr, donnerstags geschlossen) direkt an der Durchgangsstraße liegt. Kenner schätzen die rustikale Küche mit üppigen Portionen zu wirklich günstigen Preisen. Besonders gut sind Kaninchen vom Holzkohlegrill, Steaks und Koteletts.

Nach einem opulenten Mahl geht es weiter, vorbei an den kleinen Siedlungen **San Antonio** und **El Jorado**. **El Atajo**, der nächste Weiler, hält auch einen beliebten Stopp bereit, die **Bar Raúl** mit eigener Schlachtung. An nur zwei Tischen in der Bar und zwei weiteren an der Straße wird das erstklassige Essen mit Papas arrugadas serviert. Versäumen Sie nicht den hervorragenden gemischten Salat.

La-Laja-Tal – ländliches Gästehaus

Weiter geht es über **Canada Enchereda** und **San Bartolo**, den Wohnort des Künstlers Guido Kolitscher (s. Kasten" Aquatinta und warme Semmeln", S. 89), bis nach Lomo Fragoso, wo die Stauseen liegen. Baden kann man hier nicht, die Ufer sind kaum zugänglich. Hier gibt es im **Bodegón** (✆ 922-871038, geöffnet 19–23 Uhr, montags geschlossen) die angeblich beste Tomatensuppe ganz Gomeras und frische gemischte Salate. Der ehemalige Besitzer Hein ist nicht mehr da. Von dem 450 m hoch gelegenen und von Terrassenfeldbau geprägten Ort La Laja aus führt eine beliebte, ca. 3,5-stündige Bergwanderung zum Roque Agando, und eine noch längere Tour zur Degollada de Perraza.

• *Unterkünfte* **Casa del Barranco**, Chejelipes, ✆ 922-870932. Landhaus mit fünf Appartements, großem Garten mit Avocadobäumen und Pool. Buchbar über Jahn Reisen. Ab ca. 50 € pro Tag. Absolut ruhig gelegen, aber als Urlaubsdomizil nur in Kombination mit einem Mietwagen zu empfehlen.

El Cabrito: Von „Sodom und Gomera" zum Urlauberrefugium

„Es sollte ein Jahrtausend-Experiment werden: Der Kommune-Führer Otto Muehl versprach die Befreiung von allen Tabus und Zwängen. Hunderte folgten ihm bis auf die Kanaren-Insel Gomera. Dort errichtete er ein perfides Zwangsregime. Die STERN-Redakteure Sven Michaelsen und Peter Praschl sprachen mit Aussteigern, die genug haben von Psycho-Terror und Fick-Listen . . ."

So beginnt ein Stern-Artikel, der im Frühjahr 1988 unter der Überschrift **„Sodom und Gomera"** einigen Staub aufwirbelte. Die Fakten: Ab 1987 bewohnten etwa 30 bis 40 Kommune-Mitglieder ständig die Siedlung und Plantage **El Cabrito**, das für viel Geld gekauft und mit enormem Arbeitsaufwand instand gesetzt wurde. Alte Gebäude wurden renoviert, Neubauten entstanden, darunter auch Werkstätten aller Art und eine Schule. Im Dorf und an den umliegenden Hängen befinden sich Bananenplantagen mit einer Gesamtfläche von 10 Hektar, auf denen ökologischer Anbau betrieben wurde. Es gab am hinteren Ende des Dorfes sogar eine Pferdekoppel. Eine eigene Kläranlage und die Planierraupe verdeutlichen die Anstrengungen, die die Kommune unternahm, um weitgehend autark zu werden. Ein kleines Fischerboot holte täglich die angeheuerten Plantagenarbeiter aus San Sebastián ab und brachte sie am Abend wieder heim.

Otto Muehl, 1925 im Burgenland geboren, wandelte sich in den 1960er Jahren vom Deutsch- und Geschichtslehrer zu einem der führenden Köpfe der rebellischen Kunstrichtung Wiener Aktionismus, die durch spektakuläre Blut- und Exkremente-Aktionen gegen bürgerlichen Provinzialismus und den Vietnamkrieg protestierte. In den 1970er Jahren entwickelte sich dann aus der AAO, der „Aktionsanalytischen Organisation", die mit ihren sozialpsychologischen und politischen Thesen im studentenbewegten Berlin für heftige Kontroversen sorgte, die „Muehl-Kommune". 1972 wurde ein isoliertes Gehöft, der Friedrichshof am Neusiedler See, zum Stammsitz der Sektierer. So wenig „intime Zweierbeziehungen" und so viel „individuelle Freiheit" wie möglich sollten helfen, Sexualneurosen und sexuelle Gewaltverbrechen zu eliminieren. Der

El Cabrito: Ein Privatboot bringt Gäste und Besucher hierher

charismatische Kommune-Führer brauchte sich über mangelnden Zulauf nicht zu beklagen, denn so mancher sehnte sich nach einem sicheren „Weg aus dem Sumpf“ (so der Titel eines Muehl-Buches). Und der führte für viele zunächst einmal von Friedrichshof nach El Cabrito. Äußerer Anlass für diesen Umzug im Jahr 1987 war die Tschernobyl-Katastrophe; die erstaunliche Finanzkraft der Gemeinschaft ermöglichte eine rasche Evakuierung der Mitglieder, insbesondere der besorgten Mütter und ihrer Kinder.

El Cabrito liegt ziemlich unzugänglich und von Bergen eingekesselt im Barranco Juan de Vera. Von den meisten Gomeros mit einem Lächeln toleriert und nur von wenigen fremdenfeindlichen Fanatikern als „Mormones“ geschmäht, konnten die Muehl-Jünger in ihrer Oase fernab von AIDS, Gewalt, Alkoholismus und Selbstmord relativ ungestört ihren „Weg aus dem Sumpf“ gehen. Ungestört jedenfalls, bis der eingangs zitierte Stern-Artikel erschien und so manches enthüllte. Von auf Fotografen dressierten „Rollkommandos“ war da die Rede, von einem „bizarren Zwergstaat“ auf Gomera, von „Computer-Fick-Listen“, einer „Lust-Diktatur“, gar einem „grotesken Personenkult“. Auch für den Kommune-Führer fanden die Reporter deutliche Worte: „Sex-Guru“, „schlitzäugiger Unhold“, „Sex-Pascha“, „Kot-Künstler“ und dergleichen mehr. Detailliert schilderten die ausgestiegenen Kommunarden den Stern-Lesern Deflorationsriten, Muehls Potenzprotzerei und die „unmenschliche Kindererziehung“ im „kaputten Paradies des Sex-Gurus“.

Das plötzliche Ende kam dann im Juni 1991: Otto Muehl wurde verhaftet. Im November verurteilte ihn ein Gericht in Eisenstadt (Burgenland) nach nur zweitägiger Verhandlungsdauer zu sieben Jahren Gefängnis. Die Süddeutsche Zeitung bemerkte hämisch, dass er „seinem Ruf als Bürgerschreck in der

Sonnenterrasse für Inselträumereien

Verhandlung nicht gerecht wurde, sondern in bürgerlicher Kleidung und eher kleinlaut auftrat". Muehl wurde im Sinne der umfangreichen Anklage für schuldig befunden, mit Unmündigen – teils gegen deren Willen – sexuell verkehrt, Minderjährige sittlich gefährdet, Beweismaterial unterdrückt und gegen das Rauschgiftgesetz verstoßen zu haben. Er zeigte sich weitgehend geständig, betonte jedoch, er habe bei Minderjährigen „nie Gewalt angewendet". Bei den Aussagen mehrerer junger Frauen, mit denen sich Muehl zu den Hoch-Zeiten der Kommune vergnügt hatte, war die Öffentlichkeit ausgeschlossen. Die Staatsanwaltschaft legte ihm ferner zur Last, wie ein mittelalterlicher Herrscher das Recht auf die erste Nacht in Anspruch genommen zu haben. Von dem, was sich in der Kommune an Gesetzwidrigem abgespielt habe, sei nur ein Bruchteil Gegenstand des Verfahrens gewesen. Muehls langjähriger Mitarbeiter Bernd Stein, der sich wegen Beweismittelunterdrückung und Zeugenbeeinflussung verantworten musste, wurde zu 18 Monaten Haft verurteilt, von denen 12 zur Bewährung ausgesetzt wurden.

Führend beteiligt an den sexuellen Spielen war nach Erkenntnissen des Gerichts Muehls Ehefrau Claudia, gegen die ein besonderes Verfahren eingeleitet wurde. Sie soll vor der versammelten Kommune Jugendliche, darunter auch ihren eigenen Stiefsohn, zum Oralverkehr genötigt haben. Die Vorfälle wurden auf Videobändern dokumentiert. „Ich habe die Filme gesehen; sie übertreffen alles Bisherige", sagte Richterin Ingrid Jelinek. Dieses Urteil war auch der Anfang vom Ende der Kommune auf Gomera. Anfang 1992 weilten nur noch eine knappe Hand voll Muehl-Anhänger in El Cabrito; etwa ebenso viele einheimische Plataneros hielten die Fincas notdürftig in Schuss.

Nach der Auflösung der Kommune gründeten die Mitglieder ohne Otto Muehl eine Genossenschaft, die El Cabrito komplett renovieren ließ. Jedes Kommunemitglied bekam einen gleichgroßen Anteil am gesamten Eigentum. Bei der Renovierung blieben die ursprüngliche Bausubstanz und Architektur erhalten. Entstanden ist eine für Familien, Naturverbundene und Erholungssuchende geeignete Ferienanlage. Zudem finden hier verschiedene Seminare statt (buchbar über Studien-Kontakt-Reisen in Bonn). Ein privates Boot, San Borondón, nach einer legendären Insel benannt, die geheimnisvoll im Nebel vor Gomera auftauchen soll, bringt die Gäste in 20 Minuten von San Sebastián nach El Cabrito und zurück. Es fährt sechsmal am Tag. Wer hier Urlaub

Herrenhaus El Cabrito – heute Teil einer Ferienanlage für gehobene Ansprüche

macht, wohnt in Natursteinhäusern oder im früheren Herrenhaus inmitten einer Plantage. Mangos, Avocados, Datteln und Papayas, die hier biologisch angebaut werden, stellen einen Teil der Gästeverpflegung. Die Unterkünfte bieten insgesamt 50 Erwachsenen und 25 Kindern Platz. Den Gästen stehen eine Bibliothek, eine Bar, Malateliers, ein Kinderspielplatz und ein Kinderpool zur Verfügung. Serviert werden vorwiegend biologische Produkte der Finca sowie Fisch und Fleisch von der Insel. Preise: 14-qm-Zimmer für 1 Person 61 €, für 2 Personen 55 € (Gemeinschaftsbad). Zimmer mit 20 qm mit eigenem Bad für 1 Person 85 €, für 2 Personen 65 €. Häuschen mit eigenem Bad für 1 Person 95 €, für 2 Personen 74 €. Kinder bis 5 Jahre in Begleitung eines Erwachsenen frei, 6–12 Jahre 50 Prozent. Für Seminarteilnehmer 55–65 €. Buchbar über Studien-Kontakt-Reisen in Bonn oder Thomas Schamman, ✆ 922-141614, 📠 922-871234, cabrito@arrakis.es.

Natürlich ist der dem Dorf unmittelbar vorgelagerte, etwa 350 m lange Steinstrand, der an seiner Südseite (bei der alten Mole, einem beliebten Campingplatz für Festlandspanier) teilweise Sand aufzuweisen hat, auch weiterhin zugänglich. Tagesausflügler sollten frühzeitig den Rückweg antreten, um nicht in die rasch anbrechende Dunkelheit zu geraten. Für die Wanderung nach El Cabrito sind festes Schuhwerk und Wasser unentbehrlich.

▶ **Wegbeschreibung**: Eine Möglichkeit, nach El Cabrito zu kommen, besteht darin, mit dem Taxi von San Sebastián über die Carretera general del Sur bis 300 m unterhalb der 7 m hohen, 1958 aufgestellten Christusstatue **Monumento al Sagrado Corazón de Jesús** zu fahren. Die Alternative ist, diesen Punkt über einen steilen Anstieg zu erreichen, der rechts vor dem Dieselkraftwerk beginnt. Von dort führt ein breiter Weg abwärts zur **Playa de Mochal**, einem kleinen Kiesstrand. Etwa 500 m oberhalb des Strandes zweigt ein kleiner ausgetretener Eselspfad nach rechts ab. Dieser zunächst leicht ansteigende, später eben verlaufende Weg führt über die Klippen zur **Playa de la Guancha**. Vorher ist jedoch der in Serpentinen verlaufende, steile Abstieg zu bewältigen. Der annähernd 300 m lange Steinstrand, der nur für Wanderer zu erreichen ist, bietet eine nicht sehr komfortable Bademöglichkeit für Individualisten (Trinkwasser mitbringen). Am südlichen Ende der Bucht folgt man dem im Sommer ausgetrockneten Flussbett unter Beachtung der roten Strichmarkierung. Nach etwa 1200 m geht es links in den **Barranco Juan de Vera**, an dessen unterem Ende El Cabrito liegt (Gehzeit insgesamt ca. 2 ½ Stunden). Wer auf dem Rückweg nach San Sebastián das Boot San Borondón nehmen möchte, sollte im Voraus bei Thomas Schamman in El Cabrito anrufen (✆ 922-141614) und sich anmelden. Die Überfahrt kostet für Nicht-Gäste 10 €. Die Fahrzeiten können sich ändern und bei hohem Seegang fährt das Boot nicht.

Wanderungen

Wanderung 1: Von der Carretera del Norte zurück nach San Sebastián

Tipp für Reisende, die einen Aufenthalt in der Inselhauptstadt mit einer Tageswanderung verbinden wollen. Der Weg ist einsam, aber von spröder Schönheit und abwechslungsreich, nicht nur wegen der mitunter recht anspruchsvollen Orientierung. Wichtig: Viel Wasser mitnehmen und am bestem mindestens zu zweit gehen. Die reine Gehzeit beträgt schätzungsweise 4½ Stunden.

Der Ausgangspunkt der Wanderung ist der an der Carretera del Norte Richtung Hermigua/Vallehermoso rechts abzweigende **Camino Forestal de Majona** (nach ca. 5 Min. Fahrtzeit etwa bei Kilometer 8). Die Bushaltestelle heißt Las Casetas und der Busfahrer hält auf Verlangen. Rechts abzweigend führt die breite Forstpiste in einem engen Bogen über eine kleine Brücke und dann bergauf. Direkt dahinter windet sich links ein natursteingepflasterter und mit einer Steinmauer begrenzter Hirtenpfad in Serpentinen hinauf, dem wir bis zur Kammhöhe folgen. Obwohl der nur wenig begangene Weg manchmal etwas zugewachsen ist und auch die Trockenmäuerchen ab und zu beschädigt sind, kann man ihn eigentlich nicht verpassen.

Unser Aufstieg führt durch herrliche Sukkulentenbuschvegetation mit Zistrosen, Wolfsmilchgewächsen, Aeonien, Kanaren-Lavendel und Natternkopf.

Nach etwa einer Dreiviertelstunde sehen wir die ersten Kanaren-Kiefern von der Nordseite des Kammes auftauchen – die Passhöhe in knapp 700 m Höhe ist erreicht, und wir haben unsere erste Rast verdient. Danach folgen wir dem Pfad, der sich nach rechts weiterzieht (nicht dem nach links abgehenden Weg folgen).

Von nun an ist unser Wanderpfad bis nach San Sebastián immer wieder auf einzelnen Steinen oder an Felsen mit einem deutlichen rot-weißen Balken markiert, der uns die Orientierung sehr erleichtert. Der Pfad wird schmaler und verläuft konstant auf einer Höhe unterhalb eines Kamms. An dessen Ende

beginnt eine fast ebene Fläche, über die der Weg geradeaus weiter Richtung Osten führt. Bald sehen wir schon von weitem eine enge Haarnadelkurve, die sich über den Kamm zieht. Wir halten genau darauf zu und steigen dann zur Piste hinunter. In der Kurve steht ein Pfosten mit einem Blechkasten (der das Betreten bzw. Verlassen eines Naturschutzgebiets anzeigt). Direkt daneben zieht sich nun links des Kammes ein Pfad zum Jaragán hinauf. Wir achten auf die gut zu sehenden rot-weißen Markierungen und queren nach knapp 5 Minuten wieder zur rechten Kammseite. In diesem Bereich kann man sich auch gut an einer dicken schwarzen Kunststoffwasserleitung orientieren, die für eine Weile direkt neben unserem Weg entlang läuft, während am Fuß der Felswand ein sehr helles Tuffband auffällt. Bald gelangen wir auf eine weitere Hochfläche. Hier gilt es besonders aufzupassen. Etwa in der Mitte (kurz vor einem ehemaligen kreisrunden Dreschplatz) führt – von zwei Steinmännchen angezeigt – unser Weg als rötlicher, ausgetretener Pfad nach links weg (Blickrichtung Roque de Aluce). Nach etwa 80 m folgt ein Abzweig nach rechts abwärts (immer auf die weiß-roten Markierungen achten), San Sebastián taucht wieder auf, und unterhalb ist auch der weitere Weg schon deutlich zu erkennen. Hier beginnt – mit Blick auf das Meer – einer der schönsten Abschnitte dieser Wanderung.

Man steigt zunächst noch einmal in Richtung **Roque de Aluce**, dann – sich rechts haltend– geht man durch Kehren abwärts auf den Weiterweg zu. Dieser führt unterhalb an einer Palmengruppe vorbei und weiter durch unzählige Kandelaber-Wolfsmilchbüsche hindurch. Auch auf diesem Abschnitt lohnt eine Rast.

Danach beginnt an einer auffälligen Mauer der letzte Teil des Weges von etwa 1 ½ Stunden Dauer. Links geht es über rötliches Gestein an der Mauer vorbei aufwärts zu einem natursteingepflasterten Pfad hinauf. Nachdem ein weiterer massiger Fels passiert ist, taucht ein Hirtensitz auf. Dort beginnt der Abstieg nach San Sebastián. Bald sehen wir vor uns ein einzeln stehendes Haus mit vielen Tiergehegen auftauchen. Dort beginnt eine staubige Piste, der wir folgen. An einem weißen, geschlossenen Wasserbehälter beginnt eine Asphaltstraße, die uns direkt bis zum Rand von San Sebastián führt. An der Straße **Calle de la Orilla del Llano** markiert ein Haus mit Löwenbräu-Reklame den Treppenabstieg ins Zentrum. Je nach Laufzeit ist jetzt bald Zeit für einen Café con leche oder das Abendessen.

Wanderung 2: Zum Roque Agando, dem berühmtesten Vulkanschlot der Insel

Wer mit Pkw bzw. Taxi anreist, fährt (von San Sebastián kommend) auf der Carretera del Sur bis kurz vor der Abzweigung nach Santiago zum Mirador Degollada de Peraza (940 m). Alternative: Mit dem Bus in Richtung Valle Gran Rey bzw. Santiago fahren und an der Bar Peraza aussteigen. Der Wanderweg, der 200 m danach am Mirador beginnt, dauert etwa 4 Stunden.

Unterhalb der gegenüberliegenden Straßenseite befindet sich die jetzt zugemauerte Höhle, in der 1488 der Herrscher Hernán Peraza bei einem Stelldichein mit der Guanchenkönigin Iballa von den Eingeborenen getötet wurde. Vom Aussichtspunkt hat man einen herrlichen Ausblick auf den **Barranco de La Villa** mit den Orten **La Laja** und **Lomo Fragoso**.

Unterhalb des Miradors führt der gepflasterte Wanderweg in steilen Kehren bergab. Man kommt vorbei an Zistrosen- und Baumheidesträuchern, an Wolfsmilchgewächsen und an Flachem Dachwurz – in allen Größen schmiegen sich diese Dickblattgewächse an die Felswände. Nach ca. 20 Minuten stößt man unterhalb einer eingefallenen Hütte auf eine Quelle, die in regenarmen Zeiten allerdings ausgetrocknet ist. Im Barranco rechts breiten sich große Dattelpalmen und Aleppo-Kiefern aus. Kurze Zeit später sieht man bereits **La Laja** unter sich und kann auch einen ersten Blick auf den noch weit entfernten **Roque Ojila** werfen, unterhalb dessen später der Wanderweg fortgesetzt wird. Im weiteren Verlauf des Abstiegs – man nähert sich immer mehr La Laja –passiert man rechts einige Palmen und Feigenbäume und linker Hand einen kleinen Weinberg . Hier geht es nach rechts, und in einer Schleife steigt man immer weiter bergab durch einen Palmenhain bis zum Wegkreuz Roque Agando/La Laja (ungefähr eine Stunde ab Degollada de Peraza).

Roque Agando – die erkaltete Schlotfüllung eines einstigen Vulkankraters

Folgt man dem Abzweig nach rechts, kommt man durch den Barranco de la Villa über Lomo Fragoso nach San Sebastián (ca. 2 Stunden). Unsere Route führt jedoch nach links in Richtung **Roque Agando** (1250 m). Hier haben wir den tiefsten Punkt der Wanderung mit 520 Hm erreicht und gehen jetzt ca. 10 Minuten am oberen Ortsrand von La Laja entlang ganz sanft aufwärts. Noch oberhalb des Ortes kommen wir an eine Weggabelung und nehmen den links sich nach oben ziehenden Pfad.

Der Aufstieg verläuft durch die Restbestände eines ehemaligen Kiefernwaldes, der 1984 durch einen Waldbrand stark in Mitleidenschaft gezogen wurde. Ein Neuntel des gesamten Waldbestandes von La Gomera wurde damals zerstört. Man kann immer noch ein paar schwarz verbrannte Kiefernstämme sehen, aber die an Feuer gut angepassten Kanaren-Kiefern haben sich schnell erholt und wachsen inzwischen wieder prächtig.

Wir überqueren zwei kleine Holzbrücken und kommen nach etwa 45 Minuten Aufstieg an der mit einer Feuerstelle ausgestatteten Schutzhütte **Degollada del Tanque** an, die zu einer ausgiebigen Rast einlädt. Zur Not können dort mehrere Personen übernachten oder sich bei Regen unterstellen, allerdings ist in den letzten beiden regenreichen Wintern ein Teil des Daches zerstört worden. Die Hütte liegt in einer großartigen Landschaft, gegenüber thronen die gewaltigen Vulkanschlote **Roque de Ojila** (1170 m), **Roque de la Zarcita** (1234 m) und der **Roque Carmona** (1148 m), die von der vulkanischen Vergangenheit La Gomeras künden.

Hinter der Hütte beginnt bereits der Garajonay-Nationalpark, und wir folgen dem nunmehr breiten Weg, der sich teils mit Steinplatten befestigt gemütlich

Wolfsmilchgewächs

weiter aufwärts zieht. Gleich darauf taucht vor uns der mächtige **Roque Agando** (1250 m) auf, der höchste und bekannteste Vulkanschlot der Insel. In diesem Gebiet hat die ICONA wieder stark aufgeforstet; zwischen den noch jungen Kanaren-Kiefern stehen viele Zistrosen und weiter oben löst Baumheide und Gagelbaum die Kiefern ab. Nach wiederum ca. 20 Minuten Aufstieg trifft man am Fuß des Roque Agando auf die Höhenstraße (1050 m). Um zum Ausgangspunkt zurückzukommen, folgt man der Straße nach links etwa 3 km in Richtung San Sebastián. Es ist aber auch möglich, ein Stück Straße zu umgehen, indem man den schmalen Weg links der Straße einschlägt; in 20 Minuten kommt man dann zur **Ermita de las Nieves**. Von der Ermita aus führen Steintreppen wieder zur Höhenstraße hinunter, und von dort sind es dann kaum mehr weitere 20 Minuten zur **Degollada de Peraza** und zur **Bar Peraza**, wo der Bus hält.

Wanderung 3: Zur Kapelle Santuario de la Virgen de Guadalupe (Playa del Cangrejo)

Unter der schroff abfallenden Steilküste erhebt sich auf einer Landzunge die weiß getünchte, malerische Kapelle Santuario de la Virgen de Guadalupe aus dem 16. Jahrhundert, die an jedem Sonntag zu besichtigen ist. Die reine Gehzeit für die 7 km lange Strecke von San Sebastián beträgt 2 Stunden. Zu empfehlen ist die Mitnahme eines ausreichenden Wasservorrats. Ansonsten ist gute Kondition erforderlich, eine besondere Ausrüstung braucht man dagegen nicht.

Alle fünf Jahre im Oktober, das nächste Mal 2003, ist die Kapelle Schauplatz einer große Fiesta. Die hier ständig untergebrachte Statue der Heiligen Jungfrau (17. Jahrhundert) wird dann vor den Augen von etwa 250 Gläubigen in einem kleinen Fischerboot übers Meer nach San Sebastián gefahren. Viele reisen dazu extra von anderen Kanareninseln oder gar vom spanischen Festland an. Die Fiesta selbst dauert zwei bis drei Wochen.

Kanarische Kiefer

Der Wanderweg beginnt hinter der Pfarrkirche von San Sebastián, wo ein paar Treppen zur Serpentinenstraße führen, auf der man bis zum Parador aufsteigt. Weiter geht es auf der asphaltierten Straße (rechts halten) an der alten Windmühle, am Friedhof und am Militärgelände vorbei. Die Straße beschreibt nun einen weiten Bogen, wobei sie zunächst leicht abfällt und dann wieder ansteigt. Vom höchsten Punkt der Steigung ist der Strand Avalo zu erblicken. Früher ein idyllisches Fleckchen Erde, ist die 300 m lange **Playa de Avalo** allerdings mittlerweile zum Baugrund einer Investmentfirma geworden und war zur Drucklegung dieser Ausgabe wegen Baumaßnahmen noch gesperrt (Gehzeit für die 4 km bis Avalo ca. 1 Stunde).

Zur Kapelle folgt man dem vom Strand gut sichtbaren Weg entlang der Küste, der sich über den nördlichen Bergvorsprung windet. Am höchstgelegenen Punkt, dort, wo der Weg wie ein Schnitt quer durch den Bergvorsprung verläuft, erblickt man die Kapelle. Der Abstieg ist nicht zu verfehlen: Eine gut ausgebaute Trasse führt auf halber Höhe die wild zerklüftete Steilküste entlang (auf halbem Weg eine Quelle, die nicht immer Wasser führt). An der Kapelle befinden sich Steinhütten, in denen sich Freaks niedergelassen haben. Die Wasserversorgung wird durch einen Wasserhahn am Gemäuer der Kapelle sichergestellt. Darüber hinaus gibt es Steinöfen, in denen man Brot backen kann. Südlich der Kapelle befindet sich die kiesige, 150 m lange **Playa del Cangrejo**.

Hermigua

Wer ein mildes Klima stechender Sonne vorzieht, wer lieber wandert, als sich bräunt, der hat in Hermigua sein Urlaubsziel gefunden. Pauschaltourismus gibt es hier kaum, stattdessen zahlreiche schöne Landhäuser und Fincas in ruhiger Lage im Tal und an den Hängen – meist mit herrlichem Blick.

Der natürliche Wasserreichtum ist offensichtlich – davon zeugen das satte Grün der Plantagen, die schimmernde Oberfläche der Mulagua-Talsperre im oberen Bereich des spitz zulaufenden Barranco de Monte Forte und die meist gefüllten Auffangbecken der landwirtschaftlichen Betriebe. Gut gedeiht hier die kleinwüchsige Bananensorte der Kanaren. In großen Hainen stehen die Stauden dicht beisammen, von hohen Palmen bewacht. Aber auch Papayas, Kartoffeln, Wein und Gemüse findet man an den Rändern der großen Bananenpflanzungen.

„Willkommen in Hermigua, wo wir das beste Klima der Welt haben", verkündet eine Tafel am Ortseingang. Und tatsächlich ist das Klima hier überaus mild und variiert nur wenig zwischen Sommer und Winter. Eine dichte Wolkendecke, die die Sonne kaum zu durchdringen vermag, hängt fast immer niedrig über dem Tal. Ein leichter Wind sorgt außerdem für angenehme Temperaturen – kein Klima für die schnelle Urlaubsbräune.

Unten am langen Steinstrand brechen sich mit aller Wucht die mächtigen Wellen des Atlantiks. Mächtig nicht nur aufgrund ihrer Größe, auch gefährlich wegen der Sogwirkung und der unberechenbaren Strömungen, die selbst erfahrene Schwimmer schon das Leben gekostet haben – kein Ort für ungetrübte Badefreuden.

Hermigua selbst ist eine typische Streusiedlung mit mehreren dörflichen Zentren entlang der Carretera General del Norte. Rund 2600 Einwohner leben hier, ihre Häuser verteilen sich weiträumig an den Hängen der rund 6 km langen Schlucht (an den Hängen deshalb, weil die gut bewässerbare Talsohle den Bananenplantagen vorbehalten ist). Zwei bedeutendere Siedlungskerne sind schnell zu erkennen: das **Valle Alto** im oberen Talabschnitt, dessen Zentrum die kahle, neu gepflasterte **Plaza del General Victoriano Darías Montesinos** nahe der ehemaligen Dominikanerkirche bildet, und das **Valle Bajo**, das untere Tal. Hier, an der weithin sichtbaren Pfarrkirche **Nuestra Señora de la Encarnación** mit der gleichnamigen Plaza, befinden sich auch die wichtigsten Einrichtungen des täglichen Lebens: ein öffentliches Telefon, der Taxistand, der Briefkasten und sogar ein Papierkorb.

Nur ein paar Schritte weiter kann man sich im Schatten eines dicht belaubten Baumes, in dessen Rinde sich schon Generationen von Dorfjugendlichen verewigt haben, auf einer Bank hervorragend ausruhen und das meistens nicht besonders aufregende Dorfleben beobachten. In der Casa de la Cultura direkt an der Plaza arbeitet das Lokalradio, es gibt auch einige kostenlos zu nutzende Computer, die Hermiguas Jugend mit der Datenautobahn verbinden sollen

Das Meerwasserschwimmbecken – ein Überbleibsel der alten Mole

und einen Veranstaltungssaal für Konzerte. Mit etwas Glück trifft man in der Boutique gegenüber der Casa Creativa auf einen der Inselkünstler mit dem extravaganten Namen Goldpeer von Eisenspinne. Wer in Hermigua bleibt, wird sich schnell orientieren können. Bars, Restaurants und Geschäfte liegen in der Mehrzahl an der stark befahrenen Hauptstraße, der Carretera General del Norte. Hausnummern gibt es übrigens nicht immer, und wo es welche gibt, da sind sie selten in einer nachvollziehbaren Reihenfolge angebracht. Wenn wir sie dennoch so weit wie möglich im Serviceteil angeben, dann eher aus Gründen der Vollständigkeit als aus praktischen Erwägungen. Zur Orientierung sei deshalb auf unseren Stadtplan verwiesen.

Die alte Mole, an der früher die Bananendampfer anlegten, war einst die einzige Verbindung Hermiguas zur Außenwelt. In der Bar Piloto (Lotse) warteten die Lotsen auf die Ankunft der Schiffe. Historische Aufnahmen erinnern daran, dass zahlreiche kanarische Auswanderer im 19. Jahrhundert von hier aus in die Neue Welt aufbrachen. Und auch viele der Rückkehrer aus Cuba oder Venezuela setzen an der alten Mole von Hermigua den Fuß wieder auf heimatlichen Boden. Bis zum Bau der Carretera General del Norte wurden Güter aller Art und sogar Kranke auf dem Seeweg transportiert. Heute ist die Mole nur noch ein Betongerippe, gründlich vom Atlantik benagt – ein warnendes Symbol für alle leichtsinnigen Schwimmer. Die kleine Schotterpiste zu dem beliebten, geschützt gelegenen Meerwasserschwimmbecken an den Resten der Mole, die gut 15 m über der Brandung verläuft, wurde bei den schweren Stürmen des Winters 1987/88 unterspült und fortgerissen. Mittlerweile ist sie längst wieder instand gesetzt. Die erneuerten Stellen erkennt man an der etwas dunkleren Färbung des Erdreichs.

Verbindungen

• *Bus* Hermigua wird von Bussen der **Linie 2** bedient (San Sebastián – Hermigua – Agulo – Vallehermoso und zurück). Der Bus aus San Sebastián passiert den Ort täglich etwa um 10, 12, 14.30, 19 und 22 Uhr (sonn- und feiertags um 12, 17 und 19 Uhr); der aus Vallehermoso etwa um 6.10, 7.40, 12.40, 14.40 und 17.10 Uhr (sonn- und feiertags um 7.40, 12.40 und 17.10 Uhr). Zur Sicherheit immer vor Ort nachfragen, denn die Zeiten können sich kurzfristig ändern.

Die Busse halten auf der gesamten Strecke bei deutlichem (!) Handzeichen. Mitunter kommt es zu Verspätungen, manchmal ist der Bus dem Fahrplan aber um einiges voraus. Wer ihn unbedingt erwischen muss, sollte eine Viertelstunde früher an der Straße stehen und Wartezeit in Kauf nehmen.

Taxipreise von Hermigua

San Sebastián	20 €
Agulo	5 €
Vallehermoso	20 €
El Cedro	20 €
Valle Gran Rey	45 €

• *Taxi* Ein Taxistand befindet sich an der Pfarrkirche Nuestra Señora de la Encarnación. ✆ 922-880047 oder 922-880009.

Information/Adressen (siehe Karte S. 106/107)

• *Information* **Rathaus**, Carretera General del Norte 109, ✆ 922-144040 (Auskünfte in spanischer und englischer Sprache), 922-880301. Publikumsverkehr Mo–Fr 8–15 Uhr (Juli–September 8–14 Uhr), Sa 8–12 Uhr.

„Willkommen in Hermigua, wo wir das beste Klima der Welt haben"

Gomera@Center, Plaza de la Encarnación, 1, ✆ 922-881808, 📠 922-881813, danielschmitz@terra.es. Der gebürtige Luxemburger und ehemalige Globetrotter Daniel hat unmittelbar in der Nähe der Casa de la Cultura im Juni 2002 ein Internetbüro und eine Serviceagentur für Traveller eröffnet. Er vermittelt Mietwagen, Unterkünfte, Sport und Spiele vom Beachvolleyball bis zur Klettertour oder Webkurse in Los Telares und gibt auch gerne Auskunft über die Fahrzeiten von Bus und Fähre. Ins Internet kann man ab 1 € (15 Minuten), eine Stunde 3 €, zwei Stunden 5,50 €, Getränke wenn gewünscht 1 bis 2 €.

• *Apotheke* Carretera General del Norte 121, ✆ 922-880078. Mo–Fr 9–13 und 17–20 Uhr; außerdem jeden zweiten Sa 9–13 Uhr. Außerhalb der Öffnungszeiten links an der Eingangstür klingeln.

• *Banken* **Caja Rural**, Carretera General del Norte 153. Mo–Sa 8.30–14 Uhr.

Banco de Bilbao (13), Carretera General del Norte 159. Mo–Fr 8.30–14, Sa 8.30–13 Uhr

• *Medizinische Versorgung* **Centro de Salud Mulagua**, Carretera General del Norte, neben der Apotheke, ✆ 922-881929; 24-Stunden-Dienst, ärztliche Sprechstunden Mo–Fr 9.30–10.30 und 19–20 Uhr.

• *Mietfahrzeuge* **Autos Mulagua (10)**, Carretera General del Norte 129 , Hermigua, ✆/📠 922-881013, www.airtel.net/personal/autosmulagua, autosmulagua@airtel.net. Täglich geöffnet. Es gibt ein Schild am Eckgebäude: Klopfen Sie entweder an der Seitentür links von der Sparkasse oder versuchen Sie es hinterm Haus. Preise pro Tag bei freier Kilometerzahl: Seat Marbella 16,50 €, Fiat Punto 19,50 €, Ford Escort 36 € (gestaffelte Nachlässe für mehrtägige Buchung). Vollkasko kostet pro Tag 4,20 € zusätzlich. Der Besitzer ist begeisterter Restaurator alter Autos. Ein Blick in die Werkstatt lohnt sich.

• *Polizei* **Guárdia Civil**, Carretera General del Norte 77, ✆ 922-144001.

Policía Municipal, ✆ 922-144040.

• *Post* Carretera General del Norte 111 (neben dem Rathaus). Mo–Fr 8.30–14.30, Sa 9.30–13 Uhr.

• *Tankstelle* **Cepsa**, Carretera General del Norte 213. Mo–Sa 920–.30. So 1014 Uhr.

• *Telefonieren* Öffentliche Fernsprecher gibt es z. B. 100 m oberhalb des Rathauses (Carretera General del Norte 109), am Taxistand, an der Straßenkreuzung Playa del Hermigua/Carretera General del Norte Richtung Agulo und an der Plaza del General Victoriáno Darías Montesinos (Valle Alto).

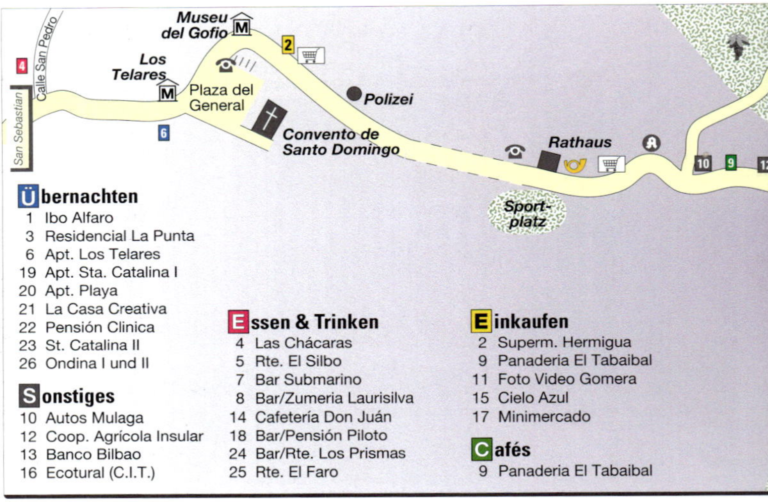

• *Trommelworkshop* im alten Bananenspeicher: Unterricht auf der afrikanischen Djembe bei Papis aus dem Senegal und Kalay, Ghanaerin aus Hamburg und Trekkingtouren in kleinen Gruppen, buchbar in der Piloto Bar, ✆ 922-144063 oder 659-113341, pilototour@terra.es.

Einkaufen

• *Lebensmittel* **Supermercado Hermigua (2)** an der Hauptstraße unterhalb des Ortsteiles El Convento im Valle Alto. Mo–Fr 8.30–13 und 16–20, Sa 8.30–13 Uhr. **Supermercado Mercademo**, Carretera General 143, ✆ 922-144041. Der Besitzer vermietet auch 1 Appartement. **Supermercados Plaza**, Carretera General del Norte 185. **Lebensmittelladen**, Carretera General del Norte 113. Mo–Fr 9–20 Uhr, Sa von 9–13 Uhr. Mehrere kleine Lebensmittelläden findet man ebenfalls an der Carretera General del Norte, z. B. gegenüber dem Taxistand (Hausnummer 175) und in den Hausnummern 199 u. 161. Der **Minimercado (17)** mit der Hausnummer 237, in dem man gerade das Allernötigste bekommen kann, hat auch an Samstagen, Sonntagen und Feiertagen von 7–12 Uhr geöffnet.

Metzgerei Carnicería Kiko, Carretera General del Norte 111 (nahe der Post). Frisches Fleisch und Geflügel, Schinken und Käse. Mo–Fr 8–14 Uhr.

Panaderia, Dulcería, Cafeteria El Tabaibal (9), Carretera General del Norte, ✆ 922-880816. Brot, Brötchen, gomerische Backwaren und leckere Torten. Geöffnet 7–13 und 16.30–20 , Sa 7–13 Uhr.

Frische Brötchen auf Bestellung?

Wer in Hermigua wohnt, hat's da gut. Der Bäcker (El Tabaibal) bringt täglich die telefonisch (✆ 922-880816) bestellten Frühstücksbrötchen vorbei. Ist der neue Kunde erst einmal lokalisiert, reicht es, eine Tüte mit der jeweiligen Bocadillo-Bestellung und dem nötigen Kleingeld an die Haustür bzw. gut sichtbar an den Hausaufgang zu hängen.

• *Souvenirs* **Los Telares**, Carretera General del Norte 195 (s. „Sehenswertes").

Cielo Azul (15), Carretera General del Norte, schräg gegenüber der Casa Creativa, Spiel- und Haushaltswaren.

• *Vermischtes* **Bazar Hermigua**, Carretera General 71, ✆/℻ 922-881801. Zeitungen,

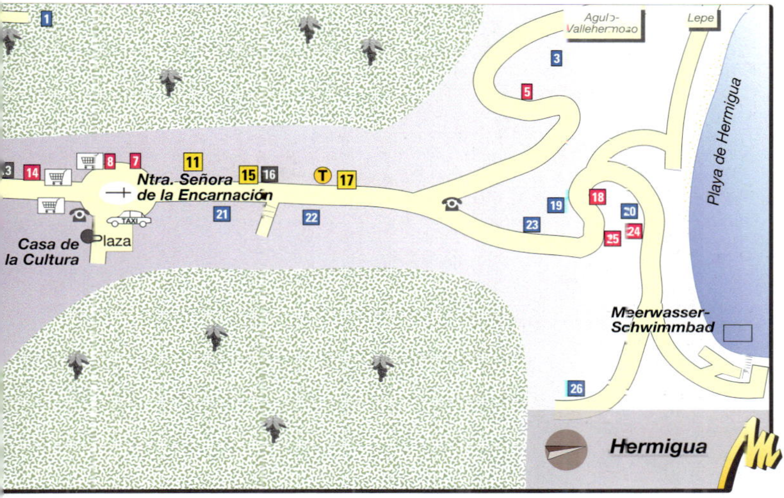

Hermigua
Karte Seite 106/107

Zeitschriften und Postkarten, Geschenkartikel, Haushaltswaren und gelegentlich Wanderrucksäcke.

Ein weiterer **Gemischtwarenladen** (Carretera General del Norte 40) oberhalb der Kirche verkauft unter anderem Schreibwaren, Ansichtskarten, Souvenirs, Sonnenöl usw.

Foto Video Gomera (11), Carretera General del Norte, ✆ 922-881816. Filme, Batterien und Fotobedarf, Postkarten. Zudem stehen hier 2 Computer: 1 Std. Internet 3 €, 30 Minuten 2 €.

Übernachten

Ländlicher Tourismus im Norden: 1994 startete die Initiative des „Centro de iniciativas y turismo del norte de la Gomera", kurz **C.I.T.** Der gemeinnützige Verein unter der Leitung des Präsidenten Miguel Angel Amaya macht sich für ein naturverbundenes Tourismuskonzept stark; „Qualität statt Quantität", so heißt die Devise des sonnenbenachteiligten Nordens der Insel. Über 200 Mitglieder zählte C.I.T. bereits nach einem Jahr des Bestehens. Vom kleinsten Laden und Appartementvermieter bis hin zu den „ganz Großen" wie Ferry Gomera, Trasmediterránea und Caja Canarias unterstützen alle die Idee des sanften Tourismus mit ihren Mitgliedsbeiträgen. Schwerpunkt ist die Zimmer- und Häuservermittlung für Gäste, die fernab vom Trubel ausspannen und Land und Leute kennen lernen wollen. Interessenten können aus einem Angebot von mehr als 20 altkanarischen Häusern und Fincas ihr Feriendomizil auswählen und über Ecotural, die Reservierungszentrale der Vereinigung buchen. Vom abgelegenen Landhaus mit Brotbackofen mitten in den Bergen bis zum blumenumrankten Häuschen in den Bananenplantagen reicht die Auswahl der renovierten und komfortablen Unterkünfte für 2 bis 8 Personen. Vor Ort bekommt man Infos und eine Wanderkarte.

• *Information und Buchung* **Ecotural (16)**, Turismo rural y ecológico de la Gomera, Carretera General 231, 38820 Hermigua, ✆ 922-144101, 📠 922-881038, www.ecoturismocanarias.com/gomera/de, gomera@ecoturismocanarias.com. Mo–Fr 9–13 und 16–19, Sa 9–12 Uhr. Reservierungen sind auch auf Deutsch oder Englisch und per Fax möglich. Einzige Vertretung in Deutschland: Gomera Trekking Tours, www. trekkingreisen.de.

• *Unterkünfte* **La Casa Creativa (21)**, Carretera General del Norte 58, ✆ 922-881023, 📠 922-144057, www.la-casa-creativa.com, casacreativa@terra.es. Platz für mindestens 22 Gäste in 8 Appartements. Die Preise sind saisonabhängig (HS – Hochsaison, i.d.R. November–April). Für 1 Person werden 31-36 €, für 2 Personen 36-41 € verlangt. Das reichhaltige und vollwertige Frühstücksbuffet kostet 8 € pro Person. Deutsche Kontaktadresse: Christa Zimmermann, Am Bürsteler Feldschlatt 15, 28816 Stuhr, ✆ 042069/621. Zentral gelegen. Hausgäste können auch den Pool, die Hausbücherei und die Vermittlung von Pkws in Anspruch nehmen. Dem Haus ist eine nette Cafeteria mit Terrasse angegliedert. Hier gibt es hausgemachte Vollwertkuchen für 2,40 €, Tapas von 3,50-4,50 €, inseltypische Leckereien und frische Säfte, täglich 9–23 Uhr.

Los Telares

Hotel rural Villa Hermigua, Carretera General del Norte, ✆ 922-880317 oder 600526925, www.gomeraturismo.com, gomeraturismo@wanadoo.es (auch Landhäuser). Einheimisch geführtes gepflegtes Hotel mit 9 großen Zimmern und Hotelrestaurant. Eine Übernachtung mit Frühstück für 2 Personen 60 €, ab 2 Tagen 54 €. Teilweise überdachte Sonnenterrasse und großer Aufenthaltsraum mit TV. Möglichkeit, eine kleine Gemeinschaftsküche zu nutzen. Zentrale Lage, aber nicht strandnah.

Hotel rural Ibo Alfaro (1), ✆ 922-880168, 📠 922-881019. Dieses exklusive Hotel wird seit 1996 sehr persönlich von Ina Stromberg geführt, die es auch stilvoll eingerichtet hat. Es hat 17 Zimmer und zwei große Terrassen, von denen der Blick über Hermigua bis zum Meer reicht. Alle, die ihren Urlaub in etwas komfortablerer Atmosphäre, aber ruhig und fernab der üblichen Touristenpfade verbringen wollen, sind in diesem restaurierten Herrenhaus genau richtig. Einen Fernseher und Bücher gibt es in einem Aufenthaltsraum. Der Speisesaal hat schöne Natursteinwände, einige Zimmer haben die traditionellen Fenstersitzbänke, wo es zu zweit so eng ist, dass sie *enamorados* – die Verliebten – genannt werden. Das Parken entlang der engen Straße am Hang ist manchmal ein Kunststück. Telefonische Reservierungen sind täglich bis 18 Uhr möglich. Ein Doppelzimmer pro Nacht kostet 75 €, eine zusätzliche Person zahlt 21 €, Einzelzimmer kosten 56 €, Familienzimmer für 4 Personen mit 2 Schlafzimmern für 90 €. Frühstück inklusive. Auch pauschal buchbar über die Thomas Cook AG.

Casa el Tabaibal, El Tabaibal, ✆ 922-144101, 📠 922-881038 (Ecotural). Kleines Haus in 400 Meter Höhe im Ortsteil El Tabaibal ruhig gelegen. Es bietet einen schönen Blick über die Bucht Santa Catalina und zum Teide. Waschmaschine vorhanden. Auto erforderlich. Für 2 Personen 58 € (HS 68 €).

Apartamentos Los Telares (6), Carretera General del Norte (schräg gegenüber der Plaza del General Victoriano Darías im Valle Alto), ✆ 922-880781 oder 616-808293 (Handy), telares@canary-islands.com. Zu buchen sind diese Appartements im kanarischen Baustil im Kunsthandwerksladen Los Telares (s. „Sehenswertes"). Sie befinden sich im Valle Alto an der Hauptstraße. Alle 28 Appartements sind mit Küche und Bad (warmes Wasser) ausgestattet. Zur Auswahl stehen Doppelzimmer für 25 €, Appartements mit 2 Betten (evtl. Zusatzbett möglich) für 30 € und für 35 €. Die Appartements mit Balkon sind häufig von Reiseveranstaltern gebucht.

Bresal y Laurel, Lomo de San Pedro 12, ✆ 922-871338. Landhaus in altkanarischem Stil. Einsam in 860 m Höhe landschaftlich

Die Terrasse des Landhotels Ibo Alfaro

Hermigua Karte Seite 106/107

schön gelegen im Tal von El Cedro. Buchbar über Ecorural. Für 2 Personen 47 €, bei 3 Personen 53 € und bei 4 Personen 59 €.

Casa El Fraile, La Alameda, El Convento, ✆ 922-288892. Oberhalb von Los Telares gelegen und über eine steile Treppe erreichbar. Zweistöckiges, relativ modernes Haus mit zwei Appartements für 2 und 4 Personen (oben). Für 2 kostet die Übernachtung 50 € bzw. in der HS 60 €, für 3 Personen 56 € bzw. 67 €, für 4 Personen 62 € bzw. 74 € und für 5 Personen 68 bzw. 82 €.. Auch buchbar über Ecotours.

Casa Las Hoyetas, Carretera General 97, ✆ 922-880057. Im oberen Ortsteil an der Durchgangsstraße gelegenes zweistöckiges großes Haus. Mit Dachterrasse, hohen Räumen und teilweise Balkonen, Heizung und TV. Für 2 Personen 47 €, für 3 Personen 54 €. Auch buchbar über Ecotural.

Apartamentos Casino, Playa Santa Catalina 20, ✆/✆ 922-880163. Die sechs Appartements der sehr freundlichen Besitzerin Carmita liegen an der Stichstraße, die zum Strand führt (ca. 200 m vor dem Strand), in einer scharfen Kurve. Für 2–3 Personen ab 24 €.

Apartamentos Playa (20), ✆ 922-144064 oder 922-880758, ✆ 922-880276. Zu mieten sind die unmittelbar strandnahen 6 Appartements mit Terrasse und teilweise Meerblick in der Bar/Pizzeria Los Prismas (unterhalb der Bar Piloto nach einer scharfen Rechtskurve 100 m in Richtung Meeresschwimmbecken). Zwei Personen zahlen 24 €.

Apartamentos Sta. Catalina I (19) und II (23), ✆/✆ 922-880700. Liegt an der Stichstraße, die zum Strand führt (gegenüber der Bar Piloto). Die 5 schmucken Appartements mit Blick auf den Teide für 2 Personen kosten 25 €, für jede zusätzliche Person 9 €. Vermieter ist der Taxifahrer Ramón. Etwas weiter oberhalb an der linken Seite vermietet er für 45 € (2 Personen) Casas Rurales.

Pensión Clínica (22), Carretera General del Norte 72, ✆/✆ 922-881040. Helga Grossmann vermietet in dem liebevoll restaurierten früheren Krankenhaus von Hermigua schräg gegenüber der Tankstelle, noch relativ nah an Plaza und Strand, 5 Zimmer für insgesamt 8 Personen. Die 3 Doppelzimmer kosten jeweils 20–25 €, die Einzelzimmer 12,50 €. Benutzung der großen Gemeinschaftsküche, eines großen Gemeinschaftsraumes und des Gartens eingeschlossen.

Apartamentos Marisol, Carretera General 189, ✆ 922-880008. Die Besitzerin Marisol ist in der Cafetería Don Juan zu finden. Sie vermietet sieben Appartements über der ‚Ferretería" an der Durchgangsstraße. Studio für 25 €, Appartement für 30 €.

Apartamentos Piloto, ✆ 922-144063. Strandnah an der Straße zum Meer gelegen, deshalb auch mit schöner Aussicht, aber nicht allzu komfortabel. Drei Appartements für 2 Personen ab 24 €.

Casa Gisela bzw. La Leona, Los Pedacitos 43, ✆ 922-880049. Oberhalb des Nordendes der Playa Santa Catalina. Gisela ist Deutsche und lebt seit über 24 Jahren auf La Gomera. Wer ihr Gästehaus mietet, bekommt auch gute Tipps. Für 2 Personen 60 €, für 3 Personen 75 € und für 4 Personen 90 € (plus Grundreinigung) 25 €, Mindestmietdauer 1 Woche. Günstiger vermietet sie das Dachatelier und/oder Turmzimmer. Hier kann man schon mal über den Preis reden. Als Casa La Leona auch buchbar über Ecotural.

Casa Ondina I und II (26), Los Pedacitos 24, ✆/℻ 928882431. Orange gestrichenes Haus am Hang mit mehreren Appartements und Terrasse schräg gegenüber von Casa Gisela. Mit TV und Waschmaschine Für 2 Personen 55 € (HS 66 €), für 3 Personen 62 € (HS 74 €) und für 4 Personen 69 €(HS 83 €). Auch buchbar über Ecotural.

Casa Angela, Carretera General del Norte, 267, ✆ 922-880999. Unter dieser Telefonnummer ist die deutsche Vermieterin auf Teneriffa zu erreichen. Das Haus liegt an der Straße nach Agulo auf der Anhöhe. Im Obergeschoss gibt es ein großes Appartement (für bis zu 5 Personen) und eine Atelierwohnung mit Terrasse und schöner Aussicht über die Bucht von Hermigua. Preise auf Anfrage (30–40 €).

Residencial La Punta (3), Carretera General 265 B, ✆ 922-146194. Mit schöner Terrasse und Meerblick, einem Schlafzimmer und Wohnküche mit TV. An der Straße nach Agulo in der Kurve vor dem Restaurant El Silbo. 2 Personen 60 € (HS 72 €). Buchbar über Ecotural.

El Silbo I, II und III, Carretera General del Norte 249, ✆ 922-880078 oder 922-144027. Der Besitzer des Restaurants El Silbo vermietet drei Landhäuser, die – etwas von der Straße zurückgesetzt – in einer ehemaligen Bananenplantage liegen. El Silbo I kostet für 2 Personen 40 € (HS 48 €), die beiden anderen jeweils für 2 Personen 47 € (HS 57) und für 3 Personen 53 € (HS 64 €). Buchbar über Ecotural.

Casa Pajaritos, Las Cabezadas, ✆ 922-288892. Nur mit Mietwagen geeignet. Zwei abgelegen im Obertal in 400 Meter Höhe an den Hang gebaute altkanarische Landhäuser, von Palmen umgeben und mit schönem Ausblick. Für 2 Personen 50 € (HS 60 €), für 3 Personen 56 € (HS 67 €) und für 4 Personen 62 € (HS 74 €). Auch buchbar über Ecotural.

Essen & Trinken (siehe Karte S. 106/107)

El Silbo (5), Carretera General del Norte, ✆ 922-880304. Das Restaurant liegt am Ortsausgang in Richtung Agulo. Eine herrliche Aussicht auf das Meer und den Teide genießt man von der großzügig angelegten Terrasse unter Sonnenschirmen und Bananenstauden. Freundlicher Service. Der Fleischspieß mit kleiner Salatbeigabe und Papas arrugadas kostet 7 €. Einheimische bevorzugen die Tapas. Es gibt auch eine große Auswahl an Pizzas, alle für ca. 5 €. Auf alle Fälle sollte man sich auf der Aussichtsterrasse ein kleines Bier für 11,30 € gönnen. Täglich 13–16 und 19–22.00 Uhr.

Taberna Iratxe, Carretera General, 161, ✆ 922-880740. Hier kocht ein enthusiastischer Baske. Empfehlenswert als Vorspeise sind beispielsweise Peperoni mit Sardellen oder mit Meeresfrüchten gefüllte Avocados (7 €) und als Hauptgang die frischen Fischgerichte. Kabeljau kostet 10 €, Seehecht auf baskische Art 8 € und Seezunge 7 €. Geöffnet außer Montags 12.30–16.00 Uhr sowie 19–23.30 Uhr.

Frühstückstipps

Hotel Villa Hermigua, leckeres Frühstück in gemütlichem Natursteinsaal.
Casa Creativa (20), wer auf deutsches Vollwertfrühstück nicht verzichten mag, ist hier gut (und teuer) aufgehoben. Aber nur nach Voranmeldung am Abend vorher. Ein Getränk, Schinken-, Käse- oder Salamibrötchen (Vollkorn) für 8 €. Oder ein Getränk, Marmeladen- oder Honigbrötchen (Vollkorn) für 6 €. Mit Extras wie Frischaufstrich etc. kann man das Standardangebot ergänzen. Café con leche 1,50 €. Außerdem gibt es leckere Tapas.

Bar Piloto: abends immer frische Fischgerichte

Hermigua
Karte Seite 106/107

Bar Piloto (18), ✆ 922-144063, 659-113341. Chefkoch Txus grillt hier frisch geangelten Fisch. Preise nach Gewicht. Dazu gibt es Salat und Papas Piloto, eine Eigenkreation mit Sesam und Palmhonig. Viele kommen auch an die kleinen Tische oder die Theke aus Kiefernholz, um einfach nur Bier, Wein oder Sangría zu trinken. Die Bar ist fast immer voll. Außer So täglich ab 19 bis ca. 24 Uhr. Zudem werden hier Appartements vermietet, Trommelworkshops und Exkursionen (20–60 €) angeboten. Vor Ort buchbar, auch als Pauschalpaket von Deutschland aus unter pilototour@terra es.

Bar/Rte. El Faro (25), modernes, helles und sauberes Restaurant oberhalb der Bar Piloto mit weißen Tischdecken. Auf Wunsch (spätestens am Vormittag für den Abend bestellen) bereitet die Inhaberin eine reich garnierte Fischpaella zu. Auch die anderen inseltypischen Speisen und Tapas sind vorzüglich. Eine Caña (0,2 l) kostet 1€, gebratener Thunfisch 6 €, ein Avocado-Krabben-Cocktail 7,50 €, Lammfleisch mit Papas arrugacas und Salatbeigabe 10 €. Außer Mi täglich 12–16 und 19–22 Uhr.

Bar Hermigua, Carretera General del Norte (unterhalb der Post). Eine kleine Bar, in der es neben Cafe, Bier und Wein auch Bocadillos gibt. Täglich von 6–22 Uhr geöffnet.

Bar/Zumeria Laurisilva (8), Carretera General del Norte (gegenüber der Pfarrkirche links neben der Bar Submarino). Kleine Bar, in der morgens die Bananen- und Bauarbeiter ihren Vino tinto bechern. Angeboten werden auch Tapas und Bocadillos. Täglich von 6–22 Uhr geöffnet.

Bar Submarino (7), Carretera General del Norte (an der Pfarrkirche im Valle Bajo). Die winzige Bar ist Treffpunkt der Taxifahrer und Plantagenarbeiter. Die besonders freundliche Wirtin bietet ihren Gästen kleinere Gerichte an, z. B. Thunfischfilet oder Schnitzel. Auch zum Frühstücken gut geeignet. Außer So täglich 7–22 Uhr.

Caféteria Don Juan (14), Carretera General del Norte 161. Alteingesessene Bar im Zentrum von Hermigua. Bocadillos; leider gibt es heute dort keine Tapas mehr. Mo–Sa 8.30–22 und So 8.30–13 Uhr.

Bar/Rte. Las Chácaras (4), Ortsteil Lomo San Pedro. ✆ 922-881039, chacaras@airtel. net, chacaras@wanadoo.es. Holzhinweisschild an der Abzweigung von der Hauptstraße. Geräumiges, helles Restaurant mit Terrasse. Die Speisekarte in Deutsch und drei weiteren Sprachen bietet kanarische Küche: Die heimischen Eintöpfe Puchero und Rancho für 3,50–4 €, Fischsuppe zum Preis von 3 € und Ziegenfleisch in Soße für 6 €;

allerdings sind nicht alle Gerichte täglich verfügbar. Täglich von 10–23 Uhr, die Bar bis 24 Uhr.

Los Prismas (24), rechts an der Straße in Richtung Meeresschwimmbecken. Die leckeren, wechselnden Tagesgerichte und Tapas sind an der Theke bei den Besitzern zu erfragen. Der Speiseraum mit schönem Meerblick befindet sich erhöht links neben dem Tresen. Außer So täglich 10–15.30 und 18–22.30 Uhr.

Bar/Terraza El Pescante, liegt direkt am Meeresschwimmbecken – mit Tischen auf der Terrasse. Geöffnet nur zwischen Ende Juni und September. Kleine Speisekarte mit frischem Fisch und Tapas (s. auch „Treffpunkte/Nachtleben").

Treffpunkte/Nachtleben

Bar/Terraza El Pescante, wenn im Sommer die Sonne versinkt, dann ist sie der Treffpunkt in Hermigua für die jüngeren Gomeros und Urlauber. Allein das Ambiente in der Naturhöhlen-Bar ist bemerkenswert. Die Spannweite der Musik reicht von spanischer Folklore bis zu Diskoklängen. Man erreicht die Bar über die Straße, die zum Meeresschwimmbecken führt. Dort angekommen, liegt El Pescante die Stufen abwärts auf einer großen Plattform über den Klippen zum Meer. Geöffnet nur im Sommer ab nachmittags und so lange die Mehrzahl der Gäste bleibt (manchmal auch bis die Sonne wieder aufgeht).

Sehenswertes

Gomera Art Center: In diesem Kunsthandwerkszentrum (mit Ausstellungen) kann man selbst hergestellten Schmuck, Töpferwaren und Kunstschnitzereien bewundern und kaufen.

Adresse/Öffnungszeiten Carretera General del Norte. Mo–Sa 10–14 und 15.30–20 Uhr, So 10–14 Uhr.

Webstuhl für die Flickenteppiche

Los Telares: Die Kunstgewerbeausstellung mit angeschlossenem Souvenirverkauf ist auf jeden Fall einen Besuch wert. Das hübsche Anwesen liegt in einer gepflegten Gartenanlage. Im Erdgeschoss stehen die alten Webstühle (los Telares = *die Webstühle*), die der Besucher noch in Aktion sehen kann, wenn auf ihnen die geschätzten *Trapreras* (Flickenteppiche) für den Kunsthandwerksladen hergestellt werden. Der Laden befindet sich im ersten Stock. Außer den Flickenteppichen wird hier zu erschwinglichen Preisen auch Kunsthandwerkliches feilgeboten, darunter aus getrockneten Bananenblättern geflochtene Körbchen, Figuren und Taschen, gehäkelte und bestickte Deckchen und Tischdecken, Keramik und vieles mehr. Man bekommt auch Postkarten und witzige T-Shirts für Kinder und für Erwachsene. Manchmal ist auch deutschsprachige Spezialliteratur zu Gomera vorrätig (z. B. über die Guanchen).

Adresse/Öffnungszeiten Carretera General del Norte, schräg gegenüber der Plaza del General Victoriano Darías Montesinos (Valle Alto). Täglich 9–18 Uhr, Eintritt frei (ein Trinkgeld sollte aber drin sein).

Volkskundliches Museum: In unmittelbarer Nachbarschaft, schräg gegenüber am Hang gelegen, findet man ein dem Los Telares angegliedertes, kleines volkskundliches Museum. Auch während der regulären Öffnungszeiten des Los Telares ist dieses Museum oft geschlossen. In diesem Fall hilft man in der Weberei gerne weiter. In den beiden Räumen des Museums sind im Wesentlichen alte Haushalts- und bäuerliche Arbeitsgeräte aus Hermigua und Umgebung ausgestellt. Dazu zählen u. a. Ton- und Holzgefäße, gewebte Stoffe, aber auch landwirtschaftliches Gerät wie Ochsenjoche und Heugabeln aus längst vergangenen Tagen. Weitere auffällige Exponate sind die formschönen Spinnräder, die nach Alter geordnet sind, darunter eine seltene Metallkonstruktion. Als weitere Attraktion (derzeit noch im Bau) kommt demnächst der naturgetreue Nachbau einer wasserbetriebenen Gofio-Mühle, wie sie früher am Cedrobach standen, hinzu.

Nuestra Señora de la Encarnación

Kirchen: Oberhalb der Plaza del General Victoriano Darías Montesinos führt ein Gässchen zur Klosterkirche **El Convento de Santo Domingo** (Hinweisschild an der Plaza). Schon gegen Anfang des 16 Jahrhunderts stand ein bescheidener Vorläuferbau an gleicher Stelle. Die Kirche ist meist verschlossen. Die ehemaligen Klostergebäude befinden sich heute in Privatbesitz und sind bewohnt, folglich für Besichtigungen nicht zugänglich. Ähnliches gilt für den gut 60 Jahre alten Bau der Kirche **Nuestra Señora de la Encarnación** an der gleichnamigen Plaza, dem Zentrum des unteren Dorfes. Auch sie ist in der Regel nicht für Besucher zugänglich.

Cooperativa Agrícola Insular (12), Carretera General del Norte: Hier liefern die Bauern ihre frisch geernteten, noch grünen Bananen ab. Die bis über einen Zentner schweren Fruchtstände werden in kleine Portionen zerteilt und für die Auslieferung und Überfahrt aufs spanische Festland in Kartons verpackt. Die schlechten, d. h. zu reifen oder zu kleinen Früchte werden aussortiert. Normalerweise besteht hier kein Zutritt für die Öffentlichkeit, aber bei freundlichem Nachfragen gestatten die Arbeiter gerne einen Blick.

Hermigua
Karte Seite 106/107

Strände/Baden

Playa de Hermigua: Der direkt unterhalb von Hermigua gelegene, ca. 500 m lange Steinstrand ist weder zum Sonnen noch zum Baden besonders geeignet. Mehrere Schwimmer sind hier schon umgekommen, weil sie die gefährlichen Strömungen und Sogwirkungen (auch bei relativ niedrigem Wellengang) unterschätzt haben. In den Monaten Juli, August und September ist das öffentliche Schwimmbad eine nahe gelegene Alternative.

Meerwasserschwimmbecken: Das am östlichen Ende des Strandes (zwischen den Trümmern der alten Mole) gelegene Betonbecken befindet sich nur wenige Zentimeter über dem Meeresspiegel und bietet deswegen keinen verlässlichen Schutz vor der geballten Kraft des Atlantiks. Wer erst einmal aus dem Becken gespült wurde, hat es sehr schwer, wieder an Land zu kommen. Am sichersten ist man noch in der Beckenmitte, auf die sich alle hinbewegen, wenn eine größere Welle in Sicht kommt. Bei ruhiger See kann man allerdings gut darin schwimmen. Nur wenn das Meer einmal glatt wie eine polierte Tischplatte ist, was überaus selten vorkommt, wird auch außerhalb des Beckens gebadet – freilich ohne sich jemals weiter als einen Steinwurf von der Küste zu entfernen.

Das Meerwasserschwimmbecken ist frei zugänglich und kostenlos. Mit dem Auto kommt man bis zu einer Schranke und geht dann entlang der Steilküste noch ca. 500 m zu Fuß auf asphaltierter Straße weiter. Schöne Aussicht, aber Vorsicht Steinschlag.

Fiestas

Um den 29. Juni feiert Hermigua die **Fiesta de San Pedro** und am 8. August findet die **Fiesta de Santo de Domingo** statt. Es handelt sich um eine mehrtägige Veranstaltung, die am Sonntag ihren Höhepunkt und ihr Ende findet. Ebenfalls mehrtägig ist die **Fiesta Nuestra Señora de la Encarnación**, die in jedem Jahr um den 8. September gefeiert wird. Im Volksmund heißt sie auch „Fiesta del Ocho". Am ersten Sonntag im Oktober beginnt die **Fiesta del Rosario.** Das jeweilige Festprogramm (Prozessionen, Musik, Feuerwerk, etc.) verteilt die Touristeninformation kurz vorher.

Ausflug zur Playa de la Caleta

Eine sehr gute Bademöglichkeit in der Nähe Hermiguas bietet die Playa de la Caleta. Der in einer kleinen geschützten Bucht liegende, etwa 200 m lange, teils kiesige, teils sandige Strand ist für Gomera-Verhältnisse gut zum Baden geeignet. Aber auch hier gilt: Nicht so weit hinausschwimmen und Acht geben auf gefährliche Unterströmungen.

Oberhalb des Strandes stehen einige Fischerhütten, die im Sommer bewohnt sind. Direkt am Meer liegt die **Bar Rte. Kiosco Antonio**. Auf der Speisekarte finden sich erfrischende Getränke und vorzügliche, preiswerte Fischgerichte. Geöffnet ist die renovierte und beliebte Ausflüglerbar das ganze Jahr über immer den ganzen Tag bis abends. Besonders sonntags kommen gern Einheimi-

Baden – in Hermigua nur bei ruhiger See ungefährlich

sche zum Picknicken, Baden oder Angeln. Bei schlechtem Wetter wird die Bar manchmal aber auch einfach geschlossen.

Das offiziell nicht erlaubte Zelten wird hier von den Fischern in der Regel toleriert. Unterhalb des Parkplatzes (kleiner Wendekreis) besteht die Möglichkeit, sich bei einer Quelle mit frischem Trinkwasser zu versorgen.

Wer aus dem oberen Tal kommt, kann zu Fuß einen Weg zur Playa de la Caleta gehen, der wenige Meter oberhalb der Tankstelle von Hermigua beginnt und quer durch das mit Bananen bepflanzte Tal führt, bis er in die asphaltierte Straße auf der anderen Talseite mündet. Hier rechts abbiegen, nach weiteren 200 m geht links eine Schotterstraße den Berg hinauf. Oben angekommen, folgt man dem links abwärts führenden Weg zur Playa (rechts geht es Richtung San Sebastián). Die Gehzeit beträgt gut 60 Minuten ab der Tankstelle (rund 6 km). Mit dem Auto ist der Strand am besten über die Straße Richtung Meerwasserschwimmbecken zu erreichen. Kurz vorher weist rechts ein Schild Richtung Playa de la Caleta. Von hier aus ist auch ein Fußweg ausgeschildert, der näher ist als der obere ab der Tankstelle, falls man bereits im unteren Tal ist. Die Autofahrt über eine kurvige, enge und nicht asphaltierte Piste dauert ca. 20 Minuten. Nur das letzte Stück ist geteert.

Ausflug zum Weiler El Cedro

El Cedro ist ein verschlafenes, idyllisch am Rande des Lorbeerwaldes gelegenes Nest, ein beliebtes Ausflugsziel und Station für Wanderer und Wandergruppen. Wer die Landschaft lieber auf dem Pferderücken genießt, kann hier auch ausreiten.

Mit dem Auto ist El Cedro nur über eine Natursteinpiste erreichbar. Diese gerade im Winter schwer zu befahrende Piste zweigt von der Verbindungsstraße

El Cedro: Wandergruppe beim Abendessen

zwischen der Carretera General del Norte und der Höhenstraße ab; El Cedro ist dort ausgeschildert. Wer zu Fuß gehen will, nimmt den Forstweg, der ebenfalls an der Abzweigung beginnt und durch den Lorbeerwald bis ans Ziel führt. Die Gehzeit beträgt ca. eine Stunde ab Abzweig.

Die einzige Einkehrmöglichkeit bietet das **Restaurant La Vista** mit herrlicher Aussichtsterrasse und vergrößertem überdachten Essraum. Hier machen inzwischen alle Wandergruppen Station, nachdem die Prudencio-Bar im Sommer 2000 geschlossen wurde. Ana serviert gomerische Küche, vorwiegend Fleischgerichte mit Papas arrugadas und Mojo oder Eintöpfe. Den Besitzern des Restaurants La Vista (Caserío del Cedro, ✆/✆ 922-880949) gehört auch der auf Terrassen angelegte Zeltplatz, wo man für 2 € übernachten kann. Ebenso vermieten sie für 12 € Zimmer in den Herbergen El Refugio und La Cabaña. Wer hier übernachten möchte, sollte unbedingt vorher reservieren, denn viele Plätze gibt es nicht. Im Refugio können sich 22 Personen fünf Zimmer, ein Bad und eine Wohnküche teilen. In der Cabaña gibt es drei Zimmer für insgesamt 6–9 Personen mit gemeinsamem Bad und Fernsehraum. Individualisten können zu zweit das kleine Haus El Nilo für 24 € mieten. Wer mehr Komfort und Privatheit schätzt und viele Wanderwege direkt vor der Tür haben möchte, kann auch über Ecotural, die Reservierungszentrale des C.I.T., ein Landhaus mieten (✆ 922-144101, ✆ 922-881038, www.ecoturismocanarias.com/gomera, gomera@ecoturismocanarias.com). Zur Auswahl stehen in 850 m Höhe La Era und El Laurel.

Etwas unterhalb des Restaurants La Vista sind 8 Pferde und 1 Pony untergebracht, die man für 12 € pro Stunde inklusive Guide für Ausritte mieten kann.

Wanderungen

Wanderung 4: Von El Cedro ins grüne Tal von Hermigua

Der Abstieg vom Weiler El Cedro nach Hermigua dauert rund 2 Stunden (plus ein Stunde Fußweg bei Anfahrt bis zur Abzweigung nach El Cedro) und gehört zu den landschaftlich schönsten Wanderrouten auf La Gomera. Er geht vorbei am einzigen ganzjährig Wasser führenden Bach Gomeras (wie der Weiler auch El Cedro), durch schöne Bergwälder bis zu den kultivierten Terrassen von Hermigua mit ihrem herrlichen Panorama.

Die Wanderung beginnt in El Cedro an der **Bar La Vista (850 m)**, auf deren Terrasse sich bei einem Café con Leche die Schönheit und Stille des kleinen Weilers, der anmutig vom Lorbeerwald umschlossen ist, gut genießen lässt. Nach El Cedro selbst nimmt man den Bus (aus Valle Gran Rey/Santiago bzw. San Sebastián) und steigt am **Straßenkreuz Cruce de la Zarcita** aus. Dann folgt man etwa 15 Minuten der Straße in Richtung **Hermigua/El Cedro** bis links der Forstweg nach El Cedro abzweigt. Hier geht man noch eine dreiviertel Stunde durch dichten Lorbeerwald bis zum Weiler El Cedro hinunter. Die Felswände rechts sind immer wieder dicht mit verschiedenen Arten von Dickblattgewächsen bewachsen. Die zweite Möglichkeit: Man fährt mit dem Auto zur Verbindungsstraße zwischen Carretera general del Norte und Höhenstraße bis zur Abzweigung nach El Cedro; von dort geht es (wie geschildert) zu Fuß auf dem Forstweg weiter.

Der Forstweg endet als Betonpiste unterhalb der ehemaligen **Casa Prudencio** vor einem umzäunten Anwesen. Man läuft auf einem schmalen Weg links an dem Anwesen vorbei und kann dann nach ca. 100 m noch auf den besagten Café con leche zur Bar La Vista aufsteigen. Danach steigen wir wieder zur Talsohle ab und links an einigen Wasserbecken des El Cedro vorbei zu einem auffälligen Gittermast. Von hier eröffnet sich ein herrlicher Blick in das Tal von Hermigua. Endlos scheinende Bananenplantagen reichen bis zum Meer. Die beiden spitzen Vulkanschlote **San Pedro** und **San Pablo** sind weit unten im Tal zu erkennen.

Der weitere Weg führt anfangs treppenartig in kurzen, steilen Kehren abwärts; später wird er ebener, und es geht auch nicht mehr so steil bergab. Schon bald sieht man die ausgespülte Rinne des **Salto de Agua**, der sich 175 Meter tief hinabstürzt. Beide Hangseiten der Schlucht sind mit dichtem Lorbeerwald bewachsen, weiter unten wurde der Wald gerodet und hat Terrassen weichen müssen – die oberen werden aber heute nicht mehr genutzt und sind schon wieder dicht mit Brombeeren und Adlerfarn zugewachsen. Nach ca. 45 Minuten erreicht man schließlich das Bachbett mit der **großen Staumauer**. Hier plätschern die Ausläufer des Wasserfalls über bemooste und mit Dickblattgewächsen überzogene Felsen – ein schöner Platz zum Picknicken.

Der weitere Weg führt auf die linke Staumauerseite zu; hier geht man die Stufen hinunter, überquert den Bach und wandert auf der rechten Barranco-Seite weiter bergab. Nach ungefähr 20 Minuten ab dem Staubecken passiert man ein **Wasserbecken** und überquert wieder den Bach. Kurz danach kommt man an einem verfallenen Haus vorbei, eine ehemalige Gofio-Mühle, wie man an den noch vorhandenen Mahlsteinen leicht erkennen kann. Der Weg schlängelt sich in Serpentinen weiter nach unten und wechselt öfter die Bachseite. Er verläuft entlang der dicken **Wasserleitungsrohre**. Kurz bevor er nach rechts abzweigt, sieht man auf der rechten Seite zwei Ställe mit auffälligen Blechdächern. Man nimmt den rechten Abzweig und gelangt treppenartig durch die Bananenfelder steil abwärts bis in den mit dichtem Schilf bewachsenen Bachgrund. Wenig später kommt man auf einen asphaltierten Weg, der zu einer Brücke direkt vor den Vulkanschloten führt (ca. 35 Minuten ab Staubecken).

Wenn man ins untere Tal von Hermigua will, folgt man der **Höhenstraße** links bergauf. Hier ist nämlich viel weniger Verkehr als auf der stark befahrenen Hauptstraße im Tal. Außerdem kann man den herrlichen Blick auf das Hermigua-Tal mit seinen Bananenplantagen und verstreuten Häuschen genießen. Man folgt der Straße und hält sich an einer Abzweigung (nach rund 20 Minuten ab der Brücke) rechts talwärts. Nach weiteren 10 Minuten trifft man auf die Hauptstraße im Ortsteil **El Curato.** Hier kann man auf den Bus warten.

Wanderung 5: Hermigua – El Cedro – Los Aceviños – Hermigua

Eine lange, wildromantische Wanderung mit dem spektakulären und steilen Aufstieg nach El Cedro und im weiteren Verlauf Begegnung mit noch abgeschiedeneren Winkeln der Insel. Die Gehzeit beläuft sich auf etwa 5 ½ Stunden.

Die Tour beginnt im oberen Ortsteil von Hermigua, in **El Convento**. Orientierungspunkt ist die große Terrasse talseitig an der Straße; gegenüber geht man links die Treppe hoch (in der Mauer). Der relativ lange Aufstieg endet an einer Straße, der man nach rechts folgt. Bald werden die beiden Wächter des Hermigua-Tales, die Felsen **Roque San Pedro** passiert, danach kommt man an eine kleine Fußgängerbrücke, die links von der Straße über einen kleinen Bach führt. Das ist unser Weg, direkt dahinter geht's sofort wieder rechts an Riesenschilf entlang.

Man bleibt auf dem dicht vom Schilf gesäumten und teilweise überwachsenen Pfad, bis rechts ein Ziegenstall auftaucht. Am Rand des rechts ab-

Hermigua: Symphonie in Grün und Blau

zweigenden Weges ist eine dicke **Wasserleitung** zu erkennen. Daran entlang geht es ab jetzt weiter, die Leitung wird für längere Zeit bis auf wenige Abweichungen ein treuer Begleiter sein.

Der Weg führt den Barranco hinauf, ein **Wasserauffangbecken** wird passiert (links dahinter die Treppen hoch), immer wieder lohnt es anzuhalten, den Blick in alle Himmelsrichtungen schweifen zu lassen. Einige Höhenmeter später trifft man auf eine Staumauer. Hier gabelt sich der Weg und man geht rechts die Stufen hinauf und dann an der rechten Uferseite des Staubeckens entlang. An dessen Ende beginnt der Steilaufstieg nach **El Cedro**.

Auf den Treppenstufen windet sich der Anstieg in vielen, vielen Kehren rechts am Felshang hinauf. Die Vegetation wird immer üppiger und schon bald befinden wir uns im Lorbeerwald. Dies ist der sportliche Teil der Wanderung mit grandiosen Ausblicken Ziel ist der Gittermast von El Cedro, von dort ist es nicht mehr weit bis zu den notwendigen Erfrischungen in der **Bar La Vista**.

Der Weiterweg nach **Los Aceviños** führt hinter der Ausflugsbar **La Vista** als breiter Pistenweg rechts hoch. Nach 3 Minuten verlassen wir diese in einer Rechtskurve und nehmen den aufwärts führenden Pfad (links ein weißes Haus mit der Aufschrift Casas Rurales). Der Weg steigt zunächst weiter an, führt durch Schatten spendenden Lorbeerwald bis zu einer breiten Sandpiste (den kleinen nach links aufwärts abzweigenden Pfad beachten wir nicht).

Dort geht man nach rechts und erreicht so nach einer weiteren guten Viertelstunde die ersten Häuser von Los Aceviños. An einem grünen **Laternenmast** biegen wir links in den schmalen Pfad ein, der an einem Grundstückszaun entlang abwärts führt (**den nun folgenden Wegabschnitt sollte man nur bei**

trockenem Boden begehen, da der tonig-lehmige Boden bei Nässe seifig und damit äußerst rutschig und durch das Gefälle gefährlich werden kann).

Nach ca. 10 Minuten erreichen wir eine kleine Lichtung (Boden aus roter Vulkanasche), hier folgt man links einem schmalen Hohlweg. Wir steigen in eine Talsohle hinab, direkt an einem großen Stromleitungsmast vorbei und auf der anderen Seite wieder hinauf bis zu einer asphaltierten Straße. Hier rechts gehen, aber nur etwa 150 m weit. Dann zweigt in einer Rechtskurve scharf nach rechts unten ein breiter, nur auf den ersten Metern geteerter Fahrweg ab, der dann als Piste weitergeht.

Von Farnen geleitet, streift man ab hier durch einen der abgelegensten Teile der Insel. Verlassene Häuser in stillen, einsamen Tälern säumen den Weg. Gomera vor dreißig Jahren ...

Am Ende der Piste kommt man zu einer Gabelung (nicht den ersten Abzweig links hinunter nehmen); dort geht es kurz links abwärts und nach 20 m in einer Kurve dann geradeaus über einen mit Steinen markierten, schmalen Pfad weiter. Über diese Abkürzung wird erneut die breitere Piste erreicht, und es geht nach links weiter. Eine kleine, schöne Höhenwanderung folgt, das Panorama von **Hermigua** taucht auf.

Dort, wo der Weg zugewachsen ist, beginnt steil nach rechts hinunter der etwa einstündige Abstieg ins Tal. Der letzte Abschnitt führt auf steinernen Stufen (und über eine Ziegensperre aus Wellblech hinweg) rechts vorbei an der **Ermita de San Juan** hinab. Es werden richtige Treppenstufen erreicht, und über eine Straße hinweg geht's auf der anderen Seite weiter hinunter bis zur **Carretera del Norte**.

Agulo

Wie ein Amphitheater umgibt ein großes Felsenrund den malerisch gelegenen Ort. Drei Wasserfälle stürzen hoch über der auf einem Plateau thronenden Siedlung den steilen Fels hinab. Fast schon arabisch mutet es an, das weiße Dorf mit Blick auf Meer und Teide.

Zunächst springen die markanten Betonkuppeln der turmlosen Pfarrkirche San Marcos ins Auge. Eng schmiegen sich die niedrigen, meist zweistöckigen Wohnhäuser an ihre Flanken. In den winkligen, kopfsteingepflasterten Gassen, kaum breit genug für einen Kleinwagen, leuchten viele Häuser in frisch getünchtem Weiß, von dunkelbraunen Fensterrahmen und -läden deutlich unterschieden.

Das anmutig rund 200 m über dem Meeresspiegel gelegene Agulo scheint sich für ein Schauspiel herausgeputzt zu haben. Vorhang auf – Amphitheater frei! Doch zuvor noch ein Blick hinter die Kulissen: Die dekorativen Wasserfälle, vor wenigen Jahren noch „Natur pur", sind heute der Überlauf von Auffangbehältern, die zur landwirtschaftlichen Bewässerung dienen. Und Bewässerung hat Agulo nötig, denn unterhalb der Siedlung sind fast alle Hänge terrassiert. Schon von weitem sieht man das üppige Grün der gedrungenen Bananenstauden, die einen immens hohen Wasserbedarf haben.

Agulo – steile 200 m über dem Meer gelegen

Frisches und klares Quellwasser sprudelt etwa 100 m vom Ortsausgangsschild in Richtung Hermigua (links neben der Carretera General del Norte) aus dem Fels. Viele fahren kilometerweit, um hier wohlschmeckendes Trinkwasser zu tanken.

Im Gemeindegebiet Agulos, dem kleinsten der sechs Bürgermeisterämter auf Gomera, leben heute annähernd 1200 Menschen. Der berühmteste Spross des Dorfes ist übrigens der kanarenweit bekannte zeitgenössische Maler und Schriftsteller José Aguilar. Neben Agulo gibt es aber weitere lohnenswerte Ziele in dieser Region: **Las Rosas** mit dem gleichnamigen Restaurant, wo häufig Touristenbusse aus Teneriffa Halt machen, **La Palmita** mit dem benachbarten Informationszentrum der spanischen Umweltschutzbehörde, **Juego de Bolas**, und das idyllisch inmitten von viel Grün unterhalb von Agulo auf einem Felssattel an der schroffen Steilküste gelegene, winzige **Lepe**.

Verbindungen

• *Bus* Der Bus der **Linie 2** von San Sebastián nach Vallehermoso (über Hermigua) fährt durch Agulo täglich um ca. 10.15, 12.15*, 14.45, 17.15*, 19.15* und 22.15 Uhr. Aus Richtung Vallehermoso passiert er den Ort täglich um ca. 5.55, 7.25*, 12.25*, 14.25 und 16.55* Uhr (* sonn- und feiertags).

Halteplatz an der Carretera General del Norte bei dem kleinen, weiß getünchten Bushäuschen mit dem roten Ziegeldach (an der Grünanlage). Die Busse halten aber auch entlang der gesamten Strecke auf deutliche Handzeichen. Wegen der Schwankungen in den Fahrtzeiten ist es auch hier angebracht, diese vorher nochmals abzuklären und 15 Minuten vor Abfahrt an der Haltestelle zu sein.

• *Taxi* Zentrale Vermittlung über ✆ 922-880931. Am Ortseingang (Plaza El Mantillo) befindet sich ein Taxistand.

Ein weißes Dorf über dem Meer wird renoviert

Information/Adressen

• *Information* **Oficina de Turismo** im Rathaus am Kirchplatz (Plaza Leónico Bento), ✆ 922-141600 od. 922-880951. Auskünfte nur auf Spanisch. Mo–Fr 9–14, 16–21, Sa 9–13 Uhr.

• *Bank* **Caja Canarias** Calle Pintor Aguilar 5, ✆ 922-880157. Mo–Fr 8.30–14 Uhr, Oktober–Mai auch Do 17–19.30 Uhr.

• *Einkaufen* **Bäckerei/Supermercado Elvira Medina Barrera**, von Hermigua kommend, gleich rechts nach dem Café Bertermann gelegen. Leckeres Brot und Gebäck, und mit etwas Glück ergattert man eines der begehrten und berühmten Brötchen.

Der **Supermercado Alameda**, befindet sich in der Calle del Pintor Aguilar; er ist bereits ab 6 Uhr morgens geöffnet (s. auch „Essen & Trinken"). Einen weiteren namens **Gama** gibt es unterhalb der Apartamentos Escuela.

Im Dorfzentrum findet man noch mehrere kleine **Lebensmittelgeschäfte**.

Wer selber kocht, kann den **Fischwagen**, der morgens um 8 Uhr durch Agulo fährt und über Lautsprecher seine Tagesspezialitäten anpreist, mit Handzeichen stoppen.

Der **Bazar Casa Aixa**, Carretera General del Norte 14, neben Kleidung, Spielsachen und Souvenirs auch Kamerafilme im Angebot.

• *Medizinische Versorgung* **Servicio de Salud** (vor der Post in der Calle Nueva, ✆ 922-239301) Hier trifft man einen Arzt an oder findet einen schriftlichen Hinweis auf den nächsten Notdienst (✆ 922-881929). Außerdem praktiziert in Agulo der **Allgemeinmediziner** Dr. José Manuel Naranjo-Aguiar, ✆ 922-146014.

Apotheke in der Carretera General del Norte vor dem Bazar Aixa. Mo–Fr 9–13 und 17–20, Sa nur 9–13.30 Uhr.

• *Polizei* Die örtliche Polizei residiert neben der Post, ✆ 922-146085.

• *Post* Carretera General del Norte. Mo–Fr 8–13 und Sa 9–13 Uhr. Ein Briefkasten befindet sich am Rathaus bei der Kirche und an der kleinen Plaza vor dem Café Bertermann.

• *Telefonieren* Vor und gegenüber der Schule ist jeweils ein Apparat angebracht. In der Calle Pintor Aguiar bei Apartamentos Escuela und außerdem in mehreren Bars finden sich Fernsprecher mit Münzeinwurf oder Zähler.

Übernachten

Apartamentos Escuela, Calle Pintor Aguiar 10, ✆ 922-146194, 📠 922-146177. Diese neu entstandene, moderne und freundliche Appartementanlage bietet saubere und geschmackvoll eingerichtete Wohneinheiten mit Balkon inklusive Meeresblick für zwei Personen ab 30 €.

Apartamentos Bajip, Calle Piedra Grande, ✆ 922-146129. Großzügige Appartements mit Balkon und Dachterrasse in einem verwinkelten Wohnhaus in einer winzigen Querstraße der Calle Pintor Aguilar (hinter der Apotheke rechts). Für ein Doppelzimmer zahlt man 30 € pro Nacht, die beiden Appartements für 2 Personen kosten je nach Saison 50 €. Häufig ist alles belegt.

Casa Petra, Calle La Puntilla 2, ✆ 922-146028. Die Deutsche Petra Schramm und ihr Mann Pedro vermieten in ihrem Wohnhaus zwei renovierte Appartements im Ortszentrum. Je nach Saison ca. 30 €.

Hotel rural Los Helechos, Calle la Ceda, ✆ 922-146968 oder 659038235.

Casa La Atalaya, Las Rosas. ✆/📠 922-146189 oder 616-796452, www.latalaya.com, Alojamientos@latalaya.com. Der Vermieter der zwei kleinen Landhäuser mit zwei Zimmern und Küche in Las Rosas ist der Besitzer der Bar Alameda. Für 4 Personen 60 €, für 2 Personen 30 €. Für 30 € vermietet er in Agulo die **Casa Elisabeth** in der Nähe der Appartements Escuela.

Essen & Trinken

Restaurant/Cafetería Lila, ✆ 922-146259. Das schöne, restaurierte Häuschen ist ein besonderer Tipp. Mit viel Liebe wurde das altkanarische Haus wieder instand gesetzt und im kanarischen Stil mit Holz und Natursteinmauern renoviert. Tolles Ambiente und Treffpunkt der Einheimischen aus der ganzen Gegend. Es liegt an der Hauptstraße und ist leicht zu erkennen an der gelben Hausfarbe mit grünem Schild davor. Die junge, freundliche Besitzerin Margot erfüllt fast jeden Frühstückswunsch und bietet aus der hauseigenen Bäckerei leckere „dulces" in allen Geschmacksrichtungen an; Highlight ist der selbst gebackene „deutsch-gomerische" Käsekuchen. Sonst gibt's Tortilla (auch schnell vergriffen!), Tapas und gomerische Spezialitäten. 9–14.40 Uhr und von 17.30 Uhr bis der letzte Gast geht. Mittwoch Ruhetag.

Restaurant La Zula, Carretera General del Norte (am Ortsausgang), ✆ 922-146100 oder -146175. Der Inhaber Ramon ist ganz auf Touristenbusse eingestellt. Zwischen 10 und 16 Uhr werden täglich 200 bis 600 Gäste durchgeschleust. Bei entsprechendem Wetter hat man von der großen, sonnenbeschienenen Terrasse einen herrlichen Blick auf Agulo, das Meer und manchmal auch auf Teneriffas Teide. Täglich 10–16 Uhr.

Café/Restaurant Bertermann, Carretera General del Norte, am Ortseingang (aus Richtung Hermigua), ✆ 922-146048. Hier kann man ab 6 Uhr frühstücken und seinen heißen Café con leche an der Bar trinken. Fr–So durchgehend bis 23 Uhr geöffnet. Salate, Bocadillos (Sandwiches) und Tapas.

El Club bzw. Centro de Amistad, an einer Querstraße der Calle Pintor Aguilar (hinter der Sparkasse rechts, nach 30 m auf der rechten Seite neben dem Centro de Amistad de Agulo). Hier trifft sich das halbe Dorf in familiärer Atmosphäre. Tagsüber gibt es Tapas wie z. B. Garbanzos (Kichererbsen) mit Räucherschinken in würziger Sauce. Abends stehen dann meist zwei Gerichte zur Auswahl: einfach, gut und preiswert. Dazu gibt es manchmal Gitarrenmusik.

Bar Rte. Alameda, Calle Alameda 4, ✆ 922-146189. Das Restaurant mit schöner, großer Außenterrasse bietet Fisch- und Fleischgerichte zwischen 5 und 9 €. Außerdem gutes Frühstück und Tapas. Im Sommer wird draußen auch der Grill angeworfen. Außer So täglich 7–22 Uhr. Hier kann man sich auch nach Appartements und Landhäusern in Las Rosas erkundigen (siehe unter Übernachten bei Casas La Atalaya).

Bar el Mantillo/Los Chochos ✆ 922-146166. Moderne Bar seitlich gegenüber des Cafés Bertermann am Anfang einer Gasse. Geöffnet von 5.30–15 und von 17–23 Uhr. Beliebter Treffpunkt der Dorfbewohner. Frühstück, Tapas und gomerische Küche. Hauptgerichte ab 8 €.

Bar La Vieja Escuela, ✆ 922-146004. Neue Bar in einer Gasse gegenüber der Kirche. Geöffnet von 10–22 Uhr. Speisen von 4,50–8,40 €, Tapas von 3–6 € und eine Tagessuppe für 2 €.

Terrassenfeldbau: Kartoffeln

Sehenswertes

Von außen wuchtig und gedrungen, wirkt die in den 1930er Jahren erbaute **Pfarrkirche San Marcos** im Inneren überraschend schmal und hoch. Schon von weitem fallen die dominanten weißen Betonkuppeln des turmlosen Gotteshauses auf. Den Hochaltar überspannt eine Baldachin-Konstruktion mit Marmorstützen. An den Seitenwänden sieht man drastisch-realistische Reliefs, die die Kreuzwegstationen darstellen. Interessant sind die zahlreichen Statuen und Statuetten auf den beiden Nebenaltären in den Seitenschiffen. In ihrer naturalistisch-naiven Machart nicht selten die Grenze zum Kitsch überschreitend, illustrieren sie deutlich die tiefe Volksfrömmigkeit dieser Region. Die große Männerstatue auf dem rechten Seitenaltar stellt den Schutzpatron der Kirche dar, den Heiligen Markus. Auf der linken Seite hat die Mercedesstatue (s. „Fiestas") ihren Platz. Eindrucksvoll ist auch das Abbild des Erlösers in einem gläsernen Schrein, der in den rechten Seitenaltar eingelassen ist. Außerdem kann man im Kircheninneren ein steinernes Taufbecken bewundern.

Strand

Die Strandbucht **Playa de San Marcos** erreicht man vom Ortskern aus über Feldwege in rund 20 Minuten. Der Weg führt von der Pfarrkirche über den Friedhof am äußeren Ortsrand vorbei. Das Baden an dem zum größten Teil aus dunklem Sand bestehenden Strand ist auch für gute Schwimmer je nach Wetterlage und Seegang nicht ungefährlich.

Fiestas

Fiesta de San Marcos: Sie findet eine Woche nach Ostern statt und ist ein Höhepunkt des dörflichen Lebens. Nach der Messe wird die San-Marcos-Statue aus der Pfarrkirche getragen und im Freien aufgestellt. Mehr als 20 rund um die Kirche aufgeschichtete und mit duftenden Essenzen durchtränkte Scheiterhaufen beginnen nun hell zu lodern. Und wenn die Flammen endlich die richtige Höhe erreicht haben, machen sich die jungen Männer des Dorfes bereit für eine Mutprobe ganz besonderer Art: In einem symbolischen Akt der Reinigung springen sie mehrmals durch das Feuer. Ist dieses schließlich heruntergebrannt, wagen auch Frauen, ältere Männer und zum Schluss selbst Väter mit ihren Kindern auf dem Arm den großen Sprung. Erst wenn das Feuer erloschen und die Statue an ihren Platz in der Kirche zurückgestellt ist, beginnt die eigentliche Fiesta. Die rund um den Kirchplatz aufgestellten Buden öffnen, die Musiker beginnen zu spielen, das Tanzbein wird geschwungen, und der Alkohol fließt in Strömen ...

Fiesta de los Piques: Mehrtägige Fiesta mit Tanz und Festessen in der zweiten Junihälfte. Die beiden Ortsteile Agulos liefern sich einen kulturellen Wettstreit darum, wer der beste Musikant und Poet ist. Eine Jury entscheidet, wer für die beste Stimme einen Preis bekommt oder wer die Pfeifsprache El Silbo am besten beherrscht.

Fiesta de La Mercedes: Zu Ehren der Schutzpatronin des Dorfes wird auf dem Kirchplatz kräftig gefeiert (Umzüge, Kapellen, Tanz und Buden etc.). Das Ganze findet in der letzten Septemberwoche statt.

San-Andrés-Tag: Am 30. November, dem Namenstag des Heiligen Andreas, darf nach einem alten Brauch erstmals der heurige Wein probiert werden. Der Weinanstich wird auf der ganzen Insel gefeiert, vor allem in Bars mit eigenem Weinanbau.

Ausflug zum Informationszentrum des Nationalparks Garajonay

Das großzügig als Museum mit Schauwerkstätten und großem Garten angelegte Informationszentrum der spanischen Umweltschutzbehörde ICONA (Instituto Nacional para la Conservación de la Naturaleza) zum Nationalpark Garajonay wurde am 10. Mai 1987 in Juego de Bolas eröffnet. Die vorbildlich und inzwischen autonom organisierte Einrichtung vermittelt Lehrreiches über die Geologie und Vegetation der Insel und auch Unterhaltsames über die Historie sowie die Bewohner und ihre Legenden. Zwei- bis dreistündige geführte Touren durch den Nationalpark können von hier gebucht werden.

Ziel der Nationalparkverwaltung ist die Pflege der endemischen Pflanzenarten, insbesondere die Bewahrung bzw. – wo nötig – die Zurückgewinnung des Laurisilva, des kanarischen Lorbeerwaldes. Zu diesem Zweck werden wissenschaftliche Forschungsprojekte durchgeführt, Maßnahmen zur Vermeidung von Waldbränden entwickelt und Ähnliches mehr.

Innenhof der Nationalparkverwaltung

Erste Anlaufstation im Informationszentrum Juego de Bolas ist der Schalter im Hauptgebäude, wo auch Englisch und Deutsch gesprochen wird. Hier kann man Prospekte, Bücher (z. T. günstiger als in Läden) und Karten zum Nationalpark kaufen, und hier liegen die auch deutschsprachigen Informationsbroschüren aus, die einem die Orientierung im Besucherzentrum erleichtern.

Im Hauptgebäude wird stündlich und kostenlos ein **20-minütiger Videofilm** über Gomera und den Nationalpark Garajonay gezeigt: In eindrucksvollen Bildern präsentiert der Film Fauna und Flora der Insel und dokumentiert ihre Entstehungsgeschichte. Gerade wer noch nicht lange auf Gomera ist, bekommt eine stimmungsvolle Einführung in die landschaftliche Vielfalt. Den Text kann man über Kopfhörer auch in Deutsch und Englisch verfolgen; für die Dauer der Vorführung muss der Personalausweis hinterlegt werden. Weitere Informationen bietet eine **umfangreiche Ausstellung** mit zahlreichen Schaukästen zu Klima, Vegetationszonen, Landwirtschaft, Infrastruktur und Volkskunst.

Im **Garten des Besucherzentrums** kann man seltene und typische Gewächse der Insel bewundern, so beispielsweise die Dracaena und verschiedene Aeonien.

Neben Sukkulenten lernt man auch Erika- und Lorbeergewächse kennen, häufige Baumarten des Lorbeerwalds. Besondere Aufmerksamkeit bei allen botanisch interessierten Besuchern finden die endemischen Pflanzen, deren Namen auf Tafeln verzeichnet sind. Hat man sich deren Aussehen erst einmal eingeprägt, erkennt man sie bei späteren Wanderungen durch den Lorbeerwald vielleicht wieder.

Eine weitere Station im Besucherzentrum sind die **Werkstätten**, in denen Könner ihres Faches die traditionellen Handwerkskünste auf Gomera vorführen. Mittlerweile werden hier sogar junge Gomeros in den alten, fast vergessenen Künsten ausgebildet. Neben dem Brennofen, wo Töpferwaren über einem großen Holzfeuer gehärtet werden, befindet sich die erste Werkstatt, in der hölzerne Gebrauchsgegenstände wie Schöpfkellen, Trinkgefäße und Gabeln sowie geflochtene Körbchen hergestellt werden. In der zweiten Werkstatt entstehen Musikinstrumente und Webarbeiten – bunt gestreifte Teppiche und

Decken aus gefärbter Wolle. Besonders auffällig sind die mit Ziegenleder bespannten Tambourins und die Chácaras, überdimensionale Kastagnetten aus einem Stück Maulbeerbaum, deren munterer Klang bei keiner Fiesta zu überhören ist. Wer dieses typische Stück Kunsthandwerk als Mitbringsel erwerben möchte, muss dafür mindestens 40 € bezahlen. In der dritten Werkstatt schließlich werden Körbe in allen Größen und Formen geflochten. Wer etwas Zeit mitbringt, kann das Entstehen der kunstgewerblichen Gegenstände von Anfang an verfolgen. Übrigens: Das Fotografieren der Volkskunstwaren ist erlaubt, hingegen lassen sich deren Produzenten nur ungern ablichten, was man respektieren sollte.

Direkt neben den Werkstätten liegt ein Haus, in dem die **meteorologische Messstation** des Wetteramtes von Teneriffa untergebracht ist. Außerdem findet man hier die Ausstellungsräumlichkeiten eines kleinen **volkskundlichen Museums**, das Trachten, Ackerbaugeräte, Volkskunstgegenstände und eine originalgetreu eingerichtete Steinhütte der Gomera-Ureinwohner enthält.

• *Öffnungszeiten* täglich von 9.30–16.30 Uhr.
• *Anfahrt* Von Agulo in Richtung Vallehermoso, nach rund 5 km am Ortseingang von Las Rosas links in Richtung La Palmita/Juego de Bolas abbiegen, dann sieht man nach knapp 3 km das Besucherzentrum (Centro de Vistantes) auf der linken Seite. Von Valle Gran Rey und Santiago nimmt man die Abzweigung von der Höhenstraße bei La Laguna Grande und fährt dann die Stichstraße 9 km bis zum Besucherzentrum.
• *Geführte Exkursionen* Die Nationalparkverwaltung bietet von Juego de Bolas aus jeden Samstag geführte Exkursionen in den Nationalpark Garajonay an – bislang kostenlos! In den Monaten Juni, Juli, August und September auch Mittwochs. Die Wanderungen starten ab La Laguna Grande um 10.30 Uhr. Interessenten sollten sich mindestens 2 Tage vorher anmelden, entweder direkt in Juego de Bolas (✆ 922-800993) oder in San Sebastián, ✆ 922-870105. Dauer der Führung: ab 2 Stunden; Mindestteilnehmerzahl: 2 Personen.
• *Essen/Trinken* **Las Rosas**, ✆ 922-800916. Geöffnet von 12–15.30 Uhr. Das anmutig gelegene Restaurant im gleichnamigen Weiler ist kein lohnenswerter Zwischenstopp: Hier halten fast alle Ausflugsbusse von Teneriffa, was einen ziemlichen Massenbetrieb zur Folge hat, dem man sich nicht ohne Not aussetzen sollte. Zumal es leicht passieren kann, dass man als „Gruppenloser" nicht zur Kenntnis genommen wird, wenn die Gruppenreisenden beköstigt werden und einer Darbietung der einheimischen Pfeifsprache El Silbo folgen. Sind die Busse wieder weg, lohnt sich vielleicht eine Kaffeepause auf der Aussichtsterrasse.

Las Rosas, kein Tippfehler, sondern ein weiteres Restaurant mit diesem Namen (gleichzeitig auch Poststation und Supermarkt). Im Gegensatz zum ersten empfehlenswert, denn neben leckeren Speisen kann man hier auch den tollen Ausblick vom Wintergarten genießen. Täglich von 8–22 Uhr. Anfahrt: Carretera General del Norte Richtung Vallehermoso und dann kurz nach

Agavenblüte

der Abzweigung La Palmita/Juego de Bolas die nächste rechts und dieser bergauf ca. 1 km folgen.

Bar/Rte. El Tambor, La Palmita, ✆ 922-800709. Direkt neben dem Besucherzentrum. Von hier hat man bei gutem Wetter einen einmaligen Blick auf Teneriffas Teide und die Möglichkeit, sich nach dem Museumsbesuch zu erfrischen. Tapas, gomerische Küche. Es gibt auch Cola oder Eis am Stil. Die Bar hat dieselben Öffnungszeiten wie das Informationszentrum (Di–So 9.30–16.30 Uhr, Mo geschlossen).

Wanderungen

Wanderung 6: Zur roten Erde von Juego de Bolas

Die Rundwanderung von Agulo hinauf bis zum Besucherzentrum der ICONA und – nach einem Marsch durch die rote, zerfurchte Erde der Hochebene – wieder hinab dauert ca. 2 ½ Stunden. Trittsicherheit und Schwindelfreiheit sind Voraussetzung. Die Wanderung beginnt am Ortsausgang von Agulo an der Carretera General del Norte in Richtung **Vallehermoso** zwischen dem Restaurant Zula und dem Bazar Aixa. Wir steigen die Treppe hinauf durch die Terrassen, bis sich der Weg vor einer quer verlaufenden, dicken Wasserleitung gabelt. Hier geht man rechts und nach ein paar Metern wieder links zur Straße hoch.

Wir überqueren die Straße (Wegweiser nach **La Palmita)** und steigen weiter durch die Terrassen steil auf, bald führt der Weg an einem Maulbeerbaum vorbei und schlängelt sich dann in kurzen, steilen Kehren die Steilwand von Agulo hinauf. Man passiert den ersten von zwei Eukalyptusbäumen und findet direkt vor dem zweiten in einer Aushöhlung genügend Platz zur Rast. Unten sind jetzt die drei Ortsteile von Agulo deutlich zu erkennen. Nach ca. 40 Minuten und 250 Höhenmetern steigt man, vorbei an Binsen und Gräsern, oberhalb eines (oft recht dürftigen) **Wasserfalls** aus der Wand aus. Der Weg steigt jetzt nur noch sehr mäßig an und schon sehr bald stößt man auf die Staumauer der Talsperre **Embalse de las Palmitas**, die (neben der chronischen Wasserknappheit) für den bisweilen doch sehr beklagenswerten Zustand des eben passierten Wasserfalls verantwortlich ist. Der Weg verläuft weiter rechts entlang der Staumauer, und einige Zeit später trifft man auf den nächsten Wanderpfad, dem man ebenfalls nach rechts folgt. Auf diesem Pfad geht es weiter, bis man nach ca. 20 Minuten die Weggabelung nach **La Palmita** und **Juego de Bolas** erreicht.

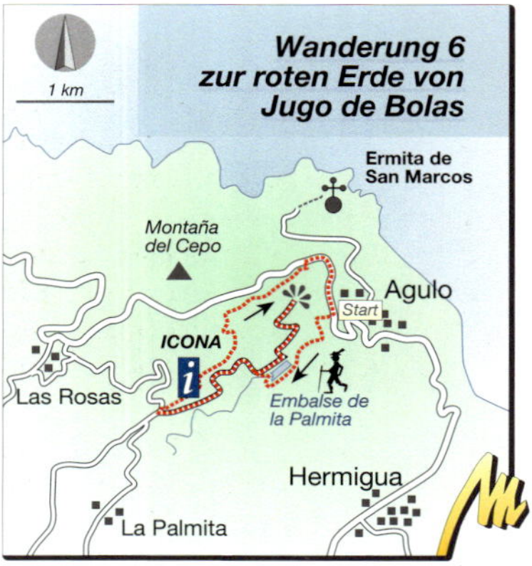

Dort angekommen, folgt man der Forststraße in Richtung **Juego de Bolas** rechts bergauf auf die Meerseite zu, lässt die nach weiteren 10 Minuten links

Alter kanarischer Ofen im Garten des Nationalparkzentrums Juego de Bolas

abzweigende asphaltierte Straße zunächst außer Acht und gelangt auf diese Weise schließlich zu einem Mirador mit herrlichem Blick auf Agulo, Lepe und den majestätischen Teide auf Teneriffa. Danach geht man wieder zurück bis zur eben ignorierten Asphaltstraße und biegt dort rechts ein; ca. 25 Minuten später erreicht man das **Besucherzentrum der ICONA** und befindet sich dann bereits in 750 m Höhe.

Links an den Gebäuden entlang kommt man zum Haupteingang. Entweder sofort oder nach einem ICONA-Besuch geht man den Weg ca. 20 m wieder zurück bis zum Grundstücksende und biegt an den Natursteinmauern links ein in eine bergauf verlaufende, asphaltierte Straße, die in eine rote Fahrpiste übergeht. Man folgt der Piste rund 10 Minuten und schlägt dann an einer Gabelung den schmaleren linken, leicht ansteigenden Pfad in Richtung **Nordosten** ein. Dieser durch weiß bemalte Steinmännchen markierte Pfad führt bald bergab durch graues Tuffgestein, dann durch erodierte Flächen in kräftigen roten Farben. Man wandert weiter bergab links entlang eines in Violett- und Rottönen gefärbten Grabens, bis sich die Erde wieder grau in grau gibt.

In Blickrichtung nach vorne sieht man den Weiler **Las Rosas**. Kurz darauf verlässt man die Hochebene und folgt den Steinmännchen in Serpentinen abwärts. Dabei durchquert man eine üppige, von den Passatwolken mit Feuchtigkeit versorgte Vegetation; neben Gagelbäumen gedeiht hier vor allem Baumheide und Kanaren-Stechpalme. Unterschiedlichste Dickblattgewächse zieren die Felsen, und Kanarische Kiefern verströmen ihr Aroma. Etwa nach 15 Minuten gelangt man zu einer Gabelung neben einer Kieferngruppe oberhalb eines lang gestreckten Hauses. Dort nimmt man den rechten Weg entlang einer Natursteinmauer auf gelbem Tuffgestein. Nach ca. 40 Minuten Serpentinenabstieg erscheint wieder die Carretera del Norte, die rechts nach Agulo führt. Nach ca. 10 Minuten Fußmarsch hat man den Ort erreicht.

Wanderung 7: Auf Dschungelpfaden durch den subtropischen Lorbeerwald aus dem Tertiär

Der Nationalpark Parque Nacional de Garajonay zählt zu den interessantesten und landschaftlich schönsten Wandergebieten La Gomeras. Dank der reichlichen Niederschläge und der Nebelkondensation breitet sich hier ein dichter, dschungelartiger Lorbeerwald aus, der noch aus dem Tertiär stammt. Die Wanderung dauert ca. 2 Stunden.

Kommt man mit dem Bus von Valle Gran Rey oder San Sebastián, muss man am Straßenkreuz **Pajarito** aussteigen und folgt dann etwa 10 Minuten der Straße in Richtung **La Laguna Grande**, bis man an den Parkplatz **Alto de Contandero** kommt. Gleich hinter dem Parkplatz beginnt der Wanderweg am Hinweisschild „Alto de Contandero – El Cedro 5 km“.

Der ausgetretene Pfad führt anfangs noch durch Baumheide-Gagelbaumwald, aber immer häufiger gesellt sich Kanaren-Lorbeer dazu. Der Weg geht stetig abwärts, und schon bald befinden wir uns in dichtem Lorbeerwald, der sich hier vor allem aus Kanaren-Lorbeer, aber auch aus Gagelbaum (mit kleinen, dunkelroten, fast schwarzen Früchten), Baumheide und Kanaren-Stechpalme (mit roten Früchten) zusammensetzt. Besonders auffällig sind die Gänsedisteln (mit großen gelben, löwenzahnähnlichen Blütenständen), die bis über 2 m hohe Stämmchen bilden können.

Nach ungefähr 20 Minuten überquert man ein nur selten wasserführendes Bachbett. Hier sieht man eine weitere Lorbeerart, die indische Persee mit bis zu 30 cm großen Blättern. Eine weitere Dreiviertelstunde später ist das Plätschern des **Cedro-Baches** zu hören, an dessen Ufer bald darauf riesige Farne auftauchen.

Danach passiert man eine mächtige Esskastanie und kommt nach etwa einer Stunde ab Parkplatz an eine kleine Lichtung (einen ehemaligen Campingplatz, der nach der Gründung des Nationalparks verlegt wurde), jetzt zugewuchert mit Brombeersträuchern und einer gelb blühenden Ginsterart. Hier schlägt man den Weg nach rechts ein, biegt kurz darauf nochmals rechts ab und kommt schließlich zu einem herrlichen Picknickplatz direkt am El Cedro. An dieser Stelle überquert man den Bach. Der nun folgende **Dschungelpfad** schlängelt sich durch den beeindruckenden Lorbeerwald, der hier noch fast ursprünglich erhalten ist. Kurz darauf überquert man den Bach über eine **kleine Holzbrücke** und gelangt auf einen breiten Weg. Diesem Weg

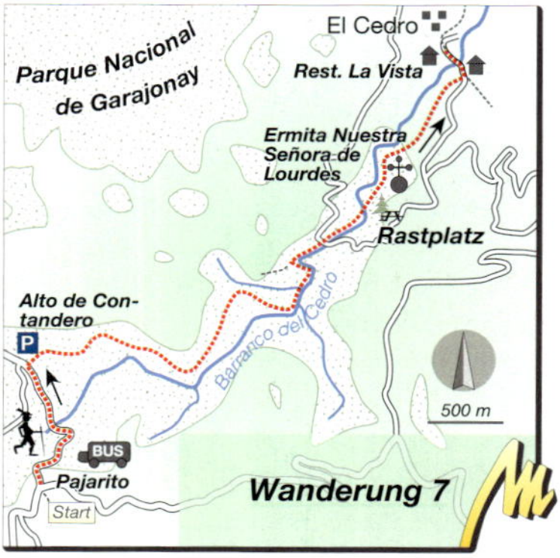

folgt man rechts, und schon bald stößt man auf den **Forstweg** von El Cedro nach Los Aceviños (auch hier wieder ein Parkplatz). Dort geht man rechts über den Bach und biegt links in den ausgeschilderten Weg **„Sendero Forestal al Ermita"** ein.

Lorbeerwald

Über eine kleine Holzbrücke führt der Weg wieder über den Bach, und nach ca. 1 ¼ Stunden ab Wanderungsbeginn erreicht man nach erneutem Überqueren des Baches einen idyllisch gelegenen Rast- und Grillplatz mit einer Trinkwasserquelle. Dahinter leuchtet die kleine weiße Kapelle **Ermita Nuestro Señora de Lourdes**, die 1964 von einer damals in El Cedro wohnenden Engländerin gestiftet wurde. Nach einer Rast führt der Weg weiter an der Kapelle vorbei und geht gleich dahinter links bergab. Der Wanderweg verläuft rechts des Baches, dessen Wasserstand langsam zunimmt. Nach ca. 10 Minuten verlässt man den dichten Wald und blickt in den Talgrund von El Cedro. Man folgt dem Weg weiter nach rechts und kommt an verstreuten Häuschen mit Obstgehölzen und kultivierten Terrassen vorbei.

Kurze Zeit später trifft man auf einen **Forstweg** und folgt ihm am Trafohäuschen rechts vorbei, bis man an die ehemalige Bar **Casa Prudencio** gelangt. Wir gehen die Piste weiter bergab, bis wir an ein eingezäuntes Grundstück kommen, gehen den schmalen Pfad links vom Zaun entlang und ins Bachbett hinunter. Hier laufen wir noch ca. 100 m weiter und steigen dann 10 m zum Restaurant La Vista hoch. Hier kann man einkehren und die Stille des Regenwaldes genießen (s. „Ausflug zum Weiler El Cedro", S. 115). Von hier aus ist eine Anschlusswanderung nach Hermigua möglich.

Bitte unbedingt die Bestimmungen des Nationalparks beachten!

- nicht von den Wegen abkommen, keine Abkürzungen gehen
- keine Pflanzen pflücken
- außer auf den dazu ausgewiesenen und markierten Stellen kein Feuer entzünden (Rauchverbot!)
- keine Abfälle hinterlassen
- keinen Lärm verursachen (auch keine laute Musik hören)
- nicht die Forstwege befahren

Vallehermoso

Vallehermoso – das schöne Tal. Kaum ein Name könnte treffender sein. Ein immergrünes Tal, mittendrin ein titanischer Felsbrocken, der Roque Cano. Zu seinen Füßen, sanft an den Hang geschmiegt, ein schläfriges Städtchen, das im Laufe der Jahrhunderte die Angst verloren hat, der gigantische Fels könnte eines Tages kippen und alles zermalmend bis ins Meer rollen.

Rechts hinter dem Spielplatz am Ortseingang führt ein lohnenswerter Spazierweg in gut zehn Minuten zur Aussichtsterrasse hoch über dem Ort. Hier oben eröffnet sich ein fabelhafter Blick auf die weißen Häuser, die Gischt sprühenden Schaumkämme des entfernten Ozeans und das von hohem, steil aufragendem Fels weiträumig umschlungene Tal mit seinen ausgedehnten Bananenplantagen, verstreuten Palmenhainen und den niedrig gebauten Einzelgehöften.

Bar Central: ein beliebter Treffpunkt für Einheimische und Touristen

Die endlos scheinenden Reihen der Bananenstauden täuschen. Auch Tomaten, Wein und Kartoffeln werden hier geerntet. Und immer wieder Obstbäume, vor allem Pfirsiche, Pflaumen und Orangen. Kaum ein Monat ohne Ernte – vom Baum direkt auf den Tisch.

Das Herz Vallehermosos ist die **Plaza de la Constitución**, die im Frühjahr 2005 umgestaltet wurde. Dabei wurde der Kreisverkehr geschlossen, sodass zwischen der Bar Amaya und der Bar Central eine Fußgängerzone entstand, die sogleich von den Bars mit Tischen und Stühlen belegt wurde. Leider verschwand auch der Brunnen in der Mitte der Plaza, dafür wurden rundherum Kanarische Dattelpalmen gepflanzt. Hier spielt sich fast das gesamte Leben von Vallehermoso ab. Grauhaarige Greise beobachten die mit hochfrisierten Mopeds und Ghettoblastern ausgestatteten Jungen bei ihrer Balz, junge Mütter mit Kindern und Einkaufstüten legen eine kurze Rast ein, und hin und wieder speien Ausflugsbusse aus Teneriffa ihre vollklimatisierte, mit kurzen Shorts bekleidete Fracht aus, die in Windeseile ausschwärmt, das obligate Erinnerungsfoto knipst und dann fast ebenso schnell wieder verschwindet. Auch die wichtigsten Einrichtungen des öffentlichen Lebens findet man hier an der Plaza: das Rathaus, ein Telefon, einige Bars und Unterkünfte.

Wo sich die Menschen treffen, liegt auch der Verkehrsknotenpunkt des Ortes: Die **Calle Triana** mit der gleichnamigen Bar (beliebt wegen der schönen Terrasse) und mehreren Lebensmittelgeschäften trifft auf die **Calle Mayor** mit ihren Souvenirläden, auf die **Carretera General del Norte**, die Verbindung mit der Inselhauptstadt und den Lebensnerv Vallehermosos, und auf die **Avenida Guillermo Ascanio Moreno**, über die man nach einem gut halbstündigen Spaziergang durch die grünen Felder unterhalb des Ortskerns den Strand erreicht, wo die ungestümen Brecher des Atlantiks nur selten Gelegenheit zum Baden geben und wo sich im Sommer alle in dem großen neuen Pool abkühlen. Und über dem Ort thront majestätisch der **Roque Cano**. Sein Name bedeutet übrigens so viel wie „der Weißhaarige", denn sein Gipfel liegt häufig im weißen Nebel verborgen. Wohl niemand profitierte davon so sehr wie der vor wenigen Jahren verstorbene *Don Antonio „El Cabezudo"*. Mehr als zehn Jahre hatte er sich in den Bergen und auch auf dem Roque Cano vor den Faschisten versteckt, die über ihn die Todesstrafe verhängt hatten. An baulichen Sehenswürdigkeiten hat Vallehermoso mit Ausnahme der **Pfarrkirche** nicht allzu viel zu bieten. Die große Johanniterkirche mit dem gedrungenen Glockenturm stammt aus der zweiten Dekade des letzten Jahrhunderts. Im Inneren wirkt sie recht hoch und breit. An den Seitenwänden befinden sich interessante Kreuzwegreliefs. Im linken Seitenschiff ist ein Reliquienschrein mit der Holzstatue des Erlösers untergebracht.

Der Ort Vallehermoso hat übrigens weniger als 800 Einwohner; die gleichnamige Gemeinde ist erheblich größer: Sie erstreckt sich vom Ortskern über **Chipude** im Inselinneren bis nach La **Dama** und **Rajita** an der Südküste und zählt insgesamt rund 2800 Seelen. Die idyllische Lage in den Bergen und die zahlreichen Wandermöglichkeiten machen Vallehermoso für Naturliebhaber besonders attraktiv und die Auswahl an Unterkünften des ländlichen Tourismus wächst.

Vallehermoso
Karte Seite 135

Verbindungen

• *Bus* Die **Linie 2** fährt von Vallehermoso über Agulo und Hermigua nach San Sebastián und zurück (Dauer ca. 70 Minuten). Abfahrt von Vallehermoso Mo bis Sa um 5.30, 7, 12, 14 und 16.30 Uhr, an Sonn- und Feiertagen um 7, 12 und 16.30 Uhr. Nur von Mo bis Fr fährt die **Linie 4** um 6.30 und 14 Uhr über El Cercado und Chipude nach La Dama. Ebenfalls nur von Mo bis Fr fährt die **Linie 5** um 5 und um 13.30 Uhr nach Alojera. Die Busse starten am Busbahnhof ca. 5 Min. abwärts in der Avda. Guillermo Ascanio Moreno. Die Busse verkehren nur selten pünktlich, deshalb ist es auch hier ratsam, mindestens 15 Minuten vor der Abfahrt an der Haltestelle zu sein.

• *Taxi* Der Taxistand befindet sich direkt an der **Plaza de la Constitución** am großen Parkplatz, ✆ 922-800279.

Taxipreise von Vallehermoso

Valle Gran Rey	35 €
Hermigua	24 €
San Sebastián	36 €
La Laguna Grande	30 €
Playa de Santiago	45 €
Alojera	24 €
Playa de la Alojera	24 €
Playa de Vallehermoso	5 €

Information/Adressen

• *Information* **Ayuntamiento (Rathaus)**, Plaza de la Constitución 1, ✆ 800000. Täglich 9–13 Uhr. Auskünfte auf Spanisch.

• *Apotheken* Calle Mayor 17, ✆ 922-801186. Mo–Fr 8.30–14 und 17–19, Sa 9–14 Uhr. Weitere Apotheke: Av. Guillermo Ascansio Moreno.

• *Banken* **Caja Canarias**, Plaza de la Constitución 5. Mo–Fr 8.30–14, Do zusätzlich 17–19.30 Uhr.

Banco de Santander, Plaza de la Constitución 4. Mo–Fr 8.30–14, Sa 8.30–13 Uhr.

• *Bücherei* **Obra Social (8)**, Av. Guillermo Ascanio Moreno. Mo–Fr 17–19 Uhr.

• *Medizinische Versorgung* **Centro de Salud**, Plaza de la Constitución (bei der Bushaltestelle), ✆ 922-801505. Immer mit einem Arzt für Allgemeinmedizin besetzt. Sprechstunden: Mo–Fr 8–15 und 16–20 Uhr; während dieser Zeit ist der Haupteingang geöffnet, sonst rechts am Nebeneingang klingeln.

• *Polizei* **Policía Municipal**, Plaza de la Constitución 1 (im Rathaus), ✆ 922-801011. Notruf 112.

Guardia Civil, Calle Rosales, ✆ 922-800027 oder 922-800062.

• *Post* Calle Triana 6. Kein Telegrafenamt. Mo–Fr 8–14.30 Uhr, Sa 8–13 Uhr.

• *Tankstelle* **Cepsa** direkt am Ortsausgang in Richtung Agulo. Mo–Sa 7.30–21 Uhr.

• *Telefonieren* Öffentliche Münztelefone gibt es z. B. an der Plaza rechts neben dem Rathaus und rechts neben der Tankstelle.

Einkaufen

Entlang der Calle Mayor und der Calle Triana gibt es viele kleine Lebensmittelläden mit guter Auswahl an frischem Obst und Gemüse sowie Möbelgeschäfte und Bekleidungsläden.

• *Lebensmittel* Die beste Auswahl haben der **Supermercado Triana** in der Calle Triana 15 und der **Supermercado Cordobes** in der Calle Triana 18. Jeweils Mo–Sa 8–14 und 16–20 Uhr.

Daneben gibt es noch weitere kleinere Supermärkte bzw. Tante-Emma-Läden: **Supermercado Viveres Nito** und **Viveres Juanita** sowie ein **Obst- und Gemüseladen**, alle in der Calle Mayor.

Rechts neben der Banco de Santander in der Calle Triana 3 bekommt man in einer **Bäckerei** Brot, Brötchen, Gebäck und Eier. Sie bildet einen großräumigen Laden mit dem Souvenir- und Textilgeschäft **Yayo (12)** Mo–Sa 8–13 Uhr.

Die kleine Markthalle **Mercadillo del Agriculto (10)** befindet sich im Untergeschoss des Rathauses an der Plaza de la Constitución 1. Eine Treppe führt rechts am Gebäude hinunter zu den Verkaufsständen mit frischem Fisch aus Santiago, Fleisch, Gemüse, Obst und gomerischen Spezialitäten. Mo–Sa 8–13 Uhr.

• *Souvenirs* Der **Souvenirladen Artesanía (9)** ist im Haus der Bar Central (links neben dem Eingang) an der Plaza untergebracht. Hier gibt's Miel de Palma, hervorragenden Queso del País (gomerischen Ziegenkäse), Tambourins und Chácaras, Obst, Zigarren und Spirituosen. Auch viele Einheimische kaufen hier ein. Der freundliche, ältere Besitzer arbeitete lange Jahre in den traditionellen Auswanderungsländern Venezuela und Kuba sowie auf dem spanischen Festland. Täglich 8.30–13 und 17–20, Sa nur 8.30–13 Uhr.

Ein zweiter **Souvenirladen (4)** liegt in der Avda. Guillermo Ascanio Moreno 6. Keramik, Ansichtskarten, T-Shirts, Miel de Palma, Gomerón (weißer Rum mit Palmenhonig), manchmal Ziegenkäse und viel Kitsch sind im Angebot.

• *Vermischtes* Im **Textil- und Kramladen Yayo (12)** in der Calle Triana, von dem aus man inzwischen in die Bäckerei durchgehen kann, bekommt man tolle Gomera-T-Shirts, Souvenirs, Kleidung, Badetücher und hier steht eine Waage. Mo–Fr 8.30–13 und 16–20 Uhr, Sa nur vormittags.

In den Restaurants **Amaya (11)** und **Triana (15)** gibt es Wanderkarten, Fotobände und Postkarten (jeweils im Speiseraum).

Boutique, Av. Guillermo Ascanio Moreno.

Peluquería (3), Av. Guillermo Ascanio Moreno (über der Farmacia).

Centro de Artesanía, Carretera a Valle Gran Rey, 300 m aus dem Ortszentrum die Straße hoch findet man eine große Auswahl an Kunsthandwerk und Keramik.

Molino de Gofio Tasirche, Carretera a Valle Gran Rey, Mo–Fr 9–14 und 16–18 Uhr. Hier wird Gofio gemahlen und man kann es auch kaufen. Vor dem Haus steht ein alter Mühlstein.

Übernachten

Casa Rural, ✆ 922-800142. Juanita, die Besitzerin des Supermercados Viveres, vermittelt auch außerhalb Vallehermosos gelegene Landhäuser. Zwei Personen zahlen 24 €, vier Personen 46 €.

Pensión Casa Bernardo (13), Calle Triana 4, ✆ 922-800849. Bernardo, in Venezuela geboren und aufgewachsen, sorgt eifrig dafür, dass die Pension in seinem Elternhaus nie leer steht. Schon an der Bushaltestelle pflegt er Neuankömmlinge abzupassen, die sich dann wenige Augenblicke später in der sauberen und zentral gelegenen Herberge wiederfinden. Insgesamt gibt es 12

Betten. Bad und Toilette findet man auf dem Gang. Küche und Kühlschrank der Familie können fürs Frühstück mitbenutzt werden. Die Atmosphäre ist freundlich und entspannt. Und Bernardo spricht passabel Englisch. Allerdings sind mindestens 3 Übernachtungen erwünscht. Einzelzimmer 20 €, Doppelzimmer 24 €, Dreibettzimmer und Appartement je ab 28 €.

Pensión Central, in der Calle Mayor

Pensión Amaya (11), Plaza de la Constitución, ✆ 922-800073 und 922-800077. Die über und neben der Bar Amaya gelegenen sauberen 6 Doppelzimmer mit Etagenbad kosten für eine Nacht 30 €, für 1 Person 18 €. Die modernen Appartements gegenüber dem Restaurant Amaya bieten einen schönen Blick über die Plaza und auf den Roque Cano. Sie kosten für 2–3 Personen 31 € und für 4 Personen 43 €. Die Rezeption ist in der Bar Amaya, die von Miguel-Angel Amaya geführt wird, dem Präsidenten des C.I.T. Bei ihm kann man sich auch im Hotel Tamahuche einmieten.

Hotel Rural Tamahuche, an der Carretera a Valle Gran Rey, ✆ 922-801176 oder 669755068, 📠 922-801138. www.hoteltamahuche.com, hoteltamahuche@ecoturismocanarias.com. Das neue große Hotel ist am Hang gebaut, mit komfortabel eingerichteten Zimmern, großen Sonnenterrassen, schöner Aussicht und Garten hinter dem Haus. DZ 69,30 €, EZ 49,35 €, jeweils mit sehr reichlichem Frühstücksbuffet. Ab 6 Tagen gibt es Ermäßigung. Internetzugang für Gäste gratis.

Apartamentos Paco el Taxista, ✆ 922-800211 und 922-801069, 696-813877 (Handy). Die beiden Häuser des freundlichen Taxifahrers liegen sehr schön und ruhig etwa 500 m oberhalb vom Kiosco Garajonay (s. „Frühstückstipps"). Am Kiosk kann man auch gleich reservieren und buchen. Das 2-Personen-Appartement kostet 30 €; ab einer Woche Aufenthalt und mehr wird es günstiger. Weiterhin vermietet er 2 Appartements in Vallehermoso für 30 € und für Liebhaber absoluter Abgeschiedenheit ein Landhaus in **Arguamul** für 40 €.

Hotel Añaterve (14), Calle La Rodadera, ✆/📠 922-800330, www.anaterve.com, anaterve@hotmail.com. Das frühere Gebäude der Guardia Civil, hoch über dem Dorf gelegen, fällt von unten sofort auf und bietet eine wunderschöne Aussicht. Die Holländerin Amala und der Belgier Vihanga haben es liebevoll restauriert und vermieten 5 Gästezimmer mit Holzdielenböden und Fußbodenheizung, z. T. auch mit Balkonen für 30 € mit Frühstück. Im Speisesaal für die Gäste steht eine alte Weinpresse. Amala kocht vegetarisch und verwendet frische Kräuter und Gemüse aus dem Garten.

Casa Nestor y Karen, Camino del Palmar 17, ✆ 922-801118, ✆ 699-532377. www.toprural.com. Von der Straße nach Valle Gran Rey geht etwas oberhalb der Plaza linker Hand ein Fußweg ab. An diesem und am Hang liegt die Casa Nestor. Karen aus London und Nestor aus Gomera haben das Haus liebevoll restauriert. Seit August 2002 vermieten die beiden 2 große Doppelzimmer im Erdgeschoss. Den Gästen stehen ein sehr angenehmer Aufenthaltsraum mit Fernseher und CD-Player, die Dachterrasse und eine Waschmaschine zur Verfügung. Aufenthalt mind. 3 Tage. 2 Personen 48 €, 3 Personen 54 €, 4 Personen 66 € pro Übernachtung. www.casascanarias.co.uk.

Casa del Barranco II, ✆ 922-800911, Handy: 669-643210. Juan Barroso Barroso und Carmen Cabrera Morales, die in Vallehermoso neben dem Hotel Añaterve wohnen, vermieten ein abgelegenes Landhaus mit 2 Schlafzimmern, Küche, Wohnraum, Waschmaschine, Kinderbett und Terrasse. Für 2 Personen 36 €, jede zusätzliche Person 6 €. Nur telefonisch buchbar. Spanischkenntnisse und Mietwagen erforderlich. Die freundlichen Vermieter holen Interessenten im Ortskern von Vallehermoso ab und zeigen ihnen den Weg.

Aparthotel Coello (2), in der Avenida Guillermo Ascanio Moreno neben einem Supermercado gelegen, ✆/📠 922-800717, coelloaparthotel@telefonica.net. DZ inkl. Frühstück ab 55 €.

Weitere Landhäuser buchbar über Ecotural, die Reservierungszentrale des C.I.T.: www.ecoturismocanarias.com

Casa Epina

Casa El Cabezo

Casa El Palmar, in der Nähe des Stausees La Encantadora

Casa La Encantadora, Rosa de la Piedras, ✆ 922-800421

Casa Los Chapines, im Ort Los Chapines, ✆ 922-800787

Casa Barranco I, Los Chapines, ✆ 922-800787

Casa Barranco II, ✆ 922-800911.

Casa Nestor y Karen: Unterkunft mit viel Privatsphäre

Essen & Trinken (siehe Karte S. 135)

Bar/Rte. Triana (15), Calle Triana 27, ✆ 922-800305. Täglich 7–22 Uhr. Das relativ geräumige Restaurant 100 m oberhalb der Plaza bietet mit seiner Terrasse einen schönen Ausblick auf die Stadt, die umliegenden Felder und die steil abfallenden Hänge der Talschlucht samt Roque Cano. Besonders bei Sonnenuntergang lässt es sich hier in wahrhaft königlicher Umgebung speisen. Die Einrichtung ist ansonsten eher kühl und schlicht, aber sauber. Neben der Speisekarte gibt es eine Tafel, auf der die täglich wechselnden Gerichte verzeichnet sind – dort schrumpft ihre Zahl im Laufe des Tages immer weiter zusammen. Zu den empfehlenswerten Standardessen zählen Bistec de res (Rindfleisch mit Pommes für 6–7 €), Pollo (Hähnchen mit Pommes für 5 €) und Tortilla española (Omelett mit Zwiebeln und Kartoffeln für 3€). Sehr preisgünstig ist hier auch die Sopa del dia für 2,50 €. Dazu ein ausgefallener Drink gefällig? Zu den Spezialitäten des Hauses zählt Gomerón, ein einheimischer „Likör" aus Miel de Palma und Parra. Wohl bekomm's! Wer Gefallen daran findet, kann sich mit Vorräten für das heimische Getränkefach eindecken. Außerdem gibt es Wander- und Ansichtskarten.

Rte. Amaya (11), Plaza de la Constitución. Täglich 8–23 Uhr (s. „Übernachten" und „Treffpunkte/Nachtleben"). In der Bar Central befindet sich ein großer Speiseraum. Hier kann man sich auf eine umfangreiche deutschsprachige Speisekarte mit empfehlenswerten Hauptgerichten zwischen 6 und 12 € freuen. Zur leckeren Potaje de berros (Brunnenkressesuppe) für 2,50 € wird Gofio gereicht. Sehr lecker ist auch das Rindfleisch in würziger Soße mit Pommes für 6 €.

Frühstückstipps

Der **Kiosco Garajonay (16)** am Ende der Calle Triana kann mit flinkem und freundlichem Service, leckeren Bocadillos und einem Kickerautomaten aufwarten. Täglich 9.30–23 Uhr, manchmal geht's auch etwas früher los.

Frühaufsteher können bereits ab 5.30 Uhr in der **Bar Central (9)** frühstücken (auch getoastetes Weißbrot mit Butter und Marmelade). Wer sich mehr Zeit lässt, bekommt ab 10 Uhr auch in der Bar **Los Órganos (1)** ein gutes Frühstück.

Vallehermoso
Karte Seite 135

Zu vielen anderen Hauptgerichten gibt es als Beilage Papas arrugadas. Jetzt sind auch einige Tische draußen vor der Bar an der neu gestalteten Plaza hinzugekommen, sodass man zu seinem Café con leche die Dorfatmosphäre genießen kann.

Bar Central (9), Plaza de la Constitución. Außer So täglich 5.30–23.00 Uhr. Tapas-Spezialitäten, Suppen und Getränke. An drei kleinen Tischen direkt vor der Bar lässt sich auch gut Eis essen, und die beiden häufig frequentierten Telefonzellen bieten Gelegenheit, die Telefongewohnheiten der einheimischen Jugend zu studieren. In der Bar befindet sich auch die Rezeption für die Pension und die Appartements Amaya (siehe Übernachten).

Brunnen im Zentrum

Bodegón/Rte. Agana (6), Avda. Guillermo Ascancio Moreno 5, ✆ 922-800843. Geöffnet von 10-23 Uhr, dienstags Ruhetag. Etwas unterhalb der Plaza gelegenes Restaurant an der Straße zum Busbahnhof. Frühstück und authentische gomerische Küche, Fisch- und Fleischgerichte, Salate und Tapas, alles frisch. Der traditionsbewusste Wirt Eduardo wählte die Sonnendarstellung der Ureinwohner Gomeras zum Emblem des Hauses.

Bar/Rte. Los Órganos (1), Avda. Guillermo Ascanio Moreno. Täglich 10–23 Uhr. Die kleine Bar liegt 300 m unterhalb der Plaza auf dem Weg zum Strand. Hier gibt es das preiswerteste Essen im Dorf: am späteren Vormittag Tapas, Milchshakes und Säfte; an warmen Abenden kann man das Essen auf der Sitzterrasse am Straßenrand zu sich nehmen, während man die Vorbeischlendernden beobachtet. An der Theke erfährt man, welche Gerichte noch vorrätig sind. Das leckere Carne en salsa (Rindsgulasch mit Pommes) war uns mehrere Besuche wert.

Bar/Rte. Iballa (5), Avda. Guillermo Ascanio Moreno 8. Außer So täglich 6.30–21.30 Uhr. Das größte Restaurant im Dorf. Während im vorderen Teil Einheimische und Individualreisende an weißen Tischdecken essen, ist der hintere, größere Raum den Teneriffa-Tagesausflüglern vorbehalten, was bekanntlich eher ein Indiz für die Geschäftstüchtigkeit der Inhaber als für die Qualität der Küche ist.

Hamburguesería Iballa, Calle Mayor 1. Außer So täglich 6–22.30 Uhr. Der Name ist etwas irreführend, denn man kann sich lediglich mit Toasts und Bocadillos stärken. Jetzt ebenfalls mit 2 Tischen an der neuen Plaza.

Bar/Cafetería Chamire (7), Calle Mayor. Kleine Bar mit Miniküche, in die sich selten ein Tourist verirrt. Meist wird nicht mehr als ein Mittagessen angeboten, dazu Bocadillos. Ab und zu gibt's leckere Arepas oder Empanadas von der aus Venezuela stammenden Wirtin.

Treffpunkte/Nachtleben (siehe Karte S. 135)

Bar Central (9), Plaza de la Constitución. Der zentrale Treffpunkt direkt an der neu gestalteten Plaza mit einigen schönen Tischen draußen. Hier wartet man bei einem Café con leche auf alles Mögliche: die Ankunft des Busses, ein freies Taxi, auf besseres Wetter, einen Tisch im Restaurant Amaya oder das Ende des Tages. Sich auf den Barhockern an der Theke lümmelnd, kann man durch das weit geöffnete Tor der Bar das rege Leben auf der Plaza beobachten, hin und wieder ein paar Tapas oder

Schwimmbad oder Meer – in Vallehermoso haben Badegäste die Wahl

einen frisch gepressten Saft genießen und dann und wann ein paar Münzen in den flipperähnlichen Geldspielautomaten werfen. An den wenigen Tischen lassen sich gut Postkarten schreiben oder die nächsten Tagestouren planen. Und bei alledem hat man noch das Gefühl, mittendrin zu sein, nichts zu verpassen.

Botanischer Garten und Strand

Ein gut halbstündiger Spaziergang führt von der Plaza über die Avenida Guillermo Ascanio Moreno sanft bergab durch Bananen- und Palmenhaine zum rund 3 ½ km entfernten Ortsstrand **Playa de Vallehermoso**. Auf dem Weg kommt man an Vallehermosos botanischem Garten vorbei, dem sogenannten Garten der Entdeckungen. Am Eingang steht ein neuer, aber gut in die Landschaft eingepasster Natursteinbau. Über eine große Treppe kommt man in den großzügig bepflanzten Garten. Er zeigt sowohl kanarische Vegetation als auch nach der Entdeckung Amerikas importierte Nutz- und Zierpflanzen. Noch ist der Garten nicht offiziell eröffnet, aber man kann in der Anlage herumlaufen. Im Eingangsbereich gibt es ein kleines Café mit Terrasse, welches tagsüber meist geöffnet hat.

An den ca. 300 Meter langen Kieselstrand von Vallehermoso rauschen meist hohe Wellen. Baden ist hier fast immer zu gefährlich. Eine Alternative bietet das unmittelbar oberhalb des Strands gelegene große Schwimmbad, das auch mit Meerwasser gefüllt ist. Es hat von Juni bis September geöffnet. Wenn man nicht in den Sommermonaten hierher kommt, ist es meist leer. Ganzjährig geöffnet ist die Cafetería. Linkerhand geht es wenige hundert Meter an der Straße entlang weiter zum Castillo de Mar an der früheren Bootsanlegestelle.

Castillo de Mar – ein Kulturprojekt

Von weitem sieht es aus wie ein schottisches Märchenschloss: Ein trutziger Bau aus Naturstein, farblich kaum zu unterscheiden von den rauen Klippen, über denen er sich erhebt – umtost von schäumenden Atlantikwellen. Wer die steile Treppe hinaufgeht und die Plattform betritt, kann das erhabene Gefühl und den Blick auf die felsige Küste und Teneriffas Teide genießen. Eine weitere Treppe führt noch höher hinaus, auf das Dach der restaurierten ehemaligen Bananenverladestation. Ein Ort für große Gefühle, wo man die Kraft der Natur deutlich spürt, ein Ort für große Pläne!

Eine Kulturbühne im Meer soll hier entstehen, wo Startenöre wie Pavarotti ihr Bestes geben und Lichtkünstler wie Martin Kuhn, dessen Installationen schon auf der Expo in Hannover beeindruckten. Inselkünstler und internationale Größen sollen wechselnde Ausstellungen zeigen, Rock- und Popgruppen wie Genesis oder Mana auf ihren Tourneen hier Station machen, vom Freilichtkino bis zum Feuerwerk erwartet das Publikum so manches Ereignis. So jedenfalls stellt es sich der agile Unternehmer und unermüdliche Visionär Thomas K. Müller vor, der inzwischen in Millionenhöhe in das Kulturprojekt investiert hat. Ein poetisches Musiktheaterstück als Besucherattraktion gibt es schon: Eine internationale Aktionskünstlergruppe, das Stelzentanztheater, hat „Der Feuervogel" inszeniert – eine Geschichte à la Romeo und Julia auf Gomera, angelehnt an die Legende von der kanarischen Prinzessin Gara und ihrem Geliebten Jonay, die dem Nationalpark ihren Namen gaben.

Thomas K. Müller, seit über 20 Jahren Wahlgomero, konnte auch auf dieser kleinen ruhigen Insel die Hände noch nie in den Schoß legen. Über die Ortsgrenzen von La Playa hinaus ist er als El Fotógrafo bekannt. Seine Postkarten hat wahrscheinlich jeder, der auf Gomera war, schon verschickt. Doch der Fotograf ist viel mehr als der Name sagt, er selbst versteht sich als Bauherr, Manager und Kulturiniator in großem Stil. Er ist einer, der auf vielen Hochzeiten tanzt und in Gomeras Mangel an kulturellen Events hat er schon seit eh und je eine Marktlücke gesehen: In der Casa Creativa in Hermigua engagierte er sich eine Zeit lang für Musik, Folklore und Kleinkunst, in Playa de Santiago eröffnete er geschäftstüchtig eine Kelterei und verkaufte selbst kreierten Bananenwein. Er drehte einen Dokumentarfilm, nahm CDs auf. Und nachdem seine Filmprojektionen und Lasershows in La Caleras „Galería" wohl nicht mehr genügend Interesse weckten und sich hier lukrativer Appartements vermieten ließen, nahm er sich eben Größeres vor – den Ausbau der ehemaligen Bananenverladestation von Vallehermoso zu einem multifunktionalen Musiktheater-Märchenschloss mit archaischem Ambiente.

Von 1890 bis in die Anfänge des 20. Jahrhunderts war das Castillo Gomeras wichtigster Warenumschlagplatz und Vallehermoso ein bedeutendes Handelszentrum. Im unteren Stockwerk des Hafengebäudes wuschen, wogen und maßen fleißige Frauenhände Bananen in Unmengen, sortierten sie nach Größe und verpackten sie. Von der *Empaquetadora de Plátanos* transportierten Arbeiter die damals begehrte Exportware über den *Pescante*, eine von drei Basaltsäulen gestützte Holzbrücke, zu den Dampfschiffen. Ein Bollwerk mit schweren Kanonen bot Schutz vor Piraten. Aber nicht nur Bananen, sondern alle Handelsgüter, kamen über den *Pescante* auf die Insel – im Jahr 1910 sogar das erste Auto. Das Kontor ganz oben auf der Klippe überwachte den Warenverkehr und verzeichnete alles in umfangreich erhaltenen Büchern. 1950 wurde der Handel eingestellt, der Ort verlor seine Bedeutung, Geröll verschüttete die alte Straße und – außer Raubbau am Naturstein und Holzdach – passierte hier gar nichts mehr.

Thomas K. Müller ließ sich von der Aura des Verfalls an diesem seit Jahrzehnten verlassenen Ort nicht abschrecken. 1981 kaufte der ehemalige Städtebaustudent von der TU Darmstadt die verfallene Hafenanlage, die nur mit Booten zugänglich war. Seitdem wartete er auf die Chance, endlich etwas aus dem Schnäppchen mit Historie machen zu können. Ein guter Draht zum Cabildo, der Inselregierung, gehörte einfach dazu: Im Jahr 2001 wurde die alte Küstenstraße erneuert und Thomas K. Müller begann mit der Restaurierung des alten Castillos. Öffentliche Fördermittel bekam er nicht, aber er erhoffte sich bereits Busparkplätze und einen Hubschrauberlandeplatz, damit seine Bühne im Meer auch für das via Teneriffa erwartete internationale Publikum bequem zugänglich wird. Auf dieser Bühne sollten großartige Shows vor spektakulärer Felskulisse inszeniert werden. Das Außergewöhnlichste jedenfalls, das Gomera bisher sah.

Drei Jahre lang arbeiteten spezialisierte Steinmetze, Schreiner und andere Fachleute an des Müllers Luft- und Lustschloss. Seit Juli 2003 ist es geschafft. Das Kulturprogramm ist zwar etwas kleiner ausgefallen als geplant, aber das Castillo de Mar ist nun als Kulturbühne und Restaurant (Getränke, Tapas, Kaffee und Kuchen) täglich ab 11 Uhr geöffnet (Eintritt 2 €). Jeden Samstag gibt es Veranstaltungen, meist Konzerte. Am Samstag zu Vollmondzeiten finden Trance-Partys mit DJ bis zum Morgen"grauen" statt. Ein Shuttlebus verkehrt vor den Veranstaltungen von Valle Gran Rey aus und fährt nach den Konzerten wieder dorthin zurück. Der Kartenvorverkauf erfolgt bei El Fotografo in La Playa und im Reisebüro Paloma in Vueltas.

Von Petra Sparrer

Ausflug zum Stausee La Encantadora

Das hoch über Vallehermoso gelegene Wasserreservoir ist auch bei den Einheimischen ein beliebter Ausflugsort und Picknickplatz. Das Auge wandert hier am tief blaugrünen Wasser entlang, über Palmwedel und Felsvorsprünge hinweg. Man kann die Staumauer zu Fuß überqueren und auf einem Weg am See entlang spazieren. Das Ufer ist nur an wenigen Stellen zugänglich, beispielsweise in der Nähe des Kinderspielplatzes. La Encantadora, in den 1960er Jahren gebaut, ist der größte Stausee (presa) der Insel. Es passen 750 Millionen Liter Wasser hinein. Es gibt Enten und Karpfen, auch Zugvögel machen hier Rast. Man erreicht den See von Vallehermoso aus in einer ca. zweistündigen Wanderung mit vielen schönen Aussichtspunkten oder auch mit dem Auto, indem man der Calle de Triana ortsauswärts folgt. Auf dem sich schlängelnden und aussichtsreichen Weg kommt man an **Los Chapines** vorbei.

Stausee La Encantadora

Unmittelbar am See liegt das Dorf **Rosa de la Piedra** (Steinrose). Hier gibt es eine Telefonzelle, ein Lebensmittelgeschäft, eine Bar und ein beschauliches Dorfleben. Im Einzugsgebiet des Stausees liegen einige Unterkünfte des ländlichen Tourismus. Wer die abgelegene Berglandschaft schätzt, kann sich auch bei den Dorfbewohnern nach *casas rurales* erkundigen. Je nach Reisezeit ist noch eine Wohnung oder ein Häuschen frei, in der Saison empfiehlt sich auch hier eine Reservierung, denn auch dieser Geheimtipp hat sich schnell herumgesprochen.

• *Fiestas* Am 7. Januar steigt auf der Plaza ab 22 Uhr die **Fiesta Los Reyes**. Auf der Tribüne vor dem Rathaus sorgt eine Kapelle für Stimmung.
San Andrés wird am 30. November gefeiert: Der Weinanstich des Heurigen wird hier vor allem in den Bars mit eigenem Weinanbau groß gefeiert. Eine nächtliche **Weihnachtsfiesta** auf der Plaza findet am 24. Dezember statt.

Ausflug nach Alojera

Die Höhenstraße von Vallehermoso nach Valle Gran Rey zweigt in der Nähe von Chorros de Epin nach Alojera ab. Nach etwa 9 Kilometern ist das ruhige Bergdorf erreicht. Bei Urlaubern wird es immer beliebter, denn hier kann man an einem idyllischen, kleinen Strand in aller Ruhe baden.

Auf dem Weg nach Alojera empfiehlt sich ein Zwischenstopp an dem Ausflugsrestaurant Chorros de Epina, zumindest um das Panorama zu genießen.

Weg nach Alojera

Unweit des Restaurants befinden sich übrigens die drei Quellen, die ihm seinen Namen gegeben haben. Traditionell trinken die Gomeros von jeder einzelnen, wenn sie hier Station machen. Denn die linke soll vor Krankheiten schützen, die mittlere für eine erfüllte Ehe sorgen, und das Wasser der rechten soll sogar einen Menschen verhexen können.

Vorsicht: Die Straße von Chorros de Epina hinab nach Alojera ist sehr schmal und kurvig. **Alojera,** eine idyllisch gelegene Streusiedlung, erstreckt sich mit mehreren Bebauungsschwerpunkten über den gesamten Verlauf des **Barranco del Mono.** Rückkehrer aus der Emigration haben in den Seitentälern neue Häuser gebaut. Der Ortskern besteht aus der kleinen Bartholomäuskirche, zwei Lebensmittelgeschäften und einer Bar. Wo früher in erster Linie spanische Familien Urlaub machten, entstehen im Zuge des Strukturwandels des landwirtschaftlich geprägten Tals immer mehr ansprechende Unterkünfte vom schicken Appartementhaus bis zur Casa rural mit weitem Blick vom Bergrücken auf das Meer. Auch die ersten Aussteiger hat es hierher verschlagen, wie den Schweizer Hans-Peter, der neben dem Supermarkt Lolín durch das selbst gemalte Schild mit der Aufschrift „Guanchenküche“ auf sich aufmerksam macht. Wer keinerlei Anspruch an Komfort hat, kann gegenüber auf dem Hügel La Cumbrita sein Zelt aufschlagen und von Hans-Peters Low-Budget-Tipps und langjähriger Inselkenntnis profitieren. (mit Dusche und Verpflegung für 5 €, ✆ 680-814418). Von hier aus führt die Straße noch ca. 1 Kilometer die Steilküste zur **Playa de Alojera** hinab. Die etwa 250 m lange Bucht mit schwarzem Lavasand ist für Wasserratten und Meerschwärmer genau das richtige. Eine Mole schützt vor der Brandung, sodass man hier meist wunderbar baden kann. Nirgends sonst auf Gomera kann man Appartements mieten, die nicht einmal eine Straße vom Strand trennt. Bei hohem Seegang

Playa de Alojera

oder starkem Wind wird es hier nachts entsprechend laut. Zum Einkaufen muss man hoch in den Ort, mehr als die Bar Brisas del Mar und das Fischrestaurant Prisma gibt es hier nicht. Ein weiterer Strand (Puerto del Trigo) ohne jegliche Infrastruktur ist einen Ausflug wert. Übrigens: Ein Mietwagen ist in Alojera unbedingt zu empfehlen, aber immerhin gibt es von Mo-Fr jeweils um 6 und 14.30 Uhr eine Busverbindung nach Vallehermoso mit der Linie 5.

• *Feste* **Fiesta de los Cochinos**: Am 28. Oktober feiern die Bewohner von Alojera das Schweinefest. Tagsüber werden die Hausschweine geschlachtet, und abends ziehen Musikgruppen herum, wird getanzt, geschwatzt, gegessen und auch ordentlich getrunken.

• *Übernachten* **Apartamentos/Casas Nicolas Ossorio**, ✆/℻ 922-801166, www. members. aol.com/Alojera1/index.html. Die gleichnamige Bar hat Señor Ossorio vor einigen Jahren verkauft. Er vermietet 2 Appartements direkt am Strand für 45 €, 2 Appartements oben im Dorf für 50 €, eine Haus für 50 €. Vorher reservieren. Aufenthalt mindestens 1 Woche.

Apartamentos Playa, ✆ 922-800703. Der Besitzer des Restaurants Prisma vermittelt die mehr als 20 Appartements am Strand. Für 2–4 Personen ab 36 €. Sie haben Meerblick und Balkon.

Apartamentos Lolín, ✆ 922-800165. Zwei Appartements direkt am Strand mit Balkon und einfacher Ausstattung. Telefonisch reservieren oder im gleichnamigen Supermarkt fragen. Für 2–3 Personen 35 €.

Apartamentos Finca Medina, ✆ 922-800529, 619-858596, www.gomeraservice.de. Lollo, Polizeibeamter in Vallehermoso, vermietet zwei geräumige Appartements mit 2 bzw. 3 Zimmern und Terrasse in einem neuen rosa gestrichenen Haus im Ort. Zum Strand kommt man mit dem Auto (1 km) oder über einen Fußpfad in ca. 20 Minuten. Preis für 2 Personen: 36 €, jede weitere Person 9 €.

Apartamentos Jacqueline Escuela González, ✆ 922-800495, ℻ 922-800591. Drei Appartements oben im Ort. Für 2 Personen 30-35 € pro Übernachtung.

Apartamentos Ossorío, La Plaza, ✆ 922-800334. Über der gleichnamigen Bar im Ortszentrum gelegene, günstige Appartements je nach Saison zwischen 18 und 24 €. Bei der netten Wirtin in der Bar fragen oder vorher telefonisch reservieren. Bei längerem Aufenthalt gute Verhandlungschancen für Leute mit Spanischkenntnissen.

Juanita, die Besitzerin des Supermercados Viveres, vermittelt auch außerhalb Vallehermosos gelegene Landhäuser. Zwei Personen zahlen 24 €, vier Personen 46 €.

• *Essen und Trinken* **Bar/Rte. Brisas del Mar**, Playa de Alojera, ✆ 922-800473. Geöffnet von 10–22 Uhr. Hier treffen sich die Einheimischen und plaudern stundenlang an der Bar, während sich die Touristen unter Sonnenschirmen auf der Terrasse erfrischen. Es gibt Frühstück, Tapas, Eis und kühle Getränke. Mittags und abends kleine gomerische Gerichte. Direkt über der Bar wird ein Appartement mit 4 Betten und 1 Sofa vermietet. Ab 3 Tagen für 30 €. Ein weiteres Appartement liegt in einem Haus etwas oberhalb. Für 4 Personen 30 €.

Rte. Prisma, Playa de Alojera, ✆ 922-800703. Geöffnet 13–22 Uhr. Das beliebte Fischrestaurant liegt direkt an der Straße zum Strand. Man kann drinnen und an wenigen Tischen auch draußen sitzen und bekommt meist frischen Fisch und Meeresfrüchte. Preise zwischen 6 und 15 €.

Bar Ossorio, La Plaza, ✆ 922-800334. Geöffnet 9–14 und 16–22 Uhr. An der Plaza oben im Ort unmittelbar bei der Kirche gelegen. Bar und Lebensmittelladen, wo man Tapas, Sandwiches, Getränke und Frühstück bekommt. Warme Gerichte nur auf Anfrage.

Wanderungen

Wanderung 8: Zur schroffen Nordküste und zurück

Für die Rundwanderung von Vallehermoso über den Bergrücken des Cumbre de Chigueré und die farbenprächtige „Mondlandschaft" der Hochebene bis zu Nordspitze der Insel und von dort zurück nach Playa de Vallehermoso muss man gute 4 Stunden veranschlagen.

Die Wanderung beginnt an der Plaza von Vallehermoso. Von hier biegt man in die **Calle Mayor** ein, der man geradeaus bis zur Hauptstraße folgt, die nach Valle Gran Rey führt. An der Hauptstraße geht man links, passiert die **Guardia Civil** und biegt direkt dahinter nach rechts in Richtung Friedhof ein (etwa 10 Minuten ab der Plaza).

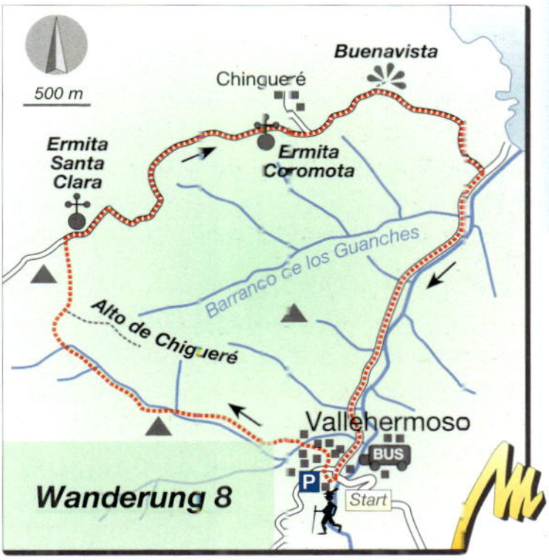

Direkt vor dem **Friedhof** verläuft ein schmaler, betonierter Weg rechts abwärts über eine Brücke und führt dann an einer großen Finca vorbei aufwärts. Danach folgen wir dem gut erkennbaren Weg, zunächst nur mäßig ansteigend, der hinauf zur Ermita Santa Clara führt. Da bis dorthin die Orientierung leicht ist, können wir die schöne Landschaft und die Pflanzenwelt am Wegesrand genießen. Schaut man sich um, bieten sich immer wieder schöne Ausblicke auf das Tal von Vallehermoso und den **Roque El Cano** (650 m hoch). Wir wandern vorbei am häufigen Kanaren-Wacholder und nehmen den durchdringenden Geruch des Kanarischen Beifuß wahr, den es in den Tälern und Bergen um Vallehermoso herum in großen Beständen gibt. Bald tauchen die ersten Wolfsmilchsträucher und Aeonien auf, wir sehen Agaven und vereinzelte Kanarische Dattelpalmen.

Roque El Cano

Der Weg zieht sich immer weiter leicht ansteigend an der rechten Talflanke hoch, und man kommt an einigen kleinen Natursteinhütten vorbei. Abzweigungen nach links ignoriert man. Dann passiert man einen ehemaligen Dreschplatz, um gleich danach den Weg durch den Barrancogrund zur linken Hangseite hinüber zu nehmen.

Die Vegetation wird allmählich dichter, wir erkennen Riesenschilf, Adlerfarn und Brombeersträucher. Die ersten Gagelbäume und Kanaren-Stechpalmen tauchen auf, und während es jetzt in steileren Kehren hinaufgeht, gesellen sich Baumheide und vereinzelte Kanaren-Lorbeerbäume dazu. Begleitet vom Duft einiger stattlichen Eukalyptusbäume gelangen wir nach einigen Minuten auf einen Bergrücken, von wo aus man an klaren Tagen bis zum Teide hinüberblicken kann. Nach weiteren 15 Minuten Wanderung rechts am Fuß des Teselindemassivs entlang erreichen wir die Ermita Santa Clara (720 m, ca. 1 ½ Stunden ab Vallehermoso). Von hier aus kann man bereits einen ersten Blick auf die faszinierende Küstenlandschaft des Nordens werfen. Bei klarer Sicht erkennt man sogar die Nachbarinsel La Palma. Es lohnt sich aber, kurz nach der Ermita einen kleinen Umweg über den Hügel zu machen, denn von dort ist die Aussicht auf die schroffe Nordküste noch grandioser. Hinter der Ermita befindet sich ein kleiner Grillplatz mit Tischen und Bänken, die zu einer ausgiebigen Rast einladen.

Danach folgt man rechts der breiten Piste, die bequem auf der **Hochebene von Chigueré** zur Nordspitze der Insel führt. Dabei durchquert man eine von der Erosion geprägte, fast wüstenartige „Mondlandschaft“ in leuchtend rötlich-gelben bis braunen Farbtönen, gesprenkelt mit den grünen Tupfern der immer spärlicher werdenden Vegetation. Ungefähr 20 Minuten nach Verlassen der Ermita Santa Clara stößt man auf eine weitere Kapelle, die

Ermita Coromota, die von einem Gomero als Dank für seinen erworbenen Reichtum in Venezuela gestiftet wurde. Kurz darauf sieht man linker Hand in der Ferne den kleinen Weiler **Chigueré**, unterhalb dessen sich die wie Orgelpfeifen geformten Säulenformationen von **Los Órganos** befinden, die jedoch nur vom Wasser aus zu bestaunen sind.

Wir folgen weiter der Piste (den rechts abgehenden Abstecher auf einen Hügel ignorieren wir) bis zu ihrem Ende am nördlichsten Aussichtspunkt der Insel bei Buenavista (560 m) mit herrlichen Ausblicken auf die umtoste Nordküste der Insel. Danach gehen wir wieder 50 m zurück bis zu 2 steinernen Wegmarkierungen auf der linken Seite, die den in steilen Serpentinen verlaufenden, häufig etwas gerölligen Abstieg nach Playa de Vallehermoso anzeigen. Besonders auffällig ist die blattlose Wolfsmilch, die sich über den ganzen Hang ausgebreitet hat. Nach ca. 45 Minuten trifft man auf das erste Haus und gelangt im Barranco-Bett über Steinstufen zur Straße. Dieser folgt man rechts noch etwa 30 Minuten, bis man in Vallehermoso wieder auf die Hauptstraße nach Valle Gran Rey kommt.

Wanderung 9: Vallehermoso – El Tion – Roque El Cano – Vallehermoso

Eine gemütliche Wanderung mitten in und über den schönen Tälern rund um Vallehermoso. Lediglich ein kurzer, steiler Anstieg nach El Tion hinauf erfordert ein wenig Kondition. Die reine Gehzeit beträgt etwa 4 Stunden.

Am Tourbeginn folgt man von der **Plaza** aus rechts vorbei am Bushaltehäuschen ein kleines Stück der Straße Richtung **San Sebastián**. Hinter dem Kinderspielplatz (mit eigenwilligen Skulpturen) geht man dann rechts den Fahrweg hinauf. Die Asphaltstraße geht bald in eine sandig-gerölllige Piste über und führt – gemächlich ansteigend – durch das fruchtbare Tal in Richtung Embalse de Vallehermoso.

Weit vor der Staumauer (etwa 300 m) und kurz nach einem links unterhalb des Weges gelegenen Wasserhäuschen geht es rechts steil den Berg hinauf – der Aufstieg nach **El Tion** beginnt hier. Er zieht sich bis zu einer kleinen Finca an einem Grat aufwärts, die nach etwa 20 Minuten erreicht ist. Schöne Aussichten bieten sich hier nach allen Seiten – ein idealer Platz zum Verweilen.

Der Wanderweg durch El Tion führt am ersten Haus links vorbei durch Terrassenfelder. Bevor der Pfad entlang einer Steinmauer in eine zugewachsene Senke abtaucht, zweigt rechts (am Ende einer Terrassenmauer) ein treppenartiger Aufstieg ab. Man geht hinauf und stößt auf eine breite Asphaltpiste, der man nach links folgt. Sie führt in mehreren Kehren zunächst durch den oberen

Teil von El Tion; dann geht es unterhalb eines Waldhanges weiter bis zu einem Fahrweg aus Schotter. Hier zweigt man nach links ab – der Weg wird zur asphaltierten Straße. Gleich links liegt ein gemauerter **Aussichtsplatz** mit Wasserstelle, oberhalb davon und nur wenige Meter weiter die **Bodega Roque Blanco**, auf der ganzen Insel bekannt für die riesigen und leckeren Fleischgerichte vom offenen Holzkohlengrill (Mo Ruhetag).

Die Wanderroute folgt der Straße unterhalb der Bodega leicht abwärts noch etwa 200 m, dann zweigt links eine gelbliche Piste ab. Dort beginnt der Rückweg mit weiteren schönen Aussichtspunkten. Der Piste bis zu einem Gittertor (führt zu einer Finca) folgend geht es links weiter Richtung **Roque El Cano**. Dieser eindrucksvolle, teilweise dicht mit Zistrosen, Baumheide und Gagelbäumen bewachsene Höhenweg führt in vielen Schleifen zum Fuß des mächtigen Felsblockes und ab hier vorbei an reichen Beständen von Kanaren-Wacholder in Serpentinen zurück ins Zentrum von Vallehermoso.

Wanderung 10: Vallehermoso – Chorros de Epina – Camino Forestal de la Meseta – Vallehermoso

Dem langen, mit vielen schönen Aussichten versüßten Aufstieg folgt ein erholsamer Rückweg in stiller, idyllischer Umgebung. Gehzeit etwa 4 ½ Stunden.

Von der **Plaza** in Vallehermoso aus geht man links von der Caja Canarias die **Calle Mayor** hinauf bis zur Bar Chamire, direkt gegenüber steigen wir die Treppe zur Straße nach Valle Gran Rey hoch, überqueren diese und erklimmen auf der anderen Seite die restlichen Stufen bis zum letzten Haus des Ortes. Man geht hier zwischen Hundehütte und Haus quasi durch den Vorgarten – das ist der richtige Weg. Direkt dahinter befindet man sich bereits am Kamm, an dessen Flanken sich dann der Weg die nächsten 600 Höhenmeter bergauf zieht, mal auf der rechten, mal auf der linken Seite.

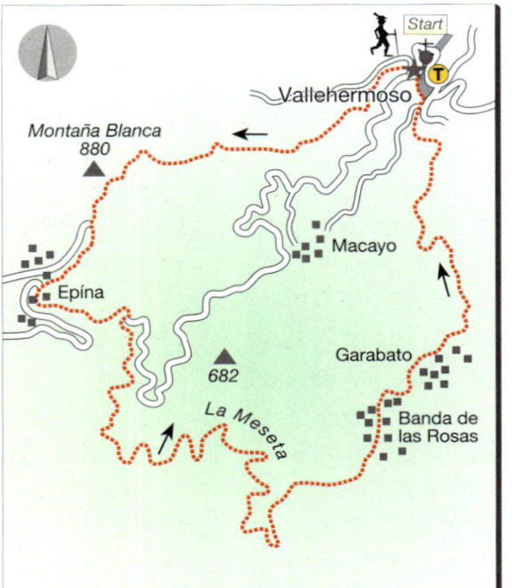

Wanderung 10: Vallehermoso - Chorros de Epina - Camino Forestal de la Meseta - Vallehermoso

Wir wandern zunächst durch Sukkulentenbusch-Vegetation mit Wolfsmilchgewächsen, Kanaren-Lavendel, Agaven, Feigenkakteen und reichlich Kanaren-Wacholder. Beim gemächlichen Aufstieg ergeben sich immer wieder großartige Ausblicke. Allmählich wird die Vegetation dichter, Baumheide, Gagelbaum und Stechpalme tauchen auf, und nach gut 1 ½ Stunden sind wir bereits oben angekommen.

Die hügelige Umgebung von Vallehermoso lädt zum Wandern ein

An einer Piste muss man links abwärts bis zur Straße gehen dann zunächst am ersten Abzweig Richtung Tazo und Arguamul vorbei. Erst wenn der Wegweiser nach Vallehermoso auftaucht (hierhin müssen wir nach unserem Abstecher zu den Quellen wieder zurück), geht man rechts zwischen den Felsen hindurch, um eine Linkskehre herum zu den **Chorros de Epina** hinauf. Die sagenumwobenen Quellen liegen an einem Waldweg, der wenige Meter hinter dem Ausflugsrestaurant nach rechts abzweigt.

Wir gehen zurück und wandern die Hauptstraße nach Vallehermoso etwa 20 Minuten lang abwärts . Dann taucht rechts eine breite Forstpiste auf, der **Camino Forestal de la Meseta**. Auf diesem schönen Panoramaweg am unteren Rand des Nebelwaldes ist Spazierengehen angesagt. Ohne große Höhenunterschiede zieht er sich am Nordrand des Nationalparks entlang und lässt immer wieder reizvolle Ausblicke auf die Täler von Vallehermoso zu. Dabei wird die Geräuschkulisse weitgehend von der Natur bestimmt. Wer aufmerksam hinhört, wird am Wegesrand sogar einen kleinen Wasserfall finden.

In weiten Schleifen zieht sich der Weg bis zur Staumauer des **Presa de los Gallos**. Hier markiert ein Steinmännchen den links hinunter durch ein Bachbett beginnenden Abwärtsweg nach Vallehermoso. Der Pfad ist schmal, an einer Mauer geht's kurz links hoch, oberhalb von zwei Terrassenfeldern dann rechts weiter. Der überwachsene, teilweise dornenreiche Weg führt am linken Talrand hinunter bis zur Asphaltstraße bei **Bandas de las Rosas**. Dieses Dorf liegt sehr malerisch, der Fußweg lohnt auch hier, zumindest bis zum nächsten Stausee. Ab dort darf es auch per Taxi oder per Anhalter die letzten Kilometer zurück nach Vallehermoso gehen.

Valle Gran Rey bei Casa de la Seda

Valle Gran Rey

Nackter, sonnenbeschienener Fels, bizarre Gesteinsformationen, Jahrmillionen erdgeschichtliche Entwicklung, zu Stein gewordene Zeugen unglaublicher Kräfte: Feuer und Wasser, Erosion. Stille herrscht. Kaum jemand kann sich der einzigartigen Stimmung im Barranco de Arure entziehen.

Wie ein Fächer öffnet sich das Tal des Großen Königs, das Valle Gran Rey, den Ankommenden: Über endlos scheinende Serpentinen eilen Bus, Taxi und Mietwagen talabwärts, während sich die Passagiere an den Fenstern die Nasen platt drücken. Nach jeder Kurve eröffnet sich ein neuer atemberaubender Ausblick auf die Bananenplantagen im Talgrund, wo hohe Palmen ihre von der Sonne ausgezehrten Blätter in den Himmel recken.

Orangen-, Avocado- und Papayabäume huschen zum Greifen nahe vorbei, während man langsam tiefer gleitet. Vom **Mirador César Manrique** eröffnet sich eine einmalige Aussicht auf das Tal, denn das Restaurant mit Aussichtsterrasse und Panoramafenstern befindet sich nur ein Stückchen unterhalb der über 800 m hoch gelegenen Ortschaft **Arure**.

Guadá, so heißt das obere Tal: kleine Streusiedlungen, Pfade und Treppen, leuchtend weiße Häuser, umgeben von einer Orgie in Grün – Terrassen, so weit das Auge reicht. Aus der Ferne sieht alles aus wie eine asiatische Hochgebirgslandschaft.

Jenseits der Baumgrenze ragt massiver Fels steil empor, überschattet bis zum Nachmittag die linke Talseite, die sich nur wenige Stunden am grellen Sonnenlicht erwärmen darf. Fast hat es den Anschein, als wolle sich die Schlucht mit ihren Felswänden, die Hunderte von Metern beinahe senkrecht abfallen, niemals öffnen, doch dann geht es vorbei an **La Calera**, einem Juwel von Dorf, und endlich das Meer...

Aussteigerparadies mit angekratztem Charme

Längst sind die Zeiten vorbei, als langmähnige Freaks ein verschlafenes Fleckchen Erde hinter den Bergen entdeckt hatten, wo es sich zwischen Bananenplantagen und dem Meer wunderbar träumen ließ, während daheim der Nieselregen tropfte. Herrlich billig lebte es sich damals, und der Schlafplatz im Besucherzimmer einer Campesinokate oder in einem baufälligen Ziegenstall war noch für ein paar freundliche Worte zu haben.

So schön war das Valle Gran Rey, dass sich das in Windeseile herumsprach und aus dem einsamen Tal blitzschnell ein Szene-Treff wurde. Die ersten Gomeros erkannten den Boom, eröffneten einfache Bars und Pensionen, während in Berlin und Frankfurt das Valle als Geheimtipp gehandelt wurde. Andere sahen dem Trubel mit gemischten Gefühlen zu: Da saßen sie nun, diese verwegenen, ausländischen Gestalten im Dorf ihrer Väter, arbeiteten nicht, verschliefen den halben Tag, badeten nackt mit unvorstellbar verdorbenen Frauen, waren außerdem noch aggressiv und chronisch abgebrannt – und jeden Winter kamen mehr.

Während einige die sittliche Verderbnis der heimischen Dorfjugend schon deutlich vor Augen hatten, setzten andere auf den wachsenden Wohlstand der nächsten Touristengeneration und bauten Appartements und Restaurants in großem Stil. Tatsächlich haben sich die Verhältnisse inzwischen gewandelt: Lediglich eine kleine Schar beinharter Freaks ist aus der touristischen Pionierzeit des Valle übrig geblieben; die meisten sind nach El Hierro, la Palma oder ins ferne Nepal geflüchtet. Heute holen sich die Eltern und braven Geschwister der „Chaoten" in drei Wochen ihren Wintersonnenbrand unter Palmen, und vor den Feriendomizilen steht statt eines Esels ein Mercedes, statt El Silbo gibt es Telefon, und den Abend versüßt der Fernseher. Zahlreiche Deutsche haben sich in den Dörfern des Obertals angesiedelt und beherbergen jetzt selbst Touristen aus der einstigen Heimat.

Die **Gemeinde Valle Gran Rey** liegt im Westen Gomeras und kann als einzige Verwaltungseinheit der Insel mit steigenden Einwohnerzahlen aufwarten; heute leben über 3000 Menschen hier. Den Siedlungsschwerpunkt bildet das gleichnamige fruchtbare Tal, das lange Zeit nur über den Seeweg zu erreichen war. Rund 40 Jahre hatte es gedauert, bis Valle Gran Rey in den 1970er Jahren endlich an die Straße nach Arure angeschlossen wurde. Beim Bau dieser Verkehrsanbindung gab es über Jahrzehnte ungeheure Probleme. So stürzten im Jahr 1941 nach starken Regenfällen die Wassermassen den Barranco herunter und rissen alles bis dahin Gebaute mit sich. Schließlich hat man die Schwierigkeiten aber dann doch weitgehend in den Griff bekommen.

Blick von La Calera nach La Playa

Neue breite Straßen führen inzwischen durch das Valle Gran Rey. Von La Calera durch Borbalán nach Vueltas wurde eine Straße gebaut mit zwei Verkehrskreiseln und einer großzügigen Beschilderung. Auch von La Calera nach La Playa hinunter führt inzwischen eine breite neue Straße. Befestigt ist die Uferpromenade auf der gesamten Strecke von La Playa bis Vueltas, und ebenfalls an den Verkehrskreisel in Calera angebunden. Im Jahr 1995 wurde die neue Trasse von Arure nach Valle Gran Rey fertig, die durch zwei neue Tunnel führt und vor allem den Einwohnern sichtbare verkehrstechnische Erleichterung bringt: Waren früher auf der schmalen Straße mit freiem Blick auf den Abgrund insbesondere sensibilisierte Ohren für Hubsignale gefragt, um rechtzeitig den Rückwärtsgang vor dem entgegenkommenden Bus einzulegen, so kann man sich auf der komfortablen Piste heute ganz allein auf seine fahrerischen Künste verlassen. Allerdings haben die Verantwortlichen sogar fast zu viel des Guten getan, denn an manchen Stellen nimmt die Straße reichlich überdimensionierte Ausmaße an. Für große Busse ist es kein Problem mehr ins Valle Gran Rey zu kommen. Hier stehen die Busse auch nicht mehr wie früher vor La Calera an der Straße. Es gibt von Borbalán aus gesehen vor dem Verkehrskreisel eine neue und moderne Busstation.

Achtung Hundebesitzer!
Hunde sollten in Valle Gran Rey immer an der Leine geführt werden, denn es passiert in letzter Zeit immer häufiger, dass frei laufende Tiere an Vergiftungen (Rattengift) sterben. Das Rattengift wird von den Gomeros bisweilen sogar gezielt gegen die Vierbeiner eingesetzt, um die Zahl der streunenden Hunde zu dezimieren.

Standorte im Valle Gran Rey

Die Entfernungen zwischen den Siedlungen im Valle Gran Rey sind z. T. beträchtlich. Deshalb lohnt es sich, über den besten Standort nachzudenken.

Wer einen Großteil seines Urlaubs am traditionellen Nacktbadestrand, der *Playa del Inglés,* oder überhaupt nah am Wasser verbringen möchte, der sollte sich eine Unterkunft in **La Playa** suchen. Hier trifft man sich in den guten Restaurants mit Meerblick, knüpft Kontakte und spielt ganz relaxt mit beim Se-

hen-und-Gesehen-Werden. Tagsüber der lebendigste Teil des Tales, bis die glutrote Sonne im Meer versinkt ...

Das gut 10 Fußminuten oberhalb von La Playa liegende Dorf **La Calera** ist Sitz der Gemeindeverwaltung. Mit seinen schmalen Gässchen und den weiß getünchten Häusern schmiegt es sich an den steil aufragenden Fels. Obwohl reich an Appartements, hat das Dorf nur wenig von seinem Charme, von seiner stimmungsvollen Atmosphäre verloren. Anders als in La Playa, La Puntilla oder Borbalán gibt es hier kaum Pauschaltourismus. Die Strände, In-Plätze und Szene-Kneipen sind zudem in nicht allzu langen Fußmärschen zu erreichen. Wer etwas Dorfleben schätzt, den Atlantik nicht unter dem Balkon braucht, sich stattdessen nach einem erhebenden Panorama mit dem leuchtenden Grün der Bananenplantagen und dem tiefen Blau des Ozeans sehnt, der mag hier seinen Platz gefunden haben.

Vueltas, dem Hafenviertel, sind die Folgen des florierenden Tourismus im Valle am deutlichsten anzumerken. Quaderförmige Betonbauten und Appartementsilos fallen hier als Erstes ins Auge. Trotzdem gibt es noch immer einige Möglichkeiten, mit Meerblick zu wohnen, ohne das Portemonnaie übermäßig zu strapazieren. Immerhin verfügt der Ort aber auch über eine relativ gut entwickelte Infrastruktur (Supermärkte, Bushaltestelle, Unterkünfte, Ausflugsboote und Fähre, etc.); außerdem sind in den vergangenen Jahren neben der Disko immer mehr Szene-Kneipen und Cafés hierhin verlegt worden. Wer Lust hat, kann hier oder in La Playa deutsche Residenten kennen lernen und sich nach einigen Tagen schon am Talk über Gomera beteiligen. Die abgelegenen Strände *Playa de las Arenas* (vor der Finca Agayall) sowie die *Schweinebucht,* die von Vueltas aus in etwa 20 Minuten zu Fuß zu erreichen sind, versprechen textilfreies Bade- und Sonnenvergnügen. In die andere Richtung – über La Puntilla nach La Playa – braucht man zu Fuß etwas mehr als eine halbe Stunde.

Borbalán und **La Puntilla**, die beiden kleinen Siedlungen auf der Achse Calera – Vueltas bzw. La Playa – Vueltas, liegen inmitten ausgedehnter Bananenplantagen und sind gute Kompromisslösungen: Das Meer zwar praktisch vor der Haustür, muss man dennoch bis zum nächsten Badestrand einige Minuten laufen – immerhin ohne Steigungen. Auch zum Essen nach Calera oder ins Nachtleben von Vueltas sind es kaum mehr als ein paar Katzensprünge. In La Puntilla entlang der Küstenstraße reihen sich komfortable Hotelanlagen mit

Valle Gran Rey
Karte Seite 153

großzügigen Innenhöfen und schönen Swimming-Pools aneinander. Hier ist der Einzug des Pauschaltourismus auf Gomera am deutlichsten zu erkennen – mit allen Vor- und Nachteilen. In Borbalán lebt man da schon etwas zurückgezogener, trifft häufiger Einheimische und durchquert auf dem Fußweg zum Meer die Bananenplantagen. Es sieht allerdings so aus, als wüchsen La Puntilla und das etwas höher am Hang gelegene Borbalán in einigen Jahren zu einer Siedlung zusammen, da unermüdlich neue Appartementanlagen und Komplexe zum Wohnen und Einkaufen gebaut werden.

Flipper & Co. – sanftes Whalewatching

„Delfines“, – ein kurzer Ruf des Skippers, alle bewegen sich nach vorne zum Bug, denn dorthin zeigte sein Finger. Aufgeregtes „wo, wo?“, eiliges Rascheln, Kramen und Drängeln. Der Motor läuft leer, das Boot bewegt sich kaum mehr vorwärts. Und da – vier – nein acht – Rückenflossen eng nebeneinander. Etwas versetzt zum Rhythmus der Wellenkämme tauchen sie auf – wieder und wieder. Ein Sprühen kleiner Fontänen – sie atmen. Ein einziges Staunen, ein winziger Augenblick der Stille und das Klicken der Kameras setzt ein, das Stimmengewirr ...

Jede Begegnung mit Delfinen und Walen ist einzigartig und verläuft anders. Nur eines ist sicher: Gomera-Urlauber haben gute Chancen, sie wirklich zu erleben. Meeresbiologen beobachteten vor Gomeras Süd- und Westküste von 1995 bis heute viele Hundert Mal Wale und Delfine. Im Jahresdurchschnitt beträgt die Sichtungshäufigkeit 70–80 %. Zwischen März und Mai ist sie mit über 85–90 % sogar noch höher. Dies ermittelte Fabian Ritter, der sein Diplom in Meeresbiologie an der Humboldt-Universität Berlin gemacht hat und den Meer e.V. mitbegründete, bei seinen verhaltensbiologischen Untersuchungen. Von sechs der untersuchten Arten halten sich vier das ganze Jahr über in den Gewässern vor Gomera auf, die anderen gehen saisonal auf Wanderschaft. Meist haben die Forscher die Delfine innerhalb von zwei Meilen Abstand von der Küste gesehen.

Am häufigsten zeigt sich der Große Tümmler *(Tursiops truncatus)* den Whalewatchern. Die Population rund um die Kanarischen Inseln wird auf 300–400 Tiere geschätzt. Verhaltensforscher Ritter schätzt den Charakter dieser Meeressäuger, denn die Großen Tümmler sind besonders sozial eingestellt: In ihren sogenannten „Schulen“ schließen sie sich in Interessensgemeinschaften von 10 bis 20 Tieren zusammen – Weibchen mit ihren Jungen, Jugendliche, ältere Tiere oder Männchen. Die jungen Delfine werden nicht nur von den Müttern gesäugt, sondern alle erwachsenen weiblichen Tiere in der Gemeinschaft ernähren neben den eigenen auch die Kinder der anderen. Die Delfine jagen auch nicht als Einzelgänger, sondern bilden Gruppen und unterstützen sich gegenseitig, um ihre Beute – meist Tintenfische – auch zu bekommen. Sie können dabei sehr schnell sein und bis zu 40 km/h zurücklegen. Am zweithäufigsten ist vor Gomera der Indische Grindwal *(Globicephala macrorhynchus)* zu sehen. Die Tiere sind zwischen 4 und 6 Meter lang und leben wie die Großen Tümmler in Familienverbänden. Vormittags liegen sie häufig an der Wasseroberfläche und ruhen sich aus.

Urlauber haben gute Chancen, auf Gomera Delfine zu sehen

Die Mütter bestimmen über das Zusammenleben der über 30 Mitglieder. Zu erkennen an seinen Flecken, die sich allerdings erst im Alter von 6 Jahren ausbilden, ist der **Atlantische Flecken- oder Zügeldelfin** *(Stenella frontalis)*. „Spaßmacher", nennt ihn Fabian Ritter, da das Tier oft verspielt vor den Booten in die Luft springt.

Niemand weiß allerdings, wie lange es hier möglich sein wird, die Flipper so zahlreich und so zutraulich zu erleben. Und deshalb möchten die Meeresbiologen und der Meer e.V. die Delfinarten und ihren Lebensraum in den kanarischen Gewässern unter Naturschutz stellen. Massentourismus auf dem Meer wie vor der Küste von Teneriffa, wo täglich mehrfach 30 Boote mit bis zu 500 Leuten an Bord auf Delfinsafari gehen, existiert auf Gomera zum Glück noch nicht. Bisher stellt hier eher der Pendelverkehr der Fähren eine Gefahr für die Tiere dar. Noch gibt es mehr Delfine als Ausflugsboote. Sanftes Whalewatching lautet die Devise. Die beiden Kapitäne der Ausflugsboote Siron und Tina, ebenso die Skipper des Club de Mar in Vueltas wissen: Auch die fotogensten Meeresbewohner haben eine Intimsphäre. Eine vorsichtige und möglichst leise Annäherung der Boote, kein Hinterherjagen, wenn die Tiere wegschwimmen, immer genügend Abstand halten, dies ist für sie selbstverständlich. Auch die Touristen können ein Gefühl dafür entwickeln, ob die Delfine Lust auf die Begegnung haben oder gerade mit der Suche nach Nahrung, der Paarung oder anderen Dingen beschäftigt sind und nicht gestört werden möchten. Stress und Störungen, so haben Wissenschaftler seit langem erkannt, sind tödlich: In Freiheit lebende Wale und Delfine erreichen ein durchschnittliches Alter von 46 Jahren, während ihre in Delfinarien gefangenen Artgenossen bereits nach 15 Jahren sterben.

Als schönster Delfin gilt übrigens der **Gewöhnliche Delfin** *(Delphinus delphis)*, bekannt für seine geschmeidigen Bewegungen. Vor La Gomera hat man nur von Dezember bis Juni die Chance, diese Tiere zu sehen. Als

Valle Gran Rey
Karte Seite 153

schnelle Schwimmer schaffen sie über 35 km/h. Ihre Schwanzflosse ist so kräftig, dass sie akrobatische Sprünge von mehreren Metern Höhe machen können, manchmal reiten sie in der Bugwelle des Boots mit. Bisweilen kann man sie in Gruppen von über 100 Tieren beobachten.

Der Rauhzahndelfin *(Steno bredanensis)* verdankt seinen Namen den feinen Rillen auf seinen Zähnen. Meist schwimmen bis zu 10 oder 20 Delfine knapp unter der Wasseroberfläche, sie bewegen sich dabei in der Regel sehr langsam, können aber ganz plötzlich mit hohen Sprüngen aus dem Wasser schnellen. Auch sie gelten als verspielt und – je nach Stimmungslage – kommen ihre neugierigen Annäherungsversuche einem vorwitzig und manchmal gar frech vor. Sehr scheu sind indessen die Blainville-Schnabelwale *(Mesoplodon densirostris)*. Merkmal: eine abgeflachte Stirn und eine Finne, die sich weit hinter der Körpermitte befindet. Gewöhnlich meiden diese Wale den Kontakt mit den Menschen. Wenn die lärmenden Boote näher kommen, tauchen sie meist schnell ab. Daher wissen die Biologen über diese geheimnisvollen Meeresbewohner bisher am wenigsten. Ältere Männchen haben häufig große Narben, die vermutlich von Kämpfen stammen.

Insgesamt konnten Forscher in den Gewässern rund um die Kanaren 26 Wal- bzw. Delfinarten nachweisen, davon 21 direkt vor Gomera. Dies entspricht bereits einem Drittel der weltweit rund 80 existierenden Arten. Pilot- und Schnabelwale wurden schon vielfach gesehen und sogar die riesigen Pottwale sowie Finn-, Mink- und Seiwale und natürlich auch so mancher Hai. Ein besonderes Highlight ist die zwischen Teneriffa und Gomera lebende große Gruppe der Grindwale. Die Herde wird auf etwa 300 Wale geschätzt und ist sehr scheu. Erkennbar sind die 6 bis 7 Meter langen Tiere an ihrer rundlichen Rückenflosse und natürlich dem Blas, ihrer mit Wasser und Atemdampf angereicherten Fontäne.

Reisealternative: Praktikum für Delfinfreunde

Wer ein zweiwöchiges Praktikum beim Meer e.V. absolviert, begegnet Walen und Delfinen vor Vueltas und der Südküste Gomeras fast täglich und bekommt einen Einblick in sanftes Whale Watching. Das Angebot des gemeinnützigen Vereins zum Schutz der Meeressäuger und ihres Lebensraums richtet sich an alle Delfinliebhaber zwischen 18 und 80 Jahren. Es beinhaltet mehrstündige englisch- oder deutschsprachige Theoriestunden und die Teilnahme an einem Forschungsprojekt. Zwischen 4 und 8 Stunden fahren die maximal 9 Teilnehmer sieben Mal mit den Booten des Club de Mar in Vueltas zu den Delfinen aufs Meer hinaus. Die Fachbereiche Biologie der Humboldt-Universität Berlin und der Universität Wien rechnen die Praktika für das Biologie-Studium an. Weitere Unis sollen folgen. Der Meer e.V. wurde 2001 mit dem Preis „Umwelt und Tourismus" vom Deutschen Reisebüro- und Reiseveranstalter Verband (DRV) ausgezeichnet. Inklusive Unterkunft kostet das Praktikum 875 € (ohne Flug). Weitere Infos gibt der Vereinsgründer und Meeresbiologe Fabian Ritter, M.E.E.R. e.V., Bundesallee 123, 12161 Berlin, ✆/℡ 030-85078755, www.m-e-e-r.de, meer@infocanarias.com.

Von Petra Sparrer

In Serpentinen schlängelt sich die Straße an der Ermita de San Antonio vorbei ins Tal

Wer lieber wandern als baden will, wer sich Einsamkeit und „Landschaft pur" wünscht, wer abends in der Bar um die Ecke fast ausschließlich Einheimische treffen möchte, der ist im oberen Bereich des Tales, in **Guadá**, am besten aufgehoben. Die in den oberen Dörfern vielfach von individualistischen Deutschen, die sich hier angesiedelt haben, vermieteten Anwesen sind meist mit viel Liebe zum Detail geschmackvoll renoviert und eingerichtet worden. Meist sind sie trotzdem etwas billiger als die in Strandnähe, die Abstände zu den Nachbarn sind oft groß, und häufig gehört auch ein hübscher Garten dazu. Diese landschaftlich idyllisch gelegenen kleinen Häuser und Appartements, in deren Umgebung einem durchaus Papayas oder Avocados vor die Füße oder auf den Kopf fallen können, sind beliebt bei Individualisten, die die weiten Wege, das viele Treppensteigen und das spürbar kühlere Klima nicht scheuen. Traumunterkünfte, aber in der Saison oft ausgebucht. Tipp eine Taschenlampe mitnehmen. Nicht bis zu jeder Haustür reicht die nächtliche Beleuchtung. **El Guro**, das Künstlerdorf, sowie **Casa de la Seda**, liegen im Vergleich zu **Retamal** – ganz oben im Tal – noch vergleichsweise zentral. Wer reiten möchte, kommt von beiden Orten aus in wenigen Minuten zum Burro Parque. Den Mietwagen kann man an der Durchgangsstraße stehen lassen. Durch die Dörfer **Los Granados**, **La Vizcaina** oder **Lomo de Balo** führt eine geschlängelte enge Straße. Hier wohnt man – meist unter Einheimischen – aber auch recht abgeschieden.

Karte Seite 153

▸ **Abteilung Skurriles – „Wasserkrieg I"**: *La guerra del agua*, so nennen die Einwohner des Valle Gran Rey die alljährlich im Sommer ausbrechenden Streitigkeiten um das knapper werdende Bewässerungsnass. Und dieser Streit hat Tradition. Schließlich stammt das heute gültige Wasserrecht aus dem Jahr 1927, als im oberen Tal (Guadá) noch die reichen Bauern und im unteren Tal (Calera) die armen Fischer lebten. Damals wurde unter anderem Folgendes festgelegt:

1) Das Wasser aus dem Speicher gehört tagsüber dem oberen Tal und nachts dem unteren.

2) Für den Boden, der schon vor 1927 Ackerland war, ist das zur Bewässerung notwendige Wasser kostenlos, das Wasser für den übrigen Grund muss dagegen bezahlt werden.

Capitano Claudio, Anbieter von Bootsausflügen und Herausgeber des Valle-Boten

Seemannsgarn im Hafenviertel

Als Capitano Claudio ist er im Valle bekannt, der gestandene Seebär mit den sonnengebleichten Haaren und dem meereswindgegerbten Gesicht. Seit 1985 gehört er zu den „Institutionen" im Hafenviertel. Auf dem Weg von Florida nach Brasilien sorgten widrige Winde dafür, dass er hier vorbeikam und hängen blieb. „Von dem Heizöl, das ich hier nicht verbrauche, kann ich schon fast leben", erzählt er nicht ohne Augenzwinkern.

Überhaupt kann er so manche Geschichte aus seinem bewegten Leben zum Besten geben, von seinen Jobs in der Werbe- und Musikindustrie z. B. oder von der Zeit als Segellehrer in Florida. Meist gut gelaunt, spinnt er sein Seemannsgarn im Cacatua und in seinem Bait-&-Tackle-Shop in Vueltas. Ein wenig wehmütig denken wir zurück an die guten alten Zeiten, als seine „Alcatraz" noch den Linienschiffsverkehr zwischen San Sebastián und Valle Gran Rey aufrecht erhalten hat: Wie bei etwas stärkerem Seegang alle Passagiere die Fische fütterten und lustige Delfine das Boot begleiteten. Ein schwarzer Tag, als uns Capitano Claudios Brief erreichte: „Sie ist an

Altersschwäche ein- bzw. untergegangen. Eine lange, abenteuerliche Geschichte..." – noch eine!

Seinem Tatendrang hat das zum Glück keinen Dämpfer versetzt. Seit August 1991 trifft man ihn täglich außer sonntags von 9 bis 13 und von 17 bis 19 Uhr in seinem Shop. „Schließlich gehört ein Laden für Angelbedarf in jeden Hafen." Außer Spaß, Informationen und Geschichten gibt es im Shop natürlich auch Waren und Dienstleistungen. So kommen noch immer viele Urlauber hierher und wollen mit der „Alcatraz" nach San Sebastián zurückfahren. Da hat Capitano Claudio ganz einfach aus der Not eine Tugend gemacht und eine Mitfahrzentrale (kein Scherz!) eingerichtet.

Hauptsächlich aber bietet sein Club de Mar Boots- und Segelbootsfahrten an, bei denen man große Chancen hat, die Delfine vor Gomera zu beobachten.

Bei geeignetem Wetter sind die Touren auch ganztägig und führen rund um die Insel. Wal- und Delfin-Safaris mit der Segelyacht „Triana" oder der „Ascension del Señor" kosten 39 €, für Kinder bis 12 Jahre die Hälfte (von 10 bis 18 Uhr, 4 bis 6 Personen). Allerdings ist, wie bei freien Tieren üblich, „Fotografieren-Lassen-Wollen" nicht garantiert. Vierstündige Halbtagesfahrten (10–14 Uhr oder 15 Uhr bis Sonnenuntergang) mit den beiden Motorbooten „Ra" und „Canope" kosten 27 €. Rechtzeitig anmelden (Öffnungszeiten: 9–13 und 17–19 Uhr, Sa 9–13 Uhr, ✆ 922-805759 und 922-806065, ☏ 922-807142, www.club-de-mar.org) Die Exkursionen werden gelegentlich von Meeresbiologen begleitet. Der Club möchte seine Rolle als Ansprechpartner für Forschungsinstitute und Studenten intensivieren. Projekte mit den Universitäten Groningen, Tübingen, La Laguna und dem Meer e.V. bestehen bereits. Forscher und Clubmitglieder konnten vor Gomera bereits über 20 verschiedene Walarten vom Orca über Finn- und Seiwale bis zu Rauhzahn- und Streifendelfinen fotografieren, filmen und bestimmen. Für die Universität Tübingen wurden Tonaufnahmen von Zahnwalen gemacht. In Planung: ein Labor einzurichten, in dem man z. B. Plankton unter dem Mikroskop betrachten kann. Der Club veranstaltet Dia- und Filmvorträge. Mittwochs um 21 Uhr gibt es einen Dia-Abend zum Thema „Faszination Wale und Delfine" (untermalt mit Musik und Tönen aus der Unterwasserwelt). Bei aller Umtriebigkeit bleibt jedoch eines für ihn wichtig: „Meine Angebote sind stets auf Individualisten zugeschnitten. Am schlimmsten wäre es für mich, wenn hier der Massentourismus wie auf Teneriffa Fuß fassen würde." Die Einnahmen des Clubs kommen teilweise Umwelt- und Tierschutzorganisationen wie Greenpeace oder der Deutschen Gesellschaft zur Rettung der Delfine zugute sowie nun auch mehrjährigen Forschungsprojekten und der Rettung von Meeresschildkröten und Sturmtauchern.

Und sein Garn um Gomeras Kuriositäten als Biotop für Frohnaturen spinnt er im „Valle-Boten" (www.gomeranews.com). Seit 1992 sind jedes Jahr 4 Ausgaben erschienen und nun kann man die humorvollen „Best ofs" auch in einem Buch nachlesen. „So fing das damals alles an" ist im Selbstverlag erschienen und für 14,50 € zu haben. Und schon arbeitet der Capitano an dem Folgeband „So ging das damals alles weiter".

Das Bergdorf La Calera ist von der Küste aus bequem zu Fuß zu erreichen

Wenn in den trockenen Sommern die wertvolle Flüssigkeit spärlicher fließt und die Bananenstauden zu vertrocknen drohen, wird trotz dieser klaren Leitlinien in schöner Regelmäßigkeit um jeden Liter gestritten. Dabei wird den Leuten von Guadá oft vorgeworfen, Wasser zu stehlen, das eigentlich Calera gehört. Diese Auseinandersetzung eskalierte einmal sogar so weit, dass dabei eine Frau von der Guardia Civil erschossen wurde.

Wie genau es die Gomeros mit dem Wasserrecht nehmen, können Frühaufsteher noch heute an jedem Morgen sehen. Eine halbe Stunde vor Sonnenaufgang wird die *farol,* eine Laterne auf einem im ganzen Tal sichtbaren Felsen, von Tonio aus Los Granadas angezündet. Erst in diesem Augenblick dürfen die Bewohner von Guadá das Wasser in ihre Tanks einlaufen lassen. Abends kommt dann ein Mann aus dem unteren Tal und leitet das Wasser an den Tanks vorbei nach Calera. Und in jedem Sommer bricht dann „la guerra del agua" aufs Neue aus.

▸ **„Wasserkrieg II"**: Nicht nur um das landwirtschaftlich genutzte Wasser wird heftig gestritten, auch die Trinkwasserversorgung war schon mehrmals ein Grund für Auseinandersetzungen zwischen oberem und unterem Tal. So wird oben das gute Wasser der Quelle von Guadá ins Trinkwassernetz eingespeist, während sich Calera stets mit Brunnenwasser weit geringerer Qualität begnügen musste. 1972 besetzten deshalb einige Männer aus Calera das Brunnenhaus, wo das Quellwasser in die Trinkwasserleitung von Guadá eingespeist wurde. Ihr Ziel war es, das Wasser, das ihnen nach dem geltenden Wasserrecht eigentlich nicht zustand, nach Calera zu leiten.

Doch schon bald versammelten sich die Frauen von El Hornillo, einem Weiler in Guadá, mit ihren Kindern um das Brunnenhaus, weil sie befürchteten, dass es beim zu erwartenden Aufeinandertreffen der hitzköpfigen Männer aus oberem und unterem Tal zu Gewalttätigkeiten kommen könnte. Nach einigem Hin und Her und nach mehreren Tagen der Blockade und Gegenblockade wurde der Streit schließlich juristisch geklärt, und zwar mit dem Ergebnis, dass das alte Wasserrecht in Kraft blieb und Calera folglich weiterhin auf das Brunnenwasser angewiesen war. Dessen Qualität verschlechterte sich in der Folgezeit allerdings so gravierend, dass in den 1980er Jahren enorme Schadstoffkonzentrationen im Trinkwasser von Calera nachgewiesen wurden – in einer Gegend, wo besonders viele Familien mit kleinen Kindern Urlaub machen! Man musste also unbedingt Konsequenzen ziehen, tat das aber reichlich spät: Erst im Sommer 1988, als das Wasser im unteren Tal eigentlich schon längst nicht mehr genießbar war, wurde im oberen Talbereich ein neu gebohrter Trinkwasserbrunnen für Calera in Betrieb genommen.

Verbindungen

• *Bus* Die Busse der **Linie 1** fahren von Valle Gran Rey nach San Sebastián (über Arure, Las Hayas, El Cercado, Chipude, Igualero, Cruce Bajarito). Fahrtdauer: ca. 1,5 Stunden. Abfahrt von Valle Gran Rey: täglich um 5, 8, 14, und 16 Uhr, sonn- und feiertags um 8 und 16 Uhr. Rückfahrt von San Sebastián: täglich um 11, 14, 18.30 und 21.30 Uhr, sonn- und feiertags um 11 und 18.30 Uhr. Die **Linie 6** fährt täglich um 6.30 und 13.30 Uhr vom Valle Gran Rey zum Flughafen bei Santiago. Bitte beachten, dass sich in der Vergangenheit die Buszeiten sehr häufig geändert haben.

Die Busse starten am Busbahnhof hinter der Brücke unterhalb von Calera, fahren über Borbalan, Vueltas, Puntilla, La Playa und Calera weiter hinauf ins obere Valle Gran Rey und über El Cercado, Chipude weiter nach San Sebastián. Unterwegs hält der Busfahrer auf Verlangen an (nur an Stellen wo der Bus am Straßenrand parken kann). Da die Zeiten davon abhängen, wie oft der Bus zum Ein- und Aussteigen anhalten muss, sollte man sich rechtzeitig einfinden.

• *Taxi* Der zentrale Taxistand befindet sich oberhalb der Pfarrkirche von Calera (✆ 922-805058). Nach Möglichkeit sollte man sein Taxi schon tags zuvor bestellen, denn hin und wieder sind alle Wagen gleichzeitig unterwegs. Wenn man pünktlich die Fähre erreichen muss, kann es dann knapp werden. Innerhalb des Valle kosten Taxifahrten zwischen 3 € und 5 €, etwa von La Calera bis Vueltas. Nach 20 Uhr heißt es dennoch per pedes heimkehren, denn die Taxifahrer arbeiten abends nicht länger.

Taxipreise von Valle Gran Rey

San Sebastián	45 €
Playa de Santiago	45 €
Arure	12 €
Las Hayas	18 €
El Cercado	22 €
Chipude	24 €
Vallehermoso	30 €
Hermigua	45 €
Zum Hafen (Vueltas)	5 €

Information/Reisebüros

• *Information* **Rathaus**, an der Hauptstraße (kurz vor der Gabelung Puerto/Playa), ✆ 922-805000. Mo–Fr 9–15 Uhr. Auskünfte nur auf Spanisch. www.lagomera.net/turismo/ index.

Touristeninformation, der Infostand der Gemeinde ist in einem kleinen Blockhaus untergebracht und steht in La Calera direkt an der Hauptstraße hinter dem Taxistand. Mo-Fr 9-17 Uhr geöffnet. Hier bekommt man Infos zu Bussen, Wanderungen, Unterkünften und vieles mehr.

Oficina de Turismo, La Playa, ✆ 922-805458. Mo-Sa 9–13.30 Uhr geöffnet. Busabfahrtszeiten, Appartementliste und Infos zu Exkursionen, Bars, Rte. etc. Wer Detailliertes wissen möchte, muss allerdings Spanisch können.

Valle Gran Rey
Karte Seite 153

Servicios Integrados (s. Karte S. 177, 31), La Calera, ✆ 922-805866, 📠 922-805063. www.gomera-service.de, info@gomera-service.com. Mo–Fr 10–14 und 18–20 Uhr, Sa 10–13 Uhr. Informationen zum touristischen Angebot, außerdem Appartementvermittlung (s. „Übernachten/Vermittlungsagenturen", S. 173). Alles auf Deutsch, Spanisch und Englisch.

• *Info-Zeitungen* Viele Deutsche lesen das Wochenblatt. Die kanarische Inselzeitung kostet 1 € und berichtet über alle kanarischen Inseln. www.wochenblatt-kanaren.com. Eine beliebte Infoquelle für Deutsche auf Gomera ist **Der Valle-Bote**, der mit spitzer Feder Inselinterna aufgreift und aus dem Nähkästchen „der Insel der Beknackten" (Zitat des Herausgebers Capitano Claudio) plaudert. Hier erfährt man garantiert den neuesten Inselklatsch. Zu erwerben für 1,65 € in vielen Läden und Restaurants.

• *Reisebüros* **La Paloma (s. Karte S. 182, 44)**, Vueltas, ✆ 922-806043, 📠 922-805685, www.gomera.de, Lapaloma@gomera.de. Die deutschen Besitzer Conny und Klaus vermitteln schon seit vielen Jahren Unterkünfte im Valle Gran Rey. Im Angebot haben sie über 50 Optionen vom Appartement ab 22 € über individuelle Landhäuser im oberen Tal ab 30 € bis hin zur komfortablen Ferienanlage mit Pool ab 42 €. Die Preise sind abhängig von Saison und Ausstattung. Darüber hinaus vermitteln sie günstige Flüge, Tickets für Exkursionen, reservieren Fährtickets und geben freundlich Auskünfte auf deutsch, englisch und spanisch.

Viajes Gran Rey, Puntilla, ✆ 922-805480 und 922-806032, 📠 922-805293. Reisebüro mit Appartementvermittlung (ab ca. 35 € zur Hauptreisezeit). In der Hauptsaison sollte man jedoch auch hier frühzeitig buchen.

Adressen

• *Apotheke* Etwa 100 m unterhalb vom Centro Sanitario an der alten Hauptstraße von Calera findet man die Apotheke von José Eugenio Piñero Correa, ✆ 922-805158. Mo–Fr 9–13.30 und 17–19, Sa 9.30–12 Uhr. Außerdem gibt es eine Notklingel. (s. auch Farmacia Celina Chinea Hocar in Borbalán unter „medizinische Versorgung").

• *Banken* **Caja Canarias**, an der Plaza von Calera (gegenüber dem ÖkoTours-Laden). Mo–Fr 8.30–14Uhr. Von November bis April zusätzlich auch Do 17–20 Uhr. Hier gibt's einen Geldautomaten.

Caja Rural, Puntilla. Mo–Fr 8.30–14 Uhr. Bankautomat (24 Stunden).

Bank BBV, Borbalán. Mo–Fr 8.30–14, Sa 8.30–13 Uhr. Bankautomat (24 Stunden).

La Caixa, Borbalán. Mo–Fr 8.15–14 und Do 16.30–19 Uhr. Bankautomat (24 Stunden).

• *Friseur* **Peluqueria Fernando (s. Karte S. 177, 19)**, Calera. Ein normaler Haarschnitt kostet etwa 12 €. Mo–Fr 9–14 Uhr.

Peluquería, Borbalán. Hier werden internationale Haarpflegeprodukte verkauft.

Peluquería Margari, La Playa (neben den Apartamentos Eladio).

Peluquería José Luis (P26), La Playa (gegenüber Rte. El Baifo). ✆ 922-805852, Mo-Fr 9-13 und 17-21 Uhr, Sa 9.30-15 Uhr.

Caballeros, Herrenfriseur in Vueltas.

• *Fax-Service* Fax-Empfang und Senden bei *El fotógrafo* in La Playa. Empfangen mit Aufbewahrungsservice kostet 0,85 € pro Seite, Senden 0,50 € pro Telefoneinheit, 📠 922-805654. Weiterer Fax-Service in Vueltas im **La Paloma** und bei **Ansiria**.

Notruf der Ambulanz, ✆ 112 (gleichzeitig Polizei)

• *Medizinische Versorgung* **Deutsch-Spanisches Ärztezentrum, (s. Karte S. 184, 17)** La Puntilla, Avda. Marítima, in der Ladenpassage des Residiencial el Conde. ✆ 922-806191, 📠 922-807036, www.daez-canarias.de. 24 Std. Notfallbereitschaft. Öffnungszeiten: Mo–Fr 9–20 Uhr. Allgemeinmedizin, Röntgen, EKG, Sonographie, Blutanalyse. Mo-Fr 9-20 Uhr. **Centro de Salud** (auch: „Sanitario De Higiene Rural"), ✆ 922-805804. Die Einrichtung liegt am oberen Ortsrand von Calera (an der alten Dorfstraße). Drei Ärzte wechseln sich rund um die Uhr ab. Bei schlimmeren Erkrankungen bleibt allerdings nur der Weg ins Krankenhaus nach San Sebastián.

Clinica Dental, Borbalán, ✆ 922-805522 oder 922-806006. Sprechstunde: Mo, Fr 16–20, Mi 10–13.30, Sa 9.30–13 Uhr. Im Notfall sind die Zahnärzte telefonisch erreichbar unter der Nummer 922-141671 (Elisabeth Rodriguez). Einen weiteren **Zahnarzt** gibt es in Borbalán (Augustin L. Amaro Vazquez).

Beliebter Treffpunkt: der Kirchplatz in La Playa

Physiotherapeut Mario Anders, Residencial El Conde 5, ✆ 922-805570, ℻ 922-807036, Handy 679736151. Diagnostik, Sportmedizin, Physiotherapie und Osteopathie sowie Massagen. Mo-Fr 9-14 und 17-20 Uhr, Sa 10-14 Uhr.

Farmacia Celina Chinea Hocar, (s. Karte S. 184, 27) Borbalán, ✆ 922-805919. Mo–Sa 9–14 und 16–20 Uhr. Diese zentral gelegene Apotheke bietet freiverkäufliche Medikamente sowie hilfreiche Unterstützung bei kleineren Krankheitsfällen und einiges anderes vom Ohrenstöpsel bis zur Sonnencreme.

• *Internet* **Viva Cyberdragon**, Vueltas, ✆ 922-807029, www.gomera.cc. Geöffnet täglich 10–14 und 17–21 Uhr. In diesem Büro kann man im Internet surfen, E-Mails verschicken und auch einen eigenen Laptop ans Netz anschließen. Außerdem gibt's CDs und DVDs. Preise: 30 Min. 2,50 €, ab 3 Std. aufwärts kostet die Std. nur noch 2,50 €. Dazu serviert der neue Besitzer Kaffee oder Kaltgetränke.

ciberm@tika, Internet- und Computershop in Vueltas, neben dem Supermercado Valle Gran Rey, www.cibermatika.com. Internetpreise 10 Min – 0,50 €, 1 Std. – 2,50 €.

Bar-Internet, La Playa (siehe unter Bars), Mo-Fr 10.30-15 und 17-23, Sa + So 17-23 Uhr. Tarife: 5 Min – 0,35 €, 1 Std. – 2,75 €.

Movistar-Laden, Calera, zwischen der Caja Canarias und der Bar La Finca. Tarife 15 Min – 0,50 €, 1 Std. – 2 €.

Mittlerweile gibt es in einigen Kneipen PCs und man kann beim Kaffeetrinken im Internet surfen (ist dann jeweils bei den Kneipen vermerkt).

• *Parfümerie/Kosmetiksalon* **Parfumerie Celeste**, La Puntilla.

Peluquería Magari, La Playa. Direkt daneben liegt der Kosmetiksalon **Carosa**.

Parfumerie Pracan, La Playa, neben dem Optiker, großes Angebot an Kosmetikartikeln bekannter Marken.

• *Polizei* **Guardia Civil**, im Untergeschoss des Tres Palmeras in La Playa, ✆ 922-805859. Policía Municipal, ✆ 922-805000.

• *Post* in Borbalan hinterm Kinderspielplatz Mo–Fr 9–15 Uhr, Sa 9–12.30 Uhr.

• *Tankstelle* Sie liegt ein wenig unterhalb der Plaza von Calera hinter der Pfarrkirche. Mo–Sa 7–21, So 8–14 Uhr

• *Telefonieren* In allen Ortsteilen gibt es mehrere Telefonzellen. Man kann entweder mit Münzen oder mit Karten telefonieren. Telefonkarten gibt es für 6 bzw. 12 € zu kaufen, z. B. beim *el fotógrafo* in La Playa. Telefonkabinen hat **Auto Piñero (s. Karte S. 182, 30)** in Vueltas. Hier kann man ungestört telefonieren, weil erst nach dem Gespräch bezahlt wird.

Valle Gran Rey
Karte Seite 153

• *Wäscherei* Die Lavandería **La Gaviota (s. Karte S. 175, 25)** in La Playa wird von dem jungen Spanier Alfonso Jares geführt. ✆ 922-805660. Geöffnet Mo–Fr 10–14 und 17–20 Uhr, Sa 10–14 Uhr, So geschlossen. Waschen und Trocknen kostet pro Kilo 1,81 €, Mindestpreis 6 €, Bügeln pro Stück 1,20 €.

• *Fotoservice* Objetivo Gomero, am Kreisel von Vueltas, ✆ 922-806262, Handy 618487362, E-Mail EL_Objetivo@web.de. Fotodesigner Bruno Dittrich bietet den kompletten Service rund um die Digitalfotografie an. Vom Kartentransfer auf CD/DVD, Datenkonvertierung und Ausdruck als Postkarte bis zum Format A3. Pass- und Familienfotos, Verkauf von Foto-CDs mit Gomera-Motiven. Mittwoch und Sonntag hält er Vorträge im Club de Mar in Vueltas. Geöffnet von Di-Sa 13-21 Uhr.

Exkursionen/Sport/Sprachunterricht

• *Bootsfahrten* **Club de Mar**, Vueltas, siehe Kasten S. 158.

Tina, Ticketreservierung, ✆ 922-805885 oder 629-990643, www.excursiones-tina.com. Bootexkursionen rund um die Insel und nach Los Órganos mit der Möglichkeit, Delfine und andere Meerestiere zu beobachten. Kapitän José Miguel, der Sohn von Yaya, arbeitete zunächst im Restaurant seiner Mutter, hat dann sein Kapitänspatent auf Lanzarote gemacht, die Tina in Southhampton gekauft und ist von dort nach Gomera geschippert. Seit 1994 bietet er die Exkursionen an. Die Tickets verkauft meist seine Frau, die Schwäbin Angela. Abfahrt: So bis Do 10.30 Uhr an der Hafenmole von Vueltas. 35 € für Erwachsene (Kinder die Hälfte). Neu im Programm freitags um 10.45 Uhr eine Delfinfahrt für 30 € (Kinder 15 €).

Wellenreiter Reiseagentur, Susanne S. Brack, ✆/℻ 922-805717,www.wellenreiterreisen .de und www.dolphinclick.de, info@wellen reiterreisen.de. Susanne ist die Vorsitzende des Meer e.V., lebt auf Gomera und vermittelt Reisen, bei denen man Delfinen begegnen kann. Unterbringung im Appartement oder wahlweise auf der Finca Argayall und drei mal pro Woche eine Delfinfahrt. Sie leitet Aqua-Wellness-Kurse, die man dazubuchen kann. Ebenso im Programm sind einwöchige Segeltörns, die von Teneriffa aus starten. Ab 800 € ohne Flug.

• *Wanderungen* **Timah**, ✆/℻ 922-807037, www.timah.net, info@timah.net. Buchung auch über Servicios Integrados und La Paloma (s. o. „Information") Josef Knoflach organisiert Bergwanderungen in Gruppen mit deutsch- und englischsprachigen Guides. Die Wanderungen dauern zwischen 4,5 und 5 Stunden, im Schnitt überwinden die Teilnehmer zwischen 300 und 500 m Höhenunterschiede. Alpine Erfahrung ist nicht erforderlich. An jedem Wochentag eine andere Wanderung zur Wahl. Die Preise inklusive Bustransfer zum Ausgangspunkt liegen bei 29 €. Die Shuttle-Busse halten in La Puntilla am Restaurant Charco del Conde und am Hotel Gran Rey, in La Playa vor der Casa Maria und in La Calera am Taxistand. Information und Buchung im Timah Shop in La Puntilla, in La Playa in der Boutique Pepa's Playa, in den Reisebüros La Paloma, Servicios Integrados und Viajes Gran Rey oder bei den Reiseleitern in den pauschal gebuchten Hotels.

ÖkoTours, ✆ 922-806216, Handy 690809160, www.oekotours.com, info@oekotours.com. Für kleine Gruppen bis maximal 12 Teilnehmer bietet der Diplombiologe Dieter Scriba naturkundliche Wanderungen an, bei denen man die Flora und Fauna der Insel kennen lernen kann. Darüber hinaus bekommt man eine fundierte Einführung in die Geografie und das Klima der Kanaren sowie zum Vulkanismus ,und zum geologischen Aufbau der Insel. Angeboten werden 5 Tageswanderungen, die ca. 4 bis 5 Stunden dauern und zwischen 25 und 32 € kosten (inkl. Hin- und Rücktransport). Zusätzlich stellt er samstags auf einem 1½-stündigen Spaziergang im Ort die tropisch/subtropischen Zier- und Nutzpflanzen der Insel vor. Preis: 8 €. Anmelden kann man sich in den Öko-Tours-Wanderläden in Vueltas **(s. Karte S. 182, 25)** und Calera **(s. Karte S. 177, 29)** oder telefonisch.

• *Mountainbiketouren* s. Kasten „Bikes, Barrancos und Berge", S. 168.

• *Tauchen* Centro de Buceo, **Tauchschule „fisch & Co" (s. Karte S. 175, 14)**, La Playa, Aptd. 99, ✆ 922-805688, ℻ 922-805792. www. fischco.com, info@fischco.com. Tauchfahrten für erfahrene Taucher mit Lizenz kosten 35 € inklusive Bootsfahrt und Leihausrüstung. Der Grundkurs für Neueinsteiger mit dem Erwerb einer Tauchlizenz nach PADI-Standards dauert 5–7 Tage und

Tipp: Gomeras zahlreiche Höhenwanderwege mit Meerblick

kostet 375 € (inkl. Schulungsmaterial). Schnuppertauchgänge kosten 38 €. Ein bis zweimal täglich fährt das neun Meter lange Boot der Tauchbasis die jeweiligen Tauchplätze an. Es stehen insgesamt 17 zur Verfügung. Terminvereinbarung in La Playa an der Rückseite der Strandpromenade unterhalb der Ethno-Bar. In der Woche sind die Tauchlehrer dort von 17–18.30 Uhr zu erreichen.

• *Meer Erleben* Der Dipl.-Meeresbiologe Christoph Schmitt bietet zu Niedrigwasserzeiten 2-stündige Führungen durch das Felswatt am Charco del Conde an. Dabei stellt er die artenreiche Meeresfauna der Gezeitenzone vor und führt anschauliche Experimente durch. Pro Person 8 €. Buchungen über den Club de Mar, ✆ 922-805759 oder auf Christophs Handy: ✆ 686717425. Außerdem gibt's Schnorchelkurse sowie eine Einführung in die Unterwasserfotografie. Dienstags und donnerstags um 19.30 Uhr zeigt er Diavorträge im Club de Mar in Vueltas. www.ocean-lagomera.com.

• *Aktivprogramme* **Vivotrek S.L.**, La Playa, ✆ 922-807156; ✆ 922-805904, www.vivotrek.com, info@vivotrek.com. Spezialist für Outdoorsportarten. Das Angebot umfasst Nordic Walking, Canyonig und Klettern. Canyoning wird für Anfänger und Fortgeschrittene ab 39 € angeboten. Schnorchelausrüstung, Surf- und Kajakausrüstung und Verleih. Außerdem Vermittlung von Unterkünften (Pension, Appartement, Hotel, Casas Rurales) in allen Preislagen.

• *Sprachunterricht* **Sprachschule Idea**, siehe Kasten S. 166.

Centro Cultural, **Casa de la Cultura (s. Karte S. 177, 15)**, La Calera. Staatliches Kulturzentrum gegenüber dem Rathaus. Neben Sprachkursen auch Bibliothek und Musikschule und Veranstaltungsraum für Vorträge, Konzerte und Theaterstücke der Gemeinde.

Kommunikationskurse, organisiert von Alfredo in Vueltas, ✆ 922-805750 oder Handy 660617700. Alfredo spricht sehr gut Deutsch und gibt privat Spanischunterricht – auch Einzelstunden. Perfekt für alle, die flexibel ihre Termine planen möchten.

• *Gitarrenunterricht* Verschiedene Stilrichtungen kann man bei der diplomierten schweizerischen Gitarrenlehrerin Monika Eggler (Handy: 636231817) erlernen. Infos und Anmeldungen in den ÖkoTours-Läden in Vueltas oder Calera.

Habla Español?

„Hätte ich doch den Volkshochschulkurs mitgemacht!" – so oder ähnlich denken viele Gomera-Urlauber, wenn sie sich einmal mehr nur unter größten Schwierigkeiten beim Vermieter, im Restaurant oder am Strand haben verständlich machen können. Wer der Kultur und Lebensart der Gomeros näher kommen und als Freund dieser einzigartigen Menschen die Insel verlassen möchte, der wird ohne ein paar Brocken Spanisch kaum erfolgreich sein. Denn damit die anfängliche Reserviertheit der herzlichen Freundlichkeit weichen kann, ist Kommunikation nun einmal unverzichtbar. Und nicht jeder versteht die Kunst, mit Händen und Füßen gestikulierend Freunde zu gewinnen.

Doch es ist noch nicht alles zu spät, denn in La Calera gibt es die **Sprachenschule i.d.e.a. (s. Karte S. 177, 18)**, die ganzjährig spanische Sprachkurse anbietet. Direktorin der Initiative ist die Spanierin Lupe Falagán, die gemeinsam mit mehreren Lehrerinnen den Unterricht leitet. Das i.d.e.a.-Team setzt sich zusammen aus Muttersprachlern, die alle über eine pädagogische Ausbildung und ein Sprachenstudium verfügen.

Insgesamt gibt es vier Kursniveaus: Anfängerkurse, Kurse für Anfänger mit Vorkenntnissen, Mittelstufe und Kurse für Fortgeschrittene. Natürlich ist das Lerntempo in den hiesigen Intensivkursen weitaus flotter als vielleicht von daheim gewohnt. Der Unterricht findet täglich von Montag bis Freitag statt, und zwar im wöchentlichen Wechsel entweder von 9.30 bis 13 Uhr oder von 17 bis 20.30 Uhr. Die Unterrichtszeit ist jeweils in zwei Blöcke à 90 Minuten bzw. zwei Mal 45 Minuten unterteilt. Das notwendige Lehr- und Lernmaterial wird von i.d.e.a. bereitgestellt, außerdem kann zusätzliches Material in der hauseigenen Bibliothek entliehen werden. Der Sprachunterricht wird durch landeskundliche Blöcke ergänzt.

In mehreren Bundesländern ist i.d.e.a. bereits als **Bildungsurlaub** anerkannt. Der Vorteil: Arbeitnehmer können so unter bestimmten Voraussetzungen eine zusätzliche Woche Urlaub bekommen. Bei Bildungsurlaub werden je nach Bundesland 6 bis 8 Unterrichtsstunden pro Tag angerechnet. Die Gruppenstärke liegt bei maximal 10 Teilnehmern. Normalerweise werden die Sprachkurse bereits von Deutschland aus pauschal mit Unterkunft gebucht. Häufig ist aber auch bei direkter Nachfrage vor Ort ein Quereinstieg in die Kurse ohne Voranmeldung möglich.

Als zusätzlichen Service bietet i.d.e.a. den Teilnehmenden Kinderbetreuung (pro Unterrichtsstunde 6 €), Appartementvermittlung, einen Übersetzungsservice sowie verschiedene Freizeitangebote und die Vermittlung einer muttersprachlichen Kontaktperson (Tandem).

Die Preise: Ein zweiwöchiger Sprachkurs inklusive Lehrmaterial kostet von 170 € (Privatstunden) über 290 € (Intensiv) bis 420 € (Extra-Intensiv), Verlängerungswochen sind ab 120 € zu buchen. Die Unterkunft wird vor Ort bezahlt: Eine Woche (mind.) im 1-Personen-Appartement kostet 18 € (Mai–September) bzw. 21 € (übrige Zeit), Doppelzimmer kosten 22–24 €, ein 2-Personen-Appartement kostet 30–36 €, Appartements für 4 Personen kosten zwischen 39 und 45 €. (Preise jeweils pro Übernachtung.) **Nähere Information** bekommt man entweder direkt bei i.d.e.a., La Calera, La Cuestita, 38870 Valle Gran Rey/La Gomera unter ✆/📠 922-805703 oder unter www.lagomera.de/idea/index.htm, idea@spanish-course.com.

Die Sprachkurse sind aber auch über Reisebüros in Deutschland zu buchen: **talk & travel**, Husemannstr. 9, 10435 Berlin, ✆ 030-44359658; **Lernbrücke-Reisen**, Körterstr. 22, 10967 Berlin-Kreuzberg, ✆ 030-69401100; **Iberica**, Lottumstr. 24, 10119 Berlin, ✆ 030-4495650; **Adviced Studies**, Wiesnerstr. 5, 44141 Dortmund, ✆ 0231-424288; **Europäische Sprachen und Reisen**, Schlossstr. 55, 60486 Frankfurt/M., ✆ 069-773807.

Massagen/Fitnesstraining

Casa Blanca, Vueltas, ✆ 922-805540. Kurse bzw. Einzelsitzungen in Shiatsu-Massage, Ikebana, Akupunktur und Reiki. ✆ 670-616470 oder bei Fortaleza Fitness.

La Fortaleza Fitness- und Sportstudio (s. Karte S. 184, 23) Borbalan, im neuen Wohn- und Ladenkomplex Residencia de Llano, ✆/✆ 922-805961, E-Mail: fitkremer@web.de. Mo-Fr von 9-22 Uhr geöffnet, Sa und So nur vormittags. Fitness-, Sport-Reha-, Präventions-, Konditions- und Ausdauertraining an modernen Geräten, Squash, verschiedene Massagen, Kickboxing, Taekwondo, Tai-Chi, Aerobic, Ausdruckstanz und Rückenschule sowie Jazz-Gymnastik und Tanztheater für Kinder und Erwachsene, hier ist wirklich alles möglich. Außerdem Wellness-Bereich mit Sauna, Tauchbecken und Whirlpool. Darüber hinaus gibt es spezielle Angebote für Kinder und Senioren, Einrichtungen behindertengerecht. Angeschlossen ist auch ein Bistro.

Estudio de Danza, **Mariposa** in Borbalán, ✆/✆ 922-805717. Hier können verschiedene Tänze gelernt werden. Darüber gibt es Aushänge vor der Tür, manchmal werden auch Partys angekündigt. Ca. jeden zweiten Sonntag gibt es dort ab 10 Uhr auch einen privaten Flohmarkt.

Massagen im Steinhaus in El Guro, Heilmasseurin und Shiatsu-Körpertherapeutin Klaudia. Di und Do ab 10 Uhr nach Voranmeldung oder Mo und Mi im Hotel Charco del Conde, Voranmeldung an der Rezeption unter ✆ 922-805597 oder 922-805528. Klaudia erteilt Rückenmassagen, Fußreflexzonenmassagen, Shiatsu oder Akupunktur-Massagen nach Penzel.

Halbob-Massage in El Guro, ✆ 620-704698. Eric Blancers ist Engländer und praktiziert seine traditionelle Massage in Verbindung mit der heilenden Kraft der Töne. Dazu hat er eine Liege bauen lassen, durch die sich die Schwingungen, die entstehen, wenn er sein Didgeridoo bläst, direkt auf den Körper übertragen lassen. Die Idee bekam er in Korea, wo er ein Jahr bei einem Großmeister Massagetechniken erlernte. Zu finden ist Erics Haus im Künstlerdorf El Guro gegenüber der offenen Ausstellung des Gomeros Angel, an der man auf dem Weg zum Startpunkt der Wasserfall-Wanderung vorbeikommt.

Weitere aktuelle Kursangebote wie **Theatergruppe**, **Massage**, **Kindergruppen** etc. hängen bei El Fotógrafo oder in Vueltas in verschiedenen Läden und Kneipen aus.

Zentrum für Naturheilkunde La Tuya, Vueltas, ✆ 922-805318, www.gomera-naturheilkunde.com, www.gomera.heilpraktiker.com, www.gomera-kultur.com. Angeboten werden hier Ernährungstherapie, homöopathische Heilmethoden sowie Massagen z. B. chinesische Fußreflexzonenmassage.

Mietfahrzeuge

Zur Wagenmiete (meist inkl. Haftpflichtversicherung) kommen noch die sehr zu empfehlende Vollkaskoversicherung, in der Regel 13 % MwSt. und z. T. noch eine Kaution. Bei mehr als 2 Tagen Mietdauer erhält man rund 10 Prozent Rabatt, bei mehr als 7 Tagen bis zu 30 Prozent.

Informieren Sie sich genau über die Vertragsbedingungen, denn die Mietverträge weichen inhaltlich z. T. drastisch voneinander ab. So kann es passieren, dass die nicht gerade billige Vollkaskoversicherung nicht gilt, wenn man von der Straße abkommt. Außerdem sollte man „seinen" Wagen ausgiebig Probe fahren, schleifende Bremsen und ausgeleierte Stoßdämpfer sind nämlich keine Seltenheit!

• *Autos* **Auto La Rueda (s. Karte S. 175, 10)** in Playa (✆ 922-805197 und 922-805517, www.autolarueda.com, larueda@teleline.es) ist eine der begehrtesten Adressen, denn der große Fuhrpark und die Auswahl des freundlichen Besitzers Roberto lassen selten den Wunsch nach einem fahrbaren Untersatz unerfüllt. Abgabemöglichkeit im Büro in San Sebastián. Preise pro Tag inkl. Haftpflichtversicherung: Citroën Saxo 34 €, Renault Clio 37,70 €, Polo Open Air knapp 40 €, Scoda Octavia 53,65 €, Suzuki Jeep ca. 50 €, Nissan Serena ca 95 €. Mo–Sa 8–13 und 16.30–20 Uhr.

Valle Gran Rey
Karte Seite 153

Piñero Rent a car (s. Karte S. 182, 30), Vueltas, Ctr. Vueltas, 94, ✆ 922-807047, Playa la Calera, ✆ 922-805227 und La Puntilla ✆ 922-805686. Reservierungszentrale, ✆ 922-870055, ✆ 922-141390. Die Mietwagen kosten hier ohne Steuern (plus 13 %): VW Polo 30 € pro Tag, bei einer Woche und mehr 26 €, Skoda Fabia 42 €, bei einer Woche 37 €. Suzuki Samurai 46 € bzw. bei einer Woche 40 €.

Autos El Carmen (s. Karte S. 182, 22), direkt an der Hafenmole von Vueltas, ✆ 922-805029 oder 922-805474 (in La Calera ✆ 922-805832 sowie Mobil ✆ 908247733). Preise pro Tag inkl. 4 % Steuern Seat Marbella für 13 Tage 12 €, Citroën Saxo (dreitürig) 14 €, Citroën Saxo (fünftürig) 15 €. Hinzu kommen noch 9,92 € Haftpflichtversicherung, eine Vollkaskoversicherung und 13 % MwSt. sowie eine Kaution von 30 €. Mo–Sa 8–13 und 16–20 Uhr.

Avia, Puntilla, Baja del Secreto, ✆ 922-805549, ✆ 922-805903, www.aviacar.com, avia@aviacar.com. Kindersitze kosten 3 € pro Tag. Die Mietwagenpreise enthalten die Versicherung, zuzüglich 13% MwSt.: Citroën Saxo (3 Türen) 31 € pro Tag, ab 7 Tagen 23,50 €, Opel Corsa oder Fiat Punto (3 Türen) 33,10 €, ab 7 Tagen 24,50 €, SEAT Cordoba (5 Türen) 46,50 €, ab 7 Tagen 36,50 €. Es gibt Wochenendspecials.

Gomera Safari (s. Karte S. 184, 3), La Puntilla, ✆ 922-805905. Es sind 40 € Kaution zu hinterlegen. Preise inklusive Vollkaskoversicherung, Insassenversicherung und Steuern: Seat Ibiza 40 €, ab 1 Woche 35 €, Seat Córdoba 44 €, ab 1 Woche 38 €.

Betacar – Europcar (s. Karte S. 184, 11), La Puntilla, ✆ 922-805577, ✆ 922-805881 (bei Appartements Baja del Secreto). Preise inkl. Haftpflichtversicherung: Fiat Punto und Citroën Saxo 33 €, Seat Ibiza 37 €, Jeep Suzuki Samurai (offen) 47 €. Für die unterschiedlichen Autos kann zu unterschiedlichen Gebühren eine Vollkaskoversicherung abgeschlossen werden (zwischen 12 und 27 €). Man kann gegen Gebühr Kindersitze und Dachgepäckträger leihen (ca. 3 €).

Cicar, zwischen La Playa und dem Hotel Gran Rey, ✆ 922-806041, ✆ 922-806054, www.cicar.com, info@cicar.com. Preise für den kleinsten Wagen inklusive Versicherung ab 30 €.

• *Motorräder* bei **Alofi** (s. Kasten unten: „Bikes, Barrancos und Berge").

Bikes, Barrancos und Berge

Die **Bike-Station (s. Karte S. 184, 1)** in La Puntilla bietet **Mountainbike-Verleih** und **Tagestouren** an. Sie verleiht Mountainbikes der Marken Univega mit LX oder Avid-Ausstattung ab 13 € pro Tag sowie Ghost oder Univega Fullis mit Deore oder XT-Ausstattung ab 18 € pro Tag (ab 3 und ab 7 Tagen Ermäßigung). Im Preis inbegriffen sind Helm, Licht, Trinkflasche, Reparatur-Set, Schloss, Haftpflicht und Steuern. Cruiser kosten 5,50 € pro Tag, Kindertrailer 2 € und Kindersitze 1,50 €. **Shuttle-Bus** zur Laguna Grande 12 €. **Geführte Ausflüge** mit Shuttle-Bus und Bike in die Bergwelt Gomeras können ab 34 € gebucht werden. Touren mit Abholung oder Bootsfahrt kosten 43 €. Die jeweils nächsten Touren werden auf der Tafel vor dem Laden bekannt gegeben. Neben dem Termin finden Sie dort auch den jeweiligen Schwierigkeitsgrad verzeichnet. Bike-Station, La Puntilla, ✆/✆ 922-805082, www.Bike-station-gomera.com, bike-gomera@cvt.es, Öffnungszeiten: Mo–Sa 9-13 und 17-20 Uhr.

Seit 1996 gibt es einen weiteren Bike-Verleiher in Valle Gran Rey: **Alofi Rentals** in Vueltas **(s. Karte S. 182, 26)**, ✆/✆ 922-805353, www.bike-center-gomera.de, Öffnungszeiten: Mo–Sa 9–13 und 16–20, So 10–13 Uhr. Es gibt hier außer **Mountainbikes** (Preise pro Tag ab 8 €) auch **Motorräder und Motorroller**. Eine Yamaha SR1 25 kostet 30 € pro Tag, eine Enduro Honda NX2 50 ist für 37 € zu haben und eine Yamaha XT6 00 kann man für 55 € täglich mieten. Die Preise sind inklusive Helm, Schloss und Haftpflichtversicherung. Für Mountainbiker gibt es **geführte Touren** (35 €, Minimum 8 Personen, plus 22 € für Bike-Transfer in die Berge, falls gewünscht). Ziele sind El Cedro, Playa de Santiago, Buenavista und Tazo.

Ein PS kann attraktiver sein als 70 oder 120: Ausritte im Burro Parque

Einkaufen

• *Supermärkte in La Playa*: Der größte im ganzen Valle Gran Rey ist der **Supermercado Albatros,** täglich (auch sonn- und feiertags) geöffnet. Hier gibt es sehr guten Ziegenkäse, und auch das übrige Sortiment ist ganz passabel. Aber auch der freundliche **El Callao** direkt an der Strandpromenade, **Supermercado La Playa** (neben der Gecko Bar), der **Supermercado** schräg gegenüber vom Tres Palmeras) und der **Supermercado El Barrio** (neben dem Rte. San Jose) haben von frischem Brot und Croissants bis zu Obst, Wurst, Gemüse, Käse und Toilettenartikeln alles, was man so braucht. Die meisten Supermärkte haben Mo–Sa ca. 8–14 und 16–20 Uhr geöffnet.

• *Supermärkte in Calera (s. Karte S. 177)*: Der kleine **Supermercado Tienda Victor (16)** neben dem Friseur ist der Treffpunkt der Einheimischen. Aber auch zahlreiche Touristen tummeln sich hier, was natürlich bedeuten kann, dass man schon mal eine Viertelstunde auf knusprige Croissants warten muss. Mo–Sa 8–13.30 und 17–20 Uhr. Weiter oben liegt der **Supermercado El Chorro**, der auch mal zur Abwechslung kalten Braten und Roquefort-Käse bietet. Auch sonn- und feiertags geöffnet hat der kleine **Supermercado La Calera** im unteren Calera zwischen der Zumeria Carlos und dem ÖkoTours-Wanderladen. Hier bekommt man auch täglich frisches Brot der Dulceria Canela. Täglich von 9-14 und von 16-22 Uhr geöffnet.

• *Supermärkte in Vueltas (s. Karte S. 182)*: **Supermercado El Puerto**, oberhalb von **Capitano Claudios Shop (21)**: Darüber hinaus gibt es weitere kleine Lebensmittelgeschäfte, den beliebten **Supermarket Valle Gran Rey** und den **Supermercado Olivier**, wo man neben Obst, Gemüse, Käse, Wurst, Milch und Joghurt auch tiefgefrorenes Fleisch kaufen kann. Täglich 8–13 und 16–21.30 Uhr. Außerdem gibt es noch den **Supermercado Anita**, wo man schönes (fast schon eine Seltenheit) Obst und Gemüse bekommt.

• *Supermärkte in Borbalán*: Im **Supermercado Borbalan** gibt es die üblichen Lebensmittel. Täglich 8–14 und 16–22 Uhr. Ein weiterer guter Einkaufstipp für Borbalán ist der **Supermercado Mercedes**, gegenüber der Appartementanlage Laurisilva.

• *Supermärkte in La Puntilla*: Gut und billig kann man im Supermercado **La Puntilla**

Valle Gran Rey
Karte Seite 153

Sandalen nach Maß vom Schuhmacher in La Calera

direkt neben der Bike-Station einkaufen – landwirtschaftliche Produkte, ökologisch angebaute Früchte und diätetische Lebensmittel. Im **Supermercado Charco del Conde** sowie im **Mini Market** – die beiden Supermärkte sind den größeren Hotelanlagen angeschlossen – gibt es außerdem gute Pflegeprodukte.

• *Bäckereien* Biobrot und Vollkornbrötchen werden im Dorf oberhalb von Calera (Casa de la Seda) gebacken – der Verkauf ist in der Bäckerei **El Guro**. Ein Fußweg (5 Min.) ist von der Tienda an der Hauptstraße ausgeschildert. Das leckere Brot wird aber auch in den meisten ortsansässigen Lebensmittelgeschäften verkauft.

Dulceria La Canela (s. Karte S. 184, 29), Borbalán). In dieser Bäckerei bekommt man jegliche Art von Gebäck, von der Schwarzwälderkirschtorte bis zu gomerischem Kuchen, Brötchen, Vollkornbrot etc. Man kann seinen Kuchen aber auch im Café selbst genießen – und zusätzlich noch eine der zahlreichen deutschen Illustrierten oder Zeitungen lesen. Sehr nett. Internetzugang vorhanden, 30 Min. für 1,50 €, 1 Std. für 3 €. Zu Gunsten der Tierschutzorganisation werden gebrauchte Bücher verkauft.

Dulcería La Ñamera (s. Karte S. 175, 5), La Playa. Kuchen, gomerisches Gebäck, Brot, Brötchen, Croissants – alles, was man zum Frühstücken braucht; zum Verzehr im Café vor Ort oder zum Mitnehmen.

• *Frischer Fisch* Bereits frühmorgens beginnt Felipe mit seinem Lieferwagen seine Runde durchs Tal. Durch den Lautsprecher preist er laut dröhnend seinen Fisch an; zwischen den Ansagen wird – nicht minder laut – kanarische Musik zum Besten gegeben.

• *Metzgereien* Die **Carnicería (s. Karte S. 184, 38)** in Borbalán (hinter der Post die Seitenstraße linksherum weitergehen) bietet frisches Fleisch, Wurst etc. Mi–Fr 8.30–13.30 und 16.30–20.30, Sa 8.30–14 Uhr.

In Vueltas bietet die **Carnicería Christopher** (neben dem Rte. La Salsa) Fleisch und deutsche Wurstwaren aus eigener Herstellung (✆ 922-806193). Außerdem im Programm diverse Käse und dienstags fangfrischen Fisch (an den übrigen Tagen dann auch eingefroren).

• *Gemüse/Obst* **Finca Ecologica Lomo del Riego (s. Karte S. 177, (33),** biologische Gemüsegärtnerei mit Hofladen unterhalb von La Calera hinter dem Busbahnhof. Öffnungszeiten in der Saison Mo-Do von 16-19 Uhr, Sa 8.30-13 Uhr. Außerhalb der Saison nur dreimal die Woche. Hier gibt es erntefrisches Obst und Gemüse, frische Kräuter und knackige Salate zu erstaunlich günstigen Preisen sowie eine große Auswahl an biologischen Lebensmitteln und Weinen.

• *Souvenirs/Vermischtes in La Playa (s. Karte S. 175)* **Oro y fotografía** (im Haus von Casa Rudolfo), ☏ 922-805583, 📠 922-805366. Goldschmiede und Meisterwerkstatt von Christine Müller-Connert: handwerklicher Gold- und Silberschmuck, Uhren, Parfüms und Accessoires, Geschenkideen. Mo–Fr 10–14 und 16.30–20.30, Sa 10–14 Uhr. Visa- und Mastercard werden akzeptiert.

Pepa´s Playa, Uhren und exklusiver Silberschmuck. Außerdem werden hier die Timah-Wanderungen angeboten.

Karnasgul, neben der Autovermietung La Rueda Mode und Accessoires.

Coral Jeans, gegenüber Taryas Schneiderei. Sportbekleidung, Freizeitmode und Diesel-Jeans.

Hiedra, neben der Autovermietung La Rueda. Schmuck, Uhren, Kleidung, auch für Kinder.

Bazar Paloma Blanca, ganz vorne an der Strandzeile von La Playa. Strandzubehör, Zeitungen und Zeitschriften, Spielzeug und vieles mehr.

Blan Blan, hinter dem größten Supermercado von La Playa, bietet exklusive Geschenke und Mitbringsel: Schmuck, Handtaschen, Mode.

La Raiz (22) Naturkostladen und Bio-Snackbar in La Playa an der Seite des Tourist-Office, Mo-Fr 10-15 und 18-20 Uhr. Claudia bietet hier mehrere täglich wechselnde, sehr leckere vegetarische Snacks an. Außerdem gibt es Vollwertkuchen aus eigener Herstellung. Auch telefonisch zu bestellen (☏ 660 480 412).

El Taller de Tanya (26), Schneiderei und Kreativwerkstatt in La Playa, außerdem schöne Kleiderkollektionen aus Leinen und Baumwolle. 10-13.30 und 15-18 Uhr.

Óptica Vermas (23), auf der ganzen Insel bekannter Optiker. Man bekommt alles rund um die Brille. Das Hauptgeschäft ist in San Sebastián.

Monte Verde, Audio, Video, Photo, Webmovies, Printservice. In La Playa im hinteren Teil des Edif. Normara gegenüber vom Rte. El Baifo.

Sportgeschäft (24), gegenüber der Bar-Internet. Eingang auch in der Parallelstraße.

Telefonica–Movistar-Laden, Verkauf von Handys und Zubehör. Daneben gibt es Stores und Dekorstoffe zu kaufen.

Laura, neben dem Rte. La Islita, Lederhüte, Gurte und Badetücher.

El Fotógrafo (8), ☏/📠 922-805654. Mo–Sa 9.30–14 und 17–20.30 Uhr. Neben Filmen und Entwicklungsservice gibt es hier mehr als

Boutique in la Calera

350 Postkartenmotive in verschiedenen Editionen und Formaten bis zur Postkartengröße, fotografiert von Ladeninhaber Thomas Müller, der seit mehr als 20 Jahren Wahlgomero ist. Hinzu kommen Bücher zu Gomera, deutsche und spanische Zeitungen. CDs – teilweise vom *el fotógrafo* selbst produziert (Las tres del Valle Gran Rey) – kann man hier probehören. Im hinteren Ladenteil gibt es Bademoden und auch einen Kopierer. El Fotógrafo, der auch einige Appartements vermietet, ist persönlich nicht mehr häufig im Laden anzutreffen. (siehe auch Porträt Castillo de Mar)

Zapatería Taller de Artesanía, zwischen La Playa und La Calera gelegen. Schuster, Schuhmacher und Lederhandwerk. Alle angebotenen Schuhe und Ledersandalen sind handgefertigt – auf Wunsch auch auf Maß. Ein Paar kostet ab 50 €. Außerdem: Ledergürtel, Taschen und Lederhüte, Geldbeutel, Schmuck. Leider werden hier keine Reparaturen durchgeführt (lediglich an hier gekauften Schuhen).

• *Souvenirs/Vermischtes in La Calera (s. Karte S. 177)*

ÖkoTours Trekkingläden (29) in Vueltas und Calera, ☏ 922-806216 Informationen und Anmeldungen zu Wanderungen. Wanderausrüstung wie Rucksäcke, Trekkingschuhe,

Wanderstöcke (auch im Verleih für 3 € pro Tag), Fleecejacken, Funktionsshirts, Zip-Hosen und vieles mehr. Außerdem bekommt man hier Postkarten und Briefmarken, Reiseführer und Wanderkarten sowie jede Menge Infos.

• *Souvenirs/Vermischtes in Borbalán (s. Karte S. 184)* **Bazar Esther (32)**, Wolle, Karten, Schuhe, Spielzeug, Babywindeln etc. Mo–Sa 8–13 und 16–20 Uhr.

La Estrella (35), Elke ist von La Calera nach La Playa und letztendlich nach Borbalán umgesiedelt. Das Geschäft ist liebevoll ausgestattet. Man bekommt Spiel- und Schreibwaren, Kinderbücher, Holzspielzeug, Mode, Schmuck, Mineralien und schöne, ausgefallene Karten. Elke verleiht auch Kinderrückentragen.

Seraphin, Borbalan an der Hauptstraße. Möbel, Kunstgewerbe, Schmuck, Accessoires und Kleidung. Mo-Sa 10-14 und 17-21 Uhr.

Algo Diferente, bietet Lava-Schmuck und T-Shirts mit Gekko- und Guanchenmotiven an der Hauptstraße nach Vueltas neben dem Rte. El Fuego.

Blumenladen (28),an der Ecke neben der Dulceria Canela.

Foto Playa (20), La Puntilla, ✆/📠 922-805273. Geöffnet Mo–Fr 10–13.30 und 17–20 Uhr. Fotobedarf und Filmentwicklung. Das Geschäft liegt neben der Pizzeria Pinocchio.

• *Souvenirs/Vermischtes in Vueltas (s. Karte S. 182)* **Bioladen Ansiria (31)**, Naturkostwaren, Naturkosmetik, Körner, Kräuter, Gewürze und Biogemüse, Trommeln, positive Wellen und alles, was die Bio-Esoterik-Szene sonst noch so braucht. Außer So täglich 9.30–13 und 18–21.30 Uhr. Die Boutique **El Baúl (7)** liegt direkt an der Hauptstraße und bietet T-Shirts, Kleider, Flicken-Latzhosen, Schmuck und Souvenirs.

Namasti, gegenüber vom Reisebüro Paloma. Silberschmuck, Ohrringe, verschiedene Steine, Kettenanhänger.

Daneben die Boutique **Black Market**, mit afrikanischem Kunstgewerbe und Schmuck sowie schönen Tüchern.

Wiederum nebenan **Anjas Tienda,** ein kleiner Modeladen mit geschmackvoll ausgesuchter Kleidung und Dekoration.

In der Seitengasse gegenüber **EO**, Esoterikladen mit Musik-CDs, Karten und Geschenken.

Circo (29), neben Alofi (Bikes). Ein Laden zum Stöbern mit reichlich Schmuck, Kleidern, Kunstgewerbe und vielem mehr.

Die **Galerías Guahedun** findet man im selben Haus wie den Supermercado El Puerto: Bilder, Spielzeug, Kleidung, Souvenirs und viel Kitsch. Mo–Sa 10.30–14 Uhr und 16–21 Uhr.

Arenas (28), Souvenir- und Schmuckgeschäft. Man findet hier Batik, Silber und Kleidung aus Indien und Nepal. Außerdem werden Uhren verkauft.

Larimar, Calle Abessinia, Mo–Fr 10–13.30 und 17–21 Uhr. Boutique mit Damen- und Herrenmode, Schmuck, Souvenirs, Kunsthandwerklichem sowie auf der Insel gefertigten Didgeridoos und Agaventrommeln.

Comercial Yuremar (19), Luftmatratzen, Kühlboxen, Holzkohle etc.

• *Souvenirs/Vermischtes in Puntilla* **La Cicara**, direkt neben Ap. Baja del Secreto. Souvenir- und Andenkenladen.

Librería/Papelería Puntilla (s. Karte S. 184, 2), hier werden deutsche Zeitschriften wie Stern und Bunte, Donald Duck, Schreibwaren und deutschsprachige Bücher verkauft. Außerdem gibt es Sonnenmilch, Ansichtskarten, Briefmarken, Spielzeug und Andenken. Mo–Sa 10–13 und 17–19 Uhr.

Librería/Papeleria Sacoha (s. Karte S. 184, 33), geöffnet 9–14 und 17–20.30 Uhr, Sa, So und an Feiertagen 9–14 Uhr. Reichhaltige Auswahl an Zeitungen und Zeitschriften (neben spanischen auch internationale), Schreibwaren, Bücher, Kopieren und Postkarten.

Übernachten im Valle Gran Rey

Das Angebot an Übernachtungsmöglichkeiten ist groß. Wer nicht auf gut Glück suchen will, wendet sich am besten an eine der folgenden Vermittlungsagenturen. Darüber hinaus sind alle auf S. 161 f. unter „Information/Reisebüros" aufgeführten Einrichtungen Ansprechpartner für Hotel- bzw. Appartementvermittlung.

Vermittlungsagenturen

Immobilien Carlos Alonso, Borbalán, ✆ 922-806015, 📠 922-805611, info@carlos-alonso.com. Verkauf von Immobilien und Grundstücken auf ganz Gomera sowie Vermietung von Häusern und Appartements im Valle Gran Rey.

La Paloma (s. Karte S. 182, 44), Vueltas, ✆ 922-806043, 📠 922-805685, www.gomera-tourismus.de, Lapaloma@gomera.de. Die deutschen Besitzer Conny und Klaus vermitteln jetzt schon seit vielen Jahren Unterkünfte im Valle Gran Rey. Im Angebot haben sie über 50 Optionen vom Appartement über individuelle Landhäuser im oberen Tal bis hin zur komfortablen Ferienanlage mit Pool. (siehe auch unter Reisebüros)

Servicios Integrados (s. Karte S. 177, 31), La Calera. Kostenloser Vermittlungsservice. Chef und Initiator des Ganzen ist der Gomero Ricardo Cabrera Cabellos, der als Einheimischer natürlich die besten Kontakte zu Appartementbesitzern hat. Im Vermittlungsbüro arbeiten aber auch Deutsche, sodass es keine Sprachbarrieren gibt: Deutsche, Englische und Spanische Vermittlungen sind sowohl vor Ort möglich als auch aus dem jeweiligen Heimatland über Fax, Telefon oder per E-Mail. Wichtig ist, dass all diese Serviceleistungen kostenlos sind und dass die Reisenden hier den gleichen Preis wie bei Direktbuchungen bezahlen, ihnen aber nervige Sucherei und Preisvergleiche erspart bleiben. Außerdem werden hier Wandertouren, Bootsfahrten und Mietwagen vermittelt. Mo–Fr 10–14 und 16–20 Uhr, Sa 10–13 Uhr, ✆ 922-805866, 📠 922-805863, www.gomera-service.com, info@gomera-service.com

Viajes Gran Rey (s. Karte S. 184, 13), Puntilla, ✆ 922-805480, 📠 922-805253. Die Privatfirma des Mediziners Dr. Manolo Piñero ist auch unter dem irreführenden Namen „Oficina Información" bekannt. Der gebürtige Gomero vermittelt seit 1982 Häuser, Zimmer und Appartements im Valle. Das Büro ist normalerweise Mo–Fr 10–14 und 17–19 Uhr, Sa 10–14 Uhr geöffnet. Gäste können hier auch Taxis vorbestellen und Auskünfte jeder Art einholen. Alle Unterkünfte sind mit Bad ausgestattet und verfügen über warmes Wasser. Je nach Saison und Aufenthaltsdauer werden Preisnachlässe gewährt. Pro Wohnung ist in jedem Fall ein Pass oder Personalausweis zu hinterlegen. Buchungen/Reservierungen sollten normalerweise 3 Wochen vor Urlaubsbeginn vorgenommen werden (zu Ostern und Weihnachten sind 4–8 Wochen empfehlenswert). Appartements gibt es über 100 in Manolos Angebot (im ganzen Tal verstreut, der größte Teil direkt am Meer). Die Preise: 12 Personen pro Nacht ab 25–50 €; für 4 Personen ab 36 € und für 6 Personen ab 63 €.

Manuel Trujillo y Trujillo, La Puntilla, ✆ 922-805129. Seit 1978 vermittelt der Jurist Manolo Trujillo Häuser, Bungalows und Appartements im Valle Gran Rey zu Preisen von 30–75 €. Sein eigenes Haus mit Garten findet man in La Puntilla. In der Nähe der Bar El Eden führt eine Treppe zu einem Gartentor. Für Reservierungen ruft man am besten rechtzeitig vorher aus Deutschland an. Herr Trujillo spricht fließend Deutsch. Er vermietet insgesamt 25 Appartements und Häuser, von denen 9 ihm selbst gehören. Deswegen ist sein Betrieb alles andere als anonym. So verlässlich Herr Trujillo als Vermittler ist, so sehr erwartet er auch von seinen Gästen, dass diese ihre Termine und Buchungen einhalten. Auch hier ist übrigens eine Mindestmietdauer von einer Woche zwingend vorgeschrieben. Buchungen für Weihnachten und Ostern sollten nach Möglichkeit schon im August des vorausgehenden Jahres eingehen – außerhalb dieser Hochsaison reicht meist eine Frist von 2 Monaten.

Alle Unterkünfte verfügen über Badezimmer mit Dusche und WC sowie Küchen mit Gas- oder Elektroherd. Außerdem haben alle einen Platz zum Draußensitzen im Garten oder Hof. Der Großteil der Unterkünfte liegt in La Puntilla und Borbalán in unmittelbarer Meeresnähe, in zweiter Reihe befindet sich nur ein kleines Haus mit 2 Appartements zwischen dem Edificio El Molino und Herrn Trujillos Haus. Das Aufstellen von Kinderbetten ist in allen Unterkünften möglich, deshalb sollten Sie diesen Wunsch ggf. bei der Buchung mit angeben. Auf Wunsch werden Herrn Trujillos Gäste mit dem Taxi von der Fähre abgeholt und bis zum Wohnungseingang gefahren. Ein willkommener Service, besonders für diejenigen, die mit der Abendfähre auf Gomera eintreffen.

Appartements für 2 und 3 Personen kosten ab 30 €.

Bungalows und Häuser sind zwischen 36 und 75 € zu haben. Einzelreisende müssen in jedem Fall mindestens ein 2-Bett-Appartement nehmen und auch voll bezahlen – ein Mitbewohner ist jedoch in der Regel bald gefunden.

Valle Gran Rey
Karte Seite 153

La Playa: gute Adresse zum Wohnen in Strandnähe

Übernachten in La Playa (siehe Karte S. 175)

Die große Appartementsiedlung am Weg zum Playa del Inglés bietet hauptsächlich Pauschaltouristen Unterkunft. Einige Appartements können aber auch individuell gebucht werden. Allerdings sollte man das mindestens vier Wochen (in der Hauptsaison gar Monate) vor dem Reisebeginn tun.

Las Tres Palmeras (31), Carretera Playa del Inglés, ✆ 922-80579, ℻ 922-805888, www.trespalmeras.com. Diese sehr geschmackvolle Appartementanlage mit großem Pool liegt direkt am Meer und wird hauptsächlich pauschal gebucht. Ein Appartement für 2 Personen kostet hier ab 45 € pro Tag (bis zu einer Woche), ab einer Woche wird auf 40 € reduziert, und wer länger als zwei Wochen bleibt, zahlt nur noch 38 € pro Tag.

Apartamentos Los Tarajales (33), Carretera Playa del Inglés, ✆ 922-805301, ℻ 922-805653, www.tarajales.net. Diese große Anlage mit 20 Appartements, 20 Studios und Pool im Hof ist fast ausschließlich pauschal von TUI belegt. Die Rezeption ist nur vormittags besetzt. 2-Personen-Appartement ab 50 €, Studio 46 €.

Apartamentos El Guirre (34), Carretera Playa del Inglés, ✆ 922-805401, ℻ 922-805509. Dieses roséfarbene Gebäude liegt am Ende der Hotelreihe Richtung Playa del Inglés. Viele Zimmer der 16 Appartements haben einen traumhaften Blick auf das Meer. Für diese malerisch gelegenen Appartements muss man ab 49 € pro Tag bezahlen. Die Rezeption hat vormittags von 9–13 Uhr und nachmittags 16.30–20 Uhr geöffnet.

Apartamentos Jardín Tropical (36), ✆ 922-805477, ℻ 922-805366, www.ferien-auf-gomera.de. Allein stehendes Anwesen am Hang von La Playa in ca. 500Meter Entfernung zum Playa del Inglés. Ganz oben hat Thomas Müller sein Domizil. Die Anlage umfasst 3 Appartements mit 2 getrennten Schlafräumen für jeweils 2 Personen (2 Personen 49 €, zusätzliche Personen je 8 €), und 3 kleinere, individuell eingerichtete Studios für 2 Personen (43 €) sowie 2 Studios für je 2 Personen (34 €). Das kleinste ist einer Schiffskajüte nachempfunden, Dusche außerhalb. Zu den Übernachtungspreisen kommt jeweils die Endreinigungsgebühr von 28 €.

Oasis (35), ✆/℻ 922-805017. 8 Bungalows und Studios mit deutschem Rasen und

Valle Gran Rey
Karte Seite 153

ultraputzigen Namen für die 3-Sterne-Unterkünfte (Spatzennest, Hühnerhof und Kaninchenbau). Innenhof mit Springbrunnen und Garten mit altem Baumbestand. Die Vermieter Elfriede und Alfred Pieper führen die ebenfalls im Innenhof gelegene **Galerie Oasis**. Für 2 Personen pro Tag von 40–60 €, plus 26 € Endreinigung.

Casa Rudolfo, ✆ 922-805195. Appartementbau direkt an der Strandzeile von La Playa. Die 11 Appartements sind auch über die Thomas Cook AG buchbar. Die Zweibett-Appartements haben eine schlichte Ausstattung, stolze 40 qm Fläche und werden mit deutscher Gründlichkeit geführt, zwei haben Meerblick. Eine Übernachtung kostet in der Hauptsaison 36 €, in der Nebensaison ist der Preis verhandelbar. Individualreisende sollten mindestens 4–6 Wochen vor Reisebeginn wegen freier Kapazitäten anfragen, aber auch direktes Nachfragen vor Ort kann Erfolg haben. Das Appartementhaus wurde gerade von Thomas Müller übernommen und wird momentan renoviert. Wie sich das auf die Preise auswirkt, bleibt abzuwarten. Anfragen an Christine Müller-Connert ✆ 922-805477, 📠 922-805366.

Pensión Lola (32), ✆ 922-805148, 📠 922-805400, lola@correo, www.teide.net/emp/lola. 12 Zimmer und 12 Appartements in einem großen mehrstöckigen Eckhaus. Einige Unterkünfte fallen ziemlich klein aus; einige Zimmer sind fensterlos, und in manchen Appartements ist die Küche in das Schlafzimmer integriert. Es lohnt sich also, vor einer definitiven Zusage das Gewünschte genau in Augenschein zu nehmen. Am billigsten wohnt man in den fensterlosen Doppelzimmern für 25 €, beliebt vor allem bei preisbewussten Einzelreisenden, die nicht zu Depressionen neigen. Die nicht viel größeren Dreibettzimmer kommen auf 30 €. Außerdem gibt es Appartements für 2, 3 und 4 Personen (je nach Ausstattung zwischen ab 30 €), in denen z. T. Klappbetten und Sofas als Schlafstätten herhalten müssen. Immerhin ist die Wirtsfamilie sehr nett, und die Unterkünfte sind (dem Standard entsprechend) relativ preisgünstig und sauber. Übrigens hält man hier viel auf Moral: Damen- bzw. Herrenbesuche sind auf den Zimmern nicht erwünscht. Anmeldung nur auf Spanisch.

Pensión/Apt. Las Jornadas (2), Avda. La Playa, ✆ 922-805047, 📠 922-805258, casamaria@terra. Die legendäre Unterkunft von Maria liegt im Herzen von La Playa. Das Meer ist nur einen Steinwurf entfernt, und abends wiegt einen die Brandung in den Schlaf. Für die einfachen Doppelzimmer, mit denen auch Einzelreisende vorlieb nehmen müssen, zahlt man ab 20 €. Eine Dusche und ein Waschbecken haben gerade noch Platz darin. Für eine Person kostet die Übernachtung 14 €, teilweise haben die Zimmer kein Bad. Die sanitären Anlagen, die etagenweise genutzt werden, sind einfach. Alle Zimmer haben entweder einen kleinen Balkon oder direkten Zugang zur großen Dachterrasse. Kleine Mängel werden gerne in Kauf genommen, denn schließlich fühlt man sich hier im Mittelpunkt des Geschehens. Das Restaurant im Erdgeschoss stört übrigens kaum, weil es relativ früh schließt. Frühstück oder gar Vollpension lassen sich mit der Hausherrin vereinbaren. Die komfortablen 2- bzw. 3-Personen-Appartements Conchita im Eckhaus neben der Casa Rudolfo können ebenfalls in der Bar erfragt werden. Zu Ostern und Weihnachten ist eine telefonische Reservierung mindestens 6 Wochen vor Urlaubsbeginn unumgänglich.

Apartamentos Eladio (27), ✆ 922-805124. Angenehmes Haus mit einer Hand voll Appartements schräg gegenüber der Pensión Lola. Kleine Kinder sind besonders willkommen. In der Rezeption wird man in der Regel nicht von der freundlichen Wirtin, sondern von einer Lichtschranke empfangen, die erstere rasch alarmiert. Der Preis für die 2-Bett-Appartements beträgt je nach Saison und Komfort (z. T. mit Balkon) um 30 €, die der 3-Bett-Appartements um 36 €. Zumindest rudimentäre spanische Sprachkenntnisse sind notwendig.

Casa Domingo (3), ✆ 638714408. Hier handelt es sich um den Wohnblock hinter der Pensión Las Jornadas (am Weg nach La Calera). Nur ein Teil der Wohnungen in diesem Haus wird als Appartements an Urlauber vermietet, der Rest wird von Gomeros bewohnt. Auch wenn das mehrstöckige Gebäude von außen keinen sehr einladenden Eindruck macht, die Wohnungen selbst wirken ganz hübsch und sind großzügig geschnitten: große, helle Wohnküchen, saubere, gekachelte Bäder und alle mit Balkon und Meeresblick. Preise je nach Saison und Größe (2–5 Personen): 25–30 €. Für die Monate Dezember und Januar sollte man mindestens 4 Wochen vor Urlaubsbeginn reservieren (auf Deutsch möglich).

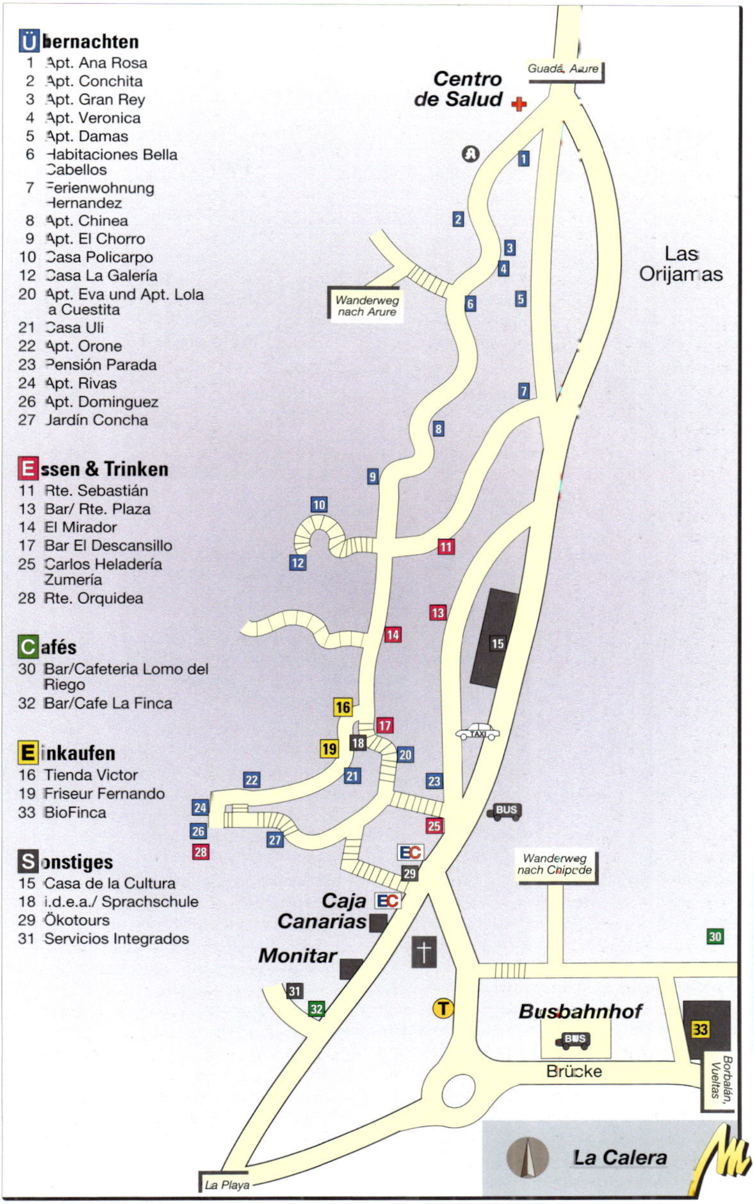

Valle Gran Rey
Karte Seite 153

Übernachten in La Calera: lieber mit Blick aufs Meer ...

Apartamentos Amalia (12), 2 Appartements für 2–3 Personen, eins davon mit Meeresblick, das andere mit Sicht über die Bananenplantagen nach La Calera, dafür Straßengeräusche. Nett eingerichtet. Bezahlen muss man ab 30 €. Einzelreisende, die bis zu einer Woche bleiben, können mit der netten Señora, die ruhige Gäste bevorzugt, einen besseren Preis aushandeln (nur wenn sie etwas Spanisch sprechen).

Apartamentos San José (17), ✆ 922-805493. Appartement für 2 Personen ab 28 € (HS 40 €), für 3 Personen 36 €. Vermieter ist der Wirt des gleichnamigen Restaurants.

Apartamentos Bello (6), Avda. de la Playa, ✆ 922-805115. 6 Appartements teilweise mit Meerblick für 2 Personen zu Preisen von 30 €, für 3 Personen 35 €. Information in der Bar Yaya an der Strandzeile.

Apartamentos Balcón Canario (9), ✆ 922-805175 oder 922-805513. 6 Appartements für 2 Personen 40 €, für 3 Personen 35 €. Die großen Appartements (40 qm) werden täglich gesäubert. Information in der Heladería/Zumería Gran Rey an der Strandzeile von La Playa.

Pensión Playa Mar (5), Avda. de la Playa, ✆ 922-806009 Der Konditor Juan Carlos aus dem Café La Namera im selben Gebäude vermietet 4 Studios mit Meerblick und einige Zimmer zum Innenhof (15–18 €) sowie ein großes Appartement (ab 30 €).

Apartamentos Las Mozas (18), 27 neue Appartements in verschiedenen Größen für bis zu 5 Personen mitten in La Playa. Mit Dachterrasse und kleinem Pool. Buchbar über die Thomas Cook AG.

Apartamentos Vistamar (11), ✆ 922-805499 oder 922-805692, ✆ 922-805525. Nur zwei der 8 Appartements haben Meeresblick.

Appartamentos y Estudios, ✆ 922-805672.

Apartamentos Bolts, ✆ 922-805017. 2 Appartements für 3–4 Personen.

Apartamentos Carlos, ✆ 922-805052. 3 Appartements für 2–3 Personen.

Übernachten in La Calera (siehe Karte S. 177)

Casa La Galería (12), ✆ 922-805477, ✆ 922-805266, www.ferien-auf-gomera.de. In der Galeria des *El fotógrafo* Thomas Müller können 3 Appartements (25 qm) mit Sonnenterrasse für 39 € gemietet werden. Die drei weiteren sind etwas größer, haben einen separaten Schlafraum und ebenfalls eine Sonnenterrasse. Sie kosten 44 €. Hinzu kommt die Endreinigungsgebühr von 28 €. Zugang über eine steile Treppe. Außerdem gehören Müller auch noch die sehr schön eingerichteten Appartements Casa Policarpo.

Casa Policarpo (10), ✆ 922-805477, 🖷 922-805266 www.ferien-auf-gomera.de. Schräg gegenüber von La Galería am Hang gelegen und über eine steile Treppe zu erreichen. Modernes Haus mit 3 hellen Studios mit Schlaf-/Wohnraum und Sonnenterrasse für 2 Personen 39 €. Das kleine Turmzimmer (19 qm) mit kleinem Balkon, Hochbett und Dachfenster mit Blick in den Sternenhimmel kostet 31 € für 2 Personen. Jeweils plus Endreinigung 28 €. Zu Fuß nach La Playa ca. 25 Minuten.

Jardín Concha (27), ✆ 922-806063, nach 20 Uhr 922-805007, 🖷 922-806064. Sehr schön gelegen mit Blick auf den hübschen Garten und mit Blick zurück in die touristische Pionierzeit im Valle. Damals machte die „Concha-Maria" mit 4 oder 5 primitiven Räumen den Anfang in der „Zukunftsindustrie" Zimmervermietung. Ihr folgte übrigens bald die „Strandterrassen-Maria" mit der Pensión Las Jornadas. Die heute insgesamt 9 kleinen Zimmer in dem verwinkelten Anwesen mit Garten wurden inzwischen im altkanarischen Stil renoviert und bieten viel Atmosphäre. Allerdings sind sie auch nicht gerade billig: 24–27 €. Mit Etagenbad. Es gibt auch Appartements ab 30 €. Der Versuch einer telefonischen Reservierung ist übrigens aussichtslos, weil eine Anzahlung verlangt wird.

Pensión El Olivar, ✆ 922-805700 oder 922-806186 (Rezeption 10–13 und 17–20 Uhr) Handy: 680-634840, ampesamu@airtel.net Neben der Tienda María vermieten die Deutsche Andrea und der Gomero Pedro 1 Appartement und mehrere günstige Zimmer. Mit schöner Dachterrasse.

Apartamentos Dominguez (26), ✆/🖷 922-805030. Die Tochter des Besitzers Señor Dominguez bietet 14 Appartements mit Meerblick von Balkon oder Dachterrasse, einige haben eine Gemeinschaftsküche. Für 2 Personen 20–30 €, für 3–4 Personen 38 €. Nur wenige Meter weiter liegt das empfehlenswerte Terrassenrestaurant Orquidea, das der alteingesessenen Familie gehört und einen schönen Blick nach La Playa bietet (s. „Essen & Trinken in La Calera", S. 191). Außerdem vermietet der freundliche Besitzer noch Appartements in La Puntilla.

Apartamentos El Contero, ✆ 922-805056. Das weiß gestrichene Haus von 1921 liegt relativ weit unten im Dorf, wer hier wohnt, muss nicht viele Treppen steigen. Hohe Räume und schöner Blick von der Dachterrasse. Doppelzimmer mit Kochgelegenheit für 22 €.

Apartamentos Chinea (8), über dem Supermarkt El Chorro, ✆ 922-805032. Bis zu 5 Personen können diese Appartements ab 35 € bewohnen.

Apartamentos Ana Rosa (1), ✆/🖷 922-805623. 4 große, helle und moderne Appartements für maximal 3 Personen (Klappsofa) in einem schön renovierten Haus mit tollen Holzbalkonen blitzsauber. Es liegt am oberen Ortsrand in Las Orijamas. Ab 22 € pro Person. Im selben Haus werden im Erdgeschoss noch 3 Zimmer mit Kochmöglichkeit vermietet. 2 Personen zahlen 30 €, 3 Personen 36 €. Anmeldung im Haus rechts neben der Apotheke.

... oder die Berge?

Apartamentos Orone (22), ✆ 922-805283. Ein großes Appartement mit insgesamt 5 Betten im Erdgeschoss und weitere sehr einfache Appartements für bis zu 3 Personen im 1. Stock; alle mit Bad, Küche und Benutzung der Terrasse mit Meerblick. 2 Personen zahlen 24 €, 3 Personen 30 €.

Habitaciones Bella Cabellos (6), ✆ 922-805182. 5 einfache Doppelzimmer (2 Personen zahlen ab 30 €, 3 Personen 25 €) in zwei stilvoll renovierten Häusern in ruhiger Lage. Küchenbenutzung möglich. Klopapier muss mitgebracht werden. Auf der Veranda kann man gut frühstücken. Außerdem gibt es noch ein Appartement für 4 Personen zum Preis von 40 €. Fast immer ausgebucht.

Apartamentos Damas (5), ✆ 922-805375. Liegt an der unteren der zwei alten Dorfstraßen hinter der Pensión La Concha. 2 nette Appartements mit viel schattigem Grün und Blumen auf den zugehörigen Terrassen kosten für 2 Personen ab 30 €. Der freundliche Señor Damas hat auch einen Taxi-Service unter der gleichen Telefonnummer.

Habitaciones Rafaél, ✆ 922-805520. Sehr einfache Zimmer mit jeweils 2 Betten und einem Stockbett. 2 Personen zahlen 15 €, 3 Personen 20 €. Auskunft und Reservierung im Kunstgewerbeladen im selben Gebäude.

Ferienwohnung Hernandez (7), ✆ 922-805103. Die 2 kleinen, nicht sehr hellen Appartements für 2 Personen kosten jeweils 30 €.

Apartamentos Rivas (24), ✆ 922-805068. Mit kleinen, einfachen Zimmern in der Nähe des Restaurants Orquidea, mit schönem Blick auf die Palmen, die Bananenplantagen und das Meer. Dachterrasse. 2 Personen zahlen 30 €, 3 Personen 36 €.

Apartamentos Gran Rey (3), ✆ 922-805039. In Las Orijamas, dem oberen Teil von La Calera. Die Hauptstraße, die durch das Valle Gran Rey bis La Playa führt, ist von hier aus tagsüber etwas zu hören. Hübsche, kleine Appartements für bis zu 5 Personen. 2-Personen-Appartement ab 24 €, 3-Personen-Appartement ab 30 €, 4-Personen-Appartement 36 €.

Bella Vista Appartements, ✆ 922-805151. Die zwei großen 2- bis 3-Personen-Appartements sind am höchsten Punkt La Caleras gelegen und bieten einen sehr schönen Ausblick. Ab 30 €.

Casa Karin, 2 Studios oben am Hang mit tollem Ausblick für 2 Personen ab 24 €.

Casa Uli (21), ✆ 922-805035, über Deutschland unter 069/731867 buchbar. Gegenüber dem Friseur steht ein kleines Haus mit kleinem Garten und 2 Appartements mit Meerblick für insgesamt 7 Personen. 2 Personen zahlen im oberen Appartement ab 31 €, im unteren, etwas kleineren Appartement mit direktem Zugang zum Garten ab 26 €.

Sebastián, ✆ 922-805270. Über dem Restaurant Sebastián werden 2 Doppelzimmer mit Küche angeboten. Sehr klein, aber billig.

Pensión Parada (23), ✆ 922-805052. Sie liegt direkt an der Plaza von La Calera, also sehr zentral. In einigen Zimmern hört man deshalb den Lärm der Hauptstraße ziemlich deutlich. Auf den Etagenklos mit Dusche fehlt häufig das Klopapier. Immerhin sind die Betten nicht durchgelegen, unter den Matratzen liegt statt eines Lattenrosts jeweils eine Spanplatte. Die einfachen Zimmer mit Kleiderschrank sind relativ groß, könnten aber sauberer sein. Außerdem fehlen gelegentlich Handtücher. Wegen der günstigen Lage und Preise (Doppelzimmer 18 €) ist die Pension sehr begehrt. Sonntags ist die Rezeption (bzw. die darunter liegende Bar) nicht besetzt.

Casa Lupa, dieses hübsche Haus gehört Deutschen. Die Zimmer haben Terrasse, Küche und Bad. Die Preise sind saisonabhängig.

Apartamentos Conchita (2), Unterkünfte für 2–5 Personen, ✆ 922-805452 und 922-805047.

Apartamentos Mesa, ✆ 922-805699. 6 Appartements mit insgesamt 16 Betten.

Apartamentos Eva (20), ✆ 922-805145. Das Appartementhaus liegt unten am Ortseingang nach La Calera. Wer hier wohnt, braucht keine Treppen zu steigen. Hier werden auch kleine Häuser vermietet.

Apartamentos El Chorro (9), ✆ 922-805291 oder 922-805077. Vier gepflegte Appartements mit Meerblick unterhalb des Supermarkts El Chorro. Dort kann man auch fragen, ob etwas frei ist. Für 2 Personen ab 30 €.

Apartamentos Lola la Cuestita (20), ✆ 922-805145. Appartements am Fuße von La Calera, sodass man keine steilen Treppen oder Gassen steigen muss. Ab 24 € für 2 Personen, je nach Saison auch etwas günstiger.

Apartamentos Veronica (4), ✆ 922-805453.

Übernachten in Vueltas (siehe Karte S. 182)

Apartamentos Avenida (50), ✆ 922-805461. Der viergeschössige Bau liegt an der Hafenpromenade Richtung Charco del Conde, ist nur einen Steinwurf von der Brandung entfernt und wird als Low-Budget-Pension unter Travellern weiterempfohlen. Je nach Saison kosten die sehr einfachen 2-Bett-Appartements mit Wohnküche, Dusche und WC zwischen 18 € und 24 €. Information im 1. Stock.

Apartamentos Montesinos (17), ✆ 922-805048 (oder 922-285675 auf Teneriffa). 2–6 Personen finden in diesem Appartement ab 30 € Platz, das zwischen dem Supermercado Agana und Comercial Yuremar im Herzen von Vueltas liegt. Mit 3 Schlafzimmern, Küche, Bad, WC und Wohnzimmer ist es üppig ausgestattet. Kinder sind allerdings unerwünscht. Die Mindestmietdauer beträgt eine Woche. Der Besitzer vermietet auch Zimmer (2 Personen 24 € mit Bad auf dem Gang.

Apartamentos Yuremar (16), ✆ 922-805482, ✆ 922-805360 (oder ✆ 922-281413 auf Teneriffa). Liegt zentral im Ortskern. Bis zu 5 Personen können in einem der großen Appartements untergebracht werden. 2 Personen zahlen ab 30 €, 3 Personen ab 42 € pro Nacht (saisonale Preisänderungen!). Ermäßigungen bei Mietdauer von über einer Woche.

Pensión Candelaria (3), ✆ 922-805402. Sehr einfache Zimmer für 2 und 3 Personen in relativ ruhiger Lage oberhalb der Pension Vueltas. Im Hof kann man frühstücken. Obwohl es sicherlich komfortablere Unterkünfte gibt, ist die Pension häufig ausgebucht. Preis pro Zimmer und Nacht um 20 €, Appartements für 2 Personen ab 25 € und Appartements für 4 Personen ab 30 €.

Pensión Vueltas (12), ✆ 922-805216. Die freundliche Besitzerin vermietet ihre Räume je nach Komfort und Saison zu folgenden Preisen: Doppelzimmer 25 €, Appartement für 2 Personen 30 €.

Apartamentos Vidal (39), ✆/✆ 922-805275. Großer Neubau im Zentrum von Vueltas mit insgesamt 12 Appartements, leider kein Meerblick. Kinder sind ausdrücklich willkommen. Pro Person je nach Komfort und Saison ab 30 €, allerdings mit Gemeinschaftsküche und -bad. Ein Appartement auf der Dachterrasse kostet ca. 35 €, je nach Saison. Die größeren Appartements mit Balkon sind je nach Aufenthaltsdauer und Personenanzahl etwas teurer (in der Hauptsaison bis zu 60 € für 5 Personen).

Apartamentos Columbus (6), ✆ 922-806013. Dreistöckiger Neubau direkt am Hafen. Die unübersehbar angebrachte detaillierte Hausordnung erklärt auch in Deutsch ganz genau, was man tun und lassen darf. Ein 2-Bett-Appartement ist ab 30 € zu haben.

Apartamentos Humberto (18), ✆ 922-805451. Gehört zu den besseren Adressen in Vueltas und ist auch über Reiseveranstalter buchbar. 2 Personen zahlen zwischen 30 und 35 €.

Apartamentos Colón (11), ✆ 922-805451. 6 nobel und schick eingerichtete 2-Bett-Appartements ab 33 €. Mit Frühstück und deutschem TV.

Apartamentos Sixto (14), ✆ 922-805332. Señor Sixto Gonzalez Chinea vermietet 3 Appartementwohnungen in einer kleinen Straße gegenüber von Capitano Claudios Shop (21) zentrale Lage). Das obere 2-Bett-Appartement mit Terrasse (die darf von den anderen Mietern mitbenutzt werden) kostet 30 €, das untere 2-Bett-Appartement 25 €, das 3-Bett-Appartement ist für 35 € zu haben.

Apartamentos Navarro (33), ✆ 922-805107. Liegt gegenüber dem Supermercado Valle Gran Rey in einer Kurve am Ortsausgang von Vueltas (Richtung Borbalán). Die komfortablen Appartements im 2. Stock des Hauses kosten für 2 Personen 40 €. Eine dritte Person kann gegen einen Aufschlag untergebracht werden. Es gibt eine Dachterrasse mit Blick aufs Meer. Darüber hinaus vermietet derselbe Besitzer auch noch einfachere Appartements in einem anderen Haus für 25 (2 Personen) bzw. 35 € (3 Personen). Hier sollten allerdings nur Geräuschunempfindliche einziehen, da die Straße und die Bushaltestelle direkt vor der Tür liegen.

Apartamentos Olivier II (35), ✆ 922-805180. 4 Appartements in einem Neubau kurz hinter dem Kreisel Richtung Hafen. Helle Kiefernmöbel, Balkon zum Meer und Dachterrasse. Informationen auch im Supermercado Olivier. Für 2 Personen:25–30 €. Der Besitzer hat noch weitere Appartements in Vueltas.

Apartamentos Elias (36), ✆ 922-805185. Zu den bereits länger vorhandenen 4 netten,

sauberen Studios sind schräg gegenüber 5 neue, geräumige Appartements für 2–5 Personen hinzugekommen (über der Boutique El Baul). Ab 30 € (für 2 Personen) bis 38 € (für 4 Personen).

Apartamentos Yenay (5), ✆ 922-805112. Diese am Hang gelegenen Appartements, in denen auch viele Spanier wohnen, kosten von 18 € (für 2 Personen) bis 30 € (für 4 Personen).

Apartamentos Miguel (9), ✆ 922-805413. Mehrere Appartements und eine Dachwohnung mit 2 Terrassen im Zentrum von Vueltas verstreut, auch am Hang zwischen Ap. Jobel und Ap. Yenay. 2-Personen-Appartement im Sommer 23 €, in der Hauptsaison 30 €, 3-Personen-Appartement 45 €.

Apartamentos Amaya, ✆ 922-805750 oder Handy 660617700. Neue, saubere Appartements am Hafen in einem Haus mit dem

Fitness-Studio La Fortaleza. Preis je nach Saison und Personenzahl ab ca. 30 €.

Apartamentos Casa Pablo El Pescador (18), ✆ 922-805179, 📠 922-805757. Einige einfache Zimmer und insgesamt 9 Appartements auf drei Häuser in Vueltas verteilt, davon 5 große und 4 kleine. Die Zimmer kosten je nach Saison zwischen 19 und 25 €. Die Appartements meist mit Meerblick vermietet der freundliche ehemalige Fischer zwischen 32 und 37 € für 2 Personen und zwischen 42 und 55 € für 3–4 Personen.

Apartamentos La Montaña (42), ✆ 922-800802. 3-Personen-Appartement ab 30 € je nach Saison.

Apartamentos Guahedur (17), ✆ 922-805024. 6 Appartements mit 18 Betten. Auskunft im gleichnamigen Laden.

Apartamentos y Habitaciones Jobel, Haus mit insgesamt 4 Appartements oberhalb der Boutique El Baúl. Für 2 Personen ab 24 €.

Apartamentos America, ✆ 922-805462.

Apartamentos Erasmo (8), ✆ 922-805180. Appartementhaus mit 11 Appartements in ruhiger Gasse am Hang, aber noch zentral gelegen. Ab 24 € für 2 Personen.

Apartamentos Abraham (1), ✆ 922-805424. Oberhalb von Ap. María Isabel am Hang gelegen. Schöner Blick, vor dem Haus mit dem Auto kaum Wendemöglichkeit. Ab 24 € für 2 Personen.

Apartamentos Berta (20), ✆ 922-805327. Große Appartements mit Sonnenterrasse für 4–5 Personen. Zur Wahl mit einem, zwei oder drei Schlafzimmern. Zwischen 30 und 55 €.

Apartamentos María Isabel (2), ✆ 922-805453. Von der Bar Zumería II aus führt die Straße ca. 50 m steil hinauf. Hier wohnen meist junge Traveller. Man hat viel Ruhe, wohnt nahe der Steilküste und hat die Wahl zwischen einfachen Zimmern ab 15 €, Appartements ab 22 € oder kleinen Holzhütten mit Gemeinschaftsbad und Küche, die man auch monatlich mieten kann.

Apartamentos Celia, ✆ 922-805260.

Apartamentos Cabellos (41), ✆ 922-805132.

Übernachten in La Puntilla (siehe Karte S. 184)

Hotel Gran Rey (10), ✆ 922-805859, 📠 922-805651 oder 922-805944, www.hotel-granrey.com, webmaster@hotel-granrey.com. In diesem großen Hotelkomplex mit 99 Doppelzimmern gibt es Komfort der Extraklasse: Dachterrasse mit Pool, Minibar, Zimmersafe, Tennisplatz, Zimmer mit Balkon und Klimaanlage und Meeres- oder Talblick. Um im Meer zu baden, überquert so mancher Gast im Hotelbademantel die kleine Avenida Marítima. Frühstücken kann man meist auf der Terrasse im dritten Stock, Meerblick inbegriffen. Für diesen Luxus muss der Reisende für ein Einzelzimmer in der Wintersaison zwischen Januar und April rund 52 € und in der Vorsaison von Mai bis Juli 55 € bezahlen. Ein Doppelzimmer kostet 39 € bzw. 42 €, Hauptsaison ist in der Osterwoche sowie Weihnachten bis zum 6. Januar: Zu dieser Zeit kostet ein Doppelzimmer 62 €, ein Einzelzimmer 82 €. Das Frühstück ist jeweils inklusive, das Abendessen kostet 13 €. Hinzu kommen 5 % Steuern. Für Kinder bis 6 Jahre werden nur die Mahlzeiten berechnet, zwischen 6 und 12 Jahren bekommen Kinder 50 Prozent Ermäßigung. Das Hotel ist pauschal über die großen Reiseveranstalter buchbar.

Charco del Conde (14), ✆ 922-805597 oder 922-805528, 📠 922-805502, www.charcodelconde.com, info@charcodelconde.com. Riesenanlage mit über 100 normierten Einzelbehausungen am Baby-Beach. Obwohl der Betonbau mit drei zweistöckigen Wohngebäuden steril wirkt, haben die meisten der oberen Zimmer einen schönen Blick aufs Meer, aber die zum Innenhof mit Pool gerichteten Zimmer sind nachts ruhiger. Die weitaus größte Zahl der Gäste sind Pauschalurlauber von Tjaereborg und Jet-Reisen; Individualreisende werden hier mit 48 € für ein 2–3-Personen-Appartement und 42 € für die etwas kleineren Studios zur Kasse gebeten.

Hotel Jardín del Conde (16), ✆ 922-806008, 📠 922-805385, www.jardindelconde.com, info@jardindelconde.com. Mit Kindern ideal, denn das zweistöckige Haus liegt direkt am Baby-Beach. Terrassen und Balkone der 74 Appartements mit Kocheinheit umgeben einen großen Innenhof mit Pool. Buchbar über ITS und die Thomas Cook AG, für Individualreisende ab 49 €. In dem Gebäudekomplex ist alles untergebracht, was man so braucht vom Souvenirshop bis zum Mini-Supermarkt.

Punta Marina (5), ✆ 922-806003, 📠 922-805503. Dieses exklusiv anmutende Haus fällt durch eine dunkelrot gestrichene Fassade

Valle Gran Rey
Karte Seite 153

und einen Leuchtturm auf, ein bauliches Element, das zur Meeresnähe passt. Mit Pool. Die Appartements sind mit dunklen Holzmöbeln eingerichtet. Münzwaschmaschine mit Trockner und Bügelmöglichkeit vorhanden. Ab 50 € bzw. über TUI buchbar.

Aparthotel Baja del Secreto (6), ✆ 922-805709, ✆ -929, www.bajadelsecreto.com, bajadelsecreto@navegalia.com. Dieses komfortable Hotel ist in Hanglage gebaut. Von den oben liegenden Appartements führt eine Treppe herunter zum Baby-Beach. Den Gästen wird ein Pool und eine Dachterrasse geboten. Ein Doppelzimmer kostet zwischen 40 und 48 €, ein Appartement mit zwei Schlafzimmern ab 70 € (je nach Saison). Pauschal buchbar bei TUI.

Hotel Paraíso del Conde (4), ✆/✆ 922-805921, ✆ 922-805531, www.paraisodelconde.com, paraisodelconde@airtel.net. Komfortable und elegante Anlage direkt am Meer mit 12 Appartements und kleinem Pool. Zimmer mit Telefon, Safe und Fernseher. Reservierung von Deutschland aus ist an Wochentagen telefonisch zwischen 10 und 11 Uhr bei Ingrid Schreiber möglich. Preise sind saisonabhängig (ab 58 € plus 5 % MwSt., 3. Person 6 €).

Apartamentos Sansofe (3), ✆ 922-805535. Zwei große und drei kleine Appartements mit Meerblick, je nach Saison ca. 35 und 20 €. Verhandeln kann nützen. Mit Dachterrasse. Direkt an der Küstenstraße gelegen.

Apartamentos La Condesa, ✆ 922-806043. Haus mit drei Stockwerken an der Straße zwischen Vueltas und La Puntilla Insgesamt 26 Zimmer mit Meerblick und Balkon, die pauschal gebucht werden können. Preis für ein Appartement ab 40 €.

Apartamentos El Bajío, ✆ 922-8055481. Insgesamt 7 Appartements mit Balkon; in Strandnähe direkt neben dem Hotel Gran Rey. Zimmer mit Balkon ab 30 €.

Blick nach La Playa vom Dach des Hotels Gran Rey

Residencial El Conde, ✆ 922-805233, ✆ 922-806126, www.residencialelconde.com, info@residencialelconde.com. Schöne neuere, relativ kleine Appartementanlage mit Schwimmbecken. Preise (je nach Saison) findet man im Internet.

Übernachten in Borbalán (siehe Karte S. 184)

Complejo Laurislava (24), ✆ 922-805817, ✆ 922-805825. Zwischen 46–50 €, je nach Saison. Diese große Appartementanlage beherbergt hauptsächlich Pauschaltouristen. Es gibt Appartements mit Terrasse zum Pool im Innenhof und Appartements Richtung Straße. Hier kann es etwas laut werden.

Apartamentos Borbalán (34), ✆ 922-805021, ✆ 922-805866. Am Ortsrand und umgeben von Bergen liegt diese ruhige Anlage mit 7 Appartements, Pool, lauschigem Garten mit Obstbäumen und Palmen. Zum Meer geht es am Restaurant El Palmar vorbei etwa 500 m durch Bananenplantagen. Der Garten wird auch von den Gästen der Finca la Roseta genutzt. Beide Anlagen sind meist von TUI-Gästen belegt.

Finca La Roseta (26), ✆ 922-805515. Individuelle Reservierung nur kurzfristig, eher in der Nebensaison möglich. 12 Appartements ab 58 €. Edel eingerichtet mit Massivholz und Mamor.

Apartamentos Williams (36), ✆ 922-805646. Etwas außerhalb zwischen Vueltas und Borbalán gelegen. 2-Personen-Appartement ab 30 €, 3-Personen-Appartement 35 €.

Apartamentos Barrea (39), ✆ 922-805116. Gemütliches, abgelegenes Häuschen, schon fast am Rand von Vueltas gelegen. Die sehr freundlichen Vermieter bieten Appartements mit je 2 Betten und einer Liege an. Zwei Personen zahlen pro Tag ab 24 €, drei Personen 30 €. Die Zimmer machen einen sauberen Eindruck. Dachterrasse und Sitzmöglichkeit im idyllischen Garten des Hauses unter Avocadobäumen. In der Garage kann man die lärmende Vogelsammlung des Hausherren bewundern.

Apartamentos El Platanal (21), ✆ 922-805124. Dieses zweistöckige, schöne, gelbe Gebäude befindet sich direkt an der Straße von La Calera nach Borbalán zwischen Bananenpalmen. Von den 7 Appartements hat man einen sehr netten Blick über die Bananenplantagen Richtung Meer. Die Preise sind saisonabhängig (ab 20 €).

Casa Simón (22), ✆ 922-805957. Alleinstehendes weiß gestrichenes Hotel und Restaurant an der Carretera General zwischen Borbalán und La Calera. Sven und Sylvia vermieten die große Wohnung im oberen

Teil des Hauses (2 Schlafzimmer, 1 Wohnzimmer inklusive Dachterrasse mit Blick über die Bananenplantagen zum Meer an 4 Personen für 50 € und an 6 Personen für 60 €. Unten betreiben sie eine kleine Pension und vermieten Zimmer mit Gemeinschaftsbad ab 18 €.

Apartamentos Iballa (31), ✆ 922-805152. 24–30 €. Man kann die Appartements im Bazar Esther mieten, wo ansonsten auch ganz einfache Zimmer zu haben sind. Ohne Fenster, dafür jedoch sehr preisgünstig. Schräg gegenüber der Apartmentanlage Laurisilva.

Villa Aurora, ✆ 922-805053. Doppelzimmer für 25 €, Appartements für 30 €. Alte Villa mit schönen Garten, allerdings mit Gemeinschaftsbad und -küche.

Apartamentos Mendoza, ✆ 922-805446. Diese Appartements liegen fast schon in Vueltas (neben Apartamentos William).

Apartamentos Canario, ✆ 922-805139. Diese kleinen Appartements liegen in einer ruhigen Seitenstraße.

Apartamentos Alpina, ✆ 922-805128.

Apartamentos Indalecio, ✆ 922-141456.

Apartamentos El Mago, ✆ 922-805460. In der Nähe der Schule. Mit Dachterrasse und Holzbalkonen.

Apartamentos Palomera II, ✆ 922-805129.

Übernachten in Guadá

Die Reisebüros und Zimmervermittler vor Ort (s. Seite 161f. u. 172f.) bieten auch einige wenige Unterkünfte im oberen Tal an. Aber die beste Möglichkeit, hier etwas schönes und günstiges zu finden, ist fragen: Taxifahrer, in Bars und Geschäften. Oder vielleicht unten in Vueltas im Café der anderen Art nach der Villa Q bzw. Kunterbunt fragen nach Björn fragen, der in El Guro mehrere schöne Häuser für Individualisten, Wanderer und Naturliebhaber vermietet. Ein wenig Glück gehört natürlich auch dazu.

Villa Q, Retamal, ✆ 922-806179. Ein Tipp für Traveller: Im Café der anderen Art in Vueltas nach Alex oder der Villa Q fragen. Sie liegt ganz oben im Tal. Dort steigt von Zeit zu Zeit eine Party oder ein Event, und es gibt Übernachtungsmöglichkeiten oder man bekommt durch den Kontakt zu den Bewohnern bei Sympathie weitere Unterkünfte genannt. Und so kommt man hin: Gegenüber der Bar Retamal oben an der Durchgangsstraße führt eine Treppe hinunter. Man folgt dem Pfad ca. 400 Meter über eine kleine Brücke bis zu einem Wasserreservoir, dahinter geht es links ab und rechter Hand liegt die Villa.

Casa Pancho, El Guro, ✆ 922-805758. www.elguro.com www.elguro.de. Ein mit viel Phantasie und Sinn für Ästhetik renoviertes altes kanarisches Steinhaus mit zwei Schlafzimmern und Wohnküche. Für 2 Personen 43 €, ab 3 Personen 46 €. Der nette junge Vermieter Björn kann viel über das Künstlerdorf El Guro und seine früheren und heutigen Bewohner erzählen und hat wirklich ein kreatives Händchen für Renovierung und Einrichtung. Das Haus liegt in der Nähe des Wanderwegs zum Wasserfall.

Blaues, Grünes und Steinhaus, El Guro, ✆ 922-805945, www.elguro.de, elguro@teleline.es. Das blaue Haus (2–3 Personen) hat eine Terrasse mit Meerblick und einen Patio. Eine Treppe (nicht kindersicher) verbindet die Wohnebene mit der Schlafgalerie. Das grüne Haus (2 Personen) hat ein Wohn- und Schlafzimmer mit integrierter Küche, bietet einen schönen Blick in die Berge und hat einen überdachten Patio und einen kleinen Sonnen- und Kräutergarten. Im Steinhaus kocht, wohnt und schläft man auf drei Ebenen. Es hat eine schöne Sonnenterrasse. Das Schlafzimmer hat schöne Dachfenster und man kann vom Bett aus in den Sternenhimmel gucken. Je nach Saison und Aufenthaltsdauer ab 35 €.

Studio Roque Sol, El Guro, Das deutsche Künstlerpaar Thomas und Annette, sie Malerin, er Bildhauer, vermietet ein kleines Studio im ersten Stock eines kleinen kanarischen Hauses mit schöner Dachterrasse. Hinter der offenen Kunstausstellung des Gomeros Angel und der Wohnung des Massagemeisters Eric Blankers nicht rechts Richtung Wasserfall, sondern links abbiegen. Die Vermieter wohnen unten. Für 2 Personen ab 1 Woche 35 € pro Tag.

Casa Enke, El Guro, buchbar über Canarias Reisen, ✆ 05069/96151, ✆ -52, www.islas-canarias-reisen.de. Der Vermieter dieses etwas größeren Gebäudekomplexes betreibt eine Vollkornbäckerei. Es gibt mehrere Studios und Appartements verschiedener Größen, teilweise mit Balkon und eine Terrasse im Innenhof. Für 2 Personen ab 50 €, bei längerem Aufenthalt günstiger, ggf. vor Ort fragen.

Restaurante Orquidea in La Calera

Apartamentos Lucía, Los Granados, ✆ 922-805407. Zwei schöne und geräumige Appartements mit tollem Ausblick auf das Tal ab 25 €. Sehr nette Vermieterin. Ein Supermarkt ist gleich gegenüber.

Apartamentos Nelly, El Guro, ✆ 922-805084. Zwei Häuser mit insgesamt 8 Appartements und Pool im Garten an der Hauptstraße etwa 2 km unterhalb Ap. Granados ab 36 €.

Apartamentos Nestor, El Guro, ✆ 922-805370. Die beiden Appartements werden in dem gleichnamigen Lebensmittelgeschäft relativ preisgünstig vermietet. Ab 24 €.

Finca La Sotea, El Hornillo, buchbar über Finca Ferien in Frankfurt, ✆ 069/442023, 069/439957, www.mallorca-reisedienst.de, info@finca-reisen.de. Renoviertes altes Bauernhaus mit altem Steinofen und Warmwasserversorgung über Solarzellen. Zwei Schlafzimmer und 1 Wohnzimmer, idyllische Lage und schöner Blick ins Tal. Ab 40 €.

Essen & Trinken im Valle Gran Rey

Die Auswahl an Restaurants und Bars in Valle Gran Rey ist inzwischen erfreulich groß, und für alle Geschmäcker dürfte gesorgt sein: Von fangfrischem Fisch über Pizza und Grillhähnchen zum Mitnehmen bis zu vorzüglichen Steaks in Erdnussbutter und Chocos (Tintenfisch) vom Grill bekommt man hier alles. Fast jeder gastronomische Betrieb bietet Standardgerichte wie Thunfisch mit grüner Mojo oder Huhn in Knoblauch (von „lecker" bis „hat satt gemacht" auf der persönlichen Geschmacksskala), doch finden sich auf manchen Speisekarten auch einige ausgefallenere Gerichte der kanarischen Küche. Mittlerweile gibt es im Valle auch eine stattliche Anzahl von Restaurants mit internationaler Küche von chinesischer über indische bis hin zu malaysischer Kochkunst können Gourmets sich hier durchkosten.

Valle Gran Rey
Karte Seite 153

Frühstückstipps

• *La Playa (siehe Karte S. 175)* **Heladería Zumería Gran Rey**, an der Strandzeile. Viel Platz ist zwar nicht in diesem mit hellem Holz und Tischplatten aus Marmor eingerichteten „Saftladen", gemütlich ist es aber allemal. Der freundliche, aber zurückhaltende

Wirt spielt zum Frühstück J. J. Cale und spanische Folklore. Das Frühstück könnte z. B. folgendermaßen zusammengestellt sein: ein Obstsalat für 1,50 € und diverse Toasts oder Sandwiches für 1,20–5 €. Oder ein Omelett für 2,50 € bzw. ein Spiegelei mit Schinken für 2,50 €, dazu einen frisch gepressten Saft oder eines der herrlichen Milchmixgetränke mit Erdbeere, Kiwi, Wassermelone, Papaya, Weintrauben, Kokosnuss, Brombeere oder Banane für 1,50–2,50 €. Außerdem gibt es eine große Auswahl an leckeren Eisbechern wie den beliebten „Copa Gran Rey" für 4,50 €. Außer Do und So täglich 9–23 Uhr.

Bar Las Olas, La Playa neben der Bar Las Jornadas mit großer Terrasse und schöner Sicht aufs Meer. Bocadillos, Tapas, Zumos. 10-22 Uhr.

Bar Yaya (6), Avda. de la Playa, ✆ 922-805008. Kaum jemand kennt sie unter ihrem richtigen Namen „Bar-Zumería La Playa". Die fast griechisch ganz in Hellblau und Weiß eingerichtete Bar mit Meerblick ist ein zu Recht beliebter Ort fürs Frühstück. Die Extra-Frühstücks-Karte bietet: Bocadillos, Toasts und Sandwiches für 1,80–2,50 € (z. B. das sehr gute Sandwich americano mit Eiern, Schinken, Käse, Tomaten, Salat und Avocado). Und ist am Morgen einmal der Cholesterinspiegel zu niedrig, dann gibt es Eiergerichte in den verschiedensten Variationen: darunter Spiegelei mit Schinken, Rühreier und Schweinelende mit Spiegelei für 2,50 € (s. auch „Essen & Trinken in La Playa"). Außer Mo täglich 8–22 Uhr.

Dulcería Cafetería La Ñamera (5), Avda. de la Playa, ✆ 922-806009. Hier wird man sehr nett bedient. Man kann sich leckeres gomerisches Gebäck, Brötchen und Brot abholen oder an ein paar Tischen vor Ort vernaschen mit einem guten Kaffee.

• *La Calera (siehe Karte S. 177)* **Rte. La Finca (32),** gutes Frühstück für 2-3 € (ohne Café), Zumos 1,80-2,50 €. 8-18 Uhr, Sa 8-16 Uhr, So geschlossen.

Zumería El Mirador (14), im Herzen La Caleras. Hier wird wohl das schönste Frühstücksambiente geboten. Die halb überdachte Terrasse ist liebevoll mit vielen Pflanzen geschmückt, und innen lädt das gemütliche Holzmobiliar zum ausgiebigen „desayuno" ein. Insgesamt 18 Säfte zwischen 1,80–2,50 € sind eine vorzügliche Ergänzung zu Eiern mit Schinken für 1,75 €, Croissant mit Butter und Marmelade für 0,90 €, Tortilla für oder Toast mit Marmelade, Butter und gekochtem Ei (Zeit angeben!). Darüber hinaus werden Bocadillos zum Preis von 1,50–2,50 € serviert, Sandwiches ab 1,20 € und diverse Tapas und Salate (Tageskarte) um 2–3 €.

Essen über den Wolken muss wohl grenzenlos sein!

Das dachte sich 1980 wohl der Künstler César Manrique, als er ins Tal von Valle Gran Rey blickte. Genau hier, auf dem kleinen Berg Palmarejo, sollte es entstehen: sein Restaurant, 780 m über dem Meer, an einem der herrlichsten Aussichtspunkte über das Tal des großen Königs Oroné, mit Blick auf 10.000 Dattelpalmen und unzählige Terrassen. Von den Entwürfen bis zur Fertigstellung zogen allerdings noch einige Jährchen ins Land, und der Meister selbst sollte die Vollendung der Schöpfung gar nicht mehr miterleben. Er starb 1994, und seine Nichte, als Architektin mit der Planung bestens vertraut, musste das Werk zu Ende bringen. Die Einweihung wurde am 26. Mai 1995 gefeiert. Hinter den großen Glasfronten lässt sich wahrlich königlich speisen. Das Restaurant ist bekannt für Köstlichkeiten aus der kanarischen Feinschmeckerküche und exzellenten Service. Schließlich ist dem interessanten Bauwerk die Hotel- und Restaurantfachschule HECANSA angekoppelt. Señor Manriques Schöpfung ist also nicht nur Restaurant, sondern auch Schmiede für den einheimischen Gastronomienachwuchs. Nachdem das Restaurant über ein Jahr geschlossen war, ist es seit April 2006 endlich wieder eröffnet.

„Alt-eingesessen": die legendäre Maria-Bar

Carlos Heladería Zumería (25), am unteren Ortsrand von La Calera (s. „Nachtleben/Treffpunkte"). Besonders zu empfehlen sind die Sandwiches, etwa das Sandwich americano mit Ei, Avocado, Tomate, Käse und Schinken oder das Sandwich vegetal mit dem gleichen Belag, aber ohne Schinken und Käse. Außerdem hat man eine reichhaltige Auswahl an frisch gepressten Säften im Preis von 1,80–2,50 €. Gepresst wird alles, was gerade reif ist, von Banane bis zu exotischen Früchten wie Cherimoya. Die leckeren Eisbecher kosten zwischen 2,50 € und 4 €, darunter auch die berühmte „Copa Sol del Gran Rey", ein Gaumenschmaus, nach deren Genuss auch an regnerischen Tagen wieder die Sonne lacht. Außer Sonn- und Feiertagen täglich 9–19 Uhr, samstags 9-13 Uhr.

Rte. Orquidea (28), nicht nur zum Frühstück mit Fruchtsäften und Bocadillos sehr zu empfehlen (s. „Essen & Trinken in La Calera", S. 191). Erst ab 10.30 Uhr geöffnet.

Bar Parada, für Frühaufsteher.

• *Borbalán (siehe Karte S. 184)* **Dulcería La Canela (29)**, sehr große Kuchenauswahl (von der Buttercreme- bis zur Schwarzwälderkirschtorte), darüber hinaus gomerische Spezialitäten und alle möglichen Brotsorten. Im Café oder auf der Terrasse davor kann man dazu alle möglichen deutschen Illustrierten und Tageszeitungen durchblättern. Internet-Zugang möglich.

• *Vueltas (siehe Karte S. 182)* **Café der anderen Art (34)**, sehr leckeres und reichhaltiges Frühstück. Ab 10 Uhr kann man neben Croissants mit Butter und Marmelade das Vollkorn-Frühstück mit Vollkornbrot, Tahin, Müsli und Getreidekaffee (!) zu einer deutschen Tageszeitung genießen. Sonst noch im Programm: große Auswahl an Crêpes, sehr guter, selbst gemachter Kuchen, Eis, Milchshakes, Tapas. 10–13 und 17–24 Uhr, Do Ruhetag.

Essen & Trinken in La Playa (siehe Karte S. 175)

Las Jornadas (2), Avda. de la Playa, ✆ 922-805047, E-Mail: casa-maria@terra.es. Auch als „Maria-Bar" bekannt. Berühmt wie kaum ein zweites Lokal im Tal, und zwar deswegen, weil die palmwedelgedeckte Strandterrasse vor der Bar über Jahre hinweg ein zentraler Treffpunkt und fast so etwas wie das Wahrzeichen des Valle Gran Rey war. Wo die alte Terrasse war, stehen zwar mittlerweile nur noch Autos, aber das Ambiente ist trotzdem gerettet: Eine mit Markise beschattete Außenterrasse lässt weiter Frischluft schnuppern. Die fleißige Maria kocht noch selbst, fast alles andere macht inzwischen ihr Sohn. Die Portionen sind meist üppig und die Preise maßvoll. Zu den Standardgerichten zählen Tortilla Española (mächtiges Omelett mit Kartoffel- und Zwiebelfüllung) und Paella aus Safran-Reis, Garnelen, Kaninchenfleisch, Tintenfisch und Paprika. Sehr zu empfehlen ist die Hühnerbrust von der Plancha. Küche von 12–16 und 19–21.30 Uhr (Di ist privater Wohnzimmertag).

Bar Yaya (6), Avda. de la Playa, ✆ 922-805008. Beliebte Frühstücksbar (s. „Frühstückstipps"), die nach 13 Uhr auch warme Mahlzeiten und Pizzen zu vernünftigen Preisen anbietet. Besonders gut haben uns hier immer Chocos a la Plancha geschmeckt: ganze Tintenfische, die unpaniert frittiert werden. Außer Mo täglich 8–22 Uhr.

Rte. Casa Pancho (13), in der zweiten Reihe hinter der Strandpromenade gibt's traditionelle gomerische Küche, Fischgerichte ab 9 €, Fleischgerichte ab 8,50 €. Do geschlossen.

Rte. Orinoco (13), direkt daneben gelegene Arepera mit kleinen Gerichten wie den aus Südamerika mitgebrachten Empanadas (gefüllte Teigtaschen) und Arepas (gefüllte Maisküchlein) für 1,80-2,50 €, Tapas für 2,50-5 € oder den beliebten Bocadillos. Täglich geöffnet.

Rte. La Islita (21), in der zweiten Reihe hinter dem großen Supermercado, ✆ 922-805500. Wer Abwechslung in den Speiseplan bringen möchte, ist hier in guten Händen; auch Vegetarier kommen auf ihre Kosten. Verschiedene Nudelgerichte ab 5 €, Antipasti ab 7,50 €, Langustinos und gegrillter Fisch des Tages für 10–12 € sowie eine große Auswahl an Pizzen werden in noblerem, rustikalem Ambiente serviert. Außer Mo täglich 13–16 und 18.30–24 Uhr.

Rte. Pizzeria Gondola II (4), Avda. de la Playa, ✆ 922-805500. Verschiedene Pizzen und Nudelgerichte ab 5 €, Antipasti ab 7,50 €. Außer Mi täglich 13–23 Uhr.

Rte./Bar La Terrazza del Piccolo Amore (15), ✆ 922-805588. Das große, begrünte und überdachte Terrassenrestaurant hat eine große Bar und 23 lange Tische. Hier kehren häufig Reisegruppen ein. Es gibt eine große Auswahl an Gerichten zu akzeptablen Preisen, u. a. Pizza. Wen das Großraumrestaurant-Ambiente nicht stört, kann sich an der großen Vitrine seinen frischen Fisch oder sein Steak aussuchen. Außer Mo täglich 13–23 Uhr.

Bar/Rte. El Paraiso (1), ✆ 922-805447. Rund 100 m von der Bar Las Jornadas entfernt (an der Uferpromenade, etwas nach hinten versetzt und praktisch am Ortsrand von La Playa). Die Auswahl ist groß; empfehlenswert sind Filetes de atún (Thunfischfilet) mit großem Salat und reichlichen in Meerwasser gekochten Kartoffeln als Beilage für 5,50 € und Chuletas, zwei Schweinekoteletts mit Pommes und Salatbeilage (5,50 €). Von den Nachspeisen haben es uns vor allem Eierpudding mit Sahne sowie kanarischer Milchauflauf mit Miel de Palma angetan. Die Weine, Vino de la Casa, Vino de la Gomera und Sangría, werden in Tonkrügen serviert. Außer Sa täglich 13–22.30 Uhr. Die Küche schließt um 21.30 Uhr, aber meistens kann man noch etwas länger auf der Terrasse sitzen und Wein trinken.

Bar/Caféteria Mango (7), Avda. de la Playa, ✆ 922-806199. Schickes im Jahr 2001 neu eröffnetes Café mit gelb und mangofarben gestrichenen Wänden und niedrigen Tischen direkt an der Strandzeile. Hier gibt es eine große Auswahl an Säften und Gebäck und man kann sich ein leckeres Frühstück zusammenstellen. Geöffnet von 9–23 Uhr.

Die Restaurants **Lola (29)** und **San José** bieten täglich wechselnde Gerichte an. Kanarische Suppen (z. B. Potaje de berros, Brunnenkressesuppe), Tapas, Garbanzas (Kichererbsensuppe) und auch die Fisch- und Fleischgerichte sind sehr zu empfehlen. Hier kann man Almogrote probieren, eine deftige Sauce aus Ziegenkäse, Knoblauch und rotem Pfeffer. Da die Restaurants stark von Einheimischen frequentiert werden, die die gute und preiswerte gomerische Küche schätzen, können an der Bar „spanische Kontakte" geknüpft werden. Küche 12–22 Uhr, So Ruhetag.

Rte. El Baifo (28), im hinteren Teil des Edif. Normara, ✆ 922-805775. Dieses Feinschmeckerlokal wird von dem Malaysier Andy geführt. Er bereitet die verschiedensten Speisen auf französische und asiatische Weise zu. Lassen Sie sich verwöhnen mit chinesischem Fondue, malaysischer Reistafel und vegetarischen Köstlichkeiten oder exotischen Fischgerichten. Spezialitäten des Hauses sind Steaks, Kaiserente und Hähnchenkeule in Erdnusssauce. Viele Gerichte aus dem Wok (Nasi Goreng, Bami Goreng), außerdem ein Reihe sehr guter vegetarischer Gerichte. Wer in den Genuss dieser Leckereien kommen möchte, sollte allerdings einen Tisch schon nachmittags reservieren, da fast immer alle Plätze belegt sind. Geöffnet 19–23 Uhr, Fr geschlossen.

La Playas Zumerías (Saftbars) sind ein Tipp für heiße Tage

Essen & Trinken in La Calera (siehe Karte S. 177)

Rte. Orquidea (28), ✆ 922-805181. Mit einer der schönsten Terrassen von Valle Gran Rey, wo man den phantastischen Sonnenuntergang über La Playa und dem Meer beobachten kann. Auf der reichhaltigen Speisekarte findet man exzellente Chocos (unpanierte Tintenfische) in Knoblauchsauce für 5,50 €, zartes und gut gewürztes Kaninchen für 6 € und eine große Auswahl an leckeren Salaten. Für Vegetarier gibt's Champignons in Knoblauchsauce für 5,50 €. Donnerstags und freitags gibt es Paella. Die freundlichen Besitzer Pepe und Sabine bieten erstklassigen Service und eine CD-Sammlung, die den ausgesuchten Fachhandel locker einsackt. Außer Sa täglich von 10.30–13 und 17.30–23 Uhr geöffnet.

Rte. Sebastián (11), ✆ 922-805270. Immer noch ein Klassiker im Valle Gran Rey. Zwar ist die Küche oft mit den Bestellungen überfordert; dafür aber zaubert sie sonntags eine Paella für den verwöhntesten Gaumen um die 12 € pro Person auf den Tisch. Leider muss man dann sehr früh kommen, um überhaupt einen Platz zu ergattern und Wartezeiten von 2 h sind keine Seltenheit. Außer Sa täglich 18–21 Uhr.

El Mirador (14), ✆ 922-805086. Man sitzt auf einer überdachten Terrasse hoch über den Gassen von La Calera und kann den Blick genießen. Die sehr freundlichen Besitzer bieten morgens (ab 12 Uhr) verschiedene Müslis und eine große Auswahl an frischen Säften an oder man probiert eine der diversen Tapas. Hauptgerichte gibt's für 6-12 €, außerdem eine gute Auswahl an Cocktails an der Bar. Geöffnet von 12-16 und 18–23 Uhr, außer Do.

Bar Plaza (13), direkt an der Plaza neben dem Rathaus liegt diese typische einheimische Bar, in der man zum Bier oder Wein seine Tapas oder seinen Bocadillo verspeist. Ramon, der Sohn des Familienbetriebes, ist auf Zack und hat immer einige Geschichten auf Lager. Täglich von 6.30–22 Uhr geöffnet, Sa und So nachmittags geschlossen.

Rte. La Finca (32), Carretera Calera –Playa, ✆ 922-806186. Schöne Bar mit großzügig verglastem Speiseraum unterhalb der Caja Canarias an der Straße nach La Playa. Gutes Frühstück für 2-3 €, Sandwiches, Säfte für 1,80-2,50 €, Milchshakes und Tapas für 4 €. 8-18 Uhr, Sa nur bis 16 Uhr, So geschl. Darüber werden neue Appartements vermietet.

Valle Gran Rey
Karte Seite 153

Café-Bar El Descansillo (17), ✆ 922-805785. „Der kleine Ausruhplatz“, so kann man den Namen dieses Cafés übersetzen. Und wirklich, zum Ausruhen sind sie fabelhaft geeignet, die beiden Terrassen am Hang des über 150 Jahre alten Hauses, das von hohen Palmen umgeben ist. Der Gomero Chenche bereitet hier nach alten Familienrezepten typische gomerische Gerichte zu. Empfehlenswert sind die Speisen vom Holzkohlegrill wie Fleischspieß und frischer Fisch, die um die alle zwischen 7 und 10 € kosten. Außer Sa täglich von 18–23 Uhr.

Bar/Rte. La Pista, sehr kleines Restaurant mit Miniterrasse etwas zurückversetzt an der Hauptstraße oberhalb des Kulturzentrums. Speisen von 5,50-11 €. 18-23 Uhr, freitags geschlossen.

Bar/Cafeteria Lomo del Riego (30), kleine kioskartige Freiluftbar hinter dem Busbahnhof unterhalb der Brücke von La Calera, wo man tagsüber ruhig und gemütlich unter den riesigen, schattenspendenden Ficusbäumen sitzen kann. Es gibt leckere aus Südamerika stammende Arepas (gefüllte Maisfladen) oder Bocadillos, dazu trinkt man Bier, Wein oder Café.

Essen & Trinken in Vueltas (siehe Karte S. 182)

Rte. La Salsa (27), ✆ 922-805518. Wer in diesem vornehmen, vegetarischen Restaurant mit weißen Tischtüchern, Blumen und Kerzen auf den Tischen das leckere Nasi Goreng oder das nicht minder gute Fischfilet in Curry genießen möchte, sollte sehr viel Zeit mitbringen. Doch das Warten lohnt sich vor allem für Vegetarier: vegetarische Platte, Gemüse im Wok, Zucchini- und Gemüseauflauf. Täglich außer samstags 18.30–23.30 Uhr, aber nur November bis April.

Leuchtend weiße Häuser im Valle Gran Rey

Bar/Rte. El Pescador (46), Calle Abisinia, ✆ 922-805003. Kleines, dunkles Restaurant mit rustikalen Holztischen, die von ausrangierten Fischernetzen überspannt sind. Die Wände sind dekoriert mit Bierdeckeln aus aller Welt. Das El Pescador ist vor allem für seine hervorragenden Grillhähnchen bekannt, die sich neben dem Eingang in einem großen Grill drehen. Sie sind nicht nur bei Touristen beliebt, sodass sie in der Hauptsaison schon mal vor 19 Uhr aus sein können. Dazu werden ein leckerer Knoblauch-Mojo-Senf und Pommes Frites gereicht – alles für 6 €. Außerdem preiswerte Fischgerichte und leckere Salate. Die Hähnchen gibt's auch zum Mitnehmen. Warme Küche täglich von 18–22 Uhr.

Rte. El Trasmallo (31), umgebautes „alteingesessenes“ Restaurant direkt neben der Bar Puerto kurz vorm Hafen. Morgens gibt's verschiedene Frühstücke für 3,85-5,60 €. Die Speisekarte enthält viele Fischgerichte zwischen 9 und 15 €, Fleischgerichte ab 5,50 €, außerdem Paella für mind. 2 Personen ab 30 € oder Fischplatten ab 28,75 € (ebenfalls für 2 Personen).

Bar/Rte. El Puerto (32), Carretera General, ✆ 922-805224. Äußerst preisgünstiges und nicht nur deswegen sehr geschätztes Fischrestaurant mit üppigen Portionen unweit des Hafens. Die große Portion frittierter Weißfisch mit Papas arrugadas und etwas Salat für 6,50 € war hervorragend, die Riesenportion Carne en salsa (Rindergulasch) mit Pommes und roter Mojo kaum zu bezwingen. Hier bekommt man ein Tagesmenu mit Fischsuppe oder Salat als Vorspeise, gegrilltem Fisch oder Kotelett und einem Dessert für 6,50 €. Besonders gut und sehr groß ist die Fischgrillplatte für 2 Personen 15 € Dazu

Restaurant zwischen La Calera und La Puntilla

schmeckt ein Gläschen Vino del País. Geöffnet außer Mi, von 13–15.45 und von 18.30–22 Uhr. Nachdem der Barbereich weiteren Tischen hat weichen müssen, hat Benjamin schräg gegenüber neben der Pizzeria Papagallo eine neue Tapasbar eröffnet, die **Tasca Marinera del Puerto**, wo man Zumos, Bocadillos und leckere Tapas (4 €) essen kann.

Bar/Rte. Rincón del Marinero (24), am Hafen. In diesem Restaurant zeigen nur noch die an der Decke hängenden Fischernetze, dass es sich um ein traditionelles kanarisches Fischrestaurant handelt. Es gibt täglich wechselnde Menus, manchmal auch Ziegenfleisch oder Paella. Empfehlenswert für den kleinen Hunger sind der galizische Pulpo (Tintenfisch) für 5,50 € oder der Gambas-Salat zum gleichen Preis. Fischgerichte ab 5,50 €, Paella ab 15 €. Mittlerweile kann man hier auch frühstücken zu Preisen von 3-5 €.

Bar/Rte. La Dolce Vita (48), das beliebte Restaurant von Anita und Jose ist umgezogen und befindet sich jetzt an der Bushaltestelle in der Nähe des Kreisels. Frühstück von 9.30–14.30 Uhr. Empfehlenswerte selbst gebackene Torten. Ab 18 Uhr warme Küche. Es gibt u. a. vegetarische Gerichte und Pizzen, die man sich selbst zusammenstellen und auch mitnehmen kann. Außer Di täglich 9.30–1 Uhr.

Rte. Habibi (13), an der Stelle des früheren Dolce Vita ist dieses sehr beliebte arabische Restaurant mit seinem angenehmen Ambiente aus tausendundeiner Nacht entstanden. Es gibt eine Vielzahl an sehr schmackhaften orientalischen Gerichten, leider bleibt aber nach dem Essen noch ein gewisses Hungergefühl. Außer mittwochs täglich ca. 10–24 Uhr.

Rte. Il Papagallo (23), nahe des Hafens gegenüber der Bar Puerto. Ein italienisches Pizzarestaurant. Lecker schmeckt z. B. die Pizza Valle Gran Rey mit Gambas und Ananas für 7 €, aber die Auswahl bietet für jeden Geschmack etwas. Außer Do, täglich von 12.30–15.30 Uhr und von 18.30–23 Uhr.

Rte. Los Girasoles (40), letztes Restaurant von Vueltas direkt neben der Disco. Die beiden französisch/belgischen Besitzer sind von La Puntilla hierher umgezogen. Geblieben ist die anspruchsvolle Speisekarte, u. a. gibt es hier Wachteln auf flämische Art. Die Hauptgerichte sind lecker, aber ziemlich klein zum Preis von 10-14 €.

Tambara Café (49), am Ortseingang von Vueltas direkt am Meer unterhalb der Apartments Olivier gelegen. Mit Möglichkeit, draußen auf einer großen Terrasse den Sonnenuntergang zu beobachten. Hier gibt es auch gutes Frühstück und eine große Auswahl an sehr leckeren Tapas, die

Valle Gran Rey
Karte Seite 153

täglich frisch zubereitet werden. Die Bar ist im maurischen Stil gestaltet. Abends kann man auf den schönen Holzstühlen sitzend Cocktails ab 4 € schlürfen und z. B. arabische Tapas oder Falafel probieren. Ab und zu läuft auch afro-amerikanische Musik. Mittwochs geschlossen, von 9.30–1 Uhr geöffnet.

Café der anderen Art (34), Carretera General. Auch unter dem Namen **Bistro** bekannter Szenetreffpunkt für alle Tageszeiten. Hier kann man in Ruhe Zeitungen und Zeitschriften lesen, an der Theke mit den netten Besitzern Bernd und Sabine plaudern oder andere Deutsche treffen, die schon längere Zeit auf Gomera wohnen. Frühstückstipp: Es gibt alles, was das Herz begehrt vom Croissant bis zum Vollkornbrötchen, vom Joghurt bis zum Kaffee mit Rum oder frisch gepresste Fruchtsäfte, vor allem aber süße bis pikante Crêpes. Abends leckere Salate und kleine Gerichte, gute Stimmung, gute Musik und Aushänge zu Events, Treffs oder Partys im Valle.

Bar/Rte. Las Vueltas, ✆ 922-805974. Man findet das kleine, auf Fischgerichte spezialisierte Restaurant in der Gasse zwischen dem Supermarkt El Puerto und der Bar Yesca. Fischgerichte vom Grill, Muscheln und Meeresfrüchte frisch und preislich o.k. (zwischen 6 und 15 €). Es gibt auch Tapas, empfehlenswert ist die hausgemachte Ajoli-Sauce. Geöffnet täglich ab 18 Uhr.

Bar/Rte. Abisinia, Calle Abisinia, ✆ 922-805529. Das kleine Restaurant mit offener Tür (gleichzeitig einziger Tageslichtspender) bietet eine große und leckere Auswahl an Fischgerichten. Dazu zählen z. B. Vieja (Papageienfisch) für 6 € und Cazuela (Fischeintopf) für 4,50 €. Darüber hinaus gibt es eine kleine Tageskarte mit Tapas, Toasts und Salaten. Täglich außer So 18–23 Uhr.

Cafetería/Zumería Esmeralda, Calle Abisinia, ✆ 922-805980. Relativ neues, kleines Café, das tagsüber oder während der Siesta kleine Stärkungen bietet. Hier gibt es aber auch ein gutes Frühstück für 5 €, hausgemachte Tapas und leckere Salate.

Cofradia de Pescadores (37), Vueltas Hafenmole, ✆ 922-806119. Das Lokal hat täglich ab 6 Uhr geöffnet. An der kleinen Bar gibt es Tapas, Sandwiches, kleine Fischgerichte und Getränke. Davor stehen einige Tische und Stühle, wo die Fischer und die Alten nachmittags sitzen und bis zum Sonnenuntergang Domino spielen. Die Bar ist ein Treffpunkt par excellence. Hierher kommen Touristen vor und nach ihren Bootsfahrten ebenso wie deutsche Residenten und die spanischen Bewohner von Vueltas.

Rte. Tasca Paula (38), Calle Abisinia, ✆ 922-807010. Täglich ab 18.30 geöffnetes, gemütliches Restaurant mit guten Fischgerichten und der besten Mojo in ganz Vueltas.

Rte. Fu-Lin (4), Lomo la Vuelta, ✆ 922-806000. Von Borbalán aus am Anfang von Vueltas. In diesem chinesischen Restaurant kann man Peking-Ente, Ente mit Bambus und Pilzen, Fleisch mit Austernsoße und mehr genießen. Das Lokal sticht ins Auge durch seine typisch chinesische Aufmachung und bringt auf jeden Fall Abwechslung in das Restaurantangebot im Valle Gran Rey. Die Preise liegen zwischen 5 und 10 €, gegrillte Langustinos 15 €. Donnerstags zwischen 19.30 und 24 Uhr Büfett für 7,50 €. Die Gerichte sind auch zum Mitnehmen. Vorbestellung unter ✆ 922-806000.

Kommt ein Vöglein geflogen . . .

In mondlosen, völlig dunklen Nächten fliegen im unteren Bereich des Tales zwischen den Felswänden seltsame Nachtvögel. Sie heißen *pardelas,* und nur wenig ist über ihre Lebensgewohnheiten bekannt. Wer in solchen Nächten unter freiem Himmel schläft, wird nicht selten durch ihren markerschütternden, metallisch klingenden Schrei erschreckt. Doch außer einem Schatten sieht man kaum etwas von den großen, scheuen Tieren, da sie ausschließlich nachts fliegen und sich tagsüber auf dem Meer zu schwimmenden Inseln zusammenklumpen. Die Gomeros behaupten steif und fest, der *pardela* sei eine Art Sturmtaucher, doch wer erst den Schrei der Vögel gehört hat, der das Blut in den Adern gefrieren lässt, könnte meinen, ihr Lieblingsgetränk sei . . .

Allabendliches Ritual: Treffen zum Sonnenuntergang in La Playa

Essen & Trinken in Borbalán und La Puntilla (siehe Karte S. 184)

Bar/Rte. Coco-Loco (37), ✆ 922-805938. In Borbalán oberhalb des kleinen Parks mit Spielplatz hinter der Post. Großzügiges, überdachtes Terrassenrestaurant mit schönem Ambiente und einigen Tischen draußen. Das Restaurant ist gut besucht. Die Gerichte kosten zwischen 6 und 13 €, vegetarische Gerichte 7 € pro Person. Donnerstags und freitags gibt es Spezialitäten vom Grill. Übrigens steht in der Bar die einzige Ampel La Gomeras; den Heim- und Weiterweg sollte man bei Tagesanbruch allerdings zu Fuß antreten. Küche täglich von 18–22 Uhr; montags geschlossen.

Bar/Rte. Charco del Conde (14), La Puntilla. Angenehm kühl ist es hier an der hufeisenförmigen Theke. Üppiges Grün rundherum. Während an der Bar viele Gomeros stehen, sind die Tische mit den unbequemen Klappstühlen fast ausschließlich von Urlaubern besetzt. Von der kleinen Terrasse vor dem Restaurant hat man den Baby-Beach gut im Blick. Auf der größeren Terrasse hinter dem Restaurant ist man ungestörter. Die Karte bietet viele Fisch- und Fleischgerichte von 7-12 €. Die Gemüsesuppe für 4 € wird mit Gofio serviert. Reichhaltige Weinkarte. Warme Küche täglich 13–22 Uhr, Frühstück 9–12 Uhr. Sonntags geschlossen.

Bar/Rte. El Palmar (25), ✆ 922-805128. Oberhalb der Straße von Borbalán nach La Calera (inmitten von Bananenfeldern). Im hinteren der beiden Speiseräume finden auf langen Bänken auch größere Gruppen Platz. Vorne wird oft gomerische Musik live gespielt. Mit dem sehr netten Kellner Javier kann man Deutsch sprechen, und die Speisekarte ist ebenfalls in Deutsch verfasst. Die beliebtesten Fleisch- und Fischgerichte kosten bis 10 €, beispielsweise Kaninchen in Soße, Rindergulasch auf kanarische Art. Sehr zu empfehlen ist Thunfisch in kanarischer Soße für 4,50 und die Fischplatte für 2 Personen für 20 €. Dazu schmeckt ein Literchen Vino de la Gomera aus dem Holzfass oder Sangría. Täglich von 18 Uhr bis gegen Mitternacht.

Cafetería/Rte. Casa Simón (22), ✆ 922-805957. Gegenüber dem Restaurant El Palmar in den Plantagen. Von der Terrasse hat man einen schönen Blick auf Bananen und das Meer. Auf der Speisekarte stehen verschiedene Steaks, Fisch- und Fleischspeisen, aber auch vegetarische Gerichte kann man in gemütlicher Atmosphäre genießen.

Bar/Rte. Telemaco (15), La Puntilla, ✆ 922-805755. Das Restaurant ist Bestandteil der

Valle Gran Rey
Karte Seite 153

Ferienanlage La Condesa, in der normalerweise Pauschaltouristen untergebracht sind. Der Meerblick spricht dennoch für sich. Die Auswahl an Speisen und Getränken ist durchschnittlich. Calamares kann man hier für 6 € kosten, die meisten Fischgerichte liegen preislich zwischen 12 und 20 €. Die Sangría des Hauses ist für 5,90 € zu haben, mit Champagner für das Doppelte. Wer wirklich etwas zu feiern hat, findet hier auch einen Moët et Chandon für 75,20 €.

Zumeria del Sur (7), der neue deutsche Besitzer Tom bietet vom echt bayrischen Apfelstrudel über diverse Hamburger bis zu Gerichten aus dem Wok eine bunte Vielfalt an kleinen Speisen für zwischendurch. Jeden Freitag ab 21 Uhr gibt's Live-Musik.

Bar/Rte. El Garbanza (8), Avda. Marítima, La Puntilla, ✆ 922-805456. Dieses Restaurant im Edificio El Molino bietet arabische Küche. Auf der Speisekarte: Couscous, Tajine, Falafel (ab 5 €) und eine Auswahl pikant zubereiteter Fischgerichte (8–17,50 €). Vegetarier kommen für 6–10 € auf ihre Kosten. Besonderer Leckerbissen ist der gemischte Vorspeisenteller (schon eher eine Platte) mit vielen arabischen Spezialitäten. Täglich 18 bis 24 Uhr. Der Besitzer Kamal ist Künstler und hat die gesamte Inneneinrichtung des Restaurants sehr geschmackvoll gestaltet und auch die Bilder selbst gemalt.

Bar Rte. El Mundo (9), Avda. Marítima, La Puntilla, ✆ 922-805803. Das Lokal gegenüber vom Hotel Valle Gran Rey spricht nicht nur durch seine farbenprächtige und sehr interessant gestaltete Inneneinrichtung an. In sehr netter und exotischer Atmosphäre kann man hier „indische" Gerichte genießen. Die Preise liegen zwischen 8 und 13 €. Außer Donnerstags täglich 17–24 Uhr geöffnet.

Bar/Rte. El Bajío (18), das Restaurant liegt neben dem Hotel Gran Rey an der vom Strand abgewandten Seite des Edificio El Molino. Hier gibt es vorzüglichen frischen Fisch, auf den sich der Koch spezialisiert hat. Dazu gehören Cazuela (Fischeintopf) und Paella für 2 Personen 22–25 €. Fischgerichte wie Seezunge, Barsch kosten zwischen 8 und 12 €. Außerdem werden typisch gomerische Gerichte angeboten sowie sehr viele erstklassige Weine, die zwischen 8 und 15 € kosten.

Bar/Rte. El Fuego (30), mit großer Terrasse an der Hauptstraße in Borbalán gegenüber der neuen Ferienanlage El Llano gelegen. Als Spezialität gibt es Elsässer Flammkuchen mit verschiedenen Geschmacksrichtungen für 4-6 €. Außerdem diverse Fleischgerichte, Salate sowie vegetarische Gerichte. Besonders zu empfehlen ist das Rinderfilet in grüner Pfeffersauce zu 12,50 € oder das Schweinemedaillon in Apfel-Calvadossauce für 10,50 €. Alles wird frisch zubereitet und man kann dem Koch Tim beim Zubereiten der Speisen in der offenen Küche zusehen. Täglich von 17-23 Uhr, donnerstags geschlossen. Sonntags von 11-14 Uhr gibt's Brunch.

Bar Terguerguenche, zwischen der Zumeria del Sur und der Pizzeria Pinocchio. Die nette, kleine Bar mit meist brodelnden Salsa-Klängen ist der ideale Treffpunkt nach dem Essen bis tief in die Nacht. Leckere Cocktails und Drinks, aber auch Bocadillos. Außer montags 15-2 Uhr.

Pizzeria Pinocchio (19), in der kleinen Gasse, die an der Zumeria del Sur abgeht, ✆ 699522614. Riesige Auswahl an Pizzen aus dem Holzsteinofen und wechselnde Nudelgerichte, alles auch zum Mitnehmen. Täglich von 18-24 Uhr, dienstags geschlossen.

Essen & Trinken in Guadá

Oberhalb von Lomo de Balo, dem kleinen Dorf mit der gleichnamigen Bar, wo sich das Tal schon deutlich verengt und die Besiedlung langsam aufhört, finden Sie die einfache **Bar Retamal**, eine typisch gomerische Dorfkneipe, die einen recht guten Ruf genießt. Spezialität ist Ziegenfleisch. Täglich 8.30–23 Uhr.

Noch etwas höher stoßen Sie auf die **Bar Lomo Balo**, eine einheimische Bar, in die sich nur selten Touristen verirren, an der von der Hauptstraße abzweigenden Nebenstraße gelegen, die durch die oberen Ortsteile führt. Schöne Dachterrasse mit herrlichem Ausblick ins Valle Gran Rey. Hier kann man gut und preiswert einfache, typisch kanarische Gerichte essen. Täglich 9.30–24 Uhr.

Bar Vizcaina, im gleichnamigen Ortsteil gelegene einheimische Bar mit schmalem Balkon, wo man nachmittags die Sonne genießen kann. Ziegenfleisch, Brunnenkressesuppe oder nur ein Bier oder ein Glas Wein.

Treff für Nachtschwärmer: Bar Cacatua in Vueltas

Treffpunkte/Nachtleben

Bar Internet (s. Karte S. 175, 20), witzige Kneipe in La Playa, Edif. Nomara 15. Täglich 12–24 Uhr geöffnet, ✆ 922-305122, www.barinternet.de, mail@internet.de. Genau richtig für alle, die E-Mails empfangen oder senden bzw. im Internet surfen oder Fotos digitalisiert versenden wollen. Eine halbe Stunde am PC kostet 3 €, es wird aber auf die Minuten gerechnet, wenn man weniger Zeit braucht. Eine Stunde 5 €. Aber auch alle, die ihre Urlaubsgrüße lieber per herkömmlicher Karte verschicken, können sich hier wohl fühlen zumindest wenn sie auf Grunge und Rockmusik stehen. In cooler Atmosphäre trifft man sich zu Drinks und Snacks oder auch zum Backgammon. Für das Tag- und Nachtleben im Valle Gran Rey durchaus eine Bereicherung.

Bar Etnico (s. Karte S. 175, 16), diese Cocktail-Bar für Insider liegt über der Tauchschule in La Playa. Ab 18 Uhr geöffnet, geht es aber erst nach dem Essen hier richtig los. Demnächst möchte Jmi neben Drinks auch wieder Tapas anbieten. Auf jeden Fall ist dieser Ort immer ein guter Treffpunkt für alle, die die Nacht zum Tag werden lassen und das in stilvollem, lockerem Ambiente. Mittwoch- und Sonntagabend Kino Encantada, freitags und samstags Live-Musik.

Tasca „La Gomera" (s. Karte S. 175, 19), die billigsten Cocktails gibt's hier in der netten Bar mit Terrasse mitten in La Playa. Bananen, Felsen und Meeresbrandung kann man hier auch drinnen betrachten, nämlich auf der bunten und beleuchteten Wandmalerei. Außer gute Urlaubsstimmung und gute Drinks kann man Tapas bekommen und ab und zu Live-Musik genießen.

Bar Alfs Garden (s. Karte S. 175, 30), in der geschmackvoll eingerichteten, winzigen Bar genügen schon eine Hand voll Gäste für beste Stimmung. Zu Bier, Wein oder Drinks serviert der immer bestens gelaunte Alf stets eine kleine Tapa (z. B. Oliven oder einen selbstgemachten Dip), wie man es sonst nur von typischen spanischen Tascas kennt. Geöffnet von abends bis spät in die Nacht, außer sonntags.

Bar La Tasca (s. Karte S. 182, 43), hippe Cocktail-Bar in Vueltas (direkt hinterm Restaurant El Pescador führt eine Treppe dorthin). Leider werden die einst vorherrschenden Salsarhythmen immer mehr vom Discoeinheitsbrei verdrängt. Trotzdem

Valle Gran Rey
Karte Seite 153

schmecken die ab 21 Uhr offerierten Drinks noch immer sehr lecker. Außerdem kann man sich an diversen Tischspielen versuchen, um dann irgendwann in die nächste Kneipe zu ziehen.

Bar/Cafetería Central – La Yesca (s. Karte S. 182, 15), die Bar von Piti in Vueltas ist außer donnerstags täglich ab 10.30 Uhr geöffnet. Hier gibt's leckere Snacks, Sandwiches, Bocadillos, die beste Currywurst südlich von Berlin und wechselnde Tagesgerichte wie Gyros. Ab ca. 21 Uhr werden coole Drinks gemixt bis gegen 2 Uhr morgens. Piti ist seit fast 13 Jahren auf der Insel, fuhr früher als Whalewatcher sein eigenes Boot für den Club de Mar und hat dann die beliebte Kneipe 1998 eröffnet. Wegen seiner hilfsbereiten und freundlichen Art und seiner guten Kontakte zu Einheimischen auch Infobörse und wichtiger Treffpunkt. Fußball- und Formel 1-Übertragungen und Internetzugang.

Carlos Heladería Zumería (s. Karte S. 177, 25), tagsüber einer der wichtigsten Treffpunkte im Valle (liegt verkehrsgünstig an der Plaza von La Calera gegenüber vom Taxistand). Drinnen wird's allerdings nur selten voll, dafür lässt es sich viel zu gut auf der kleinen Terrasse direkt vor dem „Saftladen" sitzen. Und wenn diese wie so oft völlig überfüllt ist, werden sogar die Mauer und der Bürgersteig zu begehrten Sitzgelegenheiten. Es sind vor allem die frisch gepressten Säfte und Milchshakes, aber auch die tollen Eisbecher mit vielen frischen Früchten, die immer wieder hierher führen, während drinnen die beste Musik im Tal (Jazz, Bossa, Latin, ...) gespielt wird. Auch ein weiterer Service macht die Zumería zur wichtigen Anlaufstelle: die Pinnwand am Eingang. Hier findet man Nachrichten aller Art: verloren/gefunden, Rückflugtickets zu günstigen Preisen, weil sich wieder einmal jemand nicht verabschieden kann, gemeinsame Taxifahrten zur Ferry Gomera, Veranstaltungen, Verkäufe, Kursangebote etc. Außer an Sonn- und Feiertagen täglich 9–19 Uhr, samstags 9-13 Uhr.

Tanzen bis in die Morgenstunden im Club de Mar

Disco Club del mar, die Stufen führen in das Tanzvergnügen in La Playa. Die Einrichtung aus Sitzgruppen und Tanzfläche mit Geländer lassen alte Erinnerungen an längst vergessene Provinz-Tanzschuppen mit klingenden Namen wie Car Wash oder Butterfly wieder aufleben. Die Macher organisieren dafür um so mehr: Täglich wechselnde DJs und Musikrichtungen und immer wieder Live-Musik knüpfen an die deutsche Diskokultur an. Wer vor Mitternacht einläuft, kann persönliche Musikwünsche an den DJ richten und hat zum Lieblingslied auch noch die ganze Tanzfläche für sich. Mittwochs von 24–5 Uhr steigen die beliebten Techno-Partys, jedenfalls von Oktober bis April. Freitags und Samstags läuft gemischter Sound zum Tanzen, den der Gomero Ruben auflegt. Außer Di täglich 23–5 Uhr.

Gekko-Bar, auch als Hardrock-Café bekannte, in Vueltas neben Tanyas Schneiderei gelegene Musikkneipe, in der auch Tapas angeboten werden. Täglich bis in die Nacht geöffnet, mit einer riesigen Auswahl an LPs. Übertragung von Fußball und Formel 1-Veranstaltungen.

Cacatua (s. Karte S. 182, 45), täglich 10–2 Uhr geöffnet (außer Montag). Das In-Lokal im Valle (Vueltas). Auf der Terrasse kann man frühstücken oder den Nachmittag an einem schattigen Plätzchen verbringen. Bis 22 Uhr kann man hier draußen sitzen, dann muss die Party wegen möglicher Ruhestörung nach oben an die Bar verlegt werden. Hier finden sich allabendlich alle ein, die „dazugehören" wollen. Und auch für den, der's nicht will, ist zumindest eine Stippvisite Pflicht. Mitte der 1980er Jahre eröffnet, hat sich das Cacatua unter wechselnder Führung mühelos behauptet. Deutsch-cool ist es hier, eine Szenekneipe wie daheim in Kreuzberg, nur etwas kontaktfreudiger. Seit man auch auf der Terrasse sitzen kann, ist das Gedränge nicht mehr ganz so wahnwitzig. Wen man hier sieht, den trifft man unter Garantie später noch mal wieder also wird nach Kräften sondiert, auch wenn „Aufreißen" nur in Maßen angesagt ist. Aber Vorsicht: Wenn hier in der Stunde vor Mitternacht Flaute ist, dann kann man seine Unternehmungslust vergessen und braucht die Disco-Stationen gar nicht mehr anzupeilen. Doch meistens ist es gerade so voll, wie es sein sollte, und so kippt man noch ein letztes Bier für 1,50 € oder einen der leckeren Cocktails (hier gibt es übrigens die beste Piña Colada im ganzen Valle) und macht sich bereit für den letzten Vorstoß, gerade wenn's hier am schönsten ist. Die 150 m sind schnell zurückgelegt zum

Discopub Ajul (s. Karte S. 182, 10), geöffnet außer Mo täglich 22.30–4.30 Uhr. Kennern der Vueltas-Szene ist der Keller-Tanz-Schuppen noch unter „Quasimodo", dem Namen des alten Besitzers geläufig oder unter Pacos Club, dem des Nachfolgers. Kenner kommen nie vor 1 Uhr, denn erst dann wird's richtig voll, außer wenn die Trommler aus der Schweinebucht donnerstags ab 24 Uhr schon für die richtige Stimmung für Trance und Tanz einheizen. So manchen Abend drücken sich hier aber nur 3 oder 4 Leutchen an der langen Theke herum. Doch gar nicht so selten sind auch die Sternstunden: Dicht gedrängt, fast ineinander verkeilt stehen die Menschenleiber dann und warten auf einen Funken. Den liefern die Techno-Rhythmen, man achte auf die Aushänge: Es gibt auch reine Reggae-Nights. Beliebt sind die Disconächte der heißen lateinamerikanischen Rhythmen, gut gemischt mit Rock- und Pop-Hits der letzten Jahrzehnte. Und schon bald brodelt es auf der Tanzfläche. Wer noch stehen kann, wippt im Salsa oder Merengue-Schritt mit. Ein armes Würstchen, wer da nicht flugs in Hochstimmung kommt, auch wenn das alles arg „touristisch" wirkt und die wenigen Gomeros nur exotische Staffage sind. So mancher, der daheim die allzu ähnliche Disko meidet, hottet hier richtig ab, bis niemand mehr so recht unterscheiden kann: Ist's Tanz, ist's Taumel? Jedenfalls kostet der Eintritt 3 € und die Getränkepreise sind mäßig: Flasche Bier oder Cola 1,50 €.

Abends genießt man die berühmten glutroten Sonnenuntergänge

Los Órganos: Diese Orgelpfeifen vulkanischen Ursprungs lassen sich nur vom Boot aus bewundern

Sehenswertes

An Sehenswürdigkeiten der gewohnten Art ist das Valle Gran Rey nicht gerade reich. Barockschlösser, romanische Kirchen oder Briefmarkenmuseen wird man hier vergebens suchen. Und trotzdem zwischen Schweinebucht und Playa del Inglés, Wandern durch herrliche Landschaften und kuriosen Bekanntschaften vor und nach den berühmten glutroten Sonnenuntergängen vergeht der Urlaub im „Tal der Großen Könige" wie im Flug.

Der Name Valle Gran Rey bezieht sich auf den letzten prähispanischen Herrscher, der hier gewohnt hat: Hupalupa, der Große König. Von ihm ist überliefert, dass er sich den spanischen Herrschern tapfer widersetzte. Im Jahr 1487 soll er einen Anschlag auf den spanischen Eroberer Hernán Peraza geplant haben. Ein brutales Ende fand jedoch letztlich sein eigener Sohn, der Peraza gewarnt hatte und zur Strafe dafür von seinem Vater erstochen wurde. Nach der Eroberung des Tals waren von den ursprünglichen Bewohnern nicht mehr viele übrig. Leute von der iberischen Halbinsel, die man z. T. gezwungen hatte, hier zu siedeln, legten Tausende von Terrassen an, die das Tal und seine Landschaft bis heute prägen. Generation um Generation lebte mühsam von der Landwirtschaft, bevor das Tal immer mehr Touristen anzog. Heute sind die einstigen Bauern, Bäcker und Fischer Appartementvermieter und Händler und genießen die Landschaft und Natur nicht minder als die Urlauber. Wem die reine Naturschwärmerei von der Sonnenliege aus nicht genügt, der muss sich Aussichtspunkte und idyllische Plätze für Picknickpausen erwandern oder erstrampeln. Sightseeing im Valle heißt eben meist Hiking oder Biking und seit wenigen Jahren auch Reiten. Nur eine von der Natur geschaffene Sehenswürdigkeit bietet Gomera, die man nur vom Meer aus in Augenschein nehmen kann: Los Organos.

Bootsfahrt zu Los Órganos

Auch wenn die See vor Vueltas noch einen ruhigen Eindruck macht: Wer sich mit den Ausflugsschiffen Tina oder Siron zu den Orgelklippen schippern lässt, muss auf eine wilde Schaukelei gefasst sein. Sie liegen im rauen Nordwesten der Insel. Auch wenn die Sonne strahlt und die See ruhig wirkt, peitschen meterhohe Wellen gegen die vertikal gen Himmel ragenden erkalteten Magmasäulen, die an eine riesige Orgel erinnern. Entstanden ist dieses spektakuläre Werk der Natur nicht durch das ständige Nagen der Wellen am Fels, sondern bei einem Vulkanausbruch vor Millionen von Jahren.

Zum Trost: Wer hier seekrank wird, kann sich später bei einer Badepause in einer ruhigen Bucht im Inselsüden erholen.

Tropischer Fruchtgarten Argaga

Als das Ehepaar Rosita und Gerd Schrader sich vor über 20 Jahren in der einsamen Schlucht von Argaga niederließ, gab es die 300 m unterhalb gelegene Finca Argayall noch nicht. Ebenso wenig konnten die beiden ahnen, dass der Obstgarten, den sie um ihr kleines Anwesen herum auf mehreren Terrassen anpflanzten, einmal über 30.000 Besucher anziehen würde. So viele sind innerhalb der vergangenen 16 Jahre schon hier gewesen, um die beachtliche Sammlung an Früchte tragenden Pflanzen aus aller Welt zu bewundern. Und in diesem paradiesischen Garten kann man die tropischen Obstarten von Kapstachelbeeren über Guaven, Javaäpfel, Cherimoyas bis zur Kumquat nicht nur fotografieren, sondern auch probieren. Über 130 Arten haben die Schraders im Laufe der Zeit gepflanzt. Davon tragen mindestens 10 immer reife Früchte. Sie sind garantiert biologisch und ungespritzt und bieten teilweise bisher völlig fremde Geschmackserlebnisse. Eine 1,5-stündige Führung mit Kostprobe (Di und Fr 10–17 Uhr, im Winter 11–16 Uhr) kostet 9 €, für Kinder 4,5 €. ✆ 922-697004, http://personales.mundivia.es/schrader_gomera/, schrader_gomera@mundivia.es.

Valle Gran Rey
Karte Seite 153

Kultur

Kultur und Kleinkunst sind im Valle rar. Seit die Galería in La Calera geschlossen ist, gibt es für kulturelle Ereignisse keine feste Institution mehr. Den gomerischen Spielfilm „Guarapo", der früher regelmäßig hier gezeigt wurde, kann man mit etwas Glück im Hotel Gran Rey sehen. 1988 mit einheimischen Schauspielern an Originalschauplätzen gedreht, veranschaulicht er das harte gomerische Leben Ende der 1940er Jahre unter der Repression der Großgrundbesitzer und der Franco-Diktatur. Das alles wird musikalisch untermalt von den mystischen Klängen der Chácaras (Kastagnetten) und Tambores, die bis heute auf den traditionellen Festen der Einheimischen zu hören sind.

Infos zu Life-Konzerten, Partys oder anderen Veranstaltungen bekommt man durch Aushänge in Läden und Kneipen oder vor der Casa de la Cultura in La Calera. Kleine Ausstellungen sind allenfalls am Hafen von Vueltas in der Zumería II oder in der ein oder anderen Kneipe zu sehen sowie im Künstlerdorf El Guro. Die einzige Galerie im Valle Gran Rey befindet sich in der Ferienanlage **Oasis** und wird von Elfriede Piper geführt, die dort Skulpturen, Malerei, Radierungen und Zeichnungen in wechselnden Ausstellungen zeigt.

Galerie Oasis, Bungalow Oasis (s. Karte S. 177, 40), ✆/℻ 922-805017 liegt am nördlichen Rand von La Playa Richtung Jardín Tropical am Fuß des Hangs Mérica.

Öffnungszeiten 17–20 Uhr und nach Vereinbarung.

Burro Parque La Gomera S.L.: Der „Esels-Park" (*burro* = Esel) wird von dem Gomero Fernando Garcia und seiner deutschen Frau Carol betrieben. Die beiden kaufen überall auf den Kanaren Esel auf, die als Last- oder Arbeitstiere nicht mehr gefragt sind. Sie geben ihnen das Gnadenbrot und haben mit den jüngeren Tieren schon einige Fohlen gezüchtet, deren Zutraulichkeit vor allem die Kinder unter den Besuchern sehr entzückt. Ziel ist es, den Bestand der Tiere zu sichern, die mittlerweile auf Gomera vom Aussterben bedroht sind. Das Projekt wird von der Umweltbehörde und der Gemeinde Valle Gran Rey begrüßt, finanzielle Unterstützung bekommen die beiden Tierliebhaber aber nicht. Hauptberuflich betreiben sie eine Baufirma.

Der Burro Parque lädt nicht nur Eltern mit Kindern dazu ein, an der kleinen Holztheke zu verweilen und etwas zu trinken oder die Esel zu streicheln und die herrliche Lage mit Blick in die Berge zu genießen. Inzwischen bietet er auch die einzige Reitmöglichkeit im Valle Gran Rey. Nicht nur Sohn Joshua, sondern auch die Kinder aus den Dörfern des Obertals nehmen bei Carol und Fernando Unterricht im Dressurreiten. Dazu stehen 6 Pferde und ein großer Sandreitplatz zur Verfügung. Mit etwas Reiterfahrung kann man zu Pferd die Landschaft erkunden: Ausritte (2–2,5 Std.) kosten 24 €, angeboten werden auch Ganztagesausflüge zu Pferd in die Berge (6–8 Std.). Ein Paket von 5 Reitstunden kostet 50 €, 10 Std. 90 €. Anzutreffen sind Carol und Fernando hier wochentags meist ab 16 Uhr. Zum Reiten sollte man sich am Tag vorher telefonisch oder persönlich anmelden.

• *Anfahrt* Der Burro Parque liegt unterhalb von El Guro und Casa de La Seda im Tal. An der Straße steht ein Schild, von wo aus man eine Treppe hinabgeht und den unterhalb der Ermita de los Reyes gelegenen Park über einen Fußweg erreicht. Von La

Playa del Inglés: Wind- und Sonnenschutz empfohlen

Calera aus geht es zu Fuß ca. 1,5 km über den Pfad durch das Flussbett. Für Anmeldung und weitere Informationen (auch in deutscher Sprache) wendet man sich an Fernando und Carol unter ✆ 670-805089 oder Carol@infocanarias.com bzw. schaut im Internet unter www.gomera-reiten.de.

Strände im Valle Gran Rey

Erwarten Sie keine schier endlosen, feinkörnigen Sandstrände, in deren weißen Dünen man unter hoch gewachsenen Palmen Schatten findet. All das findet man im Valle Gran Rey und auf ganz Gomera nicht! Stattdessen gibt es ein paar dunkle Kies- und Steinstrände, wo man leichter als anderswo die Brandung überlisten und ins Meer kommen kann, das mit tückischen Strömungen und unberechenbarem Wellengang das Schwimmen oft gefährlich macht. Daneben gibt es noch eine Hand voll Stellen mit schwarzem Sandstrand, der nicht nur durch die starke Sonneneinstrahlung höllisch heiß wird, sondern bedingt durch die stete Brise auch noch zum hemmungslosen Umherfliegen neigt. Im Winter schrumpfen diese Stellen beträchtlich oder werden ganz vom Atlantik überspült. Dies nur, um vor zu hohen Erwartungen zu warnen. Tatsächlich gibt es auch eine ganze Reihe positiver Aspekte: ganzjährig angenehme Wassertemperaturen, teilweise textilfreies Sonnenbaden . . .

Playa del Inglés: Der Strand liegt gerade 10 Fußminuten vom Ortskern von La Playa entfernt. Der Weg beginnt in Höhe des Restaurants Islita an der Strandzeile, führt an einigen Appartementanlagen für Pauschalurlauber vorbei und passiert auch den Fußballplatz, wo Fußkranke und Faulpelze auf einem kleinen Parkplatz ihren Leihwagen abstellen können. Die letzten 150 m müssen schließlich alle auf Schusters Rappen zurücklegen.

Valle Gran Rey
Karte Seite 153

Kinderfreundlich: die Bucht von La Playa

Im Sommer steht man dann vor einem etwa 200 m langen Sandstrand mit ebener Liegefläche und etlichen aus Lavabrocken erbauten Burgen, die einen effektiven Schutz vor Flugsand versprechen. Aus dem Wasser ragen spitze Steine gefährlicher sind aber diejenigen, die man beim Hineingehen nicht sofort erkennen kann. Wer sich seiner Schwimmkünste und Robustheit nicht sicher ist, Schnitt- und Schürfwunden ungern in Kauf nimmt, der kann bei Wellengang gefahrloser an der Playa de Calera (s. u.) baden.

Im Winter bleibt vom Sandstreifen meist nur wenig übrig, was Bade- und Bräunungsspaß aber keinen Abbruch tut. Und wen dabei der Hunger überkommt, der freut sich über hin und wieder in der Hauptsaison von Bauchladen-Händlern angebotene Toasts, Pancakes, Energyballs und kalte Getränke. Tipp: Sonnenbrandgeplagte können hier von fliegenden Händlern wie z. B. Achim lindernde Aloe Vera-Produkte kaufen. Das Extrakt, aus den Blättern der Aloe Vera, das mit Zitronensaft versetzt und haltbar gemacht wird, soll allerlei heilende und abwehrende Kräfte besitzen. Manche trinken es auch oder bevorzugen es in Form von Badesalz. Um die Haut von den Folgen übermäßiger Sonne zu heilen, ist es allemal gut.

Die auf einen Felsen gepinselte Mahnung „FKK verboten!“ kapituliert im Übrigen vor dem Gewohnheitsrecht, denn die Playa del Inglés ist der bei (deutschen) Nacktbadern beliebteste Strand. Dies zu ändern wäre eigentlich ein Gebot der Rücksichtnahme, erscheint aber ziemlich aussichtslos. Dass das hüllenlose Treiben auch heute noch einigen Einheimischen ein Dorn im Auge ist, davon kündet allein schon die Bezeichnung „Playa del Inglés“ denn mit „Inglés“ sind nicht nur die in dieser deutschen Exklave exotischen Engländer gemeint. Seit den Überfällen englischer Piraten im 16. Jahrhundert hat „Inglés“ immer auch die Nebenbedeutung „fremder Störenfried“.

Achtung: Neuankömmlinge sollten in den ersten Tagen unbedingt Sonnenmilch mit hohem Lichtschutzfaktor benutzen. Ganzjährig!

Übrigens finden hier auch viele ihr erstes Nachtquartier, wenn sie nämlich, gerade mit der letzten Fähre auf Gomera angekommen, noch ein Taxi ins Valle auftreiben können, wo sie feststellen müssen, dass um Mitternacht die meisten Türen verschlossen sind. Wer sich dann an der Playa del Inglés in seinen Schlafsack mummelt, hat eigentlich nichts zu befürchten, wenn er frühmorgens wieder das Feld räumt. Dauercamper hingegen werden recht bald vom Dorfpolizisten Basilio („Knüppelchen") verscheucht . . .

Playa de Calera: Eigentlich erstreckt sich der dunkle Sandstrand nur zwischen den Bars Las Jornadas und Yaya auf etwa 50 m Breite. Im Sommer gibt dann der Atlantik zusätzlich noch einmal rund 150 m Strand frei. Der größte Vorteil dieses Strandes: Ins Wasser und wieder heraus kommt man hier in der Regel wesentlich leichter als an der Playa del Inglés, und zu einem Café con leche oder einem Zumo de naranja (Orangensaft) sind es nur ein paar Meter.

Wer hier (sonnen)badet, tut dies unter den Augen der halben Dorfbevölkerung, eigentlich selbstverständlich, dass man aus Respekt vor den Gastgebern darauf verzichten sollte, sich oben ohne oder gar ganz ohne am Strand aufzuhalten.

Im Sommer ist die Playa de Calera der am dichtesten bevölkerte Strand im Valle, vor allem viele junge Einheimische und Urlauber vom spanischen Festland verbringen hier ihre Nachmittage. Diejenigen, die an solchen Tagen nicht wie die Ölsardinen liegen wollen, wählen den Steinstrand, der sich fast einen Kilometer lang zwischen der Playa de Calera und La Puntilla erstreckt. Zum Schwimmen ist er zwar wegen der „rollenden Steine" wenig geeignet, aber mit einer dicken Liegematte findet man dort ein ruhiges Plätzchen zum Sonnenbaden. Bei Ebbe kommt auch hier schwarzer Sand zum Vorschein. Meist bei

Der Baby-Beach (Charco del Conde) bei Ebbe

Valle Gran Rey
Karte Seite 153

Weg zur Schweinebucht

Vollmond geht das Wasser so weit zurück, dass hier morgens viele Jogger entlanglaufen, die sich sonst mit der Uferstraße begnügen müssen. Im Winter ist die Besetzung jedoch weitaus spärlicher, deutsche Urlauber sind dann auch an der Playa de Calera in der Überzahl.

Baby-Beach: Warum die kleine Bucht an der Appartementsiedlung Charco del Conde (beim gleichnamigen Restaurant) „Baby-Beach" genannt wird, wird jeder sogleich verstehen, der hier einen Kopfsprung wagt. Das Wasser ist nämlich gerade fußknöcheltief. Für Kleinstkinder scheint das durch Felsen vom Meer abgetrennte „Plantschbecken" also bestens geeignet, zumal sich das Wasser in Windeseile auf Badewannentemperatur aufheizt und nicht die Spur eines Wellenganges festzustellen ist. Während die Minis mit Schwimmflügeln, Eimerchen und Schäufelchen hier ihren Geschäften nachgehen, holen sich die Mütter und Väter auf dem nicht sehr großen vorgelagerten Sandsträndchen ihre Urlaubsbräune oder schlürfen auf der nahen Terrasse des Restaurants einen kühlen Drink (stets mit Blickkontakt zum Nachwuchs). Der Tümpelcharakter des Badeplatzes hat allerdings auch Nachteile: So hört man immer wieder mal davon, dass sich Kinder hier Infektionen geholt haben. Wie überall kommt es auf die Jahreszeit und den Stand von Ebbe oder Flut an, wie der Zustand des Strandes ist.

Playa Vueltas: Wenig einladend ist der etwa 100 m lange Sandstrand am Hafen von Vueltas; aber für die vielen Urlauber, die ihr Appartement in Vueltas haben, ist er die bequemste Lösung. Mit den direkt vor dem Strand liegenden Fischerbooten wirkt er auf den ersten Blick sehr idyllisch. Und tatsächlich schützt die Hafenmole vor der Brandung, sodass selbst Kinder hier an den meisten Tagen des Jahres relativ gefahrlos baden und spielen können. Weniger schön, aber zumindest von den Einheimischen völlig ignoriert: Das Hafenbecken ist durch den Motorbootverkehr doch sichtlich verdreckt, und wegen der geschützten Lage geht der Wasseraustausch mit dem offenen Meer nur relativ langsam vonstatten. Nur sehr wenige, die auch die anderen Strände kennen gelernt haben, kommen zum Schwimmen hierher; angesagt ist meist nur Sonnenbaden. Auch an der Playa de Vueltas gilt im Übrigen: Oben ohne baden bzw. sonnen ist fehl am Platze.

Playa Argarga: Über die Schotterpiste entlang der Steilküste erreicht man nach ca. 15 Minuten den ca. 250 m langen Kiesstrand an der Mündung des Barranco de Argaga. Wenn die Brandung es zulässt, kann man hier herrlich baden, und sich ungestört von Sandflug auf den großen runden Steinen in der Sonne trocknen lassen. Der Strand liegt direkt vor der Finca Argayall (siehe Kasten S. 208). Man hat einen schönen Blick auf die steilen vulkanischen Berge in den Barranco. Vor der Finca führt ein Wanderweg nach rechts, an dem auch der tropische Fruchtgarten Argaga liegt.

Playa Argarga

Schweinebucht: Ein ca. 25-minütiger Spaziergang führt vom Hafen aus zur Schweinebucht. Es geht von der Finca Argayall aus über einen gut erkennbaren Pfad an der Küste entlang, das letzte Stück ist eine Kletterpartie über Fels und Geröll zu der kleinen windgeschützten Bucht Playa de las Arenas, deren Abgelegenheit keineswegs vor Überfüllung schützt, vor allem im August nicht. Der Weg lohnt sich, denn es erwartet uns ein schöner, im Sommer etwa 150 m breiter Sandstrand mit der Möglichkeit ungestörten Nacktbadens. Das Nacktbaden – so vermuten übrigens viele – sei das Benennungsmotiv der Gomeros für die drastische Bezeichnung „Schweinebucht“, während andere zu wissen glauben, hier seien früher Schweine gezüchtet worden. Wenn Flut ist, bleibt der Weg in die Bucht versperrt zumindest trockenen Fußes. Ein zweifelnder Blick auf das Seil, das beim Hinüberschwingen Halt geben soll, na dann lieber ein Foto aus der Ferne. Und das war's, die meisten machen nun kehrt. Sie haben nicht mehr gesehen als einen leeren Strand und ein paar improvisierte Wände und Dächer aus trockenen Palmwedeln in schmaler Reihe gegen die Felswand gedrängt, hier und da ein schattenspendendes buntes Tuch.

Videos aus Poona, Tourismus und Therapie

Das Projekt Argayall an der Playa de Argaga hat nichts mit Viehzucht zu tun. New-Age-Spiritualismus unter dem Motto „Tourismus und Therapie“ führt nämlich alljährlich an die 400 Urlauber hierher. „Ort des Lichts“, heißt Argayall übersetzt, und das zu Recht. Besonders wenn abends die niedrig stehende Sonne die imposante Felskulisse hinter der Finca rötlich anstrahlt, erscheint der Ort wie geschaffen für Meditation und Kontemplation.

Schon vor rund 30 Jahren kaufte der Engländer Richard Sanderson, die Bucht für einen Spottpreis um 60.000 DM (Goldgräberzeiten!). Als er Mitte der 1980er Jahre dem Projekt Argayall die Hälfte der Bucht weiterverkaufte und ihm für den Rest die Nutzungsrechte übertrug, war der Quadratmeterpreis schon auf 80 DM gestiegen. Eine stolze Gewinnspanne, wenn man bedenkt, dass die gesamte Bucht ca. 1,5 Hektar umfasst. Erwerb, Renovierung und Erhalt der Anlage haben die Gemeinschaft bisher insgesamt 2 Mio. DM gekostet.

Wer steckt nun hinter Argayall? Zunächst die fünf Aktionäre Dani, Gerald und der Schweizer Sayana sowie Divakar und Rosi, die beiden Gründer, die jetzt nicht mehr hier leben. Weiteres Kapital kommt durch Kredite, private Darlehensgeber u. a. in Form von Ferienaktien, und wird mit dem regulären Gäste- und Seminarbetrieb erwirtschaftet. Eine Lebensgemeinschaft von ca. 12–20 Leuten betreiben die Finca. Davon gehören 5 zum Management, fast alle sind Sannyasins. Sie schlichten und vermitteln bei Konflikten, kümmern sich um das Organisatorische und delegieren die Arbeit an die Helfer in der Küche oder in der Plantage. Einige von ihnen sind Anhänger des verstorbenen und andernorts schon fast vergessenen Gurus Bhagan Shree Rajneesh. Alle betrachten sich als offene spirituelle Gemeinschaft, in die auch die Gäste einbezogen werden, sofern sie dies wünschen. Sogenannte „Summerworker“ können als Biogärtner oder vegetarische Köche gegen einen geringen Unkostenbeitrag praktisch umsonst hier leben (und arbeiten!). „Den Platz erhalten und seine Schönheit mit den Gästen teilen“, möchte die Gruppe. So zumindest formuliert es Nirmala, alias Susanne, Mitglied des Managements. Die Homöopathin und ehemalige Journalistin aus Hamburg, die vor 13 Jahren, das erste Mal im Urlaub hier war und sich „in den Platz verliebte“, lebt nun bereits seit viereinhalb Jahren hier mit Mann und Sohn. Touristen zahlen pro Tag und Person bei Unterbringung im Doppelzimmer 47 € (Gemeinschaftsbad), 60 € (mit WC/Dusche). Im Preis inbegriffen sind vegetarische Vollpension (obliga-

Nirmala alias Susanne

torisch!), Wäscheservice und die Teilnahme an Meditationen (2- bis 3-mal täglich; freiwillig). Strom stammt hier im Übrigen von Solarzellen; im Dunkeln lesen geht nur mit Kerzen oder Taschenlampen.

Finca Argayall – Ort des Lichts

Sehr häufig wird die Finca von Lehrern der verschiedensten „spirituellen Künste" besucht. Lehrgänge z. B. in Atem- und Körperarbeit, Tanz, Tarot, Yoga und Tantra für Paare sowie Satsang und Familienaufstellung stehen ebenso im Seminarprogramm wie Weiterbildungen für Führungskräfte von Firmen wie Siemens und Kurse für Berufsgestresste mit Burn-out-Syndrom. Für Besucher und Interessierte, die nicht auf der Finca wohnen, besteht die Möglichkeit, an den täglich stattfindenden Meditationen teilzunehmen: auf dem Stundenplan stehen stille Meditation (Vipassana, 3 €), um 8 Uhr wechselnde Meditation sowie Kundalini (Schüttel- und Tanzmeditation) um 16 Uhr. (Programm und Anmeldung ✆/✆ 922-697008, www.argayall.com, info@argayall.com; Rezeption täglich 10–13 Uhr, Di geschlossen). Nach Voranmeldung bis zum Vorabend ist die Teilnahme an vegetarischen Mahlzeiten (13 €) möglich. Passanten kaufen von der Finca gerne die biologisch-dynamisch angebauten Bananen, Papayas, Avocados und Mangos (sehr lecker). Das Interesse vieler Gäste weckt eine originelle Anbaumethode, inspiriert von der Permakultur. Die rund um einen Komposthaufen gepflanzten Schwammgärten (*Sponge*) aus verschiedenen Obstarten müssen nicht gedüngt und nur einmal im Monat bewässert werden. Was die Crew aus der Plantage ernten kann, reicht aber nicht vollständig zur Verpflegung aus. Die Mehrzahl der Gomeros im Valle Gran Rey begegnet dem Projekt Argayall mit erstaunlicher Sympathie. Das liegt wohl vor allem an der guten Öffentlichkeitsarbeit. So waren schon sehr viele, in erster Linie Jugendliche, auf dem in beinahe jedem Monat traditionell gefeierten Vollmondfest mit Büfett und Gitarrenmusik. Dazu ist jeder eingeladen; für Essen und Trinken wird ein Unkostenbeitrag kassiert.

Schwammgartenkultur

Valle Gran Rey
Karte Seite 153

Chriss, Angelo und Jürgen bei einer Trommelsession in der Schweinebucht

Vor allem in den Sommermonaten staut sich die Hitze manchmal unerträglich vor den hohen Felsen. Einzige Zuflucht sind dann die in den höhlenartigen Ausbuchtungen des überhängenden Felsens geschaffenen, kargen Behausungen, die bis zum späten Nachmittag im Schatten liegen. Wo die Besucher ihre Erholung und ihren bevorzugten Badeplatz gefunden haben, verteidigen insgesamt 7 Männer einen der letzten Aussteigerbiotope. Von den Razzien der Guardia Civil bis zu unangenehmen Mitbewohnern wie Ratten und Flöhen trotzen sie allen Risiken und verharren so lange in der Bucht, bis die Natur sie zwingt, in den Häusern der Freunde Unterschlupf zu finden. Wenn nämlich die Flut bei Sturm und Regen einmal etwas höher steigt, ist der Rückweg abgeschnitten und von oben fallen die Steine.

Die Trommelbauer in der Schweinebucht

Kein WC, keine Müllabfuhr, kein Stromgenerator, das ist für sie schon irgendwie o.k., aber auf Musik können die Schweinebuchtler nicht verzichten. Chriss, der Jamaikaner, dem das winterliche Düsseldorf zu kalt war, ist mit seiner Gitarre und seinen Reggaesongs in die Bucht gekommen. Hier begleiten ihn jetzt die Trommeln, deren Sound auf Gomera jeder kennt spätestens seit dem ersten Sonnenuntergangserlebnis am Strand von La Playa. Chriss bleibt vielleicht nun ein bisschen länger als geplant in der Schweinebucht. Vielleicht lernt er ja auch, wie man eine Trommel baut. Angelo jedenfalls, der früher Kfz-Mechaniker in Freiburg war und nun schon seit mehreren Jahren in der Bucht wohnt, würde es freuen. Er trommelt sich bei den gemeinsamen Sessions begeistert in Trance und tankt dabei noch mal ganz anders Energie als beim Kiffen. Und wenn er eine selbst gebaute Trommel verkauft, kann er von den je nach Qualität und Größe120–300 € erst mal wieder ganz gut leben. Gelernt hat Angelo das Trommelbauen von Arndt. Und aus dem Blütenschaft der Agave fertigt Angelo nicht nur die Trommel, sondern er verwendet auch den langen Stiel: für Didgeridoos, die Blasinstrumente der australischen Aborigines. Arndt, der früher in Heidelberg Bürokaufmann gelernt hat, lebt schon über 15 Jahre nicht mehr in Deutschland. Die meiste Zeit seines Lebens hat er in Cadaqués und in Indien verbracht. Er baute bereits mehrere 100 Trommeln und jetzt gibt er sein Wissen in der Schweinebucht weiter. Wer hier seine eigene Trommel bauen möchte, muss allerdings etwas Zeit mitbringen. Zunächst gilt es, über die Insel zu wandern, um überhaupt eine abgestorbene, aber noch nicht völlig vertrocknete Agavenblüte zu finden. Aus dem unteren Teil entsteht der Trommelkörper. Und d. h. Arbeit: in der optimalen Größe absägen, säubern, schälen, von innen aushöhlen, von außen und innen so lange mit Meißel und Schmirgel glätten, bis sich die Oberfläche ganz sanft anfühlt. Damit es nicht austrocknet, wird das Holz mit Leinöl behandelt. Bei einem Exporteur für Ziegenfelle auf Teneriffa suchen die Trommelbauer das passende Fell für die Trommelbespannung aus. Mit den klangentscheidenden Qualitäten kennen sie sich gut aus: Je stärker das Fell, desto tiefer der Ton. Aber das ist nicht alles. Die beste Vibration entsteht nur dann, wenn Fell und Trommelkörper perfekt zusammenpassen. Völlig auf künstliche Materialien können Trommelbauer zu Arndts Bedauern jedoch nicht verzichten. Schnüre aus Kunststoff brauchen sie für eine gute Bespannung und manchmal auch Ringe aus Metall. Und auch das Bespannen erfordert eine Menge Geduld und Zeit. Da bleibt Buchtbesucher Eric aus der Nähe von Wien lieber bei seiner eigenen Erfindung, bei der er zudem auf natürliche Zutaten zurückgreifen kann: Er spuckt Feuer und nimmt dazu nicht etwa Petroleum in den Mund, sondern füttert die Flamme mit gomerischem Gofiomehl. Sein Travellerbudget frischt er als Hilfsarbeiter in einer Bananenplantage in Playa de Santiago für 6 € die Stunde auf und die Höhlenmenschen, die sich an den dortigen Stränden an alternativen Lebensformen erproben, hat er auch schon kennen gelernt.

Ziegenfell für die Bespannung der Trommel

Von Petra Sparrer

Steilküste am Hafen von Vueltas

Fiestas

Fiesta Virgen del Cármen: Sie wird am 16. Juli im Hafen von Vueltas gefeiert, denn die Virgen del Cármen ist die Schutzpatronin der Fischer. Ihre Statue wird am Nachmittag des ersten Tages der Fiesta aus der Pfarrkirche bis zum Hafen getragen und dort auf ein Fischerboot verladen. Praktisch die ganze Bevölkerung folgt ihr dann bei einer großen Schiffsprozession mit viel Knallerei. Das wirklich große Feuerwerk am Strand von Vueltas ist übrigens ein Geschenk des Fischaufkäufers Ramón aus Teneriffa. Diese wohl am ausgiebigsten gefeierte Fiesta im Valle Gran Rey dauert ganze drei Tage lang und wird durch viele sportliche Wettkämpfe aufgelockert (Wettrudern, „Wer hält sich am längsten auf einem mit Schmierseife eingeriebenen Balken?" etc.).

Días de los Reyes: Am Abend des 5. Januar gibt es eine kleine Parade. Alle kaufen noch in letzter Minute die Geschenke und verstecken sie in den Häusern der Nachbarn und Freunde. Am nächsten Morgen, am Dreikönigstag, holen alle ihre Präsente wieder ab und übergeben sie mit den Worten „Schau nur, was die Drei Könige Dir mitgebracht haben" ihren Angehörigen. Alles ist ruhig und beschaulich, bis gegen Mittag endlich die Kinder ihre Geschenke haben. Dann geht's natürlich raus auf die Straße, das Spielzeug wird lauthals verglichen und ausprobiert. Am Nachmittag ziehen dann alle zur Kapelle der Heiligen Drei Könige oben auf der rechten Talseite, wo nach einer Messe die dreitägige Fiesta mit vielen Knallkörpern eingeleitet wird.

Tipps für Weihnachtsflüchtlinge

Noch vor einigen Jahren war es Sitte, dass am Heiligen Abend die Weihnachtssänger durchs Dorf zogen und das Fest in aller Stille und Frömmigkeit begangen wurde. Heute ziehen von fröhlicher Gitarrenmusik begleitete Trupps schon am 23. Dezember durch die bunt geschmückten und von blinkenden Weihnachtsbäumen illuminierten Bars und sammeln Geld . . .

Wer als Urlauber den Abend des 24. Dezember mit einem Festmahl beginnen möchte, sollte unbedingt schon tags zuvor einen Tisch reservieren oder sehr früh ins Restaurant gehen. Denn nur etwa die Hälfte aller Lokale hat überhaupt geöffnet, und vor deren Eingangstüren bilden sich erfahrungsgemäß spätestens um 18.30 Uhr längere Schlangen. Gemeinerweise denken diejenigen, die früh genug einen Platz ergattert haben, nun gar nicht daran diesen zu verlassen, denn die Chance, irgendwo anders einen neuen zu finden, ist gar zu gering. Wer hofft, diesem Boom dadurch zu entkommen, dass er erst nach 21 Uhr zum Essen geht, sieht sich aufs übelste getäuscht, denn entweder ist die Küche oder gleich das ganze Lokal um diese Zeit bereits geschlossen. Und noch ein Hinweis: Immer mehr Restaurants bieten an diesem Abend ein völlig überteuertes „Weihnachtsmenü" an.

Nach dem Essen heißt es warten einige nutzen die Zeit, um sich im Appartement selbst zu bescheren, andere bemühen sich mehr oder weniger erfolgreich, vermittels eimerweise einverleibter Alkoholika dem Abend ein freundliches Antlitz zu geben. Denn erst gegen Mitternacht beginnt die Weihnachtsmesse in der völlig überfüllten Pfarrkirche von La Calera. Daran nehmen auch viele Urlauber teil, freilich nicht immer so leise und zurückhaltend, wie dies angebracht wäre. Viele harren auch draußen auf der Plaza unter dem großen, psychedelisch leuchtenden „Weihnachtsbaum" der Dinge, die da kommen werden . . .

Gegen 1 Uhr morgens ist es dann endlich so weit. Das Kirchenportal öffnet sich, und Ströme von Menschen ergießen sich auf den rund 150 m entfernten Marktplatz, wo jetzt die Fiesta beginnt. Farbige Girlanden, bunte Blinklichter und lateinamerikanische Tänze lassen eher Karnevals- als Weihnachtsstimmung aufkommen. „Felíz Navidad" (fröhliche Weihnachten) wird die Kapelle heute Nacht noch oft anstimmen und auch das Lied von der schönen Insel Gomera, „La Isla preciosa". Die Menschen tanzen ausgelassen dazu, der Alkohol fließt in Strömen, bis lange nach 5 Uhr morgens der Vorhang fällt . . .

Am Abend des ersten Weihnachtsfeiertages geht die Fiesta weiter. Doch obwohl sie früher (etwa gegen 22 Uhr) beginnt als tags zuvor, wird es längst nicht mehr so voll die Opfer der vorangegangenen Exzesse sind offensichtlich noch nicht wieder einsatzbereit. Und während die deutschen Weihnachtsflüchtlinge, auf dem Festplatz übrigens beinahe in der Mehrheit, so mehr oder weniger ausgelassen die „kritische Phase" hinter sich gebracht haben, warten die Gomeros noch bis zum 6. Januar, dem „Día de los Reyes" (Dreikönigstag), bis es die Geschenke gibt und natürlich eine neue Fiesta . .

Arure: beliebter Wohnort der Gomeros

Wanderungen

Wanderung 11: Von La Calera nach Arure

Die Wanderung, die etwas über 2 Stunden dauert, beginnt am Taxistand von Calera.

Man geht gegenüber des Taxistands den aufwärts führenden Treppenweg hinauf, biegt an der ersten Möglichkeit rechts ab, an der Sprachschule vorbei und dann wieder rechts, immer den alten Dorfweg weiter hinauf, an der Galería vorbei, und nach etwa 5 Minuten kommt man an eine Brücke, die über einen Seitenbarranco führt. Direkt dahinter steht links eine große Hinweistafel. Hier sind ein Richtungspfeil und Schlangenlinien aufgepinselt, und unser Wanderweg beginnt. Man geht an den letzten Häusern vorbei, überquert den Barranco und befindet sich jetzt auf einem mit Natursteinen befestigten, in Serpentinen verlaufenden Weg, der in etwas über einer Stunde auf das Hochplateau führt. Rund 600 Höhenmeter sind in einem Stück zu bewältigen. Dabei sind **Calera**, **La Playa**, **Vueltas** und das tiefblaue Meer aus allen Perspektiven zu sehen. Später wird auch die Aussicht auf den oberen Bereich der Talschlucht immer besser: vereinzelte kleine Siedlungen im satten Grün des Talgrundes, darüber bis an die Grenze des nackten Felsen endlos scheinende Terrassen.

Nach gut 20-minütigem Aufstieg erblickt man dann im Landesinneren zum ersten Mal den markanten, 1241 m hohen Tafelberg **Fortaleza** mit den an seinen Fuß geschmiegten kleinen Dörfern. Er wird den Wanderer am Horizont noch lange begleiten. Das gemächlich ansteigende, grasbewachsene Hochplateau **Risco de la Merica** mit seinen vielen Wolfsmilchsträuchern lädt zu einer ersten Rast ein. Während uns die Wegzehrung schmeckt, beobachten wir die hier grasenden Ziegen bei ihrem Frühstück.

Danach folgt man dem sacht ansteigenden Trampelpfad rechts an den Telegrafenmasten vorbei. Auf den Innenwänden eines aus Naturstein erbauten Ziegenstalls, der nur ein wenig abseits liegt, entdeckt man Inschriften, mit denen sich Wanderer scheinbar verewigen wollten.

Am Ende des Hochplateaus führt der Weg schließlich an Felshöhlen vorbei, die den Ziegen bei schlechter Witterung Schutz bieten. Seit Erreichen des Plateaus ist eine weitere halbe Stunde vergangen. Wenig später mündet der Trampelpfad in einen breit geschobenen Weg, dem man nach links folgt. Wer sich unterwegs von dem atemberaubenden Ausblick auf die Nachbarschlucht mit dem alten Schiffsanleger **Taguluche** losreißen kann, der erreicht nach wiederum 30 Minuten **Arure**. Rund 50 m vor dem Ortseingang führt links ein Weg durch den imposanten Aquädukt hindurch zur **Ermita del Santo**. Der kleine Umweg lohnt sich, denn bei klarem Wetter hat man hier einen der schönsten Panoramablicke der Insel: Wie ein glitzerndes Juwel liegt Taguluche in einem Meer von Farben.

In umgekehrter Richtung beginnt die Wanderung natürlich am Aquädukt. Nach unseren Erfahrungen verringert sich die Gehzeit dann um etwa 30 Minuten.

Blick von der Ermita del Santo zum Friedhof von Taguluche

• *Essen* **Bar/Rte. Conchita**, geräumiges Restaurant am nördlichen Ortsrand von Arure (direkt an der Hauptstraße). Beliebter Treffpunkt von Wanderern, Mietwagenfahrern und Bussen mit internationaler Besetzung. Wir können besonders die Kartoffelsuppe mit Gofio empfehlen. Der Wanderer hat sich natürlich schon die ganze Zeit auf einen kühlen Drink gefreut: Es gibt frisch gepressten Orangensaft, Cola und Bier. Außer Do täglich 8–22 Uhr.

Neu ist die **Bar Las Colmenas** etwas weiter oberhalb auf der linken Seite, ✆ 922-804312, die täglich von 7-24 Uhr geöffnet hat. Hier bekommt man Ziegenfleisch für 8,30 €, Hähnchen vom Grill für 6 €, die Arepas für 2,50 € haben uns allerdings nicht geschmeckt.

Am unteren Ortsausgang befindet sich die **Bar El Jape**, gegenüber von einem großen Parkplatz. Hier gibt es eine große Auswahl an Tapas, aber auch Hauptgerichte auf typisch gomerische Art.

Schild für Wanderer in La Calera

• *Einkaufen* Neben dem Restaurant Conchita gibt es einen kleinen **Supermercado**, der von 8–20 Uhr geöffnet hat.

Bodega Vino Tinto, neben der Bar El Jape im unteren Ortsteil. Hier kann man erstklassige Weine der gesamten Kanarischen Inseln kaufen. Dazu werden Ziegenkäse, Mojos und weitere typische Produkte angeboten. Hervorragend ist die rote Reserva für 4,40 € aus Vallehermoso. Außer freitags täglich von 10-18 Uhr geöffnet.

Hinweis: Von Arure sind es noch einmal rund 4 Straßenkilometer bis nach Las Hayas, ein Weg, den man – wenn die Kondition ausreicht – unbedingt noch gehen sollte (s. Wanderung 13).

Wanderung 12:
Arure – Taguluche – Arure – La Merica – La Calera

Ein nicht ganz einfacher, steiler Abstieg und ein konditionell anspruchsvoller Aufstieg erwarten Sie auf dieser Tour. Insgesamt müssen Sie mit knapp 7 Stunden Gehzeit rechnen.

▸ **Abstieg nach Tagaluche (1 ¾ Stunden)**: Von Valle Gran Rey kommend, befindet sich der Startpunkt gleich am Ortseingang Arures. Dort, wo sich die Straße in einer 180°-Rechtskurve windet, biegt eine staubige Piste links ab. Auf einem großen, hölzernen Schild sind die Zielorte **Taguluche, La Merica** und **Valle Gran Rey** angegeben. Nach ca. 200 Metern führt rechts ein gepflasterter Weg bergauf, auf dem man durch einen Aquäduktbogen zur Ermita del Santo gelangt, von wo man einen beeindruckenden Blick auf das Tal von Taguluche hat.

Etwa 50 m hinter der Ermita biegt der Pfad nach Taguluche links ab. Es folgt ein steiles, teils auf großen Stufen den Fels hinuntergehendes Stück, für das

Wanderung 12:
Arure - Taguluche - Arure -
La Merica - La Calerae

man etwa 10 Minuten braucht. Das ist der schwerste Teil des Abstiegs. An der linken Barrancoseite kann man jetzt bereits den Verlauf des Rückweges ausmachen. Danach geht es auf Serpentinen (einfacher zu gehen) weiter bergab. Beim ersten **Telefonmast** führt der Weg rechts weiter und nicht, wie es scheinen mag, geradeaus. Nach einer knappen halben Stunde erreicht man die ersten Brombeerbüsche, Palmen und Kanaren-Weiden. Hier gibt es noch einmal einen gerölligen, schlecht zu begehenden Wegabschnitt. An den Telefonmasten entlang gelangt man zu den ersten Häusern. Links vorbei an einer kleinen, abgedeckten Zisterne führt der Weg weiter bergab zu einer Garage mit einem kleinen Strommast auf dem Dach. An diesem Punkt trifft man auf die **Teerstraße**.
Etwa 50 m bleibt man auf der Straße, dann geht links ein Schotterweg hinunter, der wenig später in einen **betonierten Treppenweg** mündet. Zwischen Häusern und vorbei am Umspannturm folgt der Weg den weißen Laternen und Telefonmasten bergab. Schließlich gelangt er nochmals auf die Teerstraße. Hier muss man links abbiegen. Am Ende der Teerstraße führt hinter dem Wendebereich ein Pfad hinunter zum alten Schiffsanleger. Kurz vor dem Meer kommt man an einigen mehr oder weniger verlassenen Häusern vorbei; hier muss man das Bachbett überqueren. Auf der anderen Seite gelangt man auf den Pfad, der die letzten Minuten hinunter zum Schiffsanleger führt. Leider gibt es hier weder einen Strand noch eine sichere Möglichkeit, im Meer zu baden.

▸ **Aufstieg und Rückweg nach Arure (2 ½ Stunden)**: Bis zum Anfang der Teerstraße, dem Wendebereich, ist der Weg der gleiche. Nach 15 m auf der Straße führen rechts über der Wasserleitung Stufen hoch. Es geht links vorbei an einem alten Steinhaus, danach biegt der geröllige Pfad steil in Serpentinen nach links bergauf. Die ersten Minuten sind etwas unübersichtlich. Zur Orientierungshilfe gibt es einige **Steinmännchen**. Dann führt der Weg klar bergauf. Nach einer Weile trifft er auf ein Bachbett, überquert es und führt dann links davon weiter in Serpentinen nach oben. Unterhalb der ersten Felswände quert man auf einem gelb-weißen Gesteinsschichtband wieder auf die rechte Seite des Barranco. Jetzt folgt ein steiles Stück; es geht am roten Fels vorbei durch lichte Kiefernbestände hinauf zum Kamm. Vom Ausstieg aus dem Barranco de Taguluche durch ein Felstor ist es noch ein kurzes Stück durch verlassene Terrassenfelder bis zur Schotterpiste, in die man links einbiegt. Nach ca. 15 Minuten gelangt man wieder zum Ausgangspunkt der Wanderung an der Straße ins Valle Gran Rey.

Valle Gran Rey
Karte Seite 153

▸ **La Merica–La Calera (2 ½ Stunden)**: An der Schotterpiste biegt man rechts ab. Der Weg, der ohne Schwierigkeiten zu finden ist, führt in ca. 2 ½ Stunden über die Hochebene **La Merica** und weiter über einen langen Abstieg nach **La Calera**. Etwa 150 m nach dem Abzweig rechts zur zentralen Müllkippe des Valle Gran Rey und dem Eintritt in das Naturschutzgebiet geht man an der Gabelung rechts den gepflasterten Pfad bergauf weiter. Am Ende der Hochebene, kurz vor dem langen, stellenweise geröllígen, aber gut ausgebauten Abstieg ins Valle Gran Rey, biegt rechts ein nicht sehr auffälliger Pfad (in einem flachen Graben) ab zu einem Aussichtspunkt mit einem einsam an einer Klippe stehenden Kanaren-Wacholder. Diesen Abstecher, für den man etwa 5 Minuten braucht, sollten man sich gönnen, denn man wird mit einer großartigen Aussicht auf Vueltas, La Playa und das Meer belohnt. Außerdem ist dies ein guter Platz, um noch einmal Kraft für den Abstieg zu sammeln. Der Abstieg selbst führt in vielen Serpentinen gut begehbar hinab ins Tal nach La Calera.

Wanderung 13: Von La Calera durch das Tal des Großen Königs nach Las Hayas

Für die Wanderung von La Calera (60 m) über einen steilen Aufstieg am Barranco de las Hayas bis zum schönen „Palmendorf" Las Hayas (1000 m) braucht man ca. 3 bis 3 ½ Stunden.

Der Weg führt zunächst auf der alten Dorfstraße (Abzweigung an der Galería links bergauf) mitten durch das schöne **Calera** und mündet am Ortsende in die große Umgehungsstraße ein. Dieser folgt man etwa 8 Minuten, bis man im Ortsteil **Casa de la Seda** auf der rechten Seite die modernen Appartements „Nelly" (zwei untereinander stehende Häuser mit Ziegeldach und Swimmingpool) sieht. Kurz davor zweigt der Weg rechts ab und führt ins Schilfdickicht.

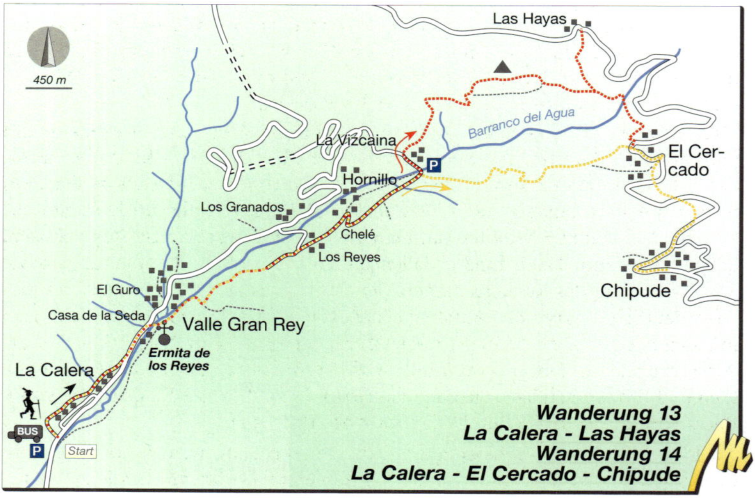

Bodega in Arure: große Auswahl kanarischer Weine

Diesen Weg geht man geradeaus und gelangt schließlich zu treppenartigen Steinstufen, die zur **Ermita de los Reyes** führen. Von dem großen Platz aus hat man einen wunderbaren Ausblick auf den gegenüberliegenden Ortsteil Casa de la Seda. An der Kirche vorbei geht es dann auf dem alten Dorfverbindungsweg weiter bis zum Ortsteil **Chelé**. Dabei kommt man an alten Ficusbäumen vorbei und sieht kurz darauf auf der linken Seite eine schöne, weißstämmige Kubanische Königspalme. Die ansteigende Route verläuft an kultivierten Terrassen entlang; darüber hinaus säumen unzählige Kanarische Dattelpalmen den Weg. Nach rund 15 Minuten ab der Kirche erreicht man die Straße, auf der man durch die Ortsteile **Hornillo** und **Vizcaina** mit ihren weißen Häusern und schönen Terrassenlandschaften weiterwandert.

Nach etwa einer Stunde ab Wanderungsbeginn passiert man eine Quelle und kommt in den Ortsteil **Los Descansaderos** zu einer Telefonzelle. Direkt neben der Zelle führen betonierte Stufen an den Häusern vorbei aufwärts, wobei man immer auf dem ansteigenden Weg bleibt und weder links noch rechts abzweigt. Nach kaum 5 Minuten hat man die letzten Häuser hinter sich gelassen. Schaut man zum Hang hinauf, fallen einem die großen Stromleitungsmaste auf, die entlang des Rückens stehen. Sie dienen uns als Orientierung und machen deutlich, warum der Aufstieg als Mastenaufstieg bekannt ist. Die Stufen münden in einen alten Eselsweg, der steil ansteigend auf dem Bergrücken weiterverläuft und von dem aus man die herrliche Aussicht auf die mit Feigenkakteen und Wolfsmilch bewachsenen Hänge und das gesamte Tal genießen kann. Rechts öffnet sich die Schlucht des **Barranco del Agua**.

Nach ca. 75-minütigem Aufstieg erreicht man das Plateau, und auf der gegenüberliegenden Seite erkennt man den Tafelberg **Fortaleza** sowie die Berg-

Las Hayas: An der Ermita vorbei verläuft ein Wanderweg

dörfer **Chipude** und **El Cercado**. Oben angekommen, hält man sich rechts, bis nach kurzer Zeit eine Weggabelung auftaucht, an der man links in Richtung Las Hayas weiterwandert. Auf diesem Dorfverbindungsweg gelangt man schon wenig später zu einem inmitten des idyllischen „Palmendorfes" gelegenen Platz, dessen Rand mit radikal gestutzten Eukalyptusbäumen gesäumt ist (einstmals prächtige Bäume).

Ist der müde Wanderer in Las Hayas angekommen, wartet eine angemessene kulinarische Belohnung auf ihn: Hier oben befindet sich nämlich mit der **Bar La Montaña** eines der besten und originellsten Restaurants der Insel. Lange Zeit ein hoch gehandelter Geheimtipp, ist die Bar heute ein gleichermaßen bekannter und beliebter Treffpunkt für Wanderer sowie Autofahrer. Von 8 bis 20 Uhr (Sa Ruhetag) kann man hier einkehren und sich zwischen Singvogelkäfigen und vielen Grünpflanzen bequem niederlassen. Zum Essen muss man etwas Zeit mitbringen; unter 2 Stunden Aufenthaltsdauer hat bisher kaum jemand das Haus verlassen. Wenn die Tische voll besetzt sind, dauert es mitunter sogar noch länger. Aber das nehmen die Gäste gerne in Kauf, denn Efigenia kocht ausschließlich traditionelle gomerische Spezialitäten. Übrigens – in keinem Restaurant der Insel ist die Speiseauswahl kleiner. Denn es gibt nur ein Gericht. Aber das ist dann ein Tagesessen, das es in sich hat . . .

Zunächst (nach fast einer halben Stunde des Wartens) bekommt man Brot mit roter Mojo. Als Vorspeise gibt es einen köstlichen Salat mit Äpfeln, Bananen, Karotten, Paprika, Avocado, Tomaten und grünem Salat. Danach einen Brei aus Kichererbsen, Kartoffeln und Gemüse mit viel Gofio und roter Mojo; als Hauptgericht wird dann ein Gemüseeintopf aus Möhren, Kohl, Süßkartoffeln, Kichererbsen, Kürbis und Kartoffeln gereicht. Zum Dessert schließlich noch ein Stück Kuchen mit Miel de Palma und einen Orangenlikör nach Art des Hauses – von Efigenia selbst zubereitet und serviert. Zum Essen wird Leitungswasser (oft leicht gechlort!) und ein leichter Landwein gereicht. Ein wahres Festessen – nicht nur für Vegetarier – für 9,02 € pro Person (exakt, denn nach wie vor rechnet Efigenia die 1500 Ptas. pro Person schriftlich zusammen und das wird anschließend mit dem Eurotaschenrechner umgerechnet). Wer nicht so lange auf seine Mahlzeit warten möchte, dem sei das **Rte. Amparo** etwas oberhalb der Casa Efigenia empfohlen. Hier gibt es auch Kleinigkeiten wie Almogrote (Ziegenkäse mit Mojo vermischt), einen Teller Brunnenkressesuppe oder Kichererbseneintopf zu essen.

Nach dem Essen kann man von Las Hayas aus mit dem Bus nach Valle Gran Rey zurückfahren. Er hält an einer im Wald gelegenen Straßenkreuzung, die man in ca. 5 Minuten die Straße aufwärts erreicht.

Wanderung 14: Von La Calera in die Bergdörfer El Cercado und Chipude

Für die Wanderung nach El Cercado muss man ca. 3 bis 3 ½ Stunden veranschlagen; von dort nach Chipude dauert es noch einmal ungefähr 30 Minuten.

Die Tour beginnt unterhalb von Calera zwischen der Tankstelle und dem Marktplatz. Von hier aus folgt man etwa 25 Minuten dem Flussbett bis etwa 300 m oberhalb einer Trafo-Station. Dort wendet man sich nach rechts einen steilen Hang hinauf, bis der oben verlaufende Weg erreicht ist, der kurze Zeit darauf links an der **Ermita de los Reyes** vorbeiführt. Hier beginnt eine Wegmarkierung (roter Ring), die die Wandernden 45 Minuten lang durchs obere Siedlungsgebiet des Valle Gran Rey führen wird – der vielleicht beeindruckendste Teil der Wanderung.

Malerisch gelegen: die Kirche von La Calera

Im Gegensatz zum unteren Teil des Tales werden dort nicht in erster Linie Bananen angebaut. Apfelsinen, Zitronen, Papayas, Kartoffeln, Avocados und anderes Gemüse sorgen für bunte Vielfalt auf den unzähligen schmalen Terrassen. Überall sind sprudelnde Wasserläufe zu sehen, und oft wird man von den auf ihren

Feldern arbeitenden Bauern freundlich begrüßt. In **Vizcaina** geht man an der **Bar/Rte. Bodegón La Vizcaina** vorbei noch ungefähr 400 Meter weiter, dann kommt direkt rechts an der Straße eine Telefonzelle. Vor dieser führt rechts im Bogen ein breiter Treppenweg an den Häusern vorbei aufwärts (man achte auf eine rote ringförmige Markierung). Nach 5 Minuten sind wir am letzten Haus vorbei und steigen auf dem Serpentinenpfad den steilen Hang des Barrancos Valle Gran Rey hinauf nach **El Cercado** (roten Ring beachten: Pfeil zeigt nach rechts). Unterwegs begegnet man immer wieder den an den steilen Hängen grasenden Ziegen, deren Glocken schon aus weiter Entfernung zu hören sind. Die letzten 10 Minuten des Weges führen dann noch ein Stück über das hügelige, grasbewachsene Hochplateau direkt nach El Cercado. Der Weg endet an der **Bar María**.

▸ **El Cercado**: Zwei Bars und zwei Töpfereien sind die touristischen Höhepunkte dieses Ausflugsziels.

• *Essen/Trinken* Die **Bar María** liegt direkt am Ortseingang von El Cercado, ✆ 922-804167. (Die Taxistation läuft übrigens unter derselben Telefonnummer; die Fahrt nach Valle Gran Rey kostet etwa 24 €) Originell gestyltes Lokal. Gut für eine Rast mit erfrischenden Getränken und einer deftigen Mahlzeit, z. B. Ziegen- oder Schweinefleisch. Dazu wird selbst gemachter Gofio mit Kräutern serviert. Täglich 7–23 Uhr (So manchmal geschlossen).

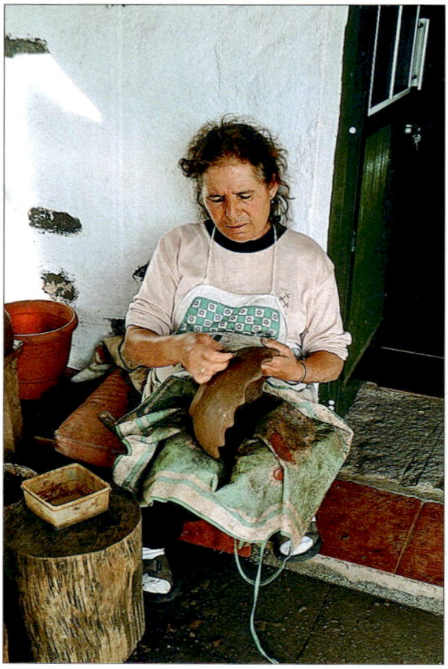

Töpferdorf El Cercado

Gleich nebenan liegt die **Bar Rte. Victoria**, ✆ 922-804146, in der man ähnlich günstig die bodenständige Küche des Familienbetriebes genießen kann. Empfehlenswert sind Ziegenfleisch (7 €), Ziegenleber (5 €) oder Kaninchen in Sauce (6 €), Tapas gibt es aber auch. Außer Mi täglich 9–23 Uhr.

• *Einkaufen* **Alfarería Tradicional**, die beiden Töpfereien liegen keine 100 m unterhalb der Bar María an der Durchgangsstraße. Seit Generationen wird hier frei (d. h. ohne Scheibe) getöpfert. Auch wenn es mittlerweile recht touristisch wirkt, die fleißigen Damen begrüßen immer noch jeden Gast sehr herzlich. Ziemlich eng geht es hier zu: An allen Wänden des kleinen Raumes stehen Regale mit fertigen Töpferwaren, teilweise ungebrannt, darunter liegt der unverarbeitete Ton. Vor dem Kauf sollte man die Ware bei hellem Tageslicht unbedingt auf Risse untersuchen. Tatsächlich eignet sich diese Keramik zumeist weniger zum Gebrauchs- als zum Schmuckgegenstand. Die beiden direkt benachbarten Töpfereien sind täglich von 9–14 und von 16–19 Uhr geöffnet.

Wanderer, die von El Cercado aus noch weiter nach **Chipude** wollen, halten sich an der Bar María rechts. Gut 30 Minuten führt der Weg über eine kaum von Autos befahrene Asphaltstraße oder wahlweise über den gut erkennbaren Dorfverbindungspfad, der gegenüber der Bar Victoria beginnt. Dann hat man Chipude, das Dorf am Fuße des Fortaleza, erreicht.

Chipude: beliebte Einkehr für müde Wanderer

▸ **Chipude**: Dorfzentrum ist die weiß getünchte Kirche mit dem roten Ziegeldach. Um den Kirchplatz, in dessen Mitte ein kleiner Pavillon steht, liegen vier Bars (z. T. mit Unterkunftsmöglichkeiten) und eine Telefonzelle. Der Bus zurück ins Valle kommt täglich gegen 12.15, 15.30, 18.45 und 22.45 Uhr hier vorbei. Er hält auf deutliche Handzeichen. Ein Taxi ins Valle kostet rund 21 €.

• *Essen/Trinken* **Bar/Rte. Sonia**, Señora Angela kocht vorzüglich. Spezialität der Küche ist Gemüsesuppe mit Gofio. Auch sehr lecker sind die knusprigen Hühnchenbeine mit Papas arrugadas. Als Nachtisch gibt's selbst gemachten Flan mit Miel de Palma oder Almendrados (Mandelkokoskekse). Dazu kann man Gomera-Wein aus Chipude bestellen. Darüber hinaus werden Übernachtungsmöglichkeiten angeboten. Für müde Wanderer hält Victor, der Sohn des Hauses, sein Taxi bereit (in der Bar fragen).

Bar Navarro, ✆ 922-804132. Übernachten ist möglich, Reservierung muss aber dringend empfohlen werden, denn für Wanderer stehen lediglich 2 Zimmer mit je 4 Betten zur Verfügung. Täglich 8–23 Uhr.

• *Vermischtes* **Supermercado Argodey**, von der Plaza aus etwa 100 m in Richtung El Cercado gelegen. Mo–Sa 8–13 und 16–20 Uhr.

Die **Tankstelle** (mit Werkstatt) liegt etwa einen Kilometer in Richtung La Dama. Täglich (auch feiertags) 8–23 Uhr.

Wanderung 15: Von Arure durch den Lorbeerwald nach Las Hayas und zurück

Die stille, ca. 3 Stunden dauernde Wanderung führt zunächst durch das liebliche Hochland von Arure (820 m), dann in den berühmten subtropischen Lorbeerwald (Laurisilva) und geht über Las Hayas (1000 m) schließlich zurück nach Arure.

Auf dschungelartigen Pfaden zieht sich die Tour ohne nennenswerte Höhenunterschiede durch eines der interessantesten Gebiete Gomeras. Wer mit dem Pkw, Bus oder Taxi anreist, fährt bis zum Ortsende von Arure (Richtung Höhenstraße). Hier, am Beginn der Route, zweigt der Wanderweg von der Straße

Valle Gran Rey
Karte Seite 153

rechts auf der Höhe der Staumauer des **Embalse de Arure** in einen breiten Feldweg ab, der direkt am Stausee vorbei führt.

Kurz nach dem Staubecken kommt man an eine Weggabelung und biegt links auf einer betonierte Piste, die zu einer großen Finca mit Obstterrassen führt. Von hier ab geht sie als Feldweg weiter durch ehemalige Terrassen, auf denen sich jetzt wieder Baumheide-, Gagelbaum- und Stechpalmengebüsch ausgebreitet haben bis zu einer wendeplatzähnlichen Stelle, an der man rechts dem schmalen Pfad folgt. Dieser schlängelt sich weiter bergauf, bis man nach 5 Minuten an die Nationalparkgrenze kommt (großes Hinweisschild), wo urplötzlich die Bäume meterhoch werden. Wir wandern auf einem breiten Waldweg in den Nationalpark und befinden uns nach wenigen hundert Metern bereits in dichtem Lorbeerwald.

Früher Wohnhöhle, jetzt Geräteschuppen für den Terrassenfeldbau bei Arure

Nach weiteren 5 Minuten zweigt links ein Weg ab, während wir aber geradeaus weitergehen. Kurz darauf erscheint der hübsch gelegene ehemalige Rastplatz Canada de Jorge, an dem zwei große Kanaren-Holunder stehen. An dieser Stelle verengt sich der Weg und führt links entlang eines ausgetrockneten Bachbettes steil bergauf, bis wir nach ca. 15 Minuten zu einem mächtigen Gagelbaum 20 Meter vor der Höhenstraße gelangen, unter dem ein Tisch mit Bänken steht.

An der Straße angekommen gehen wir für ca. 15 Minuten nach rechts an dieser entlang, bis ein breiter Forstweg zum **Jardín de las Cresces** rechts hinunter führt. Wir folgen ihm und nach rund 7 Minuten gelangt man zu dem schönen Rast- und Grillplatz, der zu einer ausgiebigen Pause einlädt und uns mit herrlich frischem Quellwasser verwöhnt. Von dort aus gehen sternförmig mehrere Wege und Pfade ab; man nimmt den schmalen Pfad, der unmittelbar rechts von der Nationalparktafel in eine kleine Talrinne hinunter führt

Rechts an einem nur selten Wasser führenden Bachbett entlang geht der Weg weiter, bis man nach ca. 20 Minuten erneut auf eine Weggabelung stößt, die im Frühling von einem Meer aus Storchenschnabel gesäumt ist. Hier wandert man weiter geradeaus, kommt dabei durch trockenere Vegetation und felsiges Gebiet, bis man schließlich den Wald ganz verlässt und auf einen breiten Forstweg zuläuft, dem man nach links folgt, bis die nächste Abzweigung erreicht ist. Wer einen Abstecher zum „Palmendorf" **Las Hayas** machen möchte, schlägt hier den Weg nach links ein. In ca. 10 Minuten ist man im Ort und kann in der berühmten

Bar La Montaña (links die Dorfstraße bergauf bis zu den gestutzten Eukalyptusbäumen) oder im etwas oberhalb der Bar liegenden **Rte. Amparo** einkehren.

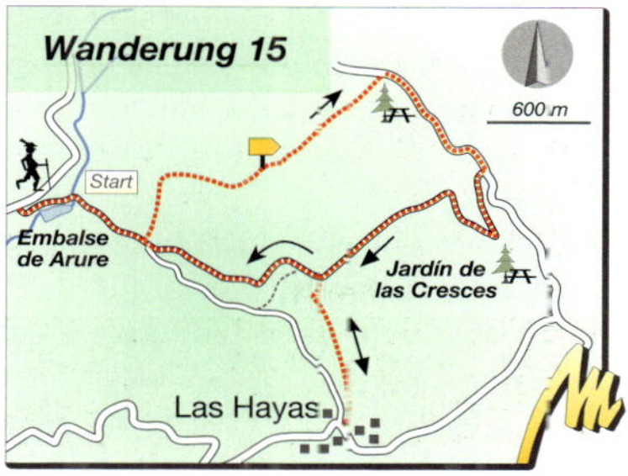

Die rechte Abzweigung Richtung Arure führt bergauf durch Baumheide- und Gagelbaumwald. Weiter entfernt erkennt man einen Weg, der auf eine Bergkuppe zuführt. Diesen Weg lässt man unbeachtet und geht weiter bis zur nächsten Weggabelung. Hier biegt man rechts ab und wandert im Schatten der Baumheide bergab, bis man schließlich nach 50 Minuten ab Las Hayas die Wein-Terrassenfelder von Arure passiert und bald darauf wieder zum Ausgangsweg am Stausee zurückkommt. Rechts am Staubecken vorbei kommt man zurück auf die Straße. Von hier aus kann man mit dem Bus nach Arure zurückfahren. Der Bus hält hier jeweils ca. eine gute Stunde nach der Abfahrt von San Sebastián, also etwa gegen 12, 17, 19.30 und um 22.30 Uhr (kann bis über eine Viertel Stunde später vorbeikommen).

Wanderung 16: La Calera – El Guro – Wasserfall – Casa de la Seda – La Calera

Teilweise muss man ein wenig über Felsblöcke oder alte Terrassenmauern klettern. Dichtes Gebüsch und Unterholz machen das Wandern stellenweise zudem etwas unbequem. Die Gehzeit beträgt etwa 3 Stunden.

▶ **La Calera – El Guro (30 Minuten)**: Ausgangspunkt ist die Tankstelle unterhalb des Taxistandes in La Calera. Gegenüber der Tankstelle führt eine Treppe zum Grund des **Barranco del Valle Gran Rey**. Entlang des gut erkennbaren Schotterweges geht es leicht bergan. Nach dem ersten Bewuchs mit Spanischem Rohr seitlich des Weges wird das ausgetrocknete Bachbett nach links überquert. Etwa 75 m danach geht man an der Gabelung rechts. Wenig später, an der Kreuzung mit dem gepflasterten Pfad (der von der Ermita de los Reyes kommt), muss man sich links halten, bis man zur Straße und dem Ortsteil **El Guro** gelangt. An der Straße geht es rechts ab und dann ca. 50 m bis zu einem Haus an der linken Straßenseite (mit gelbem Postkasten und einer Straßenlaterne oben links an

Valle Gran Rey
Karte Seite 153

der Hauswand). Vor dem Haus führt ein betonierter Weg mit grünem Geländer entlang, danach geht es gerade bergauf. Neuerdings ist der Wegverlauf mit einer gelb-blauen Kreismarkierung ausgezeichnet, durch die sehr starke Begehung sind aber häufig mehrere Wege ausgetreten, die letztendlich alle zum Ziel führen.

▸ **El Guro–Wasserfall (1 ¼ Stunden)**: Dem Weg folgt man bergauf. An der Gabelung nach einer Hauswand mit Tierhorn und Skulptur muss man rechts ab. Bei dem Abzweig mit dem dreieckigen Schaufenster in der Wand geht es links und gleich wieder rechts. Entlang der dicken **Rohrleitung** wandert man bis zu der Gabelung, wo Markierungen links bergauf zeigen. Hier geht man steil bergan und lässt dabei die Rohrleitung rechts unterhalb. Oberhalb von Terrassenfeldern führt der Pfad in den vom Haupttal des Valle Gran Rey abzweigenden Barranco de Arure. Diese schöne Passage führt an Palmen, Agaven und Kandelaber-Wolfsmilch vorbei. Nach einem kurzen Abstieg über Felsblöcke in den Barranco-Grund geht es zunächst ohne einen klar erkennbaren Weg im **Bachbett** weiter. Der Barranco de Arure ist eine schmale Schlucht, in der man sich nicht schwerwiegend verlaufen kann. Der hier beschriebene Weg verläuft ein wenig bequemer als die „ruta directa", die ausschließlich dem Bachbett folgt:

El Guro: Kleine Wanderpause im Künstlerdorf gefällig?

An einer alten schwarzen Wasserrohrleitung gabelt sich der Pfad. Man folgt dem Bachbett. Gleich danach erscheint noch ein weiterer Abzweig nach links; hier geht es ebenfalls geradeaus weiter. Erst bei der nächsten Gabelung im Bachbett folgt man einer **roten Markierung** links hoch (nicht der blaugrünen entlang des Baches!). Der Weg verläuft talaufwärts über alte Terrassenfelder an der Seite des Barrancos. Die Schlucht wird enger, bis der Pfad an einer großen ausladenden Palme endgültig zum Bachbett absteigt. Der letzte Teil des Weges führt am Bachbett entlang durch wild zugewachsenes Gelände (stellenweise auch durch das Bachbett). Hier wurden mehrere Pfade ausgetreten, die an manchen Stellen in Tunnelgängen durch das Unterholz führen. Schließlich gelangt man in einem runden Kessel, von Felswänden umgeben, zum Fuß des Wasserfalls.

▸ **Wasserfall – Casa de la Seda (45 Minuten)**: Bis man an die schwarze Wasserrohrleitung gelangt, ist der Rückweg mit dem Aufstieg identisch. Dort an der Pfadgabelung folgt man dem Abzweig links des rötlichen Gesteinsblocks. Zuerst geht man über einige verfallene Terrassenfelder leicht bergab. Der Barranco de Arure mündet jetzt wieder in das Haupttal Valle Gran Rey, und hier folgt der Pfad der alten, teils verschütteten Wasserrinne nach links. An der gegenüberliegenden Felsseite ist sie schon gut sichtbar. Ca. 100 m nach einem kleinen Felsbruch auf der Rinne biegt man bei 3 Basaltblöcken von der Wasserrinne rechts nach unten ab. Dem Pfad nach links folgen. Nach kurzer Zeit gelangt man an die Straße im Ortsteil Casa de la Seda oberhalb von El Guro.

▸ **Casa de la Seda – La Calera (25 Minuten)**: Von hier aus kann man entweder über die Straße in das obere La Calera zurückgehen oder aber über die vom Hinweg bekannte Strecke hinab zum Ausgangspunkt.

Farbenfroh: Ausstellungsschild in El Guro

Wanderung 17: Chipude – Fortaleza – Alto de Garajonay – Chipude

Unter dem Motto „eine Insel mit zwei Bergen“ werden auf dieser Wanderung die beiden wesentlichen Erhebungen Gomeras erklommen. Der Tafelberg Fortaleza de Chipude (1241 m) mit seinen interessanten archäologischen Fundstätten gilt als Kultplatz der Ureinwohner und bietet faszinierende Ausblicke auf den Südwesten von Gomera. Beim Garajonay handelt es sich um den höchsten Berg der Insel (1487 m). Insgesamt eine Tour mit viel Weitsicht (bei gutem Wetter) und viel Wald. Unbedingte Voraussetzung ist allerdings Trittsicherheit und Schwindelfreiheit. Bei Nässe ist von einer Besteigung der Fortaleza abzuraten. Die Gehzeit beträgt 3 bis 4 Stunden.

Zum Einstieg von der **Plaza** in Chipude aus etwa 150 m auf der Straße Richtung **San Sebastián** gehen, dann zweigt links direkt vor einem größeren Haus die Abkürzung zum Ausgangspunkt des Fortaleza-Aufstieges (nach **Pavon**) ab. Einmal wird die Hauptstraße Richtung San Sebastián überquert, dahinter geht's aufwärts an einem Haus vorbei und schließlich nach Pavon hinunter. Der nächsten Straße muss man nach links Richtung La Dama folgen, bis ein Trafohäuschen auftaucht. Etwa 20 m dahinter geht es links hinauf.

Ab hier ragt das erste Etappenziel, der Tafelberg **Fortaleza**, mächtig auf; von dieser Stelle aus gesehen auf der linken Flanke wird der Aufstieg erfolgen.

Aber noch sind ein paar teilweise verlassene Häuser zu passieren, dann wird eine Weggabelung erreicht. Hier nach rechts aufwärts gehen, und zwar deutlich bergauf in Richtung eines allein stehenden Baumes. Der Einstieg in die Fortaleza-Wand liegt etwa 30 m links von diesem Baum, in einer Rinne sind stufenartige Felseinkerbungen zu erkennen.

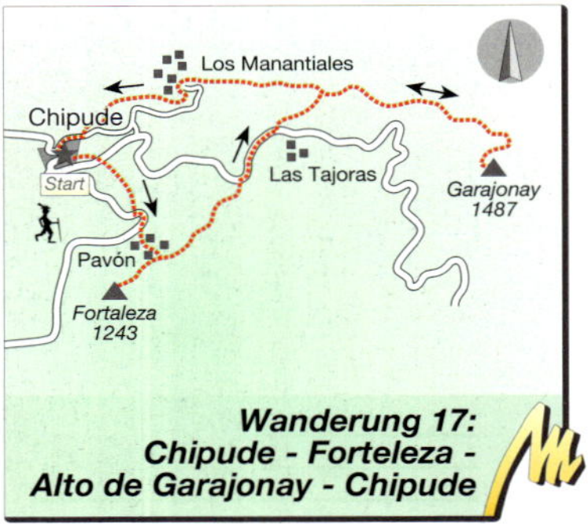

Ab hier wird's auf Hin- und Rückweg ein wenig alpin, Ungeübte sollten nicht allein loskraxeln. Hilfreich bei der Orientierung: Die Kletterei vieler tausend Fortaleza-Besucher hat für eine besondere Form von Erosion gesorgt – bei trockenem Gestein ist die Abnutzung des Hauptkletterweges recht gut zu erkennen.

Nachdem die Rinne erklommen ist, orientiert man sich nach rechts, und über einen Grat hinweg geht es dem Rand des Felsplateaus entgegen. Oben angekommen, bietet sich an allen Ecken und Enden des Berges Gelegenheit zu phantastischen Ausblicken und zum Herumstreifen. Überall finden sich Steinsammlungen, deren Anordnungen Rätsel aufgeben. Rätsel, die möglicherweise nicht mehr zu lösen sind – einige der Steinkreise sollen noch von den Ureinwohnern der Insel stammen. Für die Guanchen war der eigenwillig geformte Tafelberg ein **Kultplatz**, die kanarische Version des Ayers Rock in Australien. Vom kultischen Charakter des Ortes zeugen auch die als Pferche für Opfertiere genutzten Steinkammern, die unterhalb des Gipfelkreuzes zu erkennen sind. In dem gewaltigen Kammersystem bewahrte man die „Opferlämmer" für den Tag X auf. Darüber hinaus wurden hier die Jungtiere von den Muttertieren getrennt, was zur Folge hatte, dass die „verlorenen Kleinen" mit lautem

Unterwegs sieht man hin und wieder mit starken Seilen gesicherte junge Männer in den Palmenkronen, die mit langen Macheten damit beschäftigt sind, die abgetrockneten Palmwedel abzuschneiden. Diese wurden noch bis vor ein paar Jahren als Viehfutter verwendet. Doch irgendwann schien es weniger mühselig, die Tiernahrung einfach in Säcken zu kaufen. Die hängen gebliebenen Palmwedel trockneten schnell aus und bildeten dann bei den nicht seltenen sommerlichen Waldbränden eine zusätzliche Gefahrenquelle. Vom Feuer erfasst, loderten die Palmenkronen wie Brandbomben und erwiesen sich durch den starken Funkenflug als Feuerbrücken. Nach diesen Erfahrungen ist die spanische Umweltschutzbehörde ICONA dazu übergegangen, die Palmen von ihren vertrockneten Blättern zu befreien, um diese dann überwacht zu verbrennen. Einige Grundbesitzer haben in richtiger Einschätzung der Gefahr inzwischen auch selbst damit begonnen, alte Palmblätter wieder als Viehfutter zu benutzen.

Geblöke ihr Schicksal beklagten. Mit diesem kalkulierten Effekt wollten die Menschen auf etwas unsanfte Art die Aufmerksamkeit der Götter erregen, um sie beispielsweise auf den Wassernotstand und ähnliche Misslichkeiten hinzuweisen. Ob's genützt hat?

Für den Rückweg hilft es, sich in Richtung des **Gipfelkreuzes** zu orientieren; rechts unterhalb davon beginnt zwischen Steinmännchen der Abstieg. Wieder am Fuß des Fortaleza angekommen, geht's rechter Hand am Hinweisschild auf das eben verlassene Naturdenkmal vorbei einen gepflasterten Camino hinauf, dann links über eine Schotterpiste bis hoch zur Carretera. Auf der Straße nach rechts gehen, bis nach einigen Minuten die **Casa Forestal** und links gegenüber der **Camino Forestal Las Tajoras** erreicht sind.

Hier beginnt der grüne Teil der Wanderung. Man folgt dem breiten Waldweg an zwei Weggabelungen vorbei bis zum Kiefernwald von **Argumame**. Dieses wunderschöne, lichte Wäldchen lockt förmlich von der Hauptroute weg, etwa zu einer ausgiebigen Rast.

Terassenfelder bei El Guro

Ob Pause oder nicht: Hier geht's auf jeden Fall rechts und mindestens eine halbe Stunde lang mehr oder weniger steil hoch zum **Garajonay**. An der ersten Pistenquerung links, an der zweiten rechts, so zieht sich die Route im großen Bogen auf beachtliche 1487 Höhenmeter zum höchsten Gipfel Gomeras hinauf.

Zurück folgt man demselben Weg, bis kurz hinter dem Kiefernwald die Kreuzung mit drei Wegweisern auftaucht. Eines dieser Schilder weist nach **Chipude**, und zwar auf schmalem Pfad durch den Wald. Über diesen teilweise stark zugewachsenen, aber schönen Weg wird eine breite Piste erreicht, auf der es nach rechts weitergeht Richtung **Los Manantiales**. Ab hier ist bummeln möglich, der Weg ist eben und führt zwischen Terrassenfeldern, Feigenbäumen und Palmen zu dem kleinen Weiler Manantiales.

Im Dorf geht's so weiter: An einem Platz mit Garage (auf der anderen Barrancoseite ist der Weiterweg zu erkennen) erst rechts ab, dann zwischen zwei Häusern links eine Treppe hinunter, am Ende wieder links bis direkt an ein Haus. Davor steil rechts herunter – damit ist das letzte Wegstück nach Chipude erreicht. In etwa 20 Minuten führt der Weg ab hier bis zur Hauptstraße in Höhe der Plaza.

Eigene Welt zwischen Fischertradition und Fremdenverkehr

Playa de Santiago

Der sonnige Süden Gomeras, sicherster Standort für winterliche Sonnenbräune, ist dennoch lange nicht so überlaufen wie das Valle Gran Rey. Das liegt vor allem am fehlenden Sandstrand, aber auch das Panorama ist weniger spektakulär. Zwei Welten treffen hier aufeinander: das Fischerdorf Playa de Santiago und das Luxushotel Tecina.

Hauptsächlich Fischer und Kleinunternehmer leben heute in Playa de Santiago. Aufmerksamen Augen wird kaum entgehen, dass die Siedlung keineswegs langsam gewachsen ist, sondern in ziemlich kurzer Zeit aus dem Boden gestampft wurde. Vor 90 Jahren gab es hier praktisch noch nichts. Als dann Alvaro Rodriguez Lopez seine Bananenplantagen anlegte und die Fischfabrik aufbaute, benötigte er Wohnungen für seine Arbeiter – so entstand Playa de Santiago.

Playa de Santiago, das sind eigentlich drei, wenn nicht gar vier einzelne Siedlungen von völlig unterschiedlichem Charakter. Zuerst die Hafensiedlung mit der Plaza mit fast der gesamten Gastronomie und Infrastruktur. Sie gehört verwaltungstechnisch zu der kleinen, oben im Barranco gelegenen Ortschaft **Alajeró**. Der Barranco in der Talmitte bildet die Grenze. Alles, was jenseits liegt, gehört zum Verwaltungsbereich der Inselhauptstadt **San Sebastián**. Dazu zählt auch die Wohnsiedlung am Fuße des Hanges, **Laguna de Santiago**, in deren eng zusammenstehenden, weiß getünchten Wohnhäusern viele Habitaciones und Apartamentos zu finden sind.

Auf der nicht allzu hohen Kuppe der Talflanke, zu der sich die Straße in etlichen Windungen hochschlängelt, liegt der alte Weiler **Tecina**, wo man noch heute entweder vom Obstanbau lebt oder im Tourismus beschäftigt ist. Und schließlich gibt es noch eine Welt ganz für sich, idyllisch an die Felsklippe gebaut: Fred Olsens **Vier-Sterne-Hotel Tecina**. Behutsam in die Landschaft eingepasst, erstrecken sich seine Appartementhäuser im Bungalowstil über ein großes Areal. Wer hier wohnt, hat alles, vom Pool bis zu Sport- und Einkaufsmöglichkeiten. Rundum versorgt, braucht der Urlauber sein Paradies am Rande des Abgrunds niemals zu verlassen. Gehobener Komfort, leise umherhuschende Angestellte und mitteleuropäische Gäste, denen der direkte Blick aufs Meer durch „Ummodellierung" der Natur gewährt wurde. Zum Kieselsteinstrand, zum Club Laurel mit einem weiteren Restaurant und Meerwasserpool

Fred Olsen – der heimliche König von Gomera

Früher gehörte ein großer Teil der Umgebung von Playa de Santiago einem Mann namens Rodriguez Lopez. Als dieser 1978 seinen Bankrott erklärte, trat neben dem Deutschen Peter Bracht der norwegische Reeder **Fred Olsen** in Erscheinung – auf Gomera schon damals beileibe kein Unbekannter mehr. Bereits sein Vater Thomas hatte sich in den „Betrieb" Gomera eingekauft. Fred Olsen ist heute nicht nur Hauptaktionär der **Ferry Gomera** und mehrheitlicher Anteilseigner am Hotel Tecina, sondern auch Großgrundbesitzer und wichtigster Arbeitgeber der ganzen Insel. Viele halten ihn deshalb für den „heimlichen König" von Gomera, auch wenn seine hiesigen Besitztümer nur ein kleines Glied in einer langen Kette sind.

Fred Olsen gibt sich nonkonformistisch: Er fährt ein kleines Auto und erscheint zur Einweihung seines Hotels als einziger in kurzen Hosen. Es gibt in Playa de Santiago sogar Leute, die gutmütig behaupten, er selbst habe sogar schon einmal einen Spaten angefasst. Seine ausgedehnten Plantagen lagen fast alle auf dem Bergrücken oberhalb des Hotels Tecina, wo heute der 18-Loch-Golfplatz und die Bungalowsiedlung Pueblo Don Thomas zahlungswillige Touristen anziehen sollen. Welche Probleme das Dorf mit diesem übermächtigen Unternehmer hat, wird schlagartig deutlich, wenn man weiß, dass fast alle Staubecken und Wasserrechte Olsen gehören – selbst das Trinkwasser kauft die Gemeinde von ihm. Und 80 Prozent der Wohnungen oder Häuser werden von ihm vermietet. Olsen ist aber auch innovativ: Früher als andere hat er erkannt, dass der traditionelle Bananenanbau auf Gomera nicht nur wegen des starken Wasserbedarfs kaum noch Chancen hat. Deshalb wurde auf den Olsen-Plantagen schon früh intensiv mit dem Anbau anderer exotischer Früchte experimentiert: Papayas, Mangos, Avocados, Guaven, Mispeln, Kiwis und Lychees – Apfelsinen, Zitronen, Ananas und Erdbeeren. Mit der neuen „Früchtegeneration" sind die Weichen für die Zukunft der Landwirtschaft auf Gomera gestellt. Die Furcht der Bauern vor dem freien Markt ist nur zu begründet. Ehemalige Plantagenarbeiter haben auch kaum Zukunftschancen, es sei denn, sie arbeiten als Hotelangestellte oder auf Fred Olsens neuem Golfplatz.

Playa de Santiago
Karte Seite 236/237

und nach unten ins Dorf kommt man übrigens schnell: Einfach im Lift Erdgeschoss drücken, und schon kann's losgehen mit dem Badevergnügen! Kurz: Urlaub wie im Clubhotel daheim, aber mit weitaus besserem Klima – das ist die eine Seite von Playa de Santiago. Seit 2003 ist der oberhalb des Hotels gelegene Golfplatz Tecina mit grandiosem Blick auf das Meer und – wenn's die Sicht erlaubt auf den Teide – eröffnet. Auf einer Fläche von insgesamt 545.000 Quadratmetern nimmt er 300.0000 Quadratmeter ein und bietet 18 Löcher. Hinzu kommen aufwendige Gartenanlagen und ein Clubhaus. Die Bewässerung der Greens erfolgt über eine Meerwasserentsalzungsanlage an der Playa de Tapahuga, wo früher die Bananenverladestelle war. (Infos unter www.fredolsen.es) Dieselbe Sicht sollen die künftigen Eigentumswohnungsbesitzer im Pueblo Don Thomas genießen. Inklusive vorteilhafte Bedingungen für die Golfplatzbenutzung – versteht sich. (Infos zu den Immobilien unter www.pueblodonthomas.com) Auch dies natürlich ein Projekt des Unternehmers und Visionärs Fred Olsen.

Dass es nur etwas für Reiche sein kann, ist wiederum all jenen klar, die eben die andere Seite von Playa de Santiago repräsentieren: die alten Männer mit ihren Baskenmützen und die quirligen Kinder an der **Plaza Nuestra Señora del Cármen**. Ein idealer Treffpunkt für Jung und Alt, für Urlauber und Einhei-

Der Adler ist gelandet

Am 18. März 1994 probten 11 Sportmaschinen aus Gran Canaria den Normalfall: „Willkommen auf dem Flughafen La Gomera. Bitte bleiben Sie noch angeschnallt . . ."

Die Landebahn für den Airport war fertig. Schon 1994 wurde die dritte und letzte Bauphase für den Kontrollturm und die Terminals eingeläutet – und vor allem finanziell abgesichert. Anstelle der durch akuten Geldmangel gebeutelten kanarischen Regierung sprang die staatliche Flughafenbehörde AENA in das 1,5-Milliarden-Investitionsloch, um auch Gomera den Flugnetzanschluss zu bescheren. Nach mehrmaligen Ankündigungen ist der Flughafen inzwischen eröffnet, aber es landen und starten täglich nur wenige Maschinen. Verbindungen gibt es bisher nur nach Teneriffa-Nord (Los Rodeos) und Gran Canaria. Wer also keinen Flug mehr nach Teneriffa-Süd bekommen hat, bekommt den Anschlussflug über die Iberia-Tochter Binter (siehe Anreise). Des Weiteren landen auf der mit 1500 m Länge für den internationalen Flugverkehr ohnehin zu kurzen Bahn Privatmaschinen und ab und an Hubschrauber.

So können sich bisher sowohl Fred Olsen als auch die sonnenhungrigen Besucher von Playa de Santiago freuen, denn über Fluglärm braucht sich hier noch niemand zu beklagen, auch wenn der eine oder andere reiche Sportflieger aus Teneriffa sporadisch seine Ehrenrunden lautstark über Santiago dreht, die prachtvolle Wochenendvilla nicht hier, sondern wohlweislich – in Alajeró – etwas weiter weg gebaut. Sie müssen es ja wissen. Iberia Ticketbüro im Flughafen, ✆ 922-873024.

Geöffnet 7.30–12 und 14.30–18 Uhr, sonntags 9.45–11 und 14.30–18 Uhr.

Gomeras südlichster Ort garantiert ganzjährig Sommersonne

mische. Man sitzt auf steinernen Bänken im Schatten zweier Ficusbäume und bekommt so ganz *tranquilo* alles mit, was sich im Dorf tut, denn schließlich halten auch alle Busse und Taxis hier. Und auch im Dorf schmiedet man gerne große Pläne oder redet über die der Inselpolitiker, so z. B. von der Verlängerung der Mole oder der Vergrößerung des Fähr- und Yachthafens. Kopien dieser Pläne kursieren schon, aber wann sie in die Realität umgesetzt werden, weiß wiederum niemand so genau. Und sollte es doch einmal langweilig werden, dann geht's weiter in eine der Bars an der Strandpromenade oder zur Hafenmole – vielleicht hat ja dort jemand gerade einen großen Fisch am Angelhaken.

Früher roch es am Hafen von Playa de Santiago nicht nur nach Fisch, sondern die mangelnde Infrastruktur und gravierende Umweltprobleme machten sich hier intensiver bemerkbar. Zum Beispiel verfügten die Häuser bis vor wenigen Jahren nur über altmodische Sickergruben. Nach starken Regenfällen in den Bergen lief das Stinkwasser über und floss ins Hafenbecken (was man deutlich riechen konnte!). Dagegen sollten große bedeckte Sickergruben weit oben im Barranco helfen. Seit 1986 sind die dafür benötigten Rohrleitungen nun schon gelegt, und die subventionierte Kläranlage nahe dem ebenfalls neuen Tunnel steht seit 1994 betriebsbereit. Doch die läuft mit Strom, und der ist teuer. Nicht nur das Abwasser-, sondern auch das Müllproblem hatte in Playa de Santiago schon beängstigende Ausmaße angenommen. So wurde früher ein großer Teil des Hausmülls einfach auf den Felsen über dem Hafen (oberhalb des Friedhofs) gekippt und unter Zuhilfenahme einiger Liter Diesel verbrannt. Nicht wenige befürchteten, dass eines Tages der gesamte Müllplatz ins Meer hätte abrutschen können. Heute soll der Hausmüll auf die Müllkippe nach San

Sebastián gebracht und dort recycelt werden. Ein Großteil landet aber noch immer in einem Barranco: nicht mehr oberhalb des Friedhofs, sondern weiter oben hinter dem Flughafen.

Verbindungen

• *Bus* Die Busse der **Linie 3** fahren von Alajeró über Playa de Santiago bis San Sebastián. Fahrtdauer: ca. 40 Minuten. Abfahrt von Alajeró über Playa de Santiago (über Degollada de Peraza): täglich um 5.30, 7, 14.30, 17 und 20 Uhr, sonn- und feiertags 7, 15 und 16,50 Uhr, Rückfahrt von San Sebastián: täglich 11.30, 14, 18.30 und 21.30 Uhr, sonn- und feiertags 11.30 und 18.30 Uhr. Der neue Flughafenbus fährt vom Flughafen über Santiago Degollada de Peraza nach San Sebastián und zurück. Abfahrt vom Flughafen um 8.30, 10, 15.15 und 17.15 Uhr, sonn- und feiertags um 10, 15.30 und 17.15 Uhr. Die Rückfahrt von San Sebastián startet um 7, 9, 14 und 15.30, sonn- und feiertags um 8 und 13.30 Uhr. Die Busse verkehren selten pünktlich, deshalb ist es ratsam, mindestens 15 Minuten vor Abfahrt an der Haltestelle (Plaza Nuestra Señora del Carmen) zu sein. Tickets gibt es im Bus.

• *Taxi* Einer der insgesamt zwei Taxistände befindet sich direkt an der Plaza Nuestra Señora del Cármen (✆ 922-895022), der andere vor dem Hotel Tecina (✆ 922-895300).

• *Fähre* Die Personenfähre der Firma Garajonay Exprés verbindet Playa de Santiago seit November 2002 wieder mit Vueltas im Valle Gran Rey und mit San Sebastían, von wo man auch weiter nach Los Cristianos fahren kann. Abfahrtszeiten nach Vueltas: 10, 15.35 und 19.50 Uhr. Dauer: 25 Minuten. Wer einen Tagesausflug ins Valle Gran Rey machen möchte, kommt von Vueltas aus um 16.25 Uhr wieder zurück. Playa de Santiago – San Sebastián: 7.05, 11.15 und 16.55 Uhr. Rückfahrt von San Sebastián: 15.15 und 19.30 Uhr. Dauer: 20 Minuten. Preise für eine Fahrt jeweils 2,53 €. Alle Zeitangaben beziehen sich auf die Wintersaison, im Sommer immer rund eine halbe Stunde später.

Taxipreise von Playa de Santiago

San Sebastián	35 €
Valle Gran Rey	45 €
Vallehermoso	45 €
Hermigua	40 €
La Laguna Grande	30 €
Alajeró	15 €
Chipude	30 €
Las Hayas	30 €
El Cercado	30 €

Information/Adressen (siehe Karte S. 236/237)

• *Information* **Oficina de Turismo (22)**, Avda. Marítima, ✆ 922-895650, 5922-895651. Mo–Fr 9–13Uhr, 16–18 Uhr, Sa 9–13 Uhr.

• *Apotheke* Die **Farmacia** ist zu folgenden Zeiten geöffnet: Mo–Fr 9–13 und 17–20 Uhr, Sa nur vormittags.

• *Banken* Filiale der **Caja Canarias** an der Plaza, ✆ 922-895115. Mo–Fr 8.30–14, Do zusätzlich 17–19.30 Uhr.

Bank Caixa, am Ende der Avenida Maritima (Richtung Paseo de la Laguna). Mo–Fr 8.15–14, Do zusätzlich 16.30–19.45 Uhr. Außerdem gibt es hier einen Geldautomaten, der rund um die Uhr „angezapft" werden kann.

• *Medizinische Versorgung* **Centro de Salud (9)**, ✆ 922-895160, 24-Stunden-Notdienst, 200 m die Straße linker Hand des Kiosks und der Caja Canarias hoch.

Im **Hotel Tecina** gibt es einen Arzt, der auch deutsch spricht (Mo–Fr 16–17 Uhr). Notdienst ist an der Türe angeschlagen. Bei kleineren Wehwehchen weiß man Rat in der Apotheke (s. o.).

Zahnarzt: La Salvia, Calle La Junta, schräg gegenüber der Apotheke, Mo–Fr 9–13 Uhr, Eva Maria Schütz und das Team des Instituto Dental, ✆/ 922-895676.

• *Mietwagen* **Autos Piñero (17)**, im Hotel Tecina, ✆ 922-895909; Mo–Sa 8–13 und 16–19 Uhr, im Aeropuerto La Gomera, ✆ 922-873035, und an der Avenida Marítima. Mietpreise pro Tag (siehe auch Seite 73) können unter www.canary-islands.com/

Küste bei Playa de Santiago

gomera/pinero.htm abgefragt werden. Hinzu kommt die Vollkaskoversicherung pro Tag. Ab 7 Tage Mietdauer gibt's rund 10 % Ermäßigung auf den Grundpreis.

Cicar im Aeropuerto La Gomera, ✆ 922-873031, www.cicar.com. Preise siehe unter Valle Gran Rey.

La Rueda, im Aeropuerto La Gomera, ✆/℻ 922-873038. (Preise siehe unter San Sebastían).

BC Betacar bzw. Europcar, Aeropuerto La Gomera, ✆ 922-873030, ℻ 922-873012. Geöffnet: 8–18 Uhr.

• *Post* Mo–Fr 9–13, Sa 9–12 Uhr.

• *Reisebüro* **Best Island Travel**, Av. Marítima. Geldwechsel, Autovermietung, Vermittlung von Appartements und Exkursionen.

• *Wäscherei* **Lavandería La Burbuja**, ✆ 922-895709, Mo–Fr 8.15–15 Uhr, Waschen pro kg 1,20 €, Trocknen 0,90 €, Bügeln pro Stück 2,40 €.

• *Tankstelle* **Cepsa** mit Diesel, Benzin und Super bleifrei etwas oberhalb der Plaza. Mo–Sa 8–13.30 und 15.30–20 Uhr. So geschlossen.

• *Telefonieren* Es gibt drei öffentliche Fernsprecher: beim Taxistand, einen am Ortsausgang Richtung Alajeró und einen in Laguna de Santiago (vor dem Gemischtwarenladen Tecina).

• *Frisör* **(18)** Am Ende der Avenida Marítima neben der Videothek.

• *Internet* Nahe der Plaza, schräg gegenüber der Tankstelle. Pro Stunde 2 €, Mo-Sa 10-13 und 17-22 Uhr, samstags nur vormittags.

Einkaufen (siehe Karte S. 236/237)

• *Lebensmittel* Der **Supermercado Playa Santiago** ist zwar nicht besonders groß, hat aber fast alles, was Selbstversorger so brauchen. Mo–Sa 8–13 und 16–20.30 Uhr.

Der **Supermercado El Paso II** direkt gegenüber hat eine gute Auswahl an Lebensmitteln, z. B. Tiefkühlfleisch, Wurst, Käse, Joghurt und alle möglichen Getränke. Darüber hinaus gibt's hier solche Sachen wie Strohhüte, eine große Auswahl an Postkarten etc. Mo–Sa 8–13.30 und 16–20.30 Uhr.

Der **Supermercado Laguna** ist ein größeres Lebensmittelgeschäft in Laguna de Santiago und ebenfalls täglich geöffnet: Mo–Sa 8–14 und 16–21 Uhr. In seinen Regalen finden Sie neben Lebensmitteln auch Sonnenmilch, Spielzeug und allerlei Kitsch.

Außerdem gibt es noch zwei kleinere Lebensmittelläden, den **Minimarket** in Laguna und einen weiteren neben der Apotheke (täglich 8–13 und 17–19 Uhr).

Der **Kiosk (15)** (Mo–Sa 10–14 und 16.30–21

Uhr) auf der Plaza ist gut bestückt mit Zigaretten, Postkarten, Briefumschlägen und Briefmarken, Getränken, weniger mit Zeitungen.

• *Boutiquen* **Confecciones „Ven"**, Avenida Marítima, ✆ 922-870494, ✆/℻ 922-895625. Hier gibt es alles: von Souvenirs über Sonnencreme bis zu Kleidung.

Vista al Mar, Avenida Marítima, bietet ebenfalls Vermischtes wie Sportbekleidung, Sonnencreme, Souvenirs, Postkarten oder Reiseführer.

Fotolibre, Avenida Marítima, hier gibt's Bücher, Souvenirs, Schmuck, Digital-Service sowie Internetzugang für 2 € pro Stunde.

La Luz (24), Avenida Marítima. Die deutsche Besitzerin bietet elegante, modische Kleidung, Sommerschuhe sowie exklusiven Schmuck an.

Novedades Narcisa, Modeboutique am Ende der Av. Marítima (Richtung Paseo de la Laguna). Mo–Fr 9.30–13.30 und 16.30–20 Uhr, Sa nur vormittags.

El Pequeno Guanche, Aptas Playa Santiago, ✆/℻ 922-895710. Kindermode, Spielzeug, Lego, Gesellschaftspiele und mehr.

• *Vermischtes* Neben der Boutique La Luz in der Avenida Marítima liegt der Laden **Movistar**. Dort bekommt man alles rund ums Handy.

Floristeria el Patio Alegre (11), an der Plaza. Hier gibt es Blumen, Tiernahrung, Dekoration, Keramik etc.

Sport und Exkursionen

Tauchschule Gomera Dive Resort, ✆ 922-895902, ℻ -99, Handy: 696-486611 (Mo–Sa), www.gomera-dive-resort.com Die beiden Deutschen Theresa und Thomas Michel betreiben im Club Laurel des Hotels Tecina eine private, d. h. auch Nicht-Hotelgästen zur Verfügung stehende Tauchschule. Insgesamt 4 Tauchlehrer, darunter 2 Deutsche, ein Engländer und ein Spanier, geben Unterricht in der jeweils gewünschten Sprache. Anfängerkurse (Scuba Diver Grundkurs, 2 Tage Theorie und Praxis inkl. Ausrüstung) kosten ca. 210 €, ein viertägiger Grundkurs (PADI, Open Water) mit Freiwassertauchgängen kostet 355 €, jeder weitere Tauchgang ab 21 €, Nachttauchen 33 €. Ab 6 Tauchgängen wird es etwas billiger (25,20 €), gegen Gebühr kann man die komplette Ausrüstung ausleihen. Ein eintägiger Auffrischungskurs für Leute, die lange nicht getaucht sind, kostet 54 €. Von 9–10 Uhr gibt es Informationen, um 10 Uhr heißt es Start zum Abtauchen – meist per Boot. Darüber hinaus vermittelt die Tauchschule auch Unterkünfte, Mietwagen, Tenniskurse, Tickets für Exkursionen beispielsweise mit der Tina zu Los Organos oder diverse geführte Wanderungen inklusive Transfer zum Ausgangspunkt.

Tennis und Squash/Hotel Tecina, pro Platz Für Lernbegierige gibt es hier auch die „Tennisschule Wimbledon" von Jacqueline Jäckel, die man meist zwischen 12 und 12.30 Uhr im Hotel antrifft (an der Rezeption nach ihr fragen). **Schwimmen, Hotel Tecina**, Schwimmanlage im hoteleigenen **Club Laurel**. Eintritt inkl. Badetuch und Liegestuhl 1,50 €.

Bicicleta (12), im Ortsteil Laguna neben dem Minimarket, Handy 690187100, www.primabicicleta.de.

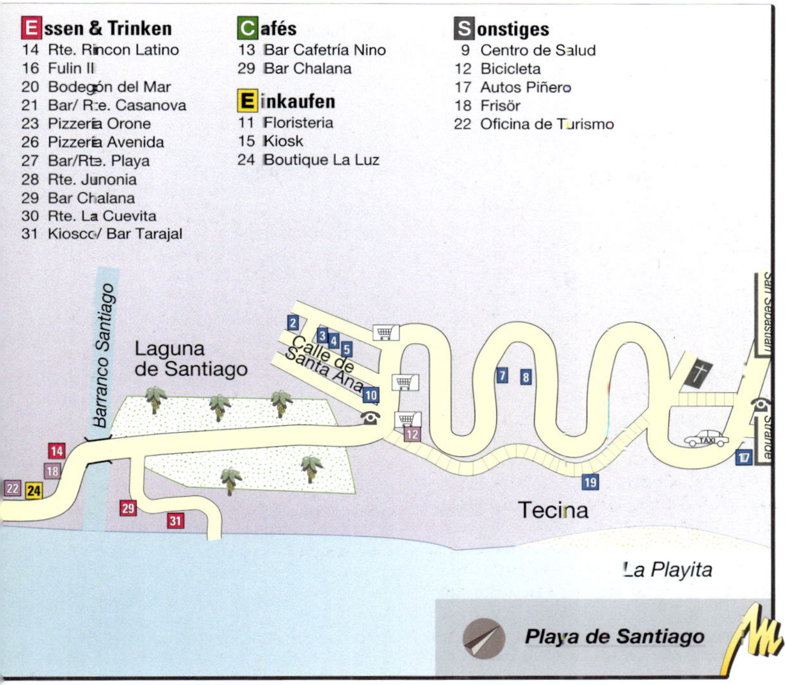

Mountainbikeverleih und geführte Touren, Shuttlebus (für 10 € pro Person). MTB mit 24 (27) Gängen für 11 (13) € pro Tag, ab 3 Tagen Ermäßigung. Mo-Fr 10-13 und 17-19 Uhr.

Bootstouren, Rundfahrten um die Insel, wenn es der Seegang erlaubt, sonst Fahrt bis Los Organos mit der Möglichkeit, Delfine zu beobachten. Mit Badepause sowie Getränken und Mittagessen. Dauer: ca. 8 Std. **Tina**, Ticketreservierung, ✆ 922-805885 oder 629-990643, www.excursiones-tina.com, Abfahrt um 9 Uhr an der Hafenmole, außer Mo und Sa, Preis 36 €.

Übernachten

Das Angebot an Appartements in Playa de Santiago hat sich gemäß der touristischen Nachfrage in den letzten Jahren deutlich erhöht, neue Pensionen und Hostals gibt es indessen nicht. Appartements kosten je nach Saison für zwei Personen mit Küche und Warmwasser von 24 bis über 50 € pro Tag. Vor allem im Sommer, wenn wenig Andrang herrscht, gehen die Vermieter auch schon einmal bis 20 € herunter. Komplette Häuser gibt es in Meeresnähe kaum zu mieten. Manche weichen der stolzen Preise wegen sowieso in den Barranco und in die Berge aus. Dort gibt es noch Häuser, die für 230 € im Monat zu haben sind, z. B. in Antoncojo, Targa und Alajeró.

Einen offiziellen Campingplatz gab es hier noch nie. An der Playa del Medio und auf dem Platz neben der früheren Infobar werden aber immer wieder einmal Zelte aufgebaut bzw. Campingbusse abgestellt. Die Polizei stattet aber mittlerweile

Playa de Santiago
Karte Seite 236/237

ziemlich häufig Besuche ab, und zwar mit der unmissverständlichen Aufforderung, sofort einzupacken. Ähnliches gilt im Übrigen auch für die Höhlen am Playa del Medio. Allerdings sind die Urlauber vom spanischen Festland von den rigiden Maßnahmen der Polizei in weit geringerem Maß betroffen als die ausländischen Gäste.

Vier-Sterne-Hotel Jardín Tecina (17), ✆ 922-628384, ✆ 922-628385, www.jardin-tecina.com. Eine Welt für sich auf den Klippen über Playa de Santiago. Das Luxushotel wurde im November 1987 eröffnet. Komfort und die Lage hoch über dem Meer erlauben am ehesten einen Vergleich mit dem Parador über San Sebastián. Während dieser den traditionellen Formen der spanischen Gastlichkeit huldigt und sein Name für „klassisches Hotelmanagement" steht, ist man im Tecina zukunftsorientiert. Die Vorbilder der riesigen Anlage sind moderne Clubhotels mit Freizeitangeboten und Animation fast rund um die Uhr. Vorwiegend deutsch- und englischsprachige Gäste bewohnen heute die (bisher) insgesamt 434 Zimmer. Auch wenn die angenehm in die Landschaft eingefügten, niedrig gebauten Häuser im Bungalowstil anders wirken, sie bergen in ihrem Inneren keine geräumigen Appartementwohnungen, sondern ausschließlich Hotelzimmer – höchst komfortabel eingerichtet mit Bad, Terrasse oder Balkon, Telefon, Klimaanlage, TV etc. Bei der Kapazitätsplanung (868 Betten) war man großzügig, sodass für Individualtouristen meist noch etwas frei ist. Um frühzeitige Reservierungen wird trotzdem gebeten. Der Luxus hat aber auch seinen Preis: Das Doppelzimmer mit Halbpension kostet pro Nacht je nach Saison 67-117,50 € pro Person. Dagegen ist für Pauschalreisende der Spaß weitaus günstiger. Große Bettenkontingente sind von TUI und der Thomas Cook AG reserviert.

Die Zahl der Einrichtungen für den Aktivurlaub ist enorm: Es gibt einen großen und einen kleinen Pool, fünf Tennisplätze mit Flutlichtanlage, zwei Squashhallen, einen Allzwecksportplatz und einen Fitnessclub. Darüber hinaus werden Sauna, Tischtennis, Billard und täglich Animationsprogramme angeboten. Bequem zum Strand bzw. zum Pool des Club Laurel mit neuer Minigolf-Anlage gelangt man durch den Aufzug (nur für Hausgäste). Wer hier wohnt, braucht das Gelände eigentlich nie zu verlassen, denn alles ist integriert: Restaurants, Bars, Konferenz- und Gruppenräume, ein Einkaufszentrum mit Sport- und Souvenir-Boutiquen, Zeitungen, Zeitschriften und Unterhaltungsromane sind auch in deutscher Sprache verfügbar. Auch für Kinderbetreuung ist gesorgt. In den Gärten des Hotels gibt es über 50 exotische Pflanzenarten aus aller Welt und jeden Mittwoch werden dort botanische Führungen angeboten. Die Disko ist Di, Fr und Sa geöffnet.

Apartamentos Tapahuga (25), Avda. Marítima, ✆ 922-895159, ✆ 922-895127, www. tapahuga.com, info@tapahuga.com. Mit 29 Appartements auf zwei Stockwerken ist dieses englisch geführte Haus der größte Anbieter im Ort. Alle Appartements sind mit TV, Radio und Telefon ausgestattet und bieten Platz für 2 Personen und höchstens ein Kind. Es gibt einen Aufzug und einen Dach-Pool. Um zum Meer zu kommen, müssen die Gäste nur die Straße überqueren. Englisch- und deutschsprachige Rezeption. Ein Appartement mit Meerblick kostet 48 €, ein Appartement mit Blick in den Barranco 43 € und ein Appartement mit Blick in den Innenhof (Letzteres ohne Balkon) 40 €. Wer allerdings weniger als 4 Tage bleiben möchte, zahlt für jedes Appartement 50-55 €.

Apartamentos/Bar/Rte. Playa (27), Avda. Marítima, ✆ 922-895147 oder 922-895120. Über dem Restaurant (s. „Essen & Trinken") gibt es 4 Appartements. Kostenpunkt: 35 € für 2 bis 3 Personen, Minimum eine Woche.

Pensión und Apartamentos Casanova (21), Avda. Marítima, ✆ 922-895020. Über der gleichnamigen Bar (s. „Essen & Trinken") findet man mehrere 2–3-Personen-Appartements für 42 €, ab 4 Tagen gibt's Nachlass.

Apartamentos Orone, Avda. Marítima 14, ✆ 922-895610, www.oronegomera.com, info@oronegomera.com. Neue und modern eingerichtete Appartements über dem gleichnamigen Restaurant, direkt am Strand. Helle Holzmöbel und Balkon mit Meerblick. Für zwei Personen kostet eine Übernachtung hier 45 €. Im Nebenhaus werden auch Appartements für 35 € vermietet.

Apartamentos Noda (19), Laguna de Santiago 73, ✆ 922-895087. Schöne und moderne Appartements in einem Neubau mit Terrasse und herrlichem Blick auf die Bucht und das Meer. Die 2-Bett-Appartements mit Küche und Bad kosten 24 € pro Nacht, das Appartement für 3 Personen ist für 30 € zu haben. Die freundlichen Vermieter wohnen im Erdgeschoss. Reservierungen werden präzise eingehalten. Vergleichsweise gutes Preis-Leistungs-Verhältnis.

Apartamentos Bella Vista (4, 10), Calle Santa Ana, ✆ 922-895570, 922-895208, www.casascanarias.co.uk. (Preise für Deutsche 10 % der englischen Preise) Am Hang im Dorf Laguna de Santiago gelegene, von der Engländerin Liz geführte Appartementanlage. Die 11 Appartements sind unterschiedlich groß, alle bieten Meerblick. Ohne Balkon für 2 Personen 40 € (Hauptsaison 45 €) pro Tag, mit Balkon und etwas eingeschränkter Sicht auf das Meer 45 € (50 €), große Appartements mit Sonnenterrasse und zwei Schlafzimmern 50 € (55 €). Jede zusätzliche Person 6 €. Auch buchbar über die Agentur Canaro, Hamburg, www.canaro.de. Hier kann man auch Landhäuser mieten.

Apartamentos Negrín I (7), II und III (2), ✆ 922-895282. In Laguna de Santiago unterhalb der Apartamentos Noda in derselben Straße sowie in der Calle Santa Rosa 3 und in der Calle Santa Ana. Für 2 Personen muss man 24 € zahlen, für 3 Personen 30 €. Sehr schlicht!

Apartamentos Nemtru (8), Laguna de Santiago 70, ✆ 922-895138. Insgesamt 4 nette, modern eingerichtete Appartements unterhalb der Apartamentos Noda. Die Dachterrasse steht zur allgemeinen Benutzung frei. 2 Personen zahlen 24–30 €. Freundliche Besitzer. Anmeldungen im Gemischtwarenladen Tecina (s. „Einkaufen“).

Casa Lolita (3), Calle Santa Rosa 56, ✆ 922-895550. Señora Lola führt ihr Haus mit 3 Gästezimmern sehr eigenwillig – aber den meisten ihrer Gäste gefällt es so, auch wenn sie des Öfteren nach einigen Stunden der Abwesenheit von ihrer charmanten, aber kurzsichtigen Vermieterin nicht wiedererkannt werden. In solchen Fällen wird dann der Zutritt zur Dusche oder zum eigenen Zimmer unter Aufbietung aller Kräfte verwehrt. Und wie will man beweisen, man selbst zu sein, wenn der eigene Pass bei Señora Lola liegt – denn diese rückt nichts wieder heraus, was sie einmal hat. Ein wahrer Härtetest für Sprach- und Überredungskünste und ein Fest für alle Liebhaber skurriler Situationen! Ansonsten beginnt das übliche Wechselbad von liebevoller Betreuung und schroffer Ablehnung meist schon an der Plaza, wo Señora Lola ihre Gäste „einzufangen“ pflegt oder von der Bushaltestelle abholt.

Das Haus liegt gegenüber der Appartements Bellavista sehr schön am Hang,

Hotel Tecina

verfügt über ein Gemeinschaftsbad, eine Gemeinschaftsküche und eine tolle Dachterrasse. Komfort und Preis der Zimmer sind höchst unterschiedlich: Vom fensterlosen Zimmer mit französischem Bett für verheiratete (!) Paare, das pro Nacht auf rund 12 € kommt, bis zum bettlosen (!!!) „Studentenzimmer“ im halbverfallenen Nachbarhaus (pro Nacht und Nase ab 6–8 €) ist fast alles drin. Wer einmal so richtig mit der Señora warm geworden ist, kann sie oft freundlich lächeln sehen. Aber wehe, wenn nicht . . .

Apartamentos Mari Carmen (5), ✆ 922-895249 oder 616-417430 (Handy). Nette junge Vermieterin mit Englischkenntnissen. Das 2-Personen-Appartement kommt auf 24 €.

Pensión La Gaviota (20), Avda. Marítima 34, ✆ 922-895135, 922-895231. Freundliche Pension mit sauberen Zimmern mit Bad direkt neben der Plaza und an der Strandzeile. Preis für 1 Person 18 €, für 2 Personen 24 €. Reinigung täglich (außer So). Anmeldung im Restaurant Bodegón del Mar.

Apartamentos Lourdes (1), ✆ 922-285727. 4 geräumige, helle Appartements mit Terrasse am Hang gegenüber dem Sportplatz. Die freundlichen und hilfsbereiten Vermieter

Playa de Santiago
Karte Seite 236/237

sprechen Deutsch. Die Doppelappartements (für eine dritte Person steht eine Couch bereit) kosten ab 35 € pro Nacht.

Apartamentos Santa Ana, Las Trincheras, ✆ 922-895166, ✆ 922-985619, www. gomera rural.com, santaana@gomerarural. com. Oberhalb des Hafens überm Meer in ruhiger Lage liegen 14 Appartements mit Balkon und Meerblick in komfortablen Holzhäusern. Weiter gibt's ein Haus mit 3 Appartements, 1 Haus mit 2 Appartements und einen kleinen Pool. Es gibt einen Fußweg nach Playa de Santiago und einen kleinen Supermarkt. Wer hier wohnt, braucht dennoch einen Mietwagen. Preis: 54 € 1. Nov.–18. Dez. und 7. Jan.–10. April, sonst 64 €.

Apartamentos Padilla (6), ✆ 922-895057.

Apartamentos Paqui, Calle La Banda, ✆ 922-895174 und -254, 626-888356 (Handy), altamache@hotmail.com.

Apartamentos Vera, Av. Marítima, ✆ 922-895146.

Apartamentos Bertín, Laguna de Santiago, ✆ 922-895250.

Essen & Trinken (siehe Karte S. 236/237)

Rte. Club Laurel, Hotel Tecina (17), Lomada de Tecina. Direkt am Meer kann hier bis 18 Uhr nach dem Sport eine Stärkung in Form eines internationalen Essens eingenommen werden.

Bar/Rte. La Cuevita (30), Avda. Marítima 60, ✆ 922-895104. Geöffnet 12–23 Uhr, außer sonntags. Viele Grünpflanzen, indirekte Beleuchtung, große Panoramafenster und abends Kerzen auf den Tischen sorgen für stilvolles Ambiente in der überaus gemütlich eingerichteten Naturhöhle. Das vornehmste Restaurant in Playa de Santiago wird dem guten Ruf seiner Küche vollauf gerecht. Ideal für einen besonderen Abend. Auf der deutschsprachigen Speisekarte steht alles, was der Schlemmer so begehrt. Wie wäre es z. B. mit kalter andalusischer Suppe oder einer Brunnenkressesuppe als erstem Gang? Beim Hauptgericht wird die Qual der Wahl noch ärger, denn das Angebot an Fisch- und Fleischgerichten ist reichhaltig und verlockend. Auf keinen Fall aber darf ein Ensalada mixta fehlen. Wir empfehlen darüber hinaus Solomillo (12 €), das große, leckere Rindersteak mit frischen, roh geschnetzelten Möhrchen, Champignons und Pommes, Steak à la pimienta (12 €), ein nicht minder zartes Steak in hervorragender Pfeffer-Sahne-Soße, und Pollo al ajillo (6,50 €), lecker gewürzte Hühnerteile mit viel Knoblauch, Pommes und Salat. Oder probieren Sie das leckere Carne estofado con verduras: Schmorfleisch mit Gemüse und Papas arrugadas für 10 €. Unser Lob gilt auch den Fischgerichten: z. B. frische Viejas mit etwas Salat und Papas arrugadas für 10 € sowie Filete de lenguado (Seezungenfilet) für 10 €. Das Angebot an Nachspeisen ist saisonabhängig, doch meist recht groß. Freuen Sie sich auf Leche asada (überbackener Eier-Milch-Auflauf), Coctel de papaya (Papaya-cocktail), Torta helada (Eistorte) mit einer Wunderkerze serviert, oder den hervorragenden Schokoladen-Flan (Pudding). Die Auswahl an Flaschenweinen ist erfreulich groß.

Rte. Junonia (28), Avda. Marítima 53, ✆ 922-895450. Man sitzt sehr schön auf der Terrasse mit Blick auf den Hafen. Der sympathische Restaurantbesitzer Señor Humberto spricht sehr gut Deutsch und empfiehlt den Fisch des Tages. Nicht alle der vielen Fischgerichte auf der Speisekarte sind wirklich immer zu haben. Außerdem werden einige wenige Fleischgerichte angeboten. Außer Di täglich 9–23 Uhr. Señor Humberto vermietet 7 neue Appartements in Las Trincheras oberhalb des Hafens für 2–6 Personen. (**Apartamentos Junonia**) Die Preise variieren nach Saison und Aufenthaltsdauer und sind verhandelbar.

Bar/Rte. Playa (27), Avda. Marítima 46, ✆ 922-895498. Nettes, kleines Restaurant mit Plastiktischdecken und vielen Grünpflanzen. Ein paar Tische stehen auch draußen – hier kann man das Hafentreiben gut beobachten. Auf der Speisekarte der übliche Querschnitt: Calamares (Tintenfisch), Conejo (Kaninchen), Paella und Tortilla francesa. Besonders zu loben: das sehr gute Pollo für 6,50 €, hinter dem sich ein Hähnchen in Knoblauchsoße mit Pommes verbirgt. „Tortilla francesa" dagegen klingt zwar besser als Rührei mit Ketchup, ist aber dasselbe! Außer Mo täglich 12–16.30 und 18.30–12 Uhr. Über dem Restaurant gibt es auch Appartements (s. „Übernachten").

Bar/Rte. Pizzeria Avenida (26), Avda. Marítima 37, ✆ 922-895498. Gemütliches Restaurant mit Tischdecken und frischen Schnittblumen. Auf den Holzstühlen sitzt man recht bequem. Vor dem Lokal stehen Tische auf der Promenade – bei hohem Seegang kann es schon mal vorkommen, dass man hier eine unfreiwillige, eiskalte Meerwasserdusche abbekommt. Auf der Speisekarte stehen 20 Pizzen und einige wenige Fisch- und Fleischgerichte. Der Wein wird in geeisten Tonkrügen serviert. Täglich 11–17 und 19–23 Uhr.

Rte./Pizzeria Orone (23), Avda. Marítima 14, ✆ 922-895610. Auf der deutschen Speisekarte finden sich Spaghetti, Pizzen, Camarones, frischer Fisch sowie Cordon bleu. Auf der Terrasse lässt sich mit Schinken und Eiern und Milchshakes gut frühstücken. Außer Sa täglich 12–16 und 18–22 Uhr. Hier werden Appartements vermietet (siehe dort).

Bar/Rte. Bodegón del Mar (20), Avda. Marítima 35. Hier gibt es Snacks, Sandwiches, Hamburger und Milchshakes sowie eine gemischte Auswahl an Fleisch- und Fischgerichten zwischen 5 und 10 € Außer Di täglich 18.30–22 Uhr. Nur 3 Monate im Sommer auch als Restaurant betrieben. Der Besuch lohnt sich.

Bar/Rte. Casanova (21), Avda. Marítima 6, ✆ 922-895002. Das grelle Neonlicht hält viele Urlauber davon ab, hier einzukehren. Der freundliche Wirt ist Venezuela-Heimkehrer und hat einige spannende Goldgräbergeschichten zu erzählen. Warmes Essen gibt es nur zwischen 13 und 15 sowie zwischen 19 und 22 Uhr (auch auf der Terrasse). Es gibt keine Speisekarte, sondern ein wechselndes Tagesmenu zu einem fairen Preis. An der Theke fragen. Morgens gibt es ein günstiges Frühstück wie z. B. Bocadillo mit Marmelade und Butter. Abends wird auf der Terrasse Domino gespielt. Nichts für Anfänger!

Rte. Rincon Latino (14), Restaurant gegenüber der Kläranlage neben der Caixa-Bank.

Bar Chalana (29), die kleine Bar mit offener, luftiger Terrasse und schönem Meerblick am Kiesstrand von Santiago vermittelt eine fast karibische Stimmung. Täglich wechselnde Tapas, kleine Mittagsgerichte, Zumos oder einfach ein Bier oder einen Wein genießen. Mo-Sa von 10-23 Uhr.

Kiosco/Bar Tarajal (31), die Terrasse mit Meerblick ist wegen der frühen Öffnungszeiten ein begehrter Frühstücksplatz. Es gibt keine Speisekarte, die jeweiligen Tagesgerichte muss man bei der freundlichen spanischen Wirtsfamilie erfragen: z. B. Sopa de verduras (Gemüsesuppe) und Calamares (Tintenfisch paniert) mit Pommes. Täglich 7–22 Uhr.

Rte. El Paso, Avda. Marítima, ✆ 922-895552. Frischer Fisch und traditionelle Kanarenküche in einem modernen und großen Restaurant. Hier kann man auch nach Appartements fragen (La Vega).

Rte. Fulin II (16), Plaza del Carmen, ✆ 922-895728. Chinesisches Restaurant und Takeaway mit großer Auswahl von vegetarisch über Gerichte mit Rind, Schwein, Ente oder Meeresfrüchten. Deutsche Speisekarte. Pekingente für 2 Personen kostet rund 16 € pro Person und muss vorbestellt werden. Zu den Spezialitäten des Hauses zählt das Fondu Fu Lin mit Meeresfrüchten, Fleisch und Gemüse für rund 17 € pro Person. Die Preise für alle anderen Gerichte liegen zwischen 3,50 und 12 €.

Rte. Pizzeria Don Tomate, Avda. Marítima 56, ✆ 922-895545. Gute Auswahl an Pizzen und Pastagerichten. Di-So 9-23 Uhr.

Bar Cafetería Nino (13), Avda. Marítima, ✆ 922-895667. Geöffnet von 8.30–2 Uhr, außer sonntags. Ideal zum Frühstücken. Neben Sandwiches gibt es auch Pizzas, (3,70–5,50 €), Batidos und Säfte. Getränke kosten zwischen 1,50 und 2 €.

Fiesta

In Alajeró (nordwestlich von Santiago) findet alljährlich am 11. September das Fest **Nuestra Señora del Buen Paso** mit einer Wallfahrt zur gleichnamigen Ermita sowie nachfolgendem Feuerwerk und Tanz statt. Die Bewohner von Playa de Santiago feiern am 24. Juni, San Juan, die Johannisnacht, am 16. Juli die Virgen del Carmen, und am 25. Juli den Tag des Apostels Jakobus Mehrtägig rund um den 2. Sonntag im August ist die Romería de San Roque. Eigentlich spielen sich alle Feste ähnlich ab, am Nachmittag Spiele für die Dorfjugend, am Abend Tanz und Feuerwerk, dazu Merengue und Salsa sowie kanarische Folklore und vor allem fröhliches Beisammensein. Rund um die Plaza sind Stände aufgebaut für Speis und Trank; das Rathaus gibt ein Festprogramm heraus, das über die Touristeninformation auch an Urlauber verteilt wird.

Playa de Santiago
Karte Seite 236/237

Chalana – Aufbruch und ein Stückchen Nostalgie

Das Wort „Chalana“ stammt nicht aus dem Spanischen, sondern wahrscheinlich aus dem Mexikanischen. Aus Mexiko, wo es Fähre bedeutet, hat es sehr wahrscheinlich irgendwann ein Südamerika-Rückkehrer eingeführt. Auf Gomera bezeichnen die Fischer so ihre kleinen, bunt gestrichenen und selbst gezimmerten Holzruderboote, mit denen sie vom Ufer aus zu ihren großen Fischerbooten kommen. Chalana nennt Teresa heute traditionsbewusst und ein wenig nostalgisch die frühere Info-Bar, bei langjährigen Gomera-Kennern noch als „Jürgens Kiosk“ bekannt. Den ehemaligen Frankfurter Sozialpädagogen Jürgen Niemann, den das Schicksal einst in Form von Teresa erwischt hatte und der mehr als ein Jahrzehnt auf Gomera verbrachte, verschlug es wieder in die deutsche Heimat, wo er inzwischen Frau, Kinder und einen Bauernhof hat. Teresa, die jetzt mit einem Guardia civil verheiratet ist, will die lange Zeit geschlossene Bar nun gemeinsam mit ihrem Bruder zu einem Ort des Austauschs für die Gomeros des Pueblos machen. Ein farbenfrohes neues Interieur mit viel Blau, Musik und Spiele (Domino!) sowie leckere Tapas, saisonale kanarische Küche und Mojo-Saucen erwarten Neugierige ganzjährig und ununterbrochen von 6- 1 Uhr nachts. Den Cocktail „Wo geht's denn hier zum Sandstrand?“ den Teresa und Jürgen einst der vielen Urlauberfragen wegen spaßeshalber verkauften, wird es zwar nicht mehr geben, aber Teresa weiß natürlich trotzdem noch, wo man die Höhlenmenschen findet und hat auch ihr Deutsch keinesfalls verlernt. An ihrem schwarzen Brett für Aushänge wird es bestimmt auch einen Hinweis auf das Wettrennen der Chalanas im Juli während der „Fiesta del Carmen“ geben – auch wenn das Rennen gar nicht in dem etwas verschlafenen Playa de Santiago stattfindet, sondern im Hafen von Vueltas. Und falls nicht, können sich Neugierige und Schaulustige, die diesen Termin nicht verpassen möchten, auch im Valle-Booten informieren.

Von Petra Sparrer

Ausflug: Zu den Stränden im Osten

Tecina – Playa de Tapahuga (45 Minuten) – Playa del Medio (30 Minuten) – Playa Chinguarime (45 Minuten), so heißen die Etappen dieser Wanderung. Geht man die einzelnen Strände nur ab, ist man für die rund 6 km lange Strecke, teilweise auf Schotterpisten, ca. 2 Stunden unterwegs; macht man es sich ein bisschen gemütlich, kann es dauern. Achtung: Für Kinder sind die Strände zum Baden nicht geeignet.

Vom Strand in Playa de Santiago aus schafft man in 10 Minuten den Aufstieg zum **Hotel Tecina** und umgeht den Komplex etwas oberhalb der eigentlichen Hotelgebäude. Es geht weiter auf der Schotterpiste, die die Klippen entlang verläuft. Von hier aus hat man einen tollen Panoramablick auf die nächste Bucht mit ihren drei Stränden, auf das grüne, schräg abfallende Hochplateau **Punta Gaviota** und manchmal sogar auf Teneriffa mit dem wie auf Wolken schwebenden Teide. Die Schotterstraße führt durch die gesamte Bucht, die von drei Barrancos unterteilt wird. Zu den Stränden kommt man über nicht zu verfehlende Abzweigungen.

Der erste Strand, **Playa de Tapahuga**, den man nach etwa 35 Minuten vom Hotel Tecina aus erreicht, ist am wenigsten besucht. Hier befinden sich eine alte Hafenmole mit ehemaliger Bananenverladestelle und die Meerwasserentsalzungsanlage für die Bewässerung des Golfplatzes.

Zum **Playa del Medio** führt die Piste über einen ins Meer hineinragenden Bergrücken. An der Stelle, wo der Strand zu sehen ist, verlässt man die Schotterstraße. Ein schmaler Serpentinenpfad führt von hier abwärts. Auf den ersten Blick zu erkennen: Der Playa del Medio ist der bestbesuchte Strand dieser Bucht mit vielen Nacktbadern – jedenfalls im Winter, im Sommer ist bislang nur wenig los. Besonders Gäste des Hotels Tecina gönnen sich hier eine textilfreie Abwechslung zum Hotelpool. Außerdem gibt es ein paar Höhlen, wo während des ganzen Jahres wechselnde Bewohner den Ausstieg aus der Zivilisation proben. Selbst Wohnmobile wagen sich vereinzelt hierher – beim Zustand der Straße ein risikoreicher Härtetest.

Am nordöstlichen Ende des Playa del Medio ragt ein Felsentor aus dem Wasser. Mit etwas Glück kommt man durch dieses Nadelöhr zum **Playa Chinguarime**. Nass wird man auf diesem Weg auf jeden Fall. Doch bei stärkerem Wellengang ist das Tor nicht oder nur unter Lebensgefahr passierbar. Dann bleibt keine andere Wahl, als noch einmal der Schotterpiste zu folgen, die nicht einmal ganz hinunter zum Strand führt. Zusätzlich muss man auch noch etwa 15 Minuten über tückisches Geröll krabbeln. Wichtig ist es, die Schotterpiste erst weit unten im Barranco zu verlassen, um die Kletterpartie so kurz wie möglich zu halten. Insgesamt kostet so die Unpassierbarkeit des Felsentores rund 45 Minuten.

Beim Playa Chinguarime handelt es sich genau genommen um zwei Strände, die durch einen flachen, leicht überquerbaren Felsvorsprung voneinander getrennt sind. Der erste ist mit einer Länge von rund 300 m der Hauptstrand. Dort, direkt am Felsentor zum Playa del Medio, wohnen sie, die „Höhlenmenschen". Für ein paar Tage, einige Monate oder gar auf Jahre der Zivilisation

Karte Seite 236/237

entflohen, suchen sie Schatten unter aufgespannten Handtüchern und bevölkern den Strand. Und am wesentlich kleineren hinteren Strand gibt es bewohnte Höhlen in noch größerer Zahl.

Wanderung 18: Von der Casita de Olsen (1300 m) über den Pass von Azadoe nach Benchijigua (560 m) und steil hinauf zur Höhenstraße (1050 m) am Fuße des Roque Agando

Sehr abwechslungsreiche, knapp 4,5-stündige Wanderung auf trocken-heißen Felspfaden mit beeindruckenden Ausblicken in die tief eingeschnittenen Täler im Süden der Insel.

Ausgangspunkt dieser Wanderung ist die Casita de Olsen (1300 m, eine ehemalige Jagdhütte) an der Carretera Dorsal ca. 1,5 Km hinter der Straßenkreuzung Pajarito in Richtung San Sebastián. Hier zweigt von der Höhenstraße eine kleine Forstpiste rechts ab. Dieser folgen wir abwärts, anfangs noch durch Lorbeer-Baumheide-Mischwald, bald wird es aber immer trockener und nach etwa 20 Minuten haben wir dann die Waldgrenze erreicht. Immer wieder ergeben sich jetzt herrliche Aussichten in Richtung des Roque Agando und dahinter ist bei freier Sicht auch der Teide auf Teneriffa zu sehen.

Benchijigua: Wanderhütte

Nach 15 Minuten macht die Forstpiste einen scharfen Rechtsknick und führt dort steiler abwärts. Hier verlassen wir sie und folgen an einem Wegweiser (Imada) dem kleinen Pfad, der sich geradeaus weiterzieht. Wir wandern durch Zistrosenbüsche, Agaven und Wolfsmilchsträucher auf einem felsigen Pfad allmählich abwärts. Nach weiteren 20 Minuten kreuzt rechts ein kleiner Weg zur Talsohle und auf die andere Barrancoseite hinüber, der nach Imada weiterführt – unser Pfad zieht sich jedoch weiter an der linken Barrancoflanke entlang.

Wir durchwandern jetzt prächtige Sukkulentenbuschhänge mit verschiedenen Dickblattgewächsarten, Wolfsmilchbüschen, Feigenkakteen, Agaven, Mandelbäumen und immer wieder Kanarischen Dattelpalmen. Rechts unter uns blicken wir in den Barranco de Guarimiar hinein, einen der beeindruckendsten Cañons der Insel. Dann tauchen vor uns die verfallenen Häuser des verlassenen Weilers Azadoe auf, und kurz danach kommen wir an einen Passübergang in einem Sattel, der zu einer ausgiebigen Rast einlädt (ca. 1 Stunde ab Olsenhütte). Nur 50 Meter entfernt steht ein einzelner markanter Felsbrocken, von wo aus man eine wunderschöne Aussicht in das Tal von Benchijigua

Playa del Medio, Playa Chinguarime

hat. Oben an der Höhenstraße thront bereits der mächtige Roque de Agando, der bekannteste aller Vulkanschlote Gomeras und Endpunkt unserer Wanderung.

Jetzt überqueren wir den Sattel und folgen dem schmalen Pfad, der noch für kurze Zeit fast eben an der dicht bewachsenen Felswand entlang. Nach knapp 5 Minuten zweigt der Weg dann steil nach links hinunter ins Tal von Benchijigua ab (der Weg geradeaus führt Richtung Santiago weiter). Rechts unter uns kann man den Ort Lomo del Gato erkennen. Nach der gut 20 Minuten dauernden steileren Abstiegspassage wird der Weg allmählich flacher und zieht sich durch ehemalige Terrassen bis Benchijigua weiter, das in etwa einer halben Stunde erreicht ist. Immer wieder ergeben sich schöne Ausblicke auf den Roque de Agando und die einsamen Täler des Südens.

Von den wenigen Häusern Benchijiguas ist nur noch eines ständig bewohnt (ansonsten nur noch Wochenend- und Ferienhäuser) und auch die kleine Bar des Ortes hat nur noch sehr selten geöffnet. Da wir aber Proviant und Wasser dabei haben, lassen wir uns an der offenen Wasserleitung unter einer mächtigen Kanaren-Kiefer nieder und tanken Kraft für den bevorstehenden steilen Schlussanstieg zum Roque de Agando.

Jetzt heißt's aufpassen. Von der Kanaren-Kiefer zieht sich ein breiter Weg an dem langen Gebäude vorbei schräg hinauf. Diesem folgt man für ein kurzes Stück und dann führt rechts ein schmaler Pfad in den Eukalyptushain zu einer Wasserleitung hinauf. Diese überwindet man und steigt rechts des Bergrückens an Kanaren-Kiefern vorbei auf. Nach ca. 5 Minuten (ab der Rast in Benchijigua) beginnt ein breiterer Weg, der an der linken Seite des Tales langsam Richtung Roque Agando hochführt. Immer wieder passieren wir einzelne Kanaren-Kiefern, Kanarische Dattelpalmen, Wolfsmilchbüsche, unzählige Agaven, und nach 20 Minuten haben wir eine steinerne Wasserleitung erreicht, die wir überqueren. Hier sind wir schon unmittelbar am Fuß des Roque Agando und steigen jetzt an seiner linken Seite immer steiler hinauf. Auch die Vegetation wird immer dichter und ändert sich mit zunehmender Höhe – bis 6 Meter hohe Ginstersträucher mit üppig wuchernder Krautschicht dominieren.

Im letzten Stück des Aufstiegs ändert sich die Vegetation nochmals. Allmählich wird es wieder etwas lichter, und wir befinden uns in einem lichten Wald mit Kanaren-Kiefern, Gagelbaum, Kanaren-Lorbeer und Baumheide. Nach ca. 1 ½ Stunden (ab Benchijigua mit kleinen Trinkpausen) sind wir an der Höhenstraße angelangt. Hier kann man den Linienbus ins Valle Gran Rey abpassen, der von San Sebastián ca. 30 Minuten bis hierhin braucht (ca. 16.30 oder 19 Uhr).

Alajeró

Alajeró, einst von der Landflucht gezeichnet, zählt heute wieder ca. 3000 Einwohner. Rückkehrer aus der Emigration haben sich hier Villen gebaut. Wo zunächst nur der ländliche Tourismus Aufschwung nahm, entstehen jetzt auch große neue Appartementanlagen.

Das Dorf Alajeró liegt auf einer Hochebene in 800–900 m Höhe und bietet vor allem zwei Dinge: Ruhe und einen weiten Blick zum Meer und bei guter Sicht bis nach El Hierro. Am besten ist die Aussicht Richtung Kalvarienberg mit der **Ermita San Isidro**. Auf der Bergkuppe direkt im Anschluss an den Ort entsteht derzeit eine große Appartementanlage. Die Gemeinde Alajeró umfasst ein 50 Quadratkilometer großes Gebiet, das vom östlichen Rand des Barranco de La Rajita bis zur westlichen Flanke des Barranco de Santiago reicht. Zur Region Alajeros gehört auch der Drago von Agalán, der einzige Drachenbaum Gomeras, der einige hundert Jahre alt sein soll.

Den Ortsmittelpunkt bilden die Pfarrkirche **San Lorenzo** und der Kirchplatz mit einem Indischen Lorbeerbaum. Etwas oberhalb liegt das Rathaus, unterhalb kann man auf einem kleinen Sportplatz den Jugendlichen beim Kicken zuschauen. Gegenüber liegt die **Bar La Alegría**, neben den wenigen kleinen Lebensmittelgeschäften ein Treffpunkt für die Dorfbewohner. Gut speisen kann man im **Flor de Venezuela**. Das Restaurant gehört einem Rückkehrer aus Venezuela, der die leckeren gefüllten Teigtaschen und Reisgerichte mit der entsprechenden lateinamerikanische Würze versieht. Kanarische Kost bekommt man hingegen im **Las Palmeras** (Montags geschlossen) an der Durchgangsstraße nach Playa de Santiago oder im **Columba** in der Calle Columba. Wer gerne naturnah und einsam wohnt, findet auch in der Umgebung von Alajeró, in Targa oder in Antoncojo restaurierte alte Fincas und Landhäuser.

• *Übernachten* **Casa Don Pedro I und II**, Plaza del Ayuntamiento, ✆ 922-288892, auch buchbar über Ecotural, www.ecoturismo canarias.com/gomera/. Um die 100 Jahre altes, für den ländlichen Tourismus renoviertes Haus direkt am Dorfplatz gelegen. Für 2 Personen 44 € pro Tag, für 3 Personen 50 €, Casa Don Pedro II für 2 Personen 47 € pro Tag, für 3 Personen 53 €, für 4 Personen 59 €.

Casa Eliseo, Barrio Castilla, ✆ 922-286226, auch buchbar über Ecotural. Das altkanarische ziegelgedeckte Steinhaus oberhalb des Dorfplatzes hat zwei Doppelzimmer und ein Wohnzimmer. An der Wand hängen Bilder aus dem 19. Jahrhundert. Für kalte Tage gibt es einen Elektroofen. Mit Patio und Obstgarten. 2 Personen 60 €, 3 Personen 66 €, 4 Personen 72 €.

Casa Don Benjamin, Barrio de Tejena, ✆ 922-288892, auch buchbar über Ecotural. Appartement für 2 Personen ab 44 €. Restauriertes Bauernhaus am Ortsrand.

Apartamentos La Vega, Calle Vega de Iglesia, ✆ 922-895576. Der Besitzer dieses

Appartementhauses ist der Wirt des Restaurants Las Palmeras. Die acht Appartements bieten jeweils maximal 4 Personen Platz und kosten ab 35 €. Etwas außerhalb des Ortes vermietet er zudem auch noch ein Landhaus, die **Casa Lucía** für 2 Personen ab 40 €.

Fincavermittlung: Christina Seifert, Am Wiesengrund 20, 63456 Hanau, ✆ 06181-964975, 06181-964976, oder Apartado 210, Insel-Gomera Marketing S.L., Valle Gran Rey, info@insel-gomera.de, vermittelt über 74 Fincas.

Wanderung 19: Zum sagenumwobenen Drachenbaum Drago von Agalán

Ein Muss ist der Besuch des größten Drago-Exemplars von Gomera. Der archaisch wirkende, sagenumwobene Baum liegt in einem einsamen Tal im Süden der Insel. Die Anfahrt erfolgt von Santiago aus mit dem Bus (in Richtung San Sebastián) bzw. mit Pkw oder Taxi in Richtung Alajeró; gegenüber der Abzweigung nach Imada steigt man aus. Von hier aus ist es dann noch ca. eine Stunde bis zum Ziel.

Der Wanderweg beginnt vor der Abzweigung gegenüber den großen Wassertanks. Über eine rote Schotterpiste gelangt man nach rund 500 m zum kleinen Weiler **Agalán**. Hinter einer von einem Eukalyptusbaum flankierten Häusergruppe folgt man dem Hinweisschild **Camino del drago**. Der Pfad mündet in einen breiten Weg ein. Rechts sieht man brachliegende Terrassen, links ehemalige Mandelbaumfelder und vereinzelt Kanarische Dattelpalmen. Nach rund 150 m biegt man in einen links abzweigenden steinigen Pfad ein.

Durch Kakteenfelder und Wolfsmilchgewächse windet sich der Pfad, der mit einer weißen Markierung gekennzeichnet ist, in steilen Kehren abwärts, und schon bald kann man einen ersten Blick auf den unten im Tal stehenden Drachenbaum werfen. Vorbei an einem rötlichen, schildkrötenförmigen Felsen geht es weiter, bis man das Prachtexemplar nach ca. 25 Minuten erreicht. Und in der Tat – der archaisch wirkende Riese ist einen Ausflug wert. (Da er mittlerweile aber auch bequemer erreichbar ist, nämlich per pauschal organisierter Bustour, sollte man sich nicht wundern, wenn hier teilweise ein großer Andrang an Touristen herrscht.)

Dies ist das einzige stattliche Exemplar dieser Größe auf Gomera, das man in der freien Natur sehen kann (in Gärten häufig angepflanzt) – aber leider wissen viele Touristen dies nicht zu würdigen. Da einige sich in der Rinde verewigen mussten, wurde der Drachenbaum eingezäunt. Auch auf den übrigen Kanareninseln findet man nicht mehr allzu viele Exemplare. Sie alle sind Relikte aus früheren Zeiten, als es noch dichte Drachenbaumwälder gab, die aber nach und nach dem Kahlschlag zum Opfer gefallen sind.

In Europa sind die Drachenbäume dagegen schon vor ungefähr 20 Millionen Jahren ausgestorben. Da der Drago zu den Drachenbaumgewächsen gehört und diese keine Jahresringe ausbilden, ist eine sichere Datierung nicht möglich. Der Baum blüht zum ersten Mal nach 10 bis 12 Jahren und verzweigt sich nach jeder weiteren Blüte, zu der es dann regelmäßig etwa alle 15 Jahre kommt (daran lässt sich das ungefähre Alter eines Baumes abschätzen – bei dem größten Exemplar von Icod auf Teneriffa kamen Botaniker so auf etwa 400 Jahre). Allerdings fällt die Altersbestimmung der Canarios etwas großzügiger aus – für Dragos dieser Größe und Wucht rechnen sie mit einem Alter zwischen 1000 und 4000 Jahren. Der „heilige Baum" war früher Symbol der Fruchtbarkeit und Weisheit. Der Saft des Drago, auch „kanarisches Drachenblut" genannt, weil er sich an der Luft rot färbt, wurde zur Mumifizierung der Toten und auch in der Heilkunst verwendet. Später wurden aus dem „Drachenblut" Lacke und Polituren hergestellt. Der Drachenbaum von **Icod de los Vinos** aus Teneriffa ist sogar zum Nationalmonument erklärt worden und auf der Tausend-Peseten-Banknote abgebildet. Neuerdings werden auch wieder in Parks und Gärten Dragos angepflanzt; bis die allerdings so stattlich aussehen werden wie der Drago de Agalán, wird noch eine gute Weile vergehen.

Wanderung 20: Von La Laguna Grande zum Garajonay und zurück

La Laguna Grande: die idyllische Lichtung im Herzen des Nationalparks, eine großzügige Freizeitanlage, umschlungen von wucherndem Grün, ausgestattet mit steinernen Grillanlagen und zwei Kinderspielplätzen mit hölzernem Gerät. Dazu ein Restaurant, das zu den besten der Insel zählt. Hier geben sich Wanderer, Ausflügler, Mietwagenfahrer und Touristenbusse ein Stelldichein. Die Tour dauert knappe 3 Stunden.

Auf dem Parkplatz vor der hölzernen Wegetafel der Nationalparkverwaltung eine letzte Kontrolle: Auch wenn es auf unserer Wanderung keine wirklich unangenehmen Steigungen gibt, haben wir an festes Schuhwerk und eine Regenjacke gedacht – etwas Schokolade und ein wenig Saft oder Wasser können nicht schaden, denn unterwegs gibt es nichts.

Direkt hinter dem mannshohen steinernen Backofen am Waldrand beim rechten Spielplatz beginnt ein schmaler Weg, an dem ein dünnes Wasserrohr entlangläuft. Nach knapp 5 Minuten passiert man links einen Wasserspeicher und trifft auf die asphaltierte Höhenstraße, neben der parallel eine schmaler Trampelpfad angelegt wurde. Nach weiteren fünf Minuten zweigt rechts der mit **Camino Forestal Chipude** beschilderte Forstweg ab, dem wir bis zum Gipfel folgen (mittlerweile an den meisten Wegkreuzungen mit **Alto de Garajonay** ausgeschildert). Etwa fahrzeugbreit ist er und nach stärkeren Regenfällen ziemlich matschig. Der anfangs noch dichte Wald öffnet sich bisweilen überraschend, um eine schöne Aussicht freizugeben.

Nach etwa 10 Minuten gabelt sich der Weg zum ersten Mal. Hier hält man sich links. Nach weiteren 5 Minuten die weite Kreuzung: Weiter geht's rechts

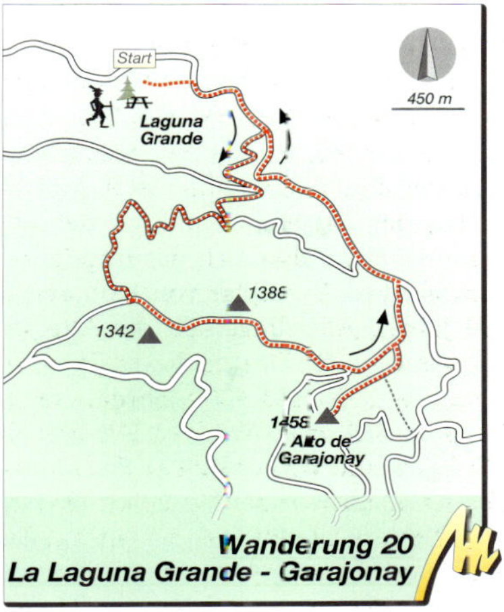

in Richtung **Alto de Garajonay 3,6 bzw. Casa Forstal 3,0**. Die dritte Weggabelung nach 20 Minuten ist wieder unbeschildert: Man geht links und nach weiteren 3 Minuten wieder links, dem Wegweiser **Alto de Garajonay 2,3** folgend. Hier kann man bereits in Richtung unseres Weges den Garajonay als höchste Erhebung mit einer markanten Kiefer (rechts vom Gipfelrondell) als weitere Orientierungsmarke ausmachen.

„Hört denn die Gabelei niemals auf?", wird sich so mancher nach nur 20 weiteren Metern fragen, wenn nun bei missverständlicher Beschilderung die Wahl gleich zwischen drei verschiedenen Wegen zu treffen ist. Tut uns ehrlich leid, aber es geht tatsächlich auf dem am stärksten ansteigenden, dem rechten, weiter. Nur gut, dass der nun folgende Anstieg immer wieder von etwas flacheren Teilstücken unterbrochen wird und so mancher Ausblick fürs Schnaufen (nur bei schlechter Kondition) entschädigt. Bei der nächsten unbeschilderten Gabelung geht es dann links weiter. Auch wenn es jetzt wieder etwas steiler wird – nach wenigen Minuten ist es überstanden, und zur Rechten eröffnet sich ein schöner Blick auf den markanten Tafelberg **Fortaleza**, vorausgesetzt, das Wetter spielt mit.

Achtung: Zwar sieht es tagsüber friedlich aus (wenn nicht gerade allzu viele Busse Station machen), doch in manchen Nächten kann es ziemlich gefährlich werden. Schließlich ist La Laguna Grande seit jeher in Vollmondnächten der Treffpunkt aller Hexen der Insel. Wie informierte Kreise glaubhaft versichern, ist es schon häufiger zu gewalttätigen Ausschreitungen gekommen wenn die zauberkundigen Damen von Passanten beim Tanzen, Entkleiden, dem Teufel-Namen-Geben und Mit-ihm-Paktieren gestört wurden. Störenfriede sollen dabei schon häufig mit Steinen beworfen worden sein. Offensichtlich bezieht sich die Abneigung auf die gesamte Wandergemeinde. Denn treffen die Hexen einen Spaziergänger, dann lassen sie ihn tagelang gehen, ohne dass er irgendein Ziel erreicht, bis er sich schließlich am anderen Ende der Insel wiederfindet. Sollten Sie also bei Ihren Wanderungen den Weg verlieren, so schimpfen Sie nicht auf dieses Buch, denn an unseren Beschreibungen liegt es nicht . . .

Stetig bergauf geht es weiter – der hin und wieder sichtbare Gipfel lässt ahnen, dass es so weit nicht mehr sein kann. An der nächsten unbeschilderten Gabelung biegt man links ein. Wer mitgezählt hat, weiß, es ist die siebte, und zwei stehen noch bevor. Die achte ist nach einem etwas steileren Anstieg (ca. 10 Minuten) erreicht. Bei klarem Wetter lässt sich von hier aus ein erster Blick auf Teneriffas Teide erhaschen. Geradeaus führt der Weg 100 m weiter zur neunten und letzten Gabelung, wo man rechts, fast im 130°-Winkel, der

Beschilderung folgt. So langsam öffnet sich der Wald immer mehr und gibt nach und nach immer größere Teile der Insel dem staunenden Blick preis. Nun noch ein letzter sanfter Anstieg, und man ist oben.

Wie der Garajonay zu seinem Namen kam

Es war vor langer, langer Zeit, so berichtet die Legende, als die schöne Gara auf Gomera lebte. Von ihrer Anmut angezogen wie die Motte vom Licht, suchte der junge Jonay auf Teneriffa nach einem Weg, um sie kennen zu lernen. Da es zu jener Zeit (sie liegt wirklich sehr, sehr lange zurück!) noch nicht einmal die Ferry Gomera gab, blies der Jüngling zwei Ziegenhäute auf und wagte mit diesem schwankenden Gefährt die riskante Überfahrt nach Gomera. Da kam es, wie es kommen musste. Die Gerüchte über Garas Schönheit wurden durch ihren wahren Liebreiz noch weit übertroffen. Auch Jonay muss ein ziemlich attraktiver Bursche gewesen sein, denn sie verliebten sich ineinander und schworen sich ewige Treue. Garas Familie indes sah in Jonay nicht den idealen Schwiegersohn, und so wurde ihr verboten, ihn weiterhin zu sehen. Aber wo die Liebe hinfällt, da helfen keine Verbote ...

Und so flohen die beiden Liebenden eines Tages in die undurchdringlichen Wälder der Insel. Wie groß muss ihr Entsetzen gewesen sein, als sie bemerkten, dass sie vom halben Dorf verfolgt wurden. Von Liebe und Angst getrieben, erklommen sie schließlich den höchsten Gipfel der Insel, wo sie verängstigt sahen, dass ihre Häscher immer näher kamen. Die Situation war hoffnungslos, aber wahre Liebe findet immer einen Weg ...

Und so nahmen sie einen starken Ast, spitzten dessen Enden und richteten sie auf ihre Brust. Dann umschlangen sie sich zu einer letzten leidenschaftlichen Umarmung und starben vereint mit durchbohrten Körpern. So kündet der Name des Gipfels noch heute von ihrer unsterblichen Liebe.

Wer – außer dem Wetter – sollte uns jetzt noch daran hindern, den atemberaubenden Ausblick zu genießen?

Eine deutliche Landmarke im Südwesten ist die Fortaleza, hinter der El Hierro liegt. Im Nordwesten ist La Palma in Umrissen sichtbar. Gen Osten ragt der Teide auf Teneriffa, der höchste Berg Spaniens, meist auch dann aus den Wolken, wenn vom Rest der Insel wenig zu sehen ist. Majestätisch thront er, einer Pyramide gleich, auf einem Meer von weißen Wolken. Man kann sich gar nicht satt sehen am üppigen Grün des Lorbeerwaldes, am Graubraun der Felsschluchten, am Azurblau des Atlantiks und am strahlenden Weiß der nahen Wolken.

Erst wenn eine Horde Mietwagenfahrer den Forstweg hochgebrettert kommt, frierend die letzten 10 m mit Badeschlappen nimmt und wild um sich knipsend das von Felsbrocken eingefasste Aussichtsrondell erobert, dann wird es Zeit für den Abstieg.

▸ **Rückweg**: Zurück geht es zunächst auf dem bekannten Weg. An der ersten (bzw. neunten) Gabelung machen wir aber nicht die Spitzkehre nach links, sondern marschieren geradeaus weiter. Nach insgesamt 15 Minuten vom Gipfel aus erreicht der sanft bergab führende Forstweg die Hochstraße an einem kleinen Rastplatz, wo auch der Wanderweg nach **El Cedro** beginnt (Bushaltestelle).

Fußkranke Kettenraucher mit Infarktneigung können den „Gipfelsturm" auch hier beginnen. Wir folgen indessen der Hochstraße nach links, bis nach etwa 5 Minuten linker Hand ein unbeschilderter Forstweg, den man an der rotbraunen Erde auf den ersten Metern erkennt, in den Wald hineinführt.

Von hier aus stetig, aber sanft bergab, wobei es bei Gabelungen immer geradeaus weitergeht, erreichen wir nach rund 20 Minuten unseren Aufstiegsweg an einer Stelle, die uns noch als vierte Gabelung schwach im Gedächtnis ist. Eigentlich ist der Rückweg jetzt einfach – wer sich aber nicht so gut erinnert, kann diesen Absatz noch zu Ende lesen:

An der nächsten Gabelung nach knapp 5 Minuten in die ausgeschilderte Richtung **Cherelepi – Laguna Grande**, 10 Minuten später die Hochstraße links weiter. Nach weiteren 5 Minuten sind wir beim Wasserspeicher, machen noch einmal unseren „Shortcut" zur Laguna, die erreicht ist, bevor man bis 633 zählen kann. Zurück ging es jetzt mit 70 Minuten insgesamt etwas flotter. Wer sich das erste Stückchen Asphaltstraße schenken möchte, der kann den etwas längeren Weg wie beim Aufstieg nehmen.

Wenn Sie jetzt den gleichen Hunger haben wie wir immer, dann nichts wie ab ins **Restaurant La Laguna Grande**. Atmosphärisch erinnert es ein wenig an hochalpine Almhütten, und mit vielen von ihnen hat es auch die gute, bodenständige Küche gemeinsam. Kenner bestellen hier Fleischgerichte (keinen Fisch!) und meiden das Restaurant, wenn gerade Touristenbusse Station machen. Dann nämlich leidet nicht nur der sonst ausgesprochen freundliche Service, sondern auch die Qualität der Küche.

Bequem kann man von der deutschsprachigen Speisekarte auswählen. Etwa die leckeren Garbanzas (Kichererbsen). Wer gern kräftig zulangt, sollte unbedingt das rustikale Schweinskotelett mit Papas arrugadas und Salat probieren. Auch die Brunnenkressesuppe können wir als Vorspeise nur wärmstens empfehlen. Zur Suppe gehört natürlich Gofio. Manchmal vergisst es der Kellner – unbedingt nachbestellen! Ähnliches gilt auch für die Mojo, die hier gleich in doppelter Ausfertigung auf den Tisch kommt: als Mojo rojo (rot) und als Mojo verde (grün). Zumindest die Mojo verde ist nach unserem Geschmack die beste auf der ganzen Insel. Außer Mo täglich 9–18 Uhr, ✆ 922-895445.

Wanderung 21: Abstiegswanderung von Las Paredes (1280 m) über Imada (870 m) bis nach Santiago

Diese grandiose Wanderung mit alpinem Charakter durch den tief eingeschnittenen Barranco de Guarimiar bis hinunter ans Meer sollte man wegen ihrer 1280 Höhenmeter bergab nicht unterschätzen. Im Mittelteil führt der Weg an einer steil abfallenden Felswand entlang und sollte nur von Bergwanderern ohne Höhenangst begangen werden.

Ausgangspunkt der Wanderung ist die Straßenabzweigung Cruce de Las Paredes (Beginn der Straße, die am Flughafen vorbei nach Santiago führt). Hier fährt auch der Bus der Linie 1 vorbei. Man läuft noch ca. 800 m an der Straße entlang abwärts bis rechts in einer langgezogenen Rechtskurve ein großer Felsbrocken auftaucht. Hier fängt links zwischen zwei kleinen Steinmäuerchen in 1250 m Höhe unser Wanderweg an.

Ein etwas gerölliger Weg führt zunächst an Weinterrassen (links mit kleiner Finca), dann durch Zistrosen- und Ginstersträucher leicht abwärts. Nach knapp 5 Minuten ist links bei guter Sicht der Teide zu sehen. Dann kommt man an eine Kante und der Pfad wird sehr viel steiler. Gleich danach gelangt man an eine schöne, natürliche Aussichtsterrasse, die von kleinen Felsbrocken gesäumt ist. Hier hat man einen wunderbaren Blick hinunter auf Imada, den Barranco de Guarimar und man kann schon in der Ferne Santiago ausmachen.

Wir steigen jetzt auf einem gut erkennbaren, aber vor allem im ersten Abschnitt sehr stark zugewachsenen Pfad in den Barranco bis nach Imada hinab. Nach etwa der Hälfte dieses Abstiegs wird die Vegetation allmählich lichter, erste (heute nicht mehr genutzte) Terrassen tauchen auf und immer zahlreicher werden die typischen Sukkulentenbuschpflanzen wie Wolfsmilchsträucher, Dickblattgewächse, Feigenkakteen und Agaven. Wir überqueren eine alte Wasserrinne und haben nach gut einer Stunde Imada (850 m) erreicht. Geht man die Straße noch etwa 100 m hinunter, so stoßen wir an der nächsten Ecke rechts auf den Dorfladen und die einzige Bar des Ortes (Bar Arcilia, freitags geschlossen). Hier kann man gemütlich einen Café con leche trinken und sich bei einem Bocadillo oder bei einem leckeren Teller Gemüsesuppe stärken.

Danach gehen wir auf der Dorfstraße hinunter, bis nach ca. 300 m zwischen einem kleinen Sportplatz und dem Gemeindehaus links ein Treppenweg nach unten abzweigt. Er führt an den letzten Häusern vorbei und zieht sich durch meist aufgegebene Terrassen stetig abwärts. Ab und zu zweigen kleine Wege zu den Terrassen ab; unser Weg ist immer wieder durch Steinmännchen markiert und meist auch von weitem schon gut zu erkennen. Er führt an zahlreichen Dattelpalmen, Feigen-, Birn- und Mandelbäumen vorbei in den allmählich immer enger und steiler werdenden Barranco de Guarimiar. Nach gut einer halben Stunde gelangt man an der engsten Stelle des Cañons an ein kleines, felsiges Plateau. Hier muss man sich links abwärts halten und darf nicht dem rechts abzweigenden Weg folgen, der kurz darauf in den Felswänden endet (die quer über den Weg gelegten Steine weisen darauf hin). Man geht noch 50 Meter abwärts und kommt dann an eine natürliche Aussichtskanzel auf einem Felsrücken, die sich geradezu für eine Pause aufdrängt. Steil und ausgesetzt, gut 100 m über dem Abgrund hat man hier einen atemberaubenden Ausblick auf den Barranco und den weiteren Wegverlauf, der scheinbar als ausgesetzter, schmaler Steig in der Wand entlang führt.

Gomera bietet ganzjährige Pflanzenvielfalt

Jetzt kommt der spektakuläre Teil der Wanderung, aber zur Beruhigung: Der Weg ist immer noch gut einen Meter breit. Nach 20 Minuten haben wir die fast senkrechte Steilwand durchschritten und wir überqueren die 100 Meter tiefer gelegene Wasserrinne, die kurz zuvor noch weit unter uns in der Tiefe des Barrancos war. Unser Weg wird sanfter und flacher, und wir wandern durch prächtig entwickelten Sukkulentenbusch bis wir auf die ersten Häuser stoßen (nach weiteren 10 Min). Hier biegen wir nicht ins Tal hinunter, sondern der Weg führt ganz dicht links am ersten Haus vorbei. Nach 100 Metern geht's rechts leicht im Bogen hinauf und dann wandern wir immer an der rechten Barrancoseite weiter abwärts. Nach gut 15 Minuten führt unser Pfad über ein rötliches Gesteinsband. Hier gehen wir links abwärts, während der rechte Abzweig zu einem verlassenen Haus führt. Kurz darauf zweigt rechts ein Hirtenpfad steil nach oben ab (Aufstiegsvariante nach La Targa, an der Straße nach Santiago). Wir gehen aber links weiter und passieren immer wieder einzelne, verfallene Häuser.

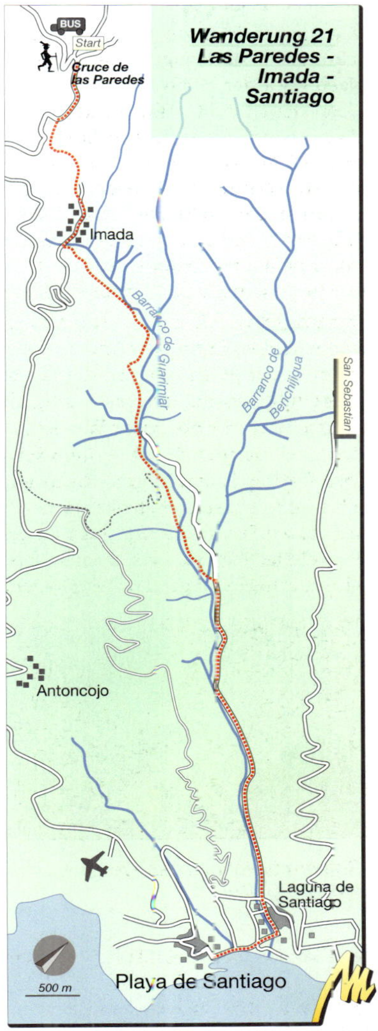

Der Weg zieht sich an der rechten Flanke der Barrancos stetig abwärts, wir überqueren ein ausgetrocknetes Flussbett, wo ein Weg links zur Talsohle hinunterführt. Wir gehen rechts hinauf an einem verlassenen Haus vorbei und kommen dann nach 20 Minuten im kleinen Weiler El Rumbazo an. Hier beginnt die Asphaltstraße, die in weiteren 45 Minuten bis zu einer Straßenkreuzung führt. Wir überqueren diese und sind bereits am Ortsrand von Santiago angelangt. Wir gehen noch 5 Minuten weiter in den Ort hinein und kommen an eine weitere Straße, der wir nach rechts durch die Bananenplantagen folgen. Dahinter überqueren wir den großen Barranco, gehen an der Kläranlage vorbei Richtung Meer und sind kurz darauf an der Strandpromenade von Santiago. Hier gibt es einige nette Restaurants, die zu einer Erfrischung oder einer Tapa einladen. Und als krönender Abschluss bietet sich die Rückfahrt mit der neuen Fähre ins Valle Gran Rey um 15.10 Uhr oder um 19.35 Uhr an.

Verlagsprogramm

Ägypten
- Ägypten
- Sinai & Rotes Meer

- **Baltische Länder**
- **Belgien**
- *MM-City* Brüssel
- **Bulgarien**
  - Schwarzmeerküste
- **Dominikanische Republik**

Deutschland
- Allgäu
- Altmühltal & Fränk. Seenland
- Berlin & Umgebung
- *MM-City* Berlin
- Bodensee
- Franken
- Fränkische Schweiz
- Mainfranken
- Nürnberg, Fürth, Erlangen
- Oberbayerische Seen
- Ostseeküste – von Lübeck bis Kiel
- Ostseeküste – Mecklenburg-Vorpommern
- Rügen, Stralsund, Hiddensee
- Schwäbische Alb
- Usedom

- **Ecuador**

Frankreich
- Bretagne
- Côte d'Azur
- Elsass
- Haute-Provence
- Korsika
- Languedoc-Roussillon
- *MM-City* Paris
- Provence & Côte d'Azur
- Südfrankreich
- Südwestfrankreich

Griechenland
- Athen & Attika
- Chalkidiki
- Griechenland gesamt
- Griechische Inseln
- Karpathos
- Kefalonia & Ithaka
- Korfu
- Kos
- Kreta
- Kykladen
- Lesbos
- Naxos
- Nord- u. Mittelgriechenland
- Peloponnes
- Rhodos
- Samos
- Santorini
- Skiathos, Skopelos, Alonnisos, Skyros – Nördl. Sporaden
- Thassos, Samothraki
- Zakynthos

Großbritannien
- Cornwall & Devon
- England
- *MM-City* London
- Südengland
- Schottland

- **Irland**
- **Island**

Italien
- Abruzzen
- Apulien
- Chianti – Florenz, Siena
- Dolomiten – Südtirol Ost
- Elba
- Friaul-Julisch Venetien
- Gardasee
- Golf von Neapel
- Italien
- Italienische Riviera & Cinque Terre
- Kalabrien & Basilikata
- Liparische Inseln
- Marken
- Mittelitalien
- Oberitalien
- Oberitalienische Seen
- Piemont & Aostatal
- *MM-City* Rom
- Rom & Latium
- Sardinien
- Sizilien
- Südtirol
- Südtoscana
- Toscana
- Umbrien
- *MM-City* Venedig
- Venetien

Kroatien
- Istrien
- Kroatische Inseln & Küste
- Mittel- und Süddalmatien
- Nordkroatien – Kvarner Bucht

- **Malta**, Gozo, Comino

Niederlande
- *MM-City* Amsterdam
- Niederlande

Norwegen
- Norwegen
- Südnorwegen

Österreich
- *MM-City* Wien
- Wachau, Wald- u. Weinviertel
- Salzburg & Salzkammergut

Polen
- Polen
- Polnische Ostseeküste

Portugal
- Algarve
- Azoren
- *MM-City* Lissabon
- Lissabon & Umgebung
- Madeira
- Nordportugal
- Portugal – gesamt

Schweden
- Südschweden

Schweiz
- Genferseeregion
- Graubünden
- Tessin

Serbien und Montenegro
- Montenegro

- **Slowenien**

Spanien
- Andalusien
- *MM-City* Barcelona
- Costa Brava
- Costa de la Luz
- Gomera
- Gran Canaria
- *MM-Touring* Gran Canaria
- Ibiza
- Katalonien
- Lanzarote
- La Palma
- *MM-Touring* La Palma
- Madrid & Umgebung
- Mallorca
- Nordspanien
- Spanien – gesamt
- Teneriffa
- *MM-Touring* Teneriffa

Tschechien
- *MM-City* Prag
- Südböhmen
- Tschechien – gesamt
- Westböhmen & Bäderdreieck

- **Tunesien**
- **Türkei**
- *MM-City* Istanbul
- Türkei – gesamt
- Türkei – Lykische Küste
- Türkei – Mittelmeerküste
- Türkei – Westküste
- Türkische Riviera – Kappadokien
- **Ungarn**
- **Zypern**

Aktuelle Informationen zu allen Reiseführern finden Sie im Internet unter www.michael-mueller-verlag.de

Michael Müller Verlag GmbH, Gerberei 19, 91054 Erlangen, Tel. 0 91 31 / 81 28 08-0; Fax 0 91 31 / 20 75 41; E-Mail: mmv@michael-mueller-verlag.de

Register

Agalán 247
Agulo 120
Aktivurlauber 11
Alojera 142
Anreise 28
Apotheken 50
Arur 150
Arure 214
Ärztliche Versorgung 50
Baby-Beach 206
Barranco de la Villa 91
Barranco del Agua 219
Barranco del Mono 143
Barranco Juán de Vera 96
Béthencourt, Jean de 21
Béthencourt, Maciot de 22
Bevölkerung 18
Bier 49
Bobadilla, Beatriz de 22
Borbalán 153
Busse 37
Camping 46
Canada Enchereda 92
Charterflüge 30
Chipude 223
Conquista 21
Dama 133
Diplomatische Vertretungen 53
Einreisepapiere 53
El Atajo 91
El Cabrito 92
El Cedro 115
El Cercado 222
El Guro 225
El Jorado 91
El Silbo 19
Essen und Trinken 47
Fährverkehr 32
Fauna 16
Feiertage 54
Fiestas 54
FKK 56
Flieg-&-Spar-Tarif 29
Flora 14
Fortaleza 227
Fotografieren 56
Fremdenverkehrsämter 56
Garajonay 227, 248, 250
Geld 57
Geschäftszeiten 58
Geschichte 20
Gofio 48
Guadá 157
Guanchen (Ureinwohner) 21
Haustiere 58
Hermigua 102
Hotels 45
Internet 58
Juego de Bolas, Informationszentrum des Nationalparks 125
Jugendtarif Europa 30
Kaffee 49
Karneval 55
Kleidung 59
Klima 12
Kolumbus, Christoph 23
La Calera 153
La Merica 218
La Palmita 121
La Playa 152
La Puntilla 153
Landesnatur 8
Las Hayas 218
Las Rosas 121
Last-Minute-Reisen 31
Lepe 121
Likör 49
Linienflüge 29
Lomo Fragoso 92
Miel de Palma 48
Mietwagen 37
Mojo 48
Mountainbiking 39
Nationalpark Garajonay 17
One-Way-Flüge 30
Orte 10
Papas arrugadas 49
Passatwinde 13
Pauschalurlaub 32
Peraza, Fernán de (der Ältere) 22
Peraza, Fernán de (der Jüngere) 22
Peraza, Inés 22
Playa Chinguarime 243
Playa de Avalo 101
Playa de Calera 205
Playa de Hermigua 114
Playa de la Caleta 114
Playa de la Cueva 90
Playa de Mochal 95
Playa de San Marcos 124
Playa de San Sebastián 90
Playa de Santiago 230
Playa de Tapahuga 243
Playa de Vallehermoso 139
Playa del Cangrejo 100
Playa del Inglés 203
Playa del Medio 243
Playa Vueltas 206
Polizei 60
Post 60
Punta Gaviota 243
Rajita 133
Risco de la Merica 215
Roque Agando 98
Roque de Aluce 97
Roque Ojila 98, 99
Roque Zarcita 99
San Antonio 91
San Bartolo 92
San Sebastián 64, 65
Schweinebucht 207
Señorio (Lehnswesen) 22
Souvenirs 61
Sprachunterricht 61
Strom 61
Super-Flieg-&-Spar-Tarif 29
Taguluche 216
Tanken 62
Taxen 38
Telefonieren 62
Touristeninformation 56
Turismo Rural 45
Übernachten 44
Valle Gran Rey 150
Vallehermoso 132
Vera, Pedro de 22
Verkehr 27
Verwaltung 27, 60
Viszcaina 222
Vueltas 153
Wandern 43
Wanderreisen 32
Wasser 63
Wassertemperaturen 12
Wein 49
Wirtschaft 27
Zeit 64
Zeitschriften 64
Zeitungen 64